建筑施工企业"安管人员"培训系列教材

建设工程安全生产法规标准知识

中国建设教育协会继续教育委员会　组织编写

中国建筑工业出版社

图书在版编目(CIP)数据

建设工程安全生产法规标准知识/中国建设教育协会继续教育
委员会组织编写. —北京:中国建筑工业出版社,2018.2
建筑施工企业"安管人员"培训系列教材
ISBN 978-7-112-21698-7

Ⅰ.①建… Ⅱ.中… Ⅲ.①建筑工程-安全生产-建筑法-中国-
岗位培训-教材 Ⅳ.①D922.297

中国版本图书馆 CIP 数据核字(2017)第 322308 号

本书依据住房和城乡建设部《建筑施工企业主要负责人、项目负责人和专
职安全生产管理人员安全生产管理规定》(住房城乡建设部令第 17 号)和《住房
城乡建设部关于印发〈建筑施工企业主要负责人 项目负责人和专职安全生产
管理人员安全生产管理规定〉实施意见的通知》(建质[2015]206 号)等规定编
写。主要内容包括建设工程安全生产法规知识和标准知识。可用于建筑业企业
各类"安管人员"、施工管理人员和建筑安全监管机构有关人员的业务培训和指
导参加考核,也可作为专业院校和培训机构施工安全教学用书。

责任编辑:李 阳 李 明 朱首明
责任设计:王国羽
责任校对:李欣慰

建筑施工企业"安管人员"培训系列教材
建设工程安全生产法规标准知识
中国建设教育协会继续教育委员会 组织编写

*

中国建筑工业出版社出版、发行(北京海淀三里河路 9 号)
各地新华书店、建筑书店经销
北京红光制版公司制版
北京京华铭诚工贸有限公司印刷

*

开本:787×1092 毫米 1/16 印张:14¾ 字数:365 千字
2018 年 3 月第一版 2018 年 3 月第一次印刷
定价:**39.00** 元
ISBN 978-7-112-21698-7
(31282)

版权所有 翻印必究
如有印装质量问题,可寄本社退换
(邮政编码 100037)

《建筑施工企业"安管人员"培训系列教材》
编 委 会

主　任：高延伟　张鲁风

副主任：邵长利　李　明　陈　新

成　员：（按姓氏笔画为序）

王兰英　王学士　王建臣　王洪林　王海兵　王静宇

邓德安　汤玉军　李运涛　易　军　赵子萱　袁　渊

韩　冬　熊　涛

编　写　组

主　编:张鲁风

副主编:邵长利

成　员:(按姓氏笔画为序)

王　启　王兰英　王梓迪　王增贵　刘　华　乔　登

吕晓华　杜秀龙　李　哲　李　媛　李　霞　吴　均

吴　瑾　何　阳　张　蕊　陈燕鹏　邵明志　赵子萱

郝　元　郝正东　崔旭旺　隋伟旭　蒋成龙　魏　征

前　言

中共中央、国务院于 2016 年 12 月 9 日颁发的《中共中央　国务院关于推进安全生产领域改革发展的意见》中明确指出，"安全生产是关系人民群众生命财产安全的大事，是经济社会协调健康发展的标志，是党和政府对人民利益高度负责的要求。"

建筑业是我国国民经济的重要支柱产业。改革开放以来，我国建筑业快速发展，建造能力不断增强，产业规模不断扩大，吸纳了大量农村转移劳动力，带动了大量关联产业，对经济社会发展、城乡建设和民生改善作出了重要贡献。建筑安全生产管理工作也取得了很大成绩。从总体上看，全国建筑安全生产形势呈持续稳定好转之势，但受施工环境和作业特点等所限，特别是近年来超高层、大体量的建设工程逐年递增，施工现场不安全因素较多，建筑安全生产形势依然非常严峻。建筑业仍属事故多发的高危行业之一，每年发生事故的起数和死亡人数有着较大波动性。因此，建筑安全生产是建筑业和工程建设发展的永恒主题，必须牢固树立以人为本、安全发展的理念，坚持"安全第一、预防为主、综合治理"的方针，坚持速度、质量、效益与安全的有机统一，强化和落实建筑业企业主体责任，防止和杜绝违章指挥、违规作业、违反劳动纪律行为，防范和遏制重特大事故，以促进建设工程安全生产形势持续稳定好转。

《建设工程安全生产管理条例》中明确规定，"施工单位的主要负责人、项目负责人、专职安全生产管理人员应当经建设行政主管部门或者其他有关部门考核合格后方可任职。"住房城乡建设部相继颁发了《建筑施工企业主要负责人、项目负责人和专职安全生产管理人员安全生产管理规定》（住房和城乡建设部令第 17 号）、《住房城乡建设部关于印发〈建筑施工企业主要负责人　项目负责人和专职安全生产管理人员安全生产管理规定实施意见〉的通知》（建质〔2015〕206 号）和《住房城乡建设部关于印发〈工程质量安全提升行动方案〉的通知》（建质〔2017〕57 号）。本系列教材根据"安管人员"分类和"安全生产考核要点"的考核知识点，共编为 5 册：《建设工程安全生产法规标准知识》是综合性教材，适用于所有的"安管人员"；《建设工程安全生产管理知识》是专业性教材，分为 4 册，分别适用于建筑施工企业的主要负责人、项目负责人、土建类安全生产管理人员和机械类安全生产管理人员。鉴于综合类安全生产管理人员的考核要点与土建类、机械类的考核要点相重合，不再单编教材。

本系列教材的编写工作，得到了中国建筑股份有限公司和中国建筑一局（集团）有限公司、中国建筑第二工程局有限公司、中国建筑第三工程局有限公司、中国建筑第八工程局有限公司、北京康建建安建筑工程技术研究有限责任公司以及有关方面专家们的大力支持，分别承担和完成了本系列教材的各书编写工作。特此一并致谢！

本系列教材主要用于建筑业企业各类"安管人员"、施工管理人员和建筑安全监管机构有关人员的业务培训和指导参加考核，也可作为专业院校和培训机构施工安全教学用书。本书虽经反复推敲，仍难免有不妥之处，敬请广大读者提出宝贵意见。

目　　录

下篇　建设工程安全生产标准知识

上篇 | 建设工程安全生产法规知识

第一章　建设工程安全生产的有关方针政策

2016 年 12 月 9 日颁布的《中共中央　国务院关于推进安全生产领域改革发展的意见》中明确指出，安全生产是关系人民群众生命财产安全的大事，是经济社会协调健康发展的标志，是党和政府对人民利益高度负责的要求。

一、建设工程安全生产的方针

2014 年 8 月经修改后公布的《中华人民共和国安全生产法》（以下简称《安全生产法》）规定，安全生产工作应当以人为本，坚持安全发展，坚持安全第一、预防为主、综合治理的方针，强化和落实生产经营单位的主体责任，建立生产经营单位负责、职工参与、政府监管、行业自律和社会监督的机制。

《中共中央　国务院关于推进安全生产领域改革发展的意见》中要求，牢固树立新发展理念，坚持安全发展，坚守发展决不能以牺牲安全为代价这条不可逾越的红线，以防范遏制重特大生产安全事故为重点，坚持安全第一、预防为主、综合治理的方针，加强领导、改革创新，协调联动、齐抓共管，着力强化企业安全生产主体责任，着力堵塞监督管理漏洞，着力解决不遵守法律法规的问题，依靠严密的责任体系、严格的法治措施、有效的体制机制、有力的基础保障和完善的系统治理，切实增强安全防范治理能力，大力提升我国安全生产整体水平，确保人民群众安康幸福、共享改革发展和社会文明进步成果。

二、建设工程安全生产领域改革发展的基本原则

在《中共中央　国务院关于推进安全生产领域改革发展的意见》中，提出了坚持安全发展、坚持改革创新、坚持依法监管、坚持源头防范、坚持系统治理的基本原则。

坚持安全发展。贯彻以人民为中心的发展思想，始终把人的生命安全放在首位，正确处理安全与发展的关系，大力实施安全发展战略，为经济社会发展提供强有力的安全保障。

坚持改革创新。不断推进安全生产理论创新、制度创新、体制机制创新、科技创新和文化创新，增强企业内生动力，激发全社会创新活力，破解安全生产难题，推动安全生产与经济社会协调发展。

坚持依法监管。大力弘扬社会主义法治精神，运用法治思维和法治方式，深化安全生产监管执法体制改革，完善安全生产法律法规和标准体系，严格规范公正文明执法，增强监管执法效能，提高安全生产法治化水平。

坚持源头防范。严格安全生产市场准入，经济社会发展要以安全为前提，把安全生产贯穿城乡规划布局、设计、建设、管理和企业生产经营活动全过程。构建风险分级管控和

隐患排查治理双重预防工作机制，严防风险演变、隐患升级导致生产安全事故发生。

坚持系统治理。 严密层级治理和行业治理、政府治理、社会治理相结合的安全生产治理体系，组织动员各方面力量实施社会共治。综合运用法律、行政、经济、市场等手段，落实人防、技防、物防措施，提升全社会安全生产治理能力。

三、健全落实安全生产责任制

明确部门监管责任。 按照管行业必须管安全、管业务必须管安全、管生产经营必须管安全和谁主管谁负责的原则，厘清安全生产综合监管与行业监管的关系，明确各有关部门安全生产和职业健康工作职责，并落实到部门工作职责规定中。

安全生产监督管理部门负责安全生产法规标准和政策规划制定修订、执法监督、事故调查处理、应急救援管理、统计分析、宣传教育培训等综合性工作，承担职责范围内行业领域安全生产和职业健康监管执法职责。负有安全生产监督管理职责的有关部门依法依规履行相关行业领域安全生产和职业健康监管职责，强化监管执法，严厉查处违法违规行为。其他行业领域主管部门负有安全生产管理责任，要将安全生产工作作为行业领域管理的重要内容，从行业规划、产业政策、法规标准、行政许可等方面加强行业安全生产工作，指导督促企事业单位加强安全管理。

严格落实企业主体责任。 企业对本单位安全生产和职业健康工作负全面责任，要严格履行安全生产法定责任，建立健全自我约束、持续改进的内生机制。企业实行全员安全生产责任制度，法定代表人和实际控制人同为安全生产第一责任人，主要技术负责人负有安全生产技术决策和指挥权，强化部门安全生产职责，落实一岗双责。完善落实混合所有制企业以及跨地区、多层级和境外中资企业投资主体的安全生产责任。建立企业全过程安全生产和职业健康管理制度，做到安全责任、管理、投入、培训和应急救援"五到位"。国有企业要发挥安全生产工作示范带头作用，自觉接受属地监管。

健全责任考核机制。 建立与全面建成小康社会相适应和体现安全发展水平的考核评价体系。各地区各单位要建立安全生产绩效与履职评定、职务晋升、奖励惩处挂钩制度，严格落实安全生产"一票否决"制度。

严格责任追究制度。 依法依规制定各有关部门安全生产权力和责任清单，尽职照单免责、失职照单问责。建立企业生产经营全过程安全责任追溯制度。严格事故直报制度，对瞒报、谎报、漏报、迟报事故的单位和个人依法依规追责。对被追究刑事责任的生产经营者依法实施相应的职业禁入，对事故发生负有重大责任的社会服务机构和人员依法严肃追究法律责任，并依法实施相应的行业禁入。

四、改革安全监管监察体制

完善监督管理体制。 各级安全生产监督管理部门承担本级安全生产委员会日常工作，负责指导协调、监督检查、巡查考核本级政府有关部门和下级政府安全生产工作，履行综合监管职责。负有安全生产监督管理职责的部门，依照有关法律法规和部门职责，健全安全生产监管体制，严格落实监管职责。相关部门按照各自职责建立完善安全生产工作机制，形成齐抓共管格局。坚持管安全生产必须管职业健康，建立安全生产和职业健康一体化监管执法体制。

健全应急救援管理体制。健全省、市、县三级安全生产应急救援管理工作机制，建设联动互通的应急救援指挥平台。依托公安消防、大型企业、工业园区等应急救援力量，加强矿山和危险化学品等应急救援基地和队伍建设，实行区域化应急救援资源共享。

五、大力推进依法治理

健全法律法规体系。加强安全生产和职业健康法律法规衔接融合。研究修改刑法有关条款，将生产经营过程中极易导致重大生产安全事故的违法行为列入刑法调整范围。制定完善高危行业领域安全规程。

完善标准体系。加快安全生产标准制定修订和整合，建立以强制性国家标准为主体的安全生产标准体系。鼓励依法成立的社会团体和企业制定更加严格规范的安全生产标准，结合国情积极借鉴实施国际先进标准。国务院安全生产监督管理部门负责生产经营单位职业危害预防治理国家标准制定发布工作；统筹提出安全生产强制性国家标准立项计划，有关部门按照职责分工组织起草、审查、实施和监督执行，国务院标准化行政主管部门负责及时立项、编号、对外通报、批准并发布。

规范监管执法行为。建立行政执法和刑事司法衔接制度，负有安全生产监督管理职责的部门要加强与公安、检察院、法院等协调配合，完善安全生产违法线索通报、案件移送与协查机制。对违法行为当事人拒不执行安全生产行政执法决定的，负有安全生产监督管理职责的部门应依法申请司法机关强制执行。完善司法机关参与事故调查机制，严肃查处违法犯罪行为。研究建立安全生产民事和行政公益诉讼制度。

完善事故调查处理机制。完善生产安全事故调查组组长负责制。健全典型事故提级调查、跨地区协同调查和工作督导机制。建立事故调查分析技术支撑体系，所有事故调查报告要设立技术和管理问题专篇，详细分析原因并全文发布，做好解读，回应公众关切。建立事故暴露问题整改督办制度，事故结案后一年内，负责事故调查的地方政府和国务院有关部门要组织开展评估，及时向社会公开，对履职不力、整改措施不落实的，依法依规严肃追究有关单位和人员责任。

六、建立安全预防控制体系

强化企业预防措施。企业要定期开展风险评估和危害辨识。针对高危工艺、设备、物品、场所和岗位，建立分级管控制度，制定落实安全操作规程。树立隐患就是事故的观念，建立健全隐患排查治理制度、重大隐患治理情况向负有安全生产监督管理职责的部门和企业职代会"双报告"制度，实行自查自改自报闭环管理。严格执行安全生产和职业健康"三同时"制度。大力推进企业安全生产标准化建设，实现安全管理、操作行为、设备设施和作业环境的标准化。开展经常性的应急演练和人员避险自救培训，着力提升现场应急处置能力。

建立隐患治理监督机制。制定生产安全事故隐患分级和排查治理标准。负有安全生产监督管理职责的部门要建立与企业隐患排查治理系统联网的信息平台，完善线上线下配套监管制度。强化隐患排查治理监督执法，对重大隐患整改不到位的企业依法采取停产停业、停止施工、停止供电和查封扣押等强制措施，按规定给予上限经济处罚，对构成犯罪的要移交司法机关依法追究刑事责任。严格重大隐患挂牌督办制度，对整改和督办不力的纳入政府核查问责范围，实行约谈告诫、公开曝光，情节严重的依法依规追究相关人员责任。

建立完善职业病防治体系。 完善相关规定，扩大职业病患者救治范围，将职业病失能人员纳入社会保障范围，对符合条件的职业病患者落实医疗与生活救助措施。加强企业职业健康监管执法，督促落实职业病危害告知、日常监测、定期报告、防护保障和职业健康体检等制度措施，落实职业病防治主体责任。

七、加强安全基础保障能力建设

完善安全投入长效机制。 加强安全生产经济政策研究，完善安全生产专用设备企业所得税优惠目录。落实企业安全生产费用提取管理使用制度，建立企业增加安全投入的激励约束机制。健全投融资服务体系，引导企业集聚发展灾害防治、预测预警、检测监控、个体防护、应急处置、安全文化等技术、装备和服务产业。

建立安全科技支撑体系。 推动工业机器人、智能装备在危险工序和环节广泛应用。提升现代信息技术与安全生产融合度，统一标准规范，加快安全生产信息化建设，构建安全生产与职业健康信息化全国"一张网"。加强安全生产理论和政策研究，运用大数据技术开展安全生产规律性、关联性特征分析，提高安全生产决策科学化水平。

健全社会化服务体系。 支持发展安全生产专业化行业组织，强化自治自律。完善注册安全工程师制度。改革完善安全生产和职业健康技术服务机构资质管理办法。支持相关机构开展安全生产和职业健康一体化评价等技术服务，严格实施评价公开制度，进一步激活和规范专业技术服务市场。鼓励中小微企业订单式、协作式购买运用安全生产管理和技术服务。建立安全生产和职业健康技术服务机构公示制度和由第三方实施的信用评定制度，严肃查处租借资质、违法挂靠、弄虚作假、垄断收费等各类违法违规行为。

发挥市场机制推动作用。 取消安全生产风险抵押金制度，建立健全安全生产责任保险制度，在矿山、危险化学品、烟花爆竹、交通运输、建筑施工、民用爆炸物品、金属冶炼、渔业生产等高危行业领域强制实施，切实发挥保险机构参与风险评估管控和事故预防功能。完善工伤保险制度，加快制定工伤预防费用的提取比例、使用和管理具体办法。积极推进安全生产诚信体系建设，完善企业安全生产不良记录"黑名单"制度，建立失信惩戒和守信激励机制。

健全安全宣传教育体系。 把安全生产纳入农民工技能培训内容。严格落实企业安全教育培训制度，切实做到先培训、后上岗。推进安全文化建设，加强警示教育，强化全民安全意识和法治意识。发挥工会、共青团、妇联等群团组织作用，依法维护职工群众的知情权、参与权与监督权。

第二章　建设工程安全生产的基本法规知识

《中共中央关于全面推进依法治国若干重大问题的决定》中指出，法律是治国之重器，良法是善治之前提。推动全社会树立法治意识。坚持把全民普法和守法作为依法治国的长期基础性工作，深入开展法治宣传教育，引导全民自觉守法、遇事找法、解决问题靠法。

一、建设工程法律体系

法律体系（也称法的体系），是指由一国现行的全部法律规范按照不同的法律部门分类组合而形成的一个呈体系化的有机联系的统一整体。我国的法律体系主要由宪法及宪法相关法、民法商法、行政法、经济法、社会法、刑法、诉讼与非诉讼程序法等7个法律部门构成。

建设工程法律主要是经济法的组成部分，也有着行政法、民法商法等内容，具有一定的独立性和完整性，形成了有机联系的统一体系。

（一）法的形式和效力层级

1. 法的形式

我国法的形式可分为以下7类：

（1）宪法

宪法是由全国人民代表大会依照特别程序制定的具有最高效力的根本大法，在我国法律体系中具有最高的法律地位和法律效力。

（2）法律

法律分为基本法律和一般法律两类。全国人民代表大会和全国人民代表大会常务委员会行使国家立法权。基本法律是由全国人民代表大会制定的调整国家和社会生活中带有普遍性的社会关系的规范性法律文件的统称，如刑法、民法、诉讼法等。一般法律是由全国人民代表大会常务委员会制定的调整国家和社会生活中某种具体社会关系或其中某一方面内容的规范性法律文件的统称。全国人民代表大会及其常务委员会通过的法律由国家主席签署主席令予以公布。

（3）行政法规

行政法规是国务院根据宪法和法律就有关执行法律和履行行政管理职权的问题，以及依据全国人民代表大会及其常务委员会特别授权所制定的规范性文件的总称。行政法规由总理签署国务院令公布。

（4）地方性法规、自治条例和单行条例

省、自治区、直辖市的人民代表大会及其常务委员会根据本行政区域的具体情况和实际需要，在不同宪法、法律、行政法规相抵触的前提下，可以制定地方性法规。设区的市的人民代表大会及其常务委员会根据本市的具体情况和实际需要，在不同宪法、法律、行政法规和本省、自治区的地方性法规相抵触的前提下，可以对城乡建设与管理、环境保护、历史文化保护等方面的事项制定地方性法规。设区的市的地方性法规须报省、自治区的人民代表大会常务委员会批准后施行。

省、自治区、直辖市的人民代表大会及其常务委员会制定的地方性法规分别由其大会主席团或常务委员会发布公告予以公布。设区的市、自治州的人民代表大会及其常务委员会制定的地方性法规报经批准后，由设区的市、自治州的人民代表大会常务委员会发布公告予以公布。自治条例和单行条例报经批准后，分别由自治区、自治州、自治县的人民代表大会常务委员会发布公告予以公布。

（5）部门规章

国务院各部、委员会、中国人民银行、审计署和具有行政管理职能的直属机构所制定的规范性文件称部门规章。部门规章由部门首长签署命令予以公布。没有法律或者国务院的行政法规、决定、命令的依据，部门规章不得设定减损公民、法人和其他组织权利或者增加其义务的规范，不得增加本部门的权力或者减少本部门的法定职责。

（6）地方政府规章

省、自治区、直辖市和设区的市、自治州的人民政府，可以根据法律、行政法规和本省、自治区、直辖市的地方性法规，制定地方政府规章。地方政府规章由省长或者自治区主席或者市长签署命令予以公布。没有法律、行政法规、地方性法规的依据，地方政府规章不得设定减损公民、法人和其他组织权利或者增加其义务的规范。

（7）国际条约

国际条约是指我国与外国缔结、参加、签订、加入、承认的双边、多边的条约、协定和其他具有条约性质的文件。除我国在缔结时宣布持保留意见不受其约束的以外，这些条约的内容都与国内法一样具有约束力，也是我国法的形式。

2. 法的效力层级

法的效力层级，是指法律体系中的各种法的形式，由于制定的主体、程序、时间、适用范围等不同而具有不同效力，形成法的效力等级体系。

（1）宪法至上

宪法是具有最高法律效力的根本大法。任何法律、法规都必须遵循宪法而产生，不能违背宪法的基本准则。

（2）上位法优于下位法

在我国法律体系中，法律的效力仅次于宪法而高于其他法。行政法规的法律地位、效力次于宪法和法律，高于地方性法规和部门规章。地方性法规的效力，高于本级和下级地方政府规章。省、自治区人民政府制定的规章的效力，高于本行政区域内设区的市、自治州人民政府制定的规章。部门规章之间、部门规章与地方政府规章之间具有同等效力，在各自的权限范围内施行。

（3）特别法优于一般法

同一机关制定的法律、行政法规、地方性法规、自治条例和单行条例、规章，特别规定与一般规定不一致，适用特别规定。

（4）新法优于旧法

新法、旧法对同一事项有不同规定时，新法的效力优于旧法。

（5）需要由有关机关裁决适用的特殊情况

法律之间对同一事项的新的一般规定与旧的特别规定不一致，不能确定如何适用时，由全国人民代表大会常务委员会裁决。行政法规之间对同一事项的新的一般规定与旧的特别规定不一致，不能确定如何适用时，由国务院裁决。地方性法规、规章之间不一致时，由有关机关依照下列规定的权限作出裁决：①同一机关制定的新的一般规定与旧的特别规定不一致时，由制定机关裁决。②地方性法规与部门规章之间对同一事项的规定不一致，不能确定如何适用时，由国务院提出意见，国务院认为应当适用地方性法规的，应当决定在该地方适用地方性法规的规定；认为应当适用部门规章的，应当提请全国人民代表大会常务委员会裁决。③部门规章之间、部门规章与地方政府规章之间对同一事项的规定不一致时，由国务院裁决。

根据授权制定的法规与法律规定不一致，不能确定如何适用时，由全国人民代表大会常务委员会裁决。

二、建设工程基本民事法律制度

2017年3月15日颁布的《中华人民共和国民法总则》（以下简称《民法总则》），规定了民事活动必须遵循的基本原则和一般性规则，就民事主体、民事权利、民事法律行为、民事责任和诉讼时效等基本民事法律制度作出规定，构建了我国民事法律制度的基本框架。

（一）基本规定

《民法总则》规定，民法调整平等主体的自然人、法人和非法人组织之间的人身关系和财产关系。民事主体的人身权利、财产权利以及其他合法权益受法律保护，任何组织或者个人不得侵犯。

民事主体在民事活动中的法律地位一律平等。民事主体从事民事活动，应当遵循自愿原则，按照自己的意思设立、变更、终止民事法律关系。民事主体从事民事活动，应当遵循公平原则，合理确定各方的权利和义务。民事主体从事民事活动，应当遵循诚信原则，秉持诚实，恪守承诺。民事主体从事民事活动，不得违反法律，不得违背公序良俗。民事主体从事民事活动，应当有利于节约资源、保护生态环境。

处理民事纠纷，应当依照法律；法律没有规定的，可以适用习惯，但是不得违背公序良俗。

（二）法人

法人是具有民事权利能力和民事行为能力，依法独立享有民事权利和承担民事义务的组织。法人应当依法成立。法人应当有自己的名称、组织机构、住所、财产或者经费。设立法人，法律、行政法规规定须经有关机关批准的，依照其规定。法人的民事权利能力和民事行为能力，从法人成立时产生，到法人终止时消灭。法人以其全部财产独立承担民事责任。

依照法律或者法人章程的规定，代表法人从事民事活动的负责人，为法人的法定代表人。法定代表人以法人名义从事的民事活动，其法律后果由法人承受。法定代表人因执行职务造成他人损害的，由法人承担民事责任。法人承担民事责任后，依照法律或者法人章程的规定，可以向有过错的法定代表人追偿。

法人合并的，其权利和义务由合并后的法人享有和承担。法人分立的，其权利和义务由分立后的法人享有连带债权，承担连带债务，但是债权人和债务人另有约定的除外。

法人可以依法设立分支机构。法律、行政法规规定分支机构应当登记的，依照其规定。分支机构以自己的名义从事民事活动，产生的民事责任由法人承担；也可以先以该分支机构管理的财产承担，不足以承担的，由法人承担。

1. 营利法人

以取得利润并分配给股东等出资人为目的成立的法人，为营利法人。营利法人包括有限责任公司、股份有限公司和其他企业法人等。

营利法人的出资人不得滥用出资人权利损害法人或者其他出资人的利益。滥用出资人权利给法人或者其他出资人造成损失的，应当依法承担民事责任。营利法人的出资人不得滥用法人独立地位和出资人有限责任损害法人的债权人利益。滥用法人独立地位和出资人有限责任，逃避债务，严重损害法人的债权人利益的，应当对法人债务承担连带责任。营利法人的控股出资人、实际控制人、董事、监事、高级管理人员不得利用其关联关系损害法人的利益。利用关联关系给法人造成损失的，应当承担赔偿责任。营利法人的权力机构、执行机构作出决议的会议召集程序、表决方式违反法律、行政法规、法人章程，或者决议内容违反法人章程的，营利法人的出资人可以请求人民法院撤销该决议，但是营利法人依据该决议与善意相对人形成的民事法律关系不受影响。

营利法人从事经营活动，应当遵守商业道德，维护交易安全，接受政府和社会的监督，承担社会责任。

2. 非营利法人

为公益目的或者其他非营利目的成立，不向出资人、设立人或者会员分配所取得利润的法人，为非营利法人。非营利法人包括事业单位、社会团体、基金会、社会服务机构等。

3. 特别法人

机关法人、农村集体经济组织法人、城镇农村的合作经济组织法人、基层群众性自治组织法人，为特别法人。

4. 非法人组织

非法人组织是不具有法人资格，但是能够依法以自己的名义从事民事活动的组织。非法人组织包括个人独资企业、合伙企业、不具有法人资格的专业服务机构等。

（三）民事权利

法人、非法人组织享有名称权、名誉权、荣誉权等权利。

民事主体的财产权利受法律平等保护。民事主体依法享有物权。物权是权利人依法对特定的物享有直接支配和排他的权利，包括所有权、用益物权和担保物权。物包括不动产和动产。为了公共利益的需要，依照法律规定的权限和程序征收、征用不动产或者动产的，应当给予公平、合理的补偿。

民事主体依法享有债权。债权是因合同、侵权行为、无因管理、不当得利以及法律的其他规定，权利人请求特定义务人为或者不为一定行为的权利。依法成立的合同，对当事人具有法律约束力。民事权益受到侵害的，被侵权人有权请求侵权人承担侵权责任。

民事主体依法享有知识产权。知识产权是权利人依法就下列客体享有的专有的权利：①作品；②发明、实用新型、外观设计；③商标；④地理标志；⑤商业秘密；⑥集成电路布图设计；⑦植物新品种；⑧法律规定的其他客体。

民事主体依法享有股权和其他投资性权利。民事主体按照自己的意愿依法行使民事权利，不受干涉。民事主体行使权利时，应当履行法律规定的和当事人约定的义务。民事主体不得滥用民事权利损害国家利益、社会公共利益或者他人合法权益。

（四）民事法律行为

民事法律行为是民事主体通过意思表示设立、变更、终止民事法律关系的行为。

民事法律行为可以采用书面形式、口头形式或者其他形式；法律、行政法规规定或者当事人约定采用特定形式的，应当采用特定形式。民事法律行为自成立时生效，但是法律另有规定或者当事人另有约定的除外。行为人非依法律规定或者未经对方同意，不得擅自变更或者解除民事法律行为。

1. 意思表示

以对话方式作出的意思表示，相对人知道其内容时生效。以非对话方式作出的意思表示，到达相对人时生效。以非对话方式作出的采用数据电文形式的意思表示，相对人指定特定系统接收数据电文的，该数据电文进入该特定系统时生效；未指定特定系统的，相对人知道或者应当知道该数据电文进入其系统时生效。当事人对采用数据电文形式的意思表示的生效时间另有约定的，按照其约定。无相对人的意思表示，表示完成时生效。以公告方式作出的意思表示，公告发布时生效。行为人可以明示或者默示作出意思表示。

行为人可以撤回意思表示。撤回意思表示的通知应当在意思表示到达相对人前或者与意思表示同时到达相对人。有相对人的意思表示的解释，应当按照所使用的词句，结合相关条款、行为的性质和目的、习惯以及诚信原则，确定意思表示的含义。无相对人的意思表示的解释，不能完全拘泥于所使用的词句，而应当结合相关条款、行为的性质和目的、习惯以及诚信原则，确定行为人的真实意思。

2. 民事法律行为的效力

具备下列条件的民事法律行为有效：①行为人具有相应的民事行为能力；②意思表示真实；③不违反法律、行政法规的强制性规定，不违背公序良俗。

行为人与相对人以虚假的意思表示实施的民事法律行为无效。基于重大误解实施的民事法律行为，行为人有权请求人民法院或者仲裁机构予以撤销。一方以欺诈手段，使对方在违背真实意思的情况下实施的民事法律行为，受欺诈方有权请求人民法院或者仲裁机构予以撤销。第三人实施欺诈行为，使一方在违背真实意思的情况下实施的民事法律行为，对方知道或者应当知道该欺诈行为的，受欺诈方有权请求人民法院或者仲裁机构予以撤销。一方或者第三人以胁迫手段，使对方在违背真实意思的情况下实施的民事法律行为，受胁迫方有权请求人民法院或者仲裁机构予以撤销。一方利用对方处于危困状态、缺乏判断能力等情形，致使民事法律行为成立时显失公平的，受损害方有权请求人民法院或者仲裁机构予以撤销。

有下列情形之一的，撤销权消灭：①当事人自知道或者应当知道撤销事由之日起 1 年内、重大误解的当事人自知道或者应当知道撤销事由之日起 3 个月内没有行使撤销权；②当事人受胁迫，自胁迫行为终止之日起 1 年内没有行使撤销权；③当事人知道撤销事由后明确表示或者以自己的行为表明放弃撤销权。当事人自民事法律行为发生之日起 5 年内没有行使撤销权的，撤销权消灭。

违反法律、行政法规的强制性规定的民事法律行为无效，但是该强制性规定不导致该民事法律行为无效的除外。违背公序良俗的民事法律行为无效。行为人与相对人恶意串通，损害他人合法权益的民事法律行为无效。无效的或者被撤销的民事法律行为自始没有法律约束力。民事法律行为部分无效，不影响其他部分效力的，其他部分仍然有效。

民事法律行为无效、被撤销或者确定不发生效力后，行为人因该行为取得的财产，应当予以返还；不能返还或者没有必要返还的，应当折价补偿。有过错的一方应当赔偿对方由此所受到的损失；各方都有过错的，应当各自承担相应的责任。

3. 民事法律行为的附条件和附期限

民事法律行为可以附条件，但是按照其性质不得附条件的除外。附生效条件的民事法律行为，自条件成就时生效。附解除条件的民事法律行为，自条件成就时失效。附条件的民事法律行为，当事人为自己的利益不正当地阻止条件成就的，视为条件已成就；不正当地促成条件成就的，视为条件不成就。

民事法律行为可以附期限，但是按照其性质不得附期限的除外。附生效期限的民事法律行为，自期限届至时生效。附终止期限的民事法律行为，自期限届满时失效。

（五）代理

民事主体可以通过代理人实施民事法律行为。依照法律规定、当事人约定或者民事法律行为的性质，应当由本人亲自实施的民事法律行为，不得代理。代理人在代理权限内，以被代理人名义实施的民事法律行为，对被代理人发生效力。

代理包括委托代理和法定代理。委托代理人按照被代理人的委托行使代理权。法定代理人依照法律的规定行使代理权。代理人不履行或者不完全履行职责，造成被代理人损害的，应当承担民事责任。代理人和相对人恶意串通，损害被代理人合法权益的，代理人和相对人应当承担连带责任。

1. 委托代理

委托代理授权采用书面形式的，授权委托书应当载明代理人的姓名或者名称、代理事项、权限和期间，并由被代理人签名或者盖章。数人为同一代理事项的代理人的，应当共同行使代理权，但是当事人另有约定的除外。

代理人知道或者应当知道代理事项违法仍然实施代理行为，或者被代理人知道或者应当知道代理人的代理行为违法未作反对表示的，被代理人和代理人应当承担连带责任。代理人不得以被代理人的名义与自己实施民事法律行为，但是被代理人同意或者追认的除外。代理人不得以被代理人的名义与自己同时代理的其他人实施民事法律行为，但是被代理的双方同意或者追认的除外。

代理人需要转委托第三人代理的，应当取得被代理人的同意或者追认。转委托代理经被代理人同意或者追认的，被代理人可以就代理事务直接指示转委托的第三人，代理人仅就第三人的选任以及对第三人的指示承担责任。转委托代理未经被代理人同意或者追认的，代理人应当对转委托的第三人的行为承担责任，但是在紧急情况下代理人为了维护被代理人的利益需要转委托第三人代理的除外。

执行法人或者非法人组织工作任务的人员，就其职权范围内的事项，以法人或者非法人组织的名义实施民事法律行为，对法人或者非法人组织发生效力。法人或者非法人组织对执行其工作任务的人员职权范围的限制，不得对抗善意相对人。

行为人没有代理权、超越代理权或者代理权终止后，仍然实施代理行为，未经被代理人追认的，对被代理人不发生效力。相对人可以催告被代理人自收到通知之日起1个月内予以追认。被代理人未作表示的，视为拒绝追认。行为人实施的行为被追认前，善意相对人有撤销的权利。撤销应当以通知的方式作出。行为人实施的行为未被追认的，善意相对人有权请求行为人履行债务或者就其受到的损害请求行为人赔偿，但是赔偿的范围不得超过被代理人追认时相对人所能获得的利益。相对人知道或者应当知道行为人无权代理的，相对人和行为人按照各自的过错承担责任。

行为人没有代理权、超越代理权或者代理权终止后，仍然实施代理行为，相对人有理由相信行为人有代理权的，代理行为有效。

2. 代理终止

有下列情形之一的，委托代理终止：①代理期间届满或者代理事务完成；②被代理人取消委托或者代理人辞去委托；③代理人丧失民事行为能力；④代理人或者被代理人死亡；⑤作为代理人或者被代理人的法人、非法人组织终止。

有下列情形之一的，法定代理终止：①被代理人取得或者恢复完全民事行为能力；②代理人丧失民事行为能力；③代理人或者被代理人死亡；④法律规定的其他情形。

（六）民事责任

民事主体依照法律规定和当事人约定，履行民事义务，承担民事责任。

2人以上依法承担按份责任，能够确定责任大小的，各自承担相应的责任；难以确定责任大小的，平均承担责任。2人以上依法承担连带责任的，权利人有权请求部分或者全部连带责任人承担责任。连带责任人的责任份额根据各自责任大小确定；难以确定责任大小的，平均承担责任。实际承担责任超过自己责任份额的连带责任人，有权向其他连带责任人追偿。连带责任，由法律规定或者当事人约定。

承担民事责任的方式主要有：①停止侵害；②排除妨碍；③消除危险；④返还财产；⑤恢复原状；⑥修理、重作、更换；⑦继续履行；⑧赔偿损失；⑨支付违约金；⑩消除影响、恢复名誉；⑪赔礼道歉。以上规定的承担民事责任的方式，可以单独适用，也可以合并适用。因不可抗力不能履行民事义务的，不承担民事责任。不可抗力是指不能预见、不能避免且不能克服的客观情况。

因紧急避险造成损害的，由引起险情发生的人承担民事责任。危险由自然原因引起的，紧急避险人不承担民事责任，可以给予适当补偿。紧急避险采取措施不当或者超过必要的限度，造成不应有的损害的，紧急避险人应当承担适当的民事责任。

因保护他人民事权益使自己受到损害的，由侵权人承担民事责任，受益人可以给予适当补偿。没有侵权人、侵权人逃逸或者无力承担民事责任，受害人请求补偿的，受益人应当给予适当补偿。因自愿实施紧急救助行为造成受助人损害的，救助人不承担民事责任。因当事人一方的违约行为，损害对方人身权益、财产权益的，受损害方有权选择请求其承担违约责任或者侵权责任。

民事主体因同一行为应当承担民事责任、行政责任和刑事责任的，承担行政责任或者刑事责任不影响承担民事责任；民事主体的财产不足以支付的，优先用于承担民事责任。

（七）诉讼时效

向人民法院请求保护民事权利的诉讼时效期间为 3 年。诉讼时效期间自权利人知道或者应当知道权利受到损害以及义务人之日起计算。法律另有规定的，依照其规定。但是自权利受到损害之日起超过 20 年的，人民法院不予保护；有特殊情况的，人民法院可以根据权利人的申请决定延长。当事人约定同一债务分期履行的，诉讼时效期间自最后一期履行期限届满之日起计算。

诉讼时效期间届满的，义务人可以提出不履行义务的抗辩。诉讼时效期间届满后，义务人同意履行的，不得以诉讼时效期间届满为由抗辩；义务人已自愿履行的，不得请求返还。人民法院不得主动适用诉讼时效的规定。

在诉讼时效期间的最后 6 个月内，因下列障碍，不能行使请求权的，诉讼时效中止：①不可抗力；②无民事行为能力人或者限制民事行为能力人没有法定代理人，或者法定代理人死亡、丧失民事行为能力、丧失代理权；③继承开始后未确定继承人或者遗产管理人；④权利人被义务人或者其他人控制；⑤其他导致权利人不能行使请求权的障碍。自中止时效的原因消除之日起满 6 个月，诉讼时效期间届满。

有下列情形之一的，诉讼时效中断，从中断、有关程序终结时起，诉讼时效期间重新计算：①权利人向义务人提出履行请求；②义务人同意履行义务；③权利人提起诉讼或者申请仲裁；④与提起诉讼或者申请仲裁具有同等效力的其他情形。

下列请求权不适用诉讼时效的规定：①请求停止侵害、排除妨碍、消除危险；②不动产物权和登记的动产物权的权利人请求返还财产；③请求支付抚养费、赡养费或者扶养费；④依法不适用诉讼时效的其他请求权。

诉讼时效的期间、计算方法以及中止、中断的事由由法律规定，当事人约定无效。当事人对诉讼时效利益的预先放弃无效。法律对仲裁时效有规定的，依照其规定；没有规定的，适用诉讼时效的规定。

法律规定或者当事人约定的撤销权、解除权等权利的存续期间，除法律另有规定外，自权利人知道或者应当知道权利产生之日起计算，不适用有关诉讼时效中止、中断和延长的规定。存续期间届满，撤销权、解除权等权利消灭。

三、建设工程法律责任制度

法律责任是指行为人由于违法行为、违约行为或者由于法律规定而应承受的某种不利的法律后果。按照违法行为的性质和危害程度，可以将法律责任分为违宪法律责任、刑事法律责任、民事法律责任、行政法律责任和国家赔偿责任。

（一）建设工程民事法律责任

民事责任可以分为违约责任和侵权责任两类。违约责任是指合同当事人违反法律规定或合同约定的义务而应承担的责任。侵权责任是指行为人因过错侵害他人财产、人身而依法应当承担的责任，以及虽没有过错，但在造成损害以后，依法应当承担的责任。

建设工程民事法律责任的主要承担方式有：①返还财产。当建设工程施工合同无效、被撤销后，应当返还财产。执行返还财产的方式是折价返还，即承包人已经施工完成的工程，发包人按照"折价返还"的规则支付工程价款，可参照无效合同中的约定价款，或者是按当地市场价、定额量据实结算。②修理。施工合同的承包人对施工中出现质量问题的建设工程或者竣工验收不合格的建设工程，应当负责返修。③赔偿损失。合同当事人由于不履行合同义务或履行合同义务不符合约定，给对方造成财产损失时，由违约方依法或依照合同约定承担相应的损害赔偿责任。④支付违约金。按照当事人的约定或者法律规定，一方当事人违约的，应向另一方支付金钱。

（二）建设工程行政法律责任

行政责任是指违反有关行政管理的法律法规规定，但尚未构成犯罪的行为，依法应承担的行政法律后果，包括行政处罚和行政处分。

1. 行政处罚

2017年9月经修改后公布的《中华人民共和国行政处罚法》（以下简称《行政处罚法》）规定，行政处罚的种类：①警告；②罚款；③没收违法所得，没收非法财物；④责令停产停业；⑤暂扣或者吊销许可证，暂扣或者吊销执照；⑥行政拘留；⑦法律、行政法规规定的其他行政处罚。

在建设工程领域，法律、行政法规所设定的行政处罚主要有：警告、罚款、没收违法所得、责令限期改正、责令停业整顿、取消一定期限内参加依法必须进行招标项目的投标资格、责令停止施工、降低资质等级、吊销资质证书、责令停止执业、吊销执业资格证书或其他许可证等。

2. 行政处分

行政处分是指国家机关、企事业单位对所属的国家工作人员违法失职行为尚不构成犯罪，依据法律、法规所规定的权限而给予的一种惩戒。行政处分种类有：警告、记过、记大过、降级、撤职、开除。

（三）建设工程刑事法律责任

刑事责任，是指犯罪主体因违反刑法，实施了犯罪行为所应承担的法律责任。刑事责任的承担方式主要是刑罚，也包括一些非刑罚的处罚方法。

按照《中华人民共和国刑法》（以下简称《刑法》）规定，刑罚分为主刑和附加刑。主刑包括：①管制；②拘役；③有期徒刑；④无期徒刑；⑤死刑。附加刑包括：①罚金；②剥夺政治权利；③没收财产；④驱逐出境。

在建设工程领域，常见的刑事法律责任如下：

1. 重大责任事故罪

《刑法》第 134 条规定，在生产、作业中违反有关安全管理的规定，因而发生重大伤亡事故或者造成其他严重后果的，处 3 年以下有期徒刑或者拘役；情节特别恶劣的，处 3 年以上 7 年以下有期徒刑。强令他人违章冒险作业，因而发生重大伤亡事故或者造成其他严重后果的，处 5 年以下有期徒刑或者拘役；情节特别恶劣的，处 5 年以上有期徒刑。

2. 重大劳动安全事故罪

《刑法》第 135 条规定，安全生产设施或者安全生产条件不符合国家规定，因而发生重大伤亡事故或者造成其他严重后果的，对直接负责的主管人员和其他直接责任人员，处 3 年以下有期徒刑或者拘役；情节特别恶劣的，处 3 年以上 7 年以下有期徒刑。

3. 工程重大安全事故罪

《刑法》第 137 条规定，建设单位、设计单位、施工单位、工程监理单位违反国家规定，降低工程质量标准，造成重大安全事故的，对直接责任人员处 5 年以下有期徒刑或者拘役，并处罚金；后果特别严重的，处 5 年以上 10 年以下有期徒刑，并处罚金。

4. 串通投标罪

《刑法》第 223 条规定，投标人相互串通投标报价，损害招标人或者其他投标人利益，情节严重的，处 3 年以下有期徒刑或者拘役，并处或者单处罚金。投标人与招标人串通投标，损害国家、集体、公民的合法利益的，依照以上规定处罚。

第三章　建设工程安全生产法律制度

建设工程施工多为露天、高处作业，施工环境和作业条件较差，不安全因素较多，历来属事故多发的高危行业之一。因此，必须牢固树立以人为本、安全发展的理念，坚持"安全第一、预防为主、综合治理"方针，坚持速度、质量、效益与安全的有机统一，强化和落实企业主体责任，防范和遏制重特大事故，防止和减少违章指挥、违规作业、违反劳动纪律行为，促进建设工程安全生产形势持续稳定好转。

一、施工单位安全生产责任制度

2011年4月经修改后公布的《中华人民共和国建筑法》（以下简称《建筑法》）规定，建筑施工企业必须依法加强对建筑安全生产的管理，执行安全生产责任制度，采取有效措施，防止伤亡和其他安全生产事故的发生。

《安全生产法》规定，生产经营单位的安全生产责任制应当明确各岗位的责任人员、责任范围和考核标准等内容。生产经营单位应当建立相应的机制，加强对安全生产责任制落实情况的监督考核，保证安全生产责任制的落实。

（一）施工单位主要负责人的安全生产责任

《建筑法》规定，建筑施工企业的法定代表人对本企业的安全生产负责。《安全生产法》规定，生产经营单位的主要负责人对本单位的安全生产工作全面负责。生产经营单位的主要负责人对本单位安全生产工作负有下列职责：①建立、健全本单位安全生产责任制；②组织制定本单位安全生产规章制度和操作规程；③保证本单位安全生产投入的有效实施；④督促、检查本单位的安全生产工作，及时消除生产安全事故隐患；⑤组织制定并实施本单位的生产安全事故应急救援预案；⑥及时、如实报告生产安全事故；⑦组织制定并实施本单位安全生产教育和培训计划。

2015年4月国务院办公厅颁发的《关于加强安全生产监管执法的通知》中进一步规定，国有大中型企业和规模以上企业要建立安全生产委员会，主任由董事长或总经理担任，董事长、党委书记、总经理对安全生产工作均负有领导责任，企业领导班子成员和管理人员实行安全生产"一岗双责"。所有企业都要建立生产安全风险警示和预防应急公告制度，完善风险排查、评估、预警和防控机制，加强风险预控管理，按规定将本单位重大危险源及相关安全措施、应急措施报有关地方人民政府安全生产监督管理部门和有关部门备案。

施工单位主要负责人，通常是指对施工单位全面负责，有生产经营决策权的人。具体说，可以是施工企业的董事长，也可以是总经理或总裁等。

（二）施工项目负责人的安全生产责任

《建设工程安全生产管理条例》规定，施工单位的项目负责人应当由取得相应执业资格的人员担任，对建设工程项目的安全施工负责，落实安全生产责任制度、安全生产规章制度和操作规程，确保安全生产费用的有效使用，并根据工程的特点组织制定安全施工措施，消除安全事故隐患，及时、如实报告生产安全事故。

施工项目负责人的安全生产责任主要是：①对建设工程项目的安全施工负责；②落实安全生产责任制度、安全生产规章制度和操作规程；③确保安全生产费用的有效使用；④根据工程的特点组织制定安全施工措施，消除安全事故隐患；⑤及时、如实报告生产安全事故情况。

（三）施工企业安全生产管理机构和专职安全生产管理人员的安全生产责任

《安全生产法》规定，矿山、金属冶炼、建筑施工、道路运输单位和危险物品的生产、经营、储存单位，应当设置安全生产管理机构或者配备专职安全生产管理人员。

生产经营单位的安全生产管理机构以及安全生产管理人员履行下列职责：①组织或者参与拟订本单位安全生产规章制度、操作规程和生产安全事故应急救援预案；②组织或者参与本单位安全生产教育和培训，如实记录安全生产教育和培训情况；③督促落实本单位重大危险源的安全管理措施；④组织或者参与本单位应急救援演练；⑤检查本单位的安全生产状况，及时排查生产安全事故隐患，提出改进安全生产管理的建议；⑥制止和纠正违章指挥、强令冒险作业、违反操作规程的行为；⑦督促落实本单位安全生产整改措施。

生产经营单位的安全生产管理人员应当根据本单位的生产经营特点，对安全生产状况进行经常性检查；对检查中发现的安全问题，应当立即处理；不能处理的，应当及时报告本单位有关负责人，有关负责人应当及时处理。检查及处理情况应当如实记录在案。生产经营单位的安全生产管理人员在检查中发现重大事故隐患，依照规定向本单位有关负责人报告，有关负责人不及时处理的，安全生产管理人员可以向主管的负有安全生产监督管理职责的部门报告，接到报告的部门应当依法及时处理。

生产经营单位作出涉及安全生产的经营决策，应当听取安全生产管理机构以及安全生产管理人员的意见。生产经营单位不得因安全生产管理人员依法履行职责而降低其工资、福利等待遇或者解除与其订立的劳动合同。

《建设工程安全生产管理条例》规定，施工单位应当设立安全生产管理机构，配备专职安全生产管理人员。

1. 建筑施工企业安全生产管理机构的设置及职责

住房城乡建设部《建筑施工企业安全生产管理机构设置及专职安全生产管理人员配备办法》（建质〔2008〕91 号）规定，建筑施工企业应当依法设置安全生产管理机构，在企业主要负责人的领导下开展本企业的安全生产管理工作。

建筑施工企业安全生产管理机构具有以下职责：①宣传和贯彻国家有关安全生产法律法规和标准；②编制并适时更新安全生产管理制度并监督实施；③组织或参与企业生产安全事故应急救援预案的编制及演练；④组织开展安全教育培训与交流；⑤协调配备项目专职安全生产管理人员；⑥制订企业安全生产检查计划并组织实施；⑦监督在建项目安全生

产费用的使用；⑧参与危险性较大工程安全专项施工方案专家论证会；⑨通报在建项目违规违章查处情况；⑩组织开展安全生产评优评先表彰工作；⑪建立企业在建项目安全生产管理档案；⑫考核评价分包企业安全生产业绩及项目安全生产管理情况；⑬参加生产安全事故的调查和处理工作；⑭企业明确的其他安全生产管理职责。

2. 建筑施工企业专职安全生产管理人员的配备及职责

《建筑施工企业安全生产管理机构设置及专职安全生产管理人员配备办法》规定，建筑施工企业安全生产管理机构专职安全生产管理人员的配备应满足下列要求，并应根据企业经营规模、设备管理和生产需要予以增加：①建筑施工总承包资质序列企业：特级资质不少于 6 人，一级资质不少于 4 人，二级和二级以下资质企业不少于 3 人；②建筑施工专业承包资质序列企业：一级资质不少于 3 人，二级和二级以下资质企业不少于 2 人；③建筑施工劳务分包资质序列企业：不少于 2 人；④建筑施工企业的分公司、区域公司等较大的分支机构应依据实际生产情况配备不少于 2 人的专职安全生产管理人员。

建筑施工企业安全生产管理机构专职安全生产管理人员在施工现场检查过程中具有以下职责：①查阅在建项目安全生产有关资料、核实有关情况；②检查危险性较大工程安全专项施工方案落实情况；③监督项目专职安全生产管理人员履责情况；④监督作业人员安全防护用品的配备及使用情况；⑤对发现的安全生产违章违规行为或安全隐患，有权当场予以纠正或作出处理决定；⑥对不符合安全生产条件的设施、设备、器材，有权当场作出查封的处理决定；⑦对施工现场存在的重大安全隐患有权越级报告或直接向建设主管部门报告；⑧企业明确的其他安全生产管理职责。

3. 建设工程项目安全生产领导小组和专职安全生产管理人员的设立及职责

建筑施工企业应当在建设工程项目组建安全生产领导小组。建设工程实行施工总承包的，安全生产领导小组由总承包企业、专业承包企业和劳务分包企业项目经理、技术负责人和专职安全生产管理人员组成。安全生产领导小组的主要职责：①贯彻落实国家有关安全生产法律法规和标准；②组织制定项目安全生产管理制度并监督实施；③编制项目生产安全事故应急救援预案并组织演练；④保证项目安全生产费用的有效使用；⑤组织编制危险性较大工程安全专项施工方案；⑥开展项目安全教育培训；⑦组织实施项目安全检查和隐患排查；⑧建立项目安全生产管理档案；⑨及时、如实报告安全生产事故。

建筑施工企业应当实行建设工程项目专职安全生产管理人员委派制度。建设工程项目的专职安全生产管理人员应当定期将项目安全生产管理情况报告企业安全生产管理机构。

总承包单位配备项目专职安全生产管理人员应当满足下列要求：①建筑工程、装修工程按照建筑面积配备：1 万平方米以下的工程不少于 1 人；1 万～5 万平方米的工程不少于 2 人；5 万平方米及以上的工程不少于 3 人，且按专业配备专职安全生产管理人员。②土木工程、线路管道、设备安装工程按照工程合同价配备：5000 万元以下的工程不少于 1 人；5000 万元～1 亿元的工程不少于 2 人；1 亿元及以上的工程不少于 3 人，且按专业配备专职安全生产管理人员。

分包单位配备项目专职安全生产管理人员应当满足下列要求：①专业承包单位应当配置至少 1 人，并根据所承担的分部分项工程的工程量和施工危险程度增加。②劳务分包单位施工人员在 50 人以下的，应当配备 1 名专职安全生产管理人员；50 人～200 人的，应当配备 2 名专职安全生产管理人员；200 人及以上的，应当配备 3 名及以上专职安全生产管理人员，并根据所承担的分部分项工程施工危险实际情况增加，不得少于工程施工人员总人数的 5‰。

项目专职安全生产管理人员具有以下主要职责：①负责施工现场安全生产日常检查并做好检查记录；②现场监督危险性较大工程安全专项施工方案实施情况；③对作业人员违规违章行为有权予以纠正或查处；④对施工现场存在的安全隐患有权责令立即整改；⑤对于发现的重大安全隐患，有权向企业安全生产管理机构报告；⑥依法报告生产安全事故情况。

施工作业班组可以设置兼职安全巡查员，对本班组的作业场所进行安全监督检查。

住房城乡建设部《建筑施工企业主要负责人项目负责人和专职安全生产管理人员安全生产管理规定实施意见》（建质〔2015〕206 号）中规定，建筑施工企业安全生产管理机构和建设工程项目中，应当既有可以从事起重机械、土石方机械、桩工机械等安全生产管理工作的专职安全生产管理人员，也有可以从事除起重机械、土石方机械、桩工机械等安全生产管理工作以外的安全生产管理工作的专职安全生产管理人员。

建筑施工企业专职安全生产管理人员未按规定履行安全生产管理职责，导致发生一般生产安全事故的，考核机关应当暂扣其安全生产考核合格证书 6 个月以上 1 年以下。建筑施工企业主要负责人、项目负责人和专职安全生产管理人员未按规定履行安全生产管理职责，导致发生较大及以上生产安全事故的，考核机关应当撤销其安全生产考核合格证书。

（四）施工总承包单位和分包单位的安全生产责任

《建筑法》规定，施工现场安全由建筑施工企业负责。实行施工总承包的，由总承包单位负责。分包单位向总承包单位负责，服从总承包单位对施工现场的安全生产管理。

《建设工程安全生产管理条例》进一步规定，总承包单位依法将建设工程分包给其他单位的，分包合同中应当明确各自的安全生产方面的权利、义务。实行施工总承包的，由总承包单位统一组织编制建设工程生产安全事故应急救援预案，工程总承包单位和分包单位按照应急救援预案，各自建立应急救援组织或者配备应急救援人员，配备救援器材、设备，并定期组织演练。实行施工总承包的建设工程，由总承包单位负责上报事故。总承包单位和分包单位对分包工程的安全生产承担连带责任。分包单位应当服从总承包单位的安全生产管理，分包单位不服从管理导致生产安全事故的，由分包单位承担主要责任。

（五）施工现场领导带班制度的规定

《国务院关于进一步加强企业安全生产工作的通知》（国发〔2010〕23 号）中规定，企业主要负责人和领导班子成员要轮流现场带班。发生事故而没有领导现场带班的，对企业给予规定上限的经济处罚，并依法从重追究企业主要负责人的责任。

住房城乡建设部《建筑施工企业负责人及项目负责人施工现场带班暂行办法》（建质〔2011〕111 号）进一步规定，建筑施工企业应当建立企业负责人及项目负责人施工现场带班制度，并严格考核。建筑施工企业负责人，是指企业的法定代表人、总经理、主管质量安全和生产工作的副总经理、总工程师和副总工程师。项目负责人，是指工程项目的项目经理。施工现场，是指进行房屋建筑和市政工程施工作业活动的场所。

建筑施工企业负责人要定期带班检查，每月检查时间不少于其工作日的 25%。建筑施工企业负责人带班检查时，应认真做好检查记录，并分别在企业和工程项目存档备查。工程项目进行超过一定规模的危险性较大的分部分项工程施工时，建筑施工企业负责人应到施工现场进行带班检查。对于有分公司（非独立法人）的企业集团，集团负责人因故不能到现场的，可书面委托工程所在地的分公司负责人对施工现场进行带班检查。工程项目出现险情或发现重大隐患时，建筑施工企业负责人应到施工现场带班检查，督促工程项目进行整改，及时消除险情和隐患。

项目负责人在同一时期只能承担一个工程项目的管理工作。项目负责人带班生产时，要全面掌握工程项目质量安全生产状况，加强对重点部位、关键环节的控制，及时消除隐患。要认真做好带班生产记录并签字存档备查。项目负责人每月带班生产时间不得少于本月施工时间的80％。因其他事务需离开施工现场时，应向工程项目的建设单位请假，经批准后方可离开。离开期间应委托项目相关负责人负责其外出时的日常工作。

（六）施工作业人员安全生产权利和义务的规定

施工作业人员依法享有安全生产保障的权利，并应当依法履行安全生产方面的义务。

1. 施工作业人员依法享有的安全生产保障权利

依据《建筑法》、《安全生产法》、《建设工程安全生产管理条例》等，施工作业人员主要享有如下安全生产保障权利：

（1）施工安全生产的知情权、建议权和安全防护用品获得权

《安全生产法》规定，生产经营单位的从业人员有权了解其作业场所和工作岗位存在的危险因素、防范措施及事故应急措施，有权对本单位的安全生产工作提出建议。生产经营单位必须为从业人员提供符合国家标准或者行业标准的劳动防护用品，并监督、教育从业人员按照使用规则佩戴、使用。

《建筑法》规定，作业人员有权对影响人身健康的作业程序和作业条件提出改进意见，作业人员有权获得安全生产所需的防护用品。《建设工程安全生产管理条例》进一步规定，施工单位应当向作业人员提供安全防护用具和安全防护服装，并书面告知危险岗位的操作规程和违章操作的危害。

（2）批评、检举、控告权及拒绝违章指挥权

《安全生产法》规定，生产经营单位不得因从业人员对本单位安全生产工作提出批评、检举、控告或者拒绝违章指挥、强令冒险作业而降低其工资、福利等待遇或者解除与其订立的劳动合同。

《建筑法》规定，作业人员对危及生命安全和人身健康的行为有权提出批评、检举和控告。《建设工程安全生产管理条例》进一步规定，作业人员有权对施工现场的作业条件、作业程序和作业方式中存在的安全问题提出批评、检举和控告，有权拒绝违章指挥和强令冒险作业。

（3）紧急避险权

《安全生产法》规定，从业人员发现直接危及人身安全的紧急情况时，有权停止作业或者在采取可能的应急措施后撤离作业场所。生产经营单位不得因从业人员在紧急情况下停止作业或者采取紧急撤离措施而降低其工资、福利等待遇或者解除与其订立的劳动合同。《建设工程安全生产管理条例》也规定，在施工中发生危及人身安全的紧急情况时，

作业人员有权立即停止作业或者在采取必要的应急措施后撤离危险区域。

（4）参加工伤保险和意外伤害保险的权利

《建筑法》规定，建筑施工企业应当依法为职工参加工伤保险缴纳工伤保险费。鼓励企业为从事危险作业的职工办理意外伤害保险，支付保险费。

据此，工伤保险是面向施工企业全体员工的强制性保险。意外伤害保险则是针对施工现场从事危险作业特殊群体的职工，其适用范围是在施工现场从事高处作业、深基坑作业、爆破作业等危险性较大的施工人员。

（5）请求民事赔偿的权利

《安全生产法》规定，因生产安全事故受到损害的从业人员，除依法享有工伤保险外，依照有关民事法律尚有获得赔偿的权利的，有权向本单位提出赔偿要求。

（6）依靠工会维权和被派遣劳动者的权利

《安全生产法》规定，生产经营单位的工会依法组织职工参加本单位安全生产工作的民主管理和民主监督，维护职工在安全生产方面的合法权益。生产经营单位制定或者修改有关安全生产的规章制度，应当听取工会的意见。

工会对生产经营单位违反安全生产法律、法规，侵犯从业人员合法权益的行为，有权要求纠正；发现生产经营单位违章指挥、强令冒险作业或者发现事故隐患时，有权提出解决的建议，生产经营单位应当及时研究答复；发现危及从业人员生命安全的情况时，有权向生产经营单位建议组织从业人员撤离危险场所，生产经营单位必须立即作出处理。工会有权依法参加事故调查，向有关部门提出处理意见，并要求追究有关人员的责任。

生产经营单位使用被派遣劳动者的，被派遣劳动者享有本法规定的从业人员的权利。

2. 施工作业人员应当履行的安全生产义务

施工作业人员依法应主要履行如下安全生产义务：

（1）守法遵章和正确使用安全防护用具等的义务

《建筑法》规定，建筑施工企业和作业人员在施工过程中，应当遵守有关安全生产的法律、法规和建筑行业安全规章、规程，不得违章指挥或者违章作业。《建设工程安全生产管理条例》进一步规定，作业人员应当遵守安全施工的强制性标准、规章制度和操作规程，正确使用安全防护用具、机械设备等。

（2）接受安全生产教育培训的义务

《建设工程安全生产管理条例》规定，施工单位应当对管理人员和作业人员每年至少进行一次安全生产教育培训，其教育培训情况记入个人工作档案。安全生产教育培训考核不合格的人员，不得上岗。作业人员进入新的岗位或者新的施工现场前，应当接受安全生产教育培训。未经教育培训或者教育培训考核不合格的人员，不得上岗作业。施工单位在采用新技术、新工艺、新设备、新材料时，应当对作业人员进行相应的安全生产教育培训。

《国务院关于坚持科学发展安全发展促进安全生产形势持续稳定好转的意见》（国发〔2011〕40号）中规定，企业用工要严格依照劳动合同法与职工签订劳动合同，职工必须全部经培训合格后上岗。《国务院安委会关于进一步加强安全培训工作的决定》（安委〔2012〕10号）进一步规定，劳务派遣单位要加强劳务派遣工基本安全知识培训，劳务使用单位要确保劳务派遣工与本企业职工接受同等安全培训。

（3）施工安全事故隐患报告的义务

《安全生产法》规定，从业人员发现事故隐患或者其他不安全因素，应当立即向现场安全生产管理人员或者本单位负责人报告；接到报告的人员应当及时予以处理。

（4）被派遣劳动者的义务

《安全生产法》规定，生产经营单位使用被派遣劳动者的，被派遣劳动者应当履行本法规定的从业人员的义务。

二、施工安全生产许可证制度

2014年7月经修改后发布的《安全生产许可证条例》规定，国家对矿山企业、建筑施工企业和危险化学品、烟花爆竹、民用爆炸物品生产企业实行安全生产许可制度。企业未取得安全生产许可证的，不得从事生产活动。

2015年1月住房城乡建设部经修改后发布的《建筑施工企业安全生产许可证管理规定》中规定，本规定所称建筑施工企业，是指从事土木工程、建筑工程、线路管道和设备安装工程及装修工程的新建、扩建、改建和拆除等有关活动的企业。

（一）建筑施工企业申办安全生产许可证应具备的条件

《建筑施工企业安全生产许可证管理规定》中规定，建筑施工企业取得安全生产许可证应当具备的安全生产条件为：①建立、健全安全生产责任制，制定完备的安全生产规章制度和操作规程；②保证本单位安全生产条件所需资金的投入；③设置安全生产管理机构，按照国家有关规定配备专职安全生产管理人员；④主要负责人、项目负责人、专职安全生产管理人员经建设主管部门或者其他有关部门考核合格；⑤特种作业人员经有关业务主管部门考核合格，取得特种作业操作资格证书；⑥管理人员和作业人员每年至少进行1次安全生产教育培训并考核合格；⑦依法参加工伤保险，依法为施工现场从事危险作业的人员办理意外伤害保险，为从业人员交纳保险费；⑧施工现场的办公、生活区及作业场所和安全防护用具、机械设备、施工机具及配件符合有关安全生产法律、法规、标准和规程的要求；⑨有职业危害防治措施，并为作业人员配备符合国家标准或者行业标准的安全防护用具和安全防护服装；⑩有对危险性较大的分部分项工程及施工现场易发生重大事故的部位、环节的预防、监控措施和应急预案；⑪有生产安全事故应急救援预案、应急救援组织或者应急救援人员，配备必要的应急救援器材、设备；⑫法律、法规规定的其他条件。

建筑施工企业从事建筑施工活动前，应当向企业注册所在地省、自治区、直辖市人民政府住房城乡建设主管部门申请领取安全生产许可证。

建筑施工企业申请安全生产许可证时，应当向住房城乡建设主管部门提供下列材料：①建筑施工企业安全生产许可证申请表；②企业法人营业执照；③与申请安全生产许可证应当具备的安全生产条件相关的文件、材料。

（二）安全生产许可证的有效期和暂扣安全生产许可证的规定

安全生产许可证的有效期为3年。安全生产许可证有效期满需要延期的，企业应当于期满前3个月向原安全生产许可证颁发管理机关办理延期手续。企业在安全生产许可证有效期内，严格遵守有关安全生产的法律法规，未发生死亡事故的，安全生产许可证有效期届满时，经原安全生产许可证颁发管理机关同意，不再审查，安全生产许可证有效期延期3年。

住房城乡建设部《建筑施工企业安全生产许可证动态监管暂行办法》（建质［2008］121号）规定，暂扣安全生产许可证处罚视事故发生级别和安全生产条件降低情况，按下列标准执行：①发生一般事故的，暂扣安全生产许可证30至60日；②发生较大事故的，暂扣安全生产许可证60至90日；③发生重大事故的，暂扣安全生产许可证90至120日。

建筑施工企业在12个月内第二次发生生产安全事故的，视事故级别和安全生产条件降低情况，分别按下列标准进行处罚：①发生一般事故的，暂扣时限为在上一次暂扣时限的基础上再增加30日；②发生较大事故的，暂扣时限为在上一次暂扣时限的基础上再增加60日；③发生重大事故的，或按以上①、②处罚暂扣时限超过120日的，吊销安全生产许可证。12个月内同一企业连续发生三次生产安全事故的，吊销安全生产许可证。

建筑施工企业瞒报、谎报、迟报或漏报事故的，在以上处罚的基础上，再处延长暂扣期30日至60日的处罚。暂扣时限超过120日的，吊销安全生产许可证。建筑施工企业在安全生产许可证暂扣期内，拒不整改的，吊销其安全生产许可证。

建筑施工企业安全生产许可证被暂扣期间，企业在全国范围内不得承揽新的工程项目。发生问题或事故的工程项目停工整改，经工程所在地有关建设主管部门核查合格后方可继续施工。建筑施工企业安全生产许可证被吊销后，自吊销决定作出之日起一年内不得重新申请安全生产许可证。

建筑施工企业安全生产许可证暂扣期满前10个工作日，企业需向颁发管理机关提出发还安全生产许可证申请。颁发管理机关接到申请后，应当对被暂扣企业安全生产条件进行复查，复查合格的，应当在暂扣期满时发还安全生产许可证；复查不合格的，增加暂扣期限直至吊销安全生产许可证。

（三）违法行为应承担的主要法律责任

依据《安全生产许可证条例》的规定，《建筑施工企业安全生产许可证管理规定》中进一步规定，建筑施工企业未取得安全生产许可证擅自从事建筑施工活动的，责令其在建项目停止施工，没收违法所得，并处10万元以上50万元以下的罚款；造成重大安全事故或者其他严重后果，构成犯罪的，依法追究刑事责任。

安全生产许可证有效期满未办理延期手续，继续从事建筑施工活动的，责令其在建项目停止施工，限期补办延期手续，没收违法所得，并处5万元以上10万元以下的罚款；逾期仍不办理延期手续，继续从事建筑施工活动的，依照未取得安全生产许可证擅自从事建筑施工活动的规定处罚。

建筑施工企业转让安全生产许可证的，没收违法所得，处10万元以上50万元以下的罚款，并吊销安全生产许可证；构成犯罪的，依法追究刑事责任；接受转让的，依照未取得安全生产许可证擅自从事建筑施工活动的规定处罚。冒用安全生产许可证或者使用伪造的安全生产许可证的，依照未取得安全生产许可证擅自从事建筑施工活动的规定处罚。

三、安全生产教育培训制度

（一）施工企业"安管人员"培训考核的规定

《建设工程安全生产管理条例》规定，施工单位的主要负责人、项目负责人、专职安全生产管理人员应当经建设行政主管部门或者其他部门考核合格后方可任职。

2014年6月住房城乡建设部颁布的《建筑施工企业主要负责人、项目负责人和专职安全生产管理人员安全生产管理规定》中规定，企业主要负责人，是指对本企业生产经营活动和安全生产工作具有决策权的领导人员。项目负责人，是指取得相应注册执业资格，由企业法定代表人授权，负责具体工程项目管理的人员。专职安全生产管理人员，是指在企业专职从事安全生产管理工作的人员，包括企业安全生产管理机构的人员和工程项目专职从事安全生产管理工作的人员。

建筑施工企业主要负责人、项目负责人和专职安全生产管理人员，合称为"安管人员"。

《建筑施工企业主要负责人 项目负责人和专职安全生产管理人员安全生产管理规定实施意见》进一步规定，企业主要负责人包括法定代表人、总经理（总裁）、分管安全生产的副总经理（副总裁）、分管生产经营的副总经理（副总裁）、技术负责人、安全总监等。专职安全生产管理人员分为机械、土建、综合三类。

机械类专职安全生产管理人员可以从事起重机械、土石方机械、桩工机械等安全生产管理工作。土建类专职安全生产管理人员可以从事除起重机械、土石方机械、桩工机械等安全生产管理工作以外的安全生产管理工作。综合类专职安全生产管理人员可以从事全部安全生产管理工作。

新申请专职安全生产管理人员安全生产考核只可以在机械、土建、综合三类中选择一类。机械类专职安全生产管理人员在参加土建类安全生产管理专业考试合格后，可以申请取得综合类专职安全生产管理人员安全生产考核合格证书。土建类专职安全生产管理人员在参加机械类安全生产管理专业考试合格后，可以申请取得综合类专职安全生产管理人员安全生产考核合格证书。

1. 安全生产考核的基本要求

《建筑施工企业主要负责人、项目负责人和专职安全生产管理人员安全生产管理规定》中规定，"安管人员"应当通过其受聘企业，向企业工商注册地的省、自治区、直辖市人民政府住房城乡建设主管部门（以下简称考核机关）申请安全生产考核，并取得安全生产考核合格证书。对安全生产考核合格的，考核机关应当在20个工作日内核发安全生产考核合格证书，并予以公告；对不合格的，应当通过"安管人员"所在企业通知本人并说明理由。

安全生产考核合格证书有效期为3年，证书在全国范围内有效。证书式样由国务院住房城乡建设主管部门统一规定。安全生产考核合格证书有效期届满需要延续的，"安管人员"应当在有效期届满前3个月内，由本人通过受聘企业向原考核机关申请证书延续。准予证书延续的，证书有效期延续3年。对证书有效期内未因生产安全事故或者违反本规定受到行政处罚，信用档案中无不良行为记录，且已按规定参加企业和县级以上人民政府住房城乡建设主管部门组织的安全生产教育培训的，考核机关应当在受理延续申请之日起20个工作日内，准予证书延续。

"安管人员"变更受聘企业的，应当与原聘用企业解除劳动关系，并通过新聘用企业到考核机关申请办理证书变更手续。考核机关应当在受理变更申请之日起5个工作日内办理完毕。"安管人员"遗失安全生产考核合格证书的，应当在公共媒体上声明作废，通过其受聘企业向原考核机关申请补办。考核机关应当在受理申请之日起5个工作日内办理完毕。

"安管人员"不得涂改、倒卖、出租、出借或者以其他形式非法转让安全生产考核合格证书。

《建筑施工企业主要负责人　项目负责人和专职安全生产管理人员安全生产管理规定实施意见》进一步规定，建筑施工企业主要负责人、项目负责人和专职安全生产管理人员应当在安全生产考核合格证书有效期届满前3个月内，经所在企业向原考核机关申请证书延续。

符合下列条件的准予证书延续：①在证书有效期内未因生产安全事故或者安全生产违法违规行为受到行政处罚；②信用档案中无安全生产不良行为记录；③企业年度安全生产教育培训合格，且在证书有效期内参加县级以上住房城乡建设主管部门组织的安全生产教育培训时间满24学时。不符合证书延续条件的应当申请重新考核。不办理证书延续的，证书自动失效。

建筑施工企业主要负责人、项目负责人和专职安全生产管理人员跨省更换受聘企业的，应到原考核发证机关办理证书转出手续。原考核发证机关应为其办理包含原证书有效期限等信息的证书转出证明。建筑施工企业主要负责人、项目负责人和专职安全生产管理人员持相关证明通过新受聘企业到该企业工商注册所在地的考核发证机关办理新证书。新证书应延续原证书的有效期。

2. 申请安全生产考核应具备的条件

《建筑施工企业主要负责人　项目负责人和专职安全生产管理人员安全生产管理规定实施意见》规定，申请建筑施工企业主要负责人安全生产考核，应当具备下列条件：①具有相应的文化程度、专业技术职称（法定代表人除外）；②与所在企业确立劳动关系；③经所在企业年度安全生产教育培训合格。

申请建筑施工企业项目负责人安全生产考核，应当具备下列条件：①取得相应注册执业资格；②与所在企业确立劳动关系；③经所在企业年度安全生产教育培训合格。

申请专职安全生产管理人员安全生产考核，应当具备下列条件：①年龄已满18周岁未满60周岁，身体健康；②具有中专（含高中、中技、职高）及以上文化程度或初级及以上技术职称；③与所在企业确立劳动关系，从事施工管理工作2年以上；④经所在企业年度安全生产教育培训合格。

3. 安全生产考核的要点

《建筑施工企业主要负责人、项目负责人和专职安全生产管理人员安全生产管理规定》中规定，安全生产考核包括安全生产知识考核和管理能力考核。安全生产知识考核内容包括：建筑施工安全的法律法规、规章制度、标准规范，建筑施工安全管理基本理论等。安全生产管理能力考核内容包括：建立和落实安全生产管理制度、辨识和监控危险性较大的分部分项工程、发现和消除安全事故隐患、报告和处置生产安全事故等方面的能力。

《建筑施工企业主要负责人 项目负责人和专职安全生产管理人员安全生产管理规定实施意见》进一步规定，安全生产知识考核可采用书面或计算机答卷的方式；安全生产管理能力考核可采用现场实操考核或通过视频、图片等模拟现场考核方式。机械类专职安全生产管理人员及综合类专职安全生产管理人员安全生产管理能力考核内容必须包括攀爬塔吊及起重机械隐患识别等。

建筑施工企业主要负责人（A类）的安全生产知识考核要点：①建筑施工安全生产的方针政策、法律法规和标准规范；②建筑施工安全生产管理的基本理论和基础知识；③工程建设各方主体的安全生产法律义务与法律责任；④企业安全生产责任制和安全生产管理制度；⑤安全生产保证体系、资质资格、费用保险、教育培训、机械设备、防护用品、评价考核等管理；⑥危险性较大的分部分项工程、危险源辨识、安全技术交底和安全技术资料等安全技术管理；⑦安全检查、隐患排查与安全生产标准化；⑧场地管理与文明施工；⑨模板支撑工程、脚手架工程、建筑起重与升降机械设备使用、临时用电、高处作业和现场防火等安全技术要点；⑩事故应急预案、事故救援和事故报告、调查与处理；⑪国内外安全生产管理经验；⑫典型事故案例分析。

安全生产管理能力考核要点：①贯彻执行建筑施工安全生产的方针政策、法律法规和标准规范情况；②建立健全本单位安全管理体系，设置安全生产管理机构与配备专职安全生产管理人员，以及领导带班值班情况；③建立健全本单位安全生产责任制，组织制定本单位安全生产管理制度和贯彻执行情况；④保证本单位安全生产所需资金投入情况；⑤制定本单位操作规程情况和开展施工安全标准化情况；⑥组织本单位开展安全检查、隐患排查，及时消除生产安全事故隐患情况；⑦与项目负责人签订安全生产责任书与目标考核情况，对工程项目负责人安全生产管理能力考核情况；⑧组织本单位开展安全生产教育培训工作情况，建筑施工企业主要负责人、项目负责人和专职安全生产管理人员和特种作业人员持证上岗情况，项目工地农民工业余学校创建工作情况，本人参加企业年度安全生产教育培训情况；⑨组织制定本单位生产安全事故应急救援预案，组织、指挥预案演练情况；⑩发生事故后，组织救援、保护现场、报告事故和配合事故调查、处理情况；⑪安全生产业绩，自考核之日，是否存在下列情形之一：未履行安全生产职责，对所发生的建筑施工一般或较大级别生产安全事故负有责任，受到刑事处罚和撤职处分，刑事处罚执行完毕不满5年或者受处分之日起不满5年的；未履行安全生产职责，对发生的建筑施工重大或特别重大级别生产安全事故负有责任，受到刑事处罚和撤职处分的；3年内，因未履行安全生产职责，受到行政处罚的；1年内，因未履行安全生产职责，信用档案中被记入不良行为记录或仍未撤销的。

建筑施工企业项目负责人（B类）的安全生产知识考核要点：①建筑施工安全生产的方针政策、法律法规和标准规范；②建筑施工安全生产管理、工程项目施工安全生产管理的基本理论和基础知识；③工程建设各方主体的安全生产法律义务与法律责任；④企业、工程项目安全生产责任制和安全生产管理制度；⑤安全生产保证体系、资质资格、费用保险、教育培训、机械设备、防护用品、评价考核等管理；⑥危险性较大的分部分项工程、危险源辨识、安全技术交底和安全技术资料等安全技术管理；⑦安全检查、隐患排查与安全生产标准化；⑧场地管理与文明施工；⑨模板支撑工程、脚手架工程、土方基坑工程、起重吊装工程，以及建筑起重与升降机械设备使用、施工临时用电、高处作业、电气焊（割）作业、现场防火和季节性施工等安全技术要点；⑩事故应急救援和事故报告、调查与处理；⑪国内外安全生产管理经验；⑫典型事故案例分析。

安全生产管理能力考核要点：①贯彻执行建筑施工安全生产的方针政策、法律法规和标准规范情况；②组织和督促本工程项目安全生产工作，落实本单位安全生产责任制和安全生产管理制度情况；③保证工程项目安全防护和文明施工资金投入，以及为作业人员提供劳动保护用具和生产、生活环境情况；④建立工程项目安全生产保证体系、明确项目管理人员安全职责，明确建设、承包等各方安全生产责任，以及领导带班值班情况；⑤根据工程的特点和施工进度，组织制定安全施工措施和落实安全技术交底情况；⑥落实本单位的安全培训教育制度，创建项目工地农民工业余学校，组织岗前和班前安全生产教育情况；⑦组织工程项目开展安全检查、隐患排查，及时消除生产安全事故隐患情况；⑧按照《建筑施工安全检查标准》检查施工现场安全生产达标情况，以及开展安全标准化和考评情况；⑨落实施工现场消防安全制度，配备消防器材、设施情况；⑩按照本单位或总承包单位制订的施工现场生产安全事故应急救援预案，建立应急救援组织或者配备应急救援人员、器材、设备并组织演练等情况；⑪发生事故后，组织救援、保护现场、报告事故和配合事故调查、处理情况；⑫安全生产业绩，自考核之日，是否存在下列情形之一：未履行安全生产职责，对所发生的建筑施工一般或较大级别生产安全事故负有责任，受到刑事处罚和撤职处分，刑事处罚执行完毕不满5年或者受处分之日起不满5年的；未履行安全生产职责，对发生的建筑施工重大或特别重大级别生产安全事故负有责任，受到刑事处罚和撤职处分的；3年内，因未履行安全生产职责，受到行政处罚的；1年内，因未履行安全生产职责，信用档案中被记入不良行为记录或仍未撤销的。

建筑施工企业机械类专职安全生产管理人员（C1类）的安全生产知识考核要点：①建筑施工安全生产的方针政策、法律法规、规章制度和标准规范；②建筑施工安全生产管理、工程项目施工安全生产管理的基本理论和基础知识；③工程建设各方主体的安全生产法律义务与法律责任；④企业、工程项目安全生产责任制和安全生产管理制度；⑤安全生产保证体系、资质资格、费用保险、教育培训、机械设备、防护用品、评价考核等管理；⑥危险性较大的分部分项工程、危险源辨识、安全技术交底和安全技术资料等安全技术管理；⑦施工现场安全检查、隐患排查与安全生产标准化；⑧场地管理与文明施工；⑨事故应急救援和事故报告、调查与处理；⑩起重吊装、土方与筑路机械、建筑起重与升降机械设备，以及混凝土、木工、钢筋和桩工机械等安全技术要点；⑪国内外安全生产管理经验；⑫机械类典型事故案例分析。

安全生产管理能力考核要点：①贯彻执行建筑施工安全生产的方针政策、法律法规、规章制度和标准规范情况；②对施工现场进行检查、巡查，查处建筑起重机械、升降设备、施工机械机具等方面违反安全生产规范标准、规章制度行为，监督落实安全隐患的整改情况；③发现生产安全事故隐患，及时向项目负责人和安全生产管理机构报告以及消除隐患情况；④制止现场相关专业违章指挥、违章操作、违反劳动纪律等行为情况；⑤监督相关专业施工方案、技术措施和技术交底的执行情况，督促安全技术资料的整理、归档情况；⑥检查相关专业作业人员安全教育培训和持证上岗情况；⑦发生事故后，参加抢救、救护和及时如实报告事故、积极配合事故的调查处理情况；⑧安全生产业绩，自考核之日起，是否存在下列情形之一：未履行安全生产职责，对所发生的建筑施工生产安全事故负有责任，受到刑事处罚和撤职处分，刑事处罚执行完毕不满3年或者受处分之日起不满3年的；3年内，因未履行安全生产职责，受到行政处罚的；1年内，因未履行安全生产职责，信用档案中被记入不良行为记录或仍未撤销的。

建筑施工企业土建类专职安全生产管理人员（C2类）的安全生产知识考核要点：①建筑施工安全生产的方针政策、法律法规和标准规范；②建筑施工安全生产管理、工程项目施工安全生产管理的基本理论和基础知识；③工程建设各方主体的安全生产法律义务与法律责任；④企业、工程项目安全生产责任制和安全生产管理制度；⑤安全生产保证体系、资质资格、费用保险、教育培训、机械设备、防护用品、评价考核等管理；⑥危险性较大的分部分项工程、危险源辨识、安全技术交底和安全技术资料等安全技术管理；⑦施工现场安全检查、隐患排查与安全生产标准化；⑧场地管理与文明施工；⑨事故应急救援和事故报告、调查与处理；⑩模板支撑工程、脚手架工程、土方基坑工程、施工临时用电、高处作业、电气焊（割）作业、现场防火和季节性施工等安全技术要点；⑪国内外安全生产管理经验；⑫土建类典型事故案例分析。

安全生产管理能力考核要点：①贯彻执行建筑施工安全生产的方针政策、法律法规、规章制度和标准规范情况；②对施工现场进行检查、巡查，查处模板支撑、脚手架和土方基坑工程、施工临时用电、高处作业、电气焊（割）作业和季节性施工，以及施工现场生产生活设施、现场消防和文明施工等方面违反安全生产规范标准、规章制度行为，监督落实安全隐患的整改情况；③发现生产安全事故隐患，及时向项目负责人和安全生产管理机构报告以及消除情况；④制止现场违章指挥、违章操作、违反劳动纪律等行为情况；⑤监督相关专业施工方案、技术措施和技术交底的执行情况，督促安全技术资料的整理、归档情况；⑥检查相关专业作业人员安全教育培训和持证上岗情况；⑦发生事故后，参加救援、救护和及时如实报告事故、积极配合事故的调查处理情况；⑧安全生产业绩（同C1类的内容）。

建筑施工企业综合类专职安全生产管理人员（C3类）的安全生产知识考核要点：①建筑施工安全生产的方针政策、法律法规、规章制度和标准规范；②建筑施工安全生产管理、工程项目施工安全生产管理的基本理论和基础知识；③工程建设各方主体的安全生产法律义务与法律责任；④企业、工程项目安全生产责任制和安全生产管理制度；⑤安全生产保证体系、资质资格、费用保险、教育培训、机械设备、防护用品、评价考核等管理；⑥危险性较大的分部分项工程、危险源辨识、安全技术交底和安全技术资料等安全技术管理；⑦施工现场安全检查、隐患排查与安全生产标准化；⑧场地管理与文明施工；⑨事故应急救援和事故报告、调查与处理；⑩起重吊装、土方与筑路机械、建筑起重与升降机械设备，以及混凝土、木工、钢筋和桩工机械等安全技术要点；模板支撑工程、脚手架工程、土方基坑工程、施工临时用电、高处作业、电气焊（割）作业、现场防火和季节性施工等安全技术要点；⑪国内外安全生产管理经验；⑫典型事故案例分析。

安全生产管理能力考核要点：①贯彻执行建筑施工安全生产的方针政策、法律法规、规章制度和标准规范情况；②对施工现场进行检查、巡查，查处建筑起重机械、升降设备、施工机械机具等方面违反安全生产规范标准、规章制度行为，监督落实安全隐患的整改情况；对施工现场进行检查、巡查，查处模板支撑、脚手架和土方基坑工程、施工临时用电、高处作业、电气焊（割）作业和季节性施工，以及施工现场生产生活设施、现场消防和文明施工等方面违反安全生产规范标准、规章制度行为，监督落实安全隐患的整改情况；③发现生产安全事故隐患，及时向项目负责人和安全生产管理机构报告，及时消除生产安全事故隐患情况；④制止现场违章指挥、违章操作、违反劳动纪律等行为情况；⑤监督相关专业施工方案、技术措施和技术交底的执行情况，督促安全技术资料的整理、归档情况；⑥检查施工现场作业人员安全教育培训和持证上岗情况；⑦发生事故后，参加抢救、救护和及时如实报告事故、积极配合事故的调查处理情况；⑧安全生产业绩（同 C1类的内容）。

4. 考核内容与方式

《建筑施工企业主要负责人 项目负责人和专职安全生产管理人员安全生产管理规定实施意见》规定，考核内容包括安全生产知识考试、安全生产管理能力考核和安全生产管理实际能力考核等。

安全生产管理能力考核：①申请考核时，施工企业结合工作实际，对安全生产实际工作能力和安全生产业绩进行初步考核；②受理企业申报后，建设主管部门结合日常监督管理和信用档案记录情况，对实际安全生产管理工作情况和安全生产业绩进行考核。

安全生产管理实际能力考核：施工现场实地或模拟施工现场，采用现场实操和口头陈述方式，考核查找存在的管理缺陷、事故隐患和处理紧急情况等实际工作能力。

安全生产知识考试：采用书面或计算机闭卷考试方式，内容包括安全生产法律法规、安全管理和安全技术等内容。其中：①建筑施工企业主要负责人（A 类），法律法规占50%，安全管理占 40%，土建综合安全技术占 6%，机械设备安全技术占 4%；②项目负责人（B 类），法律法规占 30%，安全管理占 40%，土建综合安全技术占 18%，机械设备安全技术占 12%；③机械类专职安全生产管理人员（C1 类），法律法规占 20%，安全管理占 40%，机械设备安全技术占 40%；④土建类专职安全生产管理人员（C2 类），法律法规占 20%，安全管理占 40%，土建综合安全技术占 40%；⑤综合类专职安全生产管理人员（C3 类），法律法规占 20%，安全管理占 40%，机械设备、土建综合安全技术占 40%。

（二）建筑施工特种作业人培训考核的规定

《安全生产法》规定，生产经营单位的特种作业人员必须按照国家有关规定经专门的安全作业培训，取得相应资格，方可上岗作业。《建设工程安全生产管理条例》规定，垂直运输机械作业人员、安装拆卸工、爆破作业人员、起重信号工、登高架设作业人员等特种作业人员，必须按照国家有关规定经过专门的安全作业培训，并取得特种作业操作资格证书后，方可上岗作业。

住房城乡建设部《建筑施工特种作业人员管理规定》（建质〔2008〕75 号）中进一步规定，建筑施工特种作业人员是指在房屋建筑和市政工程施工活动中，从事可能对本人、他人及周围设备设施的安全造成重大危害作业的人员。

建筑施工特种作业包括：①建筑电工；②建筑架子工；③建筑起重信号司索工；④建筑起重机械司机；⑤建筑起重机械安装拆卸工；⑥高处作业吊篮安装拆卸工；⑦经省级以

上人民政府建设主管部门认定的其他特种作业。

建筑施工特种作业人员必须经建设主管部门考核合格，取得建筑施工特种作业人员操作资格证书，方可上岗从事相应作业。

1. 特种作业人员的考核发证

《建筑施工特种作业人员管理规定》中规定，建筑施工特种作业人员的考核发证工作，由省、自治区、直辖市人民政府建设主管部门或其委托的考核发证机构（以下简称"考核发证机关"）负责组织实施。

考核发证机关应当在办公场所公布建筑施工特种作业人员申请条件、申请程序、工作时限、收费依据和标准等事项。考核发证机关应当在考核前在机关网站或新闻媒体上公布考核科目、考核地点、考核时间和监督电话等事项。

申请从事建筑施工特种作业的人员，应当具备下列基本条件：①年满 18 周岁且符合相关工种规定的年龄要求；②经医院体检合格且无妨碍从事相应特种作业的疾病和生理缺陷；③初中及以上学历；④符合相应特种作业需要的其他条件。

建筑施工特种作业人员的考核内容应当包括安全技术理论和实际操作。考核发证机关应当自考核结束之日起 10 个工作日内公布考核成绩。考核发证机关对于考核合格的，应当自考核结果公布之日起 10 个工作日内颁发资格证书；对于考核不合格的，应当通知申请人并说明理由。资格证书应当采用国务院建设主管部门规定的统一样式，由考核发证机关编号后签发。资格证书在全国通用。

住房城乡建设部《关于建筑施工特种作业人员考核工作的实施意见》（建办质〔2008〕41 号）规定，安全技术理论考核不合格的，不得参加安全操作技能考核。安全技术理论考试和实际操作技能考核均合格的，为考核合格。

首次取得《建筑施工特种作业操作资格证书》的人员实习操作不得少于 3 个月。实习操作期间，用人单位应当指定专人指导和监督作业。指导人员应当从取得相应特种作业资格证书并从事相关工作 3 年以上、无不良记录的熟练工中选择。实习操作期满，经用人单位考核合格，方可独立作业。

建筑施工特种作业操作范围：①建筑电工，在建筑工程施工现场从事临时用电作业；②建筑架子工（普通脚手架），在建筑工程施工现场从事落地式脚手架、悬挑式脚手架、模板支架、外电防护架、卸料平台、洞口临边防护等登高架设、维护、拆除作业；③建筑架子工（附着升降脚手架），在建筑工程施工现场从事附着式升降脚手架的安装、升降、维护和拆卸作业；④建筑起重司索信号工，在建筑工程施工现场从事对起吊物体进行绑扎、挂钩等司索作业和起重指挥作业；⑤建筑起重机械司机（塔式起重机），在建筑工程施工现场从事固定式、轨道式和内爬升式塔式起重机的驾驶操作；⑥建筑起重机械司机（施工升降机），在建筑工程施工现场从事施工升降机的驾驶操作；⑦建筑起重机械司机（物料提升机），在建筑工程施工现场从事物料提升机的驾驶操作；⑧建筑起重机械安装拆卸工（塔式起重机），在建筑工程施工现场从事固定式、轨道式和内爬升式塔式起重机的安装、附着、顶升和拆卸作业；⑨建筑起重机械安装拆卸工（施工升降机），在建筑工程施工现场从事施工升降机的安装和拆卸作业；⑩建筑起重机械安装拆卸工（物料提升机），在建筑工程施工现场从事物料提升机的安装和拆卸作业；⑪高处作业吊篮安装拆卸工，在建筑工程施工现场从事高处作业吊篮的安装和拆卸作业。

2. 特种作业人员的从业要求

《建筑施工特种作业人员管理规定》中规定，持有资格证书的人员，应当受聘于建筑施工企业或者建筑起重机械出租单位（以下简称用人单位），方可从事相应的特种作业。

用人单位对于首次取得资格证书的人员，应当在其正式上岗前安排不少于 3 个月的实习操作。建筑施工特种作业人员应当严格按照安全技术标准、规范和规程进行作业，正确佩戴和使用安全防护用品，并按规定对作业工具和设备进行维护保养。建筑施工特种作业人员应当参加年度安全教育培训或者继续教育，每年不得少于 24 小时。

在施工中发生危及人身安全的紧急情况时，建筑施工特种作业人员有权立即停止作业或者撤离危险区域，并向施工现场专职安全生产管理人员和项目负责人报告。

用人单位应当履行下列职责：①与持有效资格证书的特种作业人员订立劳动合同；②制定并落实本单位特种作业安全操作规程和有关安全管理制度；③书面告知特种作业人员违章操作的危害；④向特种作业人员提供齐全、合格的安全防护用品和安全的作业条件；⑤按规定组织特种作业人员参加年度安全教育培训或者继续教育，培训时间不少于 24 小时；⑥建立本单位特种作业人员管理档案；⑦查处特种作业人员违章行为并记录在档；⑧法律法规及有关规定明确的其他职责。

任何单位和个人不得非法涂改、倒卖、出租、出借或者以其他形式转让资格证书。建筑施工特种作业人员变动工作单位，任何单位和个人不得以任何理由非法扣押其资格证书。

3. 特种作业人员的延期复核

资格证书有效期为 2 年。有效期满需要延期的，建筑施工特种作业人员应当于期满前 3 个月内向原考核发证机关申请办理延期复核手续。延期复核合格的，资格证书有效期延期 2 年。

建筑施工特种作业人员在资格证书有效期内，有下列情形之一的，延期复核结果为不合格：①超过相关工种规定年龄要求的；②身体健康状况不再适应相应特种作业岗位的；③对生产安全事故负有责任的；④2 年内违章操作记录达 3 次（含 3 次）以上的；⑤未按规定参加年度安全教育培训或者继续教育的；⑥考核发证机关规定的其他情形。

考核发证机关在收到建筑施工特种作业人员提交的延期复核资料后，应当根据以下情况分别作出处理：①对于属于上述情形之一的，自收到延期复核资料之日起 5 个工作日内作出不予延期决定，并说明理由；②对于提交资料齐全且无上述情形的，自受理之日起 10 个工作日内办理准予延期复核手续，在证书上注明延期复核合格，并加盖延期复核专用章。考核发证机关逾期未作出决定的，视为延期复核合格。

4. 特种作业人员资格证书的撤销与注销

有下列情形之一的，考核发证机关应当撤销资格证书：①持证人弄虚作假骗取资格证书或者办理延期复核手续的；②考核发证机关工作人员违法核发资格证书的；③考核发证机关规定应当撤销资格证书的其他情形。

有下列情形之一的，考核发证机关应当注销资格证书：①依法不予延期的；②持证人逾期未申请办理延期复核手续的；③持证人死亡或者不具有完全民事行为能力的；④考核发证机关规定应当注销的其他情形。

（三）施工单位全员的安全生产教育培训

《安全生产法》规定，生产经营单位应当对从业人员进行安全生产教育和培训，保证从业人员具备必要的安全生产知识，熟悉有关的安全生产规章制度和安全操作规程，掌握本岗位的安全操作技能，了解事故应急处理措施，知悉自身在安全生产方面的权利和义务。未经安全生产教育和培训合格的从业人员，不得上岗作业。

生产经营单位使用被派遣劳动者的，应当将被派遣劳动者纳入本单位从业人员统一管理，对被派遣劳动者进行岗位安全操作规程和安全操作技能的教育和培训。劳务派遣单位应当对被派遣劳动者进行必要的安全生产教育和培训。

生产经营单位应当建立安全生产教育和培训档案，如实记录安全生产教育和培训的时间、内容、参加人员以及考核结果等情况。

《建设工程安全生产管理条例》进一步规定，施工单位应当对管理人员和作业人员每年至少进行一次安全生产教育培训，其教育培训情况记入个人工作档案。安全生产教育培训考核不合格的人员，不得上岗。《国务院关于坚持科学发展安全发展促进安全生产形势持续稳定好转的意见》规定，企业用工要严格依照劳动合同法与职工签订劳动合同，职工必须全部经培训合格后上岗。

（四）进入新岗位或者新施工现场前的安全生产教育培训

《建设工程安全生产管理条例》规定，作业人员进入新的岗位或者新的施工现场前，应当接受安全生产教育培训。未经教育培训或者教育培训考核不合格的人员，不得上岗作业。

《国务院安委会关于进一步加强安全培训工作的决定》中指出，严格落实企业职工先培训后上岗制度。建筑企业要对新职工进行至少32学时的安全培训，每年进行至少20学时的再培训。

强化现场安全培训。高危企业要严格班前安全培训制度，有针对性地讲述岗位安全生产与应急救援知识、安全隐患和注意事项等，使班前安全培训成为安全生产第一道防线。要大力推广"手指口述"等安全确认法，帮助员工通过心想、眼看、手指、口述，确保按规程作业。要加强班组长培训，提高班组长现场安全管理水平和现场安全风险管控能力。

（五）采用新技术、新工艺、新设备、新材料前的安全生产教育培训

随着我国工程建设和科学技术的迅速发展，越来越多的新技术、新工艺、新设备、新材料被广泛应用于施工生产活动中，在大大促进施工生产效率和工程质量提高的同时，也对施工作业人员的素质提出了更高要求。

《安全生产法》规定，生产经营单位采用新工艺、新技术、新材料或者使用新设备，必须了解、掌握其安全技术特性，采取有效的安全防护措施，并对从业人员进行专门的安全生产教育和培训。《建设工程安全生产管理条例》规定，施工单位在采用新技术、新工艺、新设备、新材料时，应当对作业人员进行相应的安全生产教育培训。《国务院安委会关于进一步加强安全培训工作的决定》指出，企业调整职工岗位或者采用新工艺、新技

术、新设备、新材料的，要进行专门的安全培训。

（六）安全教育培训方式

《国务院关于坚持科学发展安全发展促进安全生产形势持续稳定好转的意见》规定，施工单位应当根据实际需要，对不同岗位、不同工种的人员进行因人施教。安全教育培训可采取多种形式，包括安全形势报告会、事故案例分析会、安全法制教育、安全技术交流、安全竞赛、师傅带徒弟等。

《国务院安委会关于进一步加强安全培训工作的决定》中进一步指出，完善和落实师傅带徒弟制度。高危企业新职工安全培训合格后，要在经验丰富的工人师傅带领下，实习至少2个月后方可独立上岗。工人师傅一般应当具备中级工以上技能等级，3年以上相应工作经历，成绩突出，善于"传、帮、带"，没有发生过"三违"行为等条件。要组织签订师徒协议，建立师傅带徒弟激励约束机制。支持大中型企业和欠发达地区建立安全培训机构，重点建设一批具有仿真、体感、实操特色的示范培训机构。加强远程安全培训。开发国家安全培训网和有关行业网络学习平台，实现优质资源共享。实行网络培训学时学分制，将学时和学分结果与继续教育、再培训挂钩。利用视频、电视、手机等拓展远程培训形式。

（七）违法行为应承担的法律责任

《安全生产法》规定，生产经营单位有下列行为之一的，责令限期改正，可以处5万元以下的罚款；逾期未改正的，责令停产停业整顿，并处5万元以上10万元以下的罚款，对其直接负责的主管人员和其他直接责任人员处1万元以上2万元以下的罚款：……②……建筑施工、道路运输单位的主要负责人和安全生产管理人员未按照规定经考核合格的；③未按照规定对从业人员、被派遣劳动者、实习学生进行安全生产教育和培训，或者未按照规定如实告知有关的安全生产事项的；④未如实记录安全生产教育和培训情况的……⑥未按照规定制定生产安全事故应急救援预案或者未定期组织演练的；⑦特种作业人员未按照规定经专门的安全作业培训并取得相应资格，上岗作业的。

《建设工程安全生产管理条例》规定，违反本条例的规定，施工单位有下列行为之一的，责令限期改正；逾期未改正的，责令停业整顿，依照《中华人民共和国安全生产法》的有关规定处以罚款；造成重大安全事故，构成犯罪的，对直接责任人员，依照刑法有关规定追究刑事责任：……②施工单位的主要负责人、项目负责人、专职安全生产管理人员、作业人员或者特种作业人员，未经安全教育培训或者经考核不合格即从事相关工作的……

《国务院安委会关于进一步加强安全培训工作的决定》规定，严肃追究安全培训责任。对应持证未持证或者未经培训就上岗的人员，一律先离岗、培训持证后再上岗，并依法对企业按规定上限处罚，直至停产整顿和关闭。

对各类生产安全责任事故，一律倒查培训、考试、发证不到位的责任。对因未培训、假培训或者未持证上岗人员的直接责任引发重特大事故的，所在企业主要负责人依法终身不得担任本行业企业矿长（厂长、经理），实际控制人依法承担相应责任。

四、施工现场安全防范措施制度

保障施工安全生产，应当针对项目施工和工程现场的特点，加强安全技术管理和施工现场的安全防范措施。

（一）安全技术措施、专项施工方案和安全技术交底的规定

《建筑法》规定，建筑施工企业在编制施工组织设计时，应当根据建筑工程的特点制定相应的安全技术措施；对专业性较强的工程项目，应当编制专项安全施工组织设计，并采取安全技术措施。

《建设工程安全生产管理条例》进一步规定，施工单位应当在施工组织设计中编制安全技术措施和施工现场临时用电方案。

对下列达到一定规模的危险性较大的分部分项工程编制专项施工方案，并附具安全验算结果，经施工单位技术负责人、总监理工程师签字后实施，由专职安全生产管理人员进行现场监督：①基坑支护与降水工程；②土方开挖工程；③模板工程；④起重吊装工程；⑤脚手架工程；⑥拆除、爆破工程；⑦国务院建设行政主管部门或者其他有关部门规定的其他危险性较大的工程。对以上所列工程中涉及深基坑、地下暗挖工程、高大模板工程的专项施工方案，施工单位还应当组织专家进行论证、审查。

建设工程施工前，施工单位负责项目管理的技术人员应当对有关安全施工的技术要求向施工作业班组、作业人员作出详细说明，并由双方签字确认。

（二）危险性较大的分部分项工程安全管理的规定

住房城乡建设部《危险性较大的分部分项工程安全管理办法》（建质〔2009〕87号）规定，危险性较大的分部分项工程是指建筑工程在施工过程中存在的、可能导致作业人员群死群伤或造成重大不良社会影响的分部分项工程。

危险性较大的分部分项工程安全专项施工方案（以下简称"专项方案"），是指施工单位在编制施工组织（总）设计的基础上，针对危险性较大的分部分项工程单独编制的安全技术措施文件。

1. 危险性较大的分部分项工程范围

危险性较大的分部分项工程范围：1）基坑支护、降水工程。开挖深度超过3m（含3m）或虽未超过3m但地质条件和周边环境复杂的基坑（槽）支护、降水工程。2）土方开挖工程。开挖深度超过3m（含3m）的基坑（槽）的土方开挖工程。3）模板工程及支撑体系：①各类工具式模板工程：包括大模板、滑模、爬模、飞模等工程。②混凝土模板支撑工程：搭设高度5m及以上；搭设跨度10m及以上；施工总荷载$10kN/m^2$及以上；集中线荷载$15kN/m$及以上；高度大于支撑水平投影宽度且相对独立无联系构件的混凝土模板支撑工程。③承重支撑体系：用于钢结构安装等满堂支撑体系。4）起重吊装及安装拆卸工程：①采用非常规起重设备、方法，且单件起吊重量在10kN及以上的起重吊装工程。②采用起重机械进行安装的工程。③起重机械设备自身的安装、拆卸。5）脚手架工程：①搭设高度24m及以上的落地式钢管脚手架工程。②附着式整体和分片提升脚手

架工程。③悬挑式脚手架工程。④吊篮脚手架工程。⑤自制卸料平台、移动操作平台工程。⑥新型及异型脚手架工程。6）拆除、爆破工程：①建筑物、构筑物拆除工程。②采用爆破拆除的工程。7）其他：①建筑幕墙安装工程。②钢结构、网架和索膜结构安装工程。③人工挖扩孔桩工程。④地下暗挖、顶管及水下作业工程。⑤预应力工程。⑥采用新技术、新工艺、新材料、新设备及尚无相关技术标准的危险性较大的分部分项工程。

超过一定规模的危险性较大的分部分项工程范围：1）深基坑工程：①开挖深度超过5m（含5m）的基坑（槽）的土方开挖、支护、降水工程。②开挖深度虽未超过5m，但地质条件、周围环境和地下管线复杂，或影响毗邻建筑（构筑）物安全的基坑（槽）的土方开挖、支护、降水工程。2）模板工程及支撑体系：①工具式模板工程：包括滑模、爬模、飞模工程。②混凝土模板支撑工程：搭设高度8m及以上；搭设跨度18m及以上；施工总荷载$15kN/m^2$及以上；集中线荷载20kN/m及以上。③承重支撑体系：用于钢结构安装等满堂支撑体系，承受单点集中荷载700kg以上。3）起重吊装及安装拆卸工程：①采用非常规起重设备、方法，且单件起吊重量在100kN及以上的起重吊装工程。②起重量300kN及以上的起重设备安装工程；高度200m及以上内爬起重设备的拆除工程。4）脚手架工程：①搭设高度50m及以上落地式钢管脚手架工程。②提升高度150m及以上附着式整体和分片提升脚手架工程。③架体高度20m及以上悬挑式脚手架工程。5）拆除、爆破工程：①采用爆破拆除的工程。②码头、桥梁、高架、烟囱、水塔或拆除中容易引起有毒有害气（液）体或粉尘扩散、易燃易爆事故发生的特殊建、构筑物的拆除工程。③可能影响行人、交通、电力设施、通信设施或其他建、构筑物安全的拆除工程。④文物保护建筑、优秀历史建筑或历史文化风貌区控制范围的拆除工程。6）其他：①施工高度50m及以上的建筑幕墙安装工程。②跨度大于36m及以上的钢结构安装工程；跨度大于60m及以上的网架和索膜结构安装工程。③开挖深度超过16m的人工挖孔桩工程。④地下暗挖工程、顶管工程、水下作业工程。⑤采用新技术、新工艺、新材料、新设备及尚无相关技术标准的危险性较大的分部分项工程。

2. 安全专项施工方案的编制

建设单位在申请领取施工许可证或办理安全监督手续时，应当提供危险性较大的分部分项工程清单和安全管理措施。施工单位、监理单位应当建立危险性较大的分部分项工程安全管理制度。

施工单位应当在危险性较大的分部分项工程施工前编制专项方案；对于超过一定规模的危险性较大的分部分项工程，施工单位应当组织专家对专项方案进行论证。建筑工程实行施工总承包的，专项方案应当由施工总承包单位组织编制。其中，起重机械安装拆卸工程、深基坑工程、附着式升降脚手架等专业工程实行分包的，其专项方案可由专业承包单位组织编制。

专项方案编制应当包括以下内容：①工程概况：危险性较大的分部分项工程概况、施工平面布置、施工要求和技术保证条件；②编制依据：相关法律、法规、规范性文件、标准、规范及图纸（国标图集）、施工组织设计等；③施工计划：包括施工进度计划、材料与设备计划；④施工工艺技术：技术参数、工艺流程、施工方法、检查验收等；⑤施工安全保证措施：组织保障、技术措施、应急预案、监测监控等；⑥劳动力计划：专职安全生产管理人员、特种作业人员等；⑦计算书及相关图纸。

3. 安全专项施工方案的审核和论证

专项方案应当由施工单位技术部门组织本单位施工技术、安全、质量等部门的专业技术人员进行审核。经审核合格的，由施工单位技术负责人签字。实行施工总承包的，专项方案应当由总承包单位技术负责人及相关专业承包单位技术负责人签字。不需专家论证的专项方案，经施工单位审核合格后报监理单位，由项目总监理工程师审核签字。

超过一定规模的危险性较大的分部分项工程专项方案，应当由施工单位组织召开专家论证会。实行施工总承包的，由施工总承包单位组织召开专家论证会。下列人员应当参加专家论证会：①专家组成员；②建设单位项目负责人或技术负责人；③监理单位项目总监理工程师及相关人员；④施工单位分管安全的负责人、技术负责人、项目负责人、项目技术负责人、专项方案编制人员、项目专职安全生产管理人员；⑤勘察、设计单位项目技术负责人及相关人员。专家组成员应当由 5 名及以上符合相关专业要求的专家组成。本项目参建各方的人员不得以专家身份参加专家论证会。

专家论证的主要内容：①专项方案内容是否完整、可行；②专项方案计算书和验算依据是否符合有关标准规范；③安全施工的基本条件是否满足现场实际情况。专项方案经论证后，专家组应当提交论证报告，对论证的内容提出明确的意见，并在论证报告上签字。该报告作为专项方案修改完善的指导意见。

施工单位应当根据论证报告修改完善专项方案，并经施工单位技术负责人、项目总监理工程师、建设单位项目负责人签字后，方可组织实施。实行施工总承包的，应当由施工总承包单位、相关专业承包单位技术负责人签字。专项方案经论证后需做重大修改的，施工单位应当按照论证报告修改，并重新组织专家进行论证。

施工单位应当严格按照专项方案组织施工，不得擅自修改、调整专项方案。如因设计、结构、外部环境等因素发生变化确需修改的，修改后的专项方案应当按规定重新审核。对于超过一定规模的危险性较大工程的专项方案，施工单位应当重新组织专家进行论证。

4. 安全专项施工方案的实施

专项方案实施前，编制人员或项目技术负责人应当向现场管理人员和作业人员进行安全技术交底。

施工单位应当指定专人对专项方案实施情况进行现场监督和按规定进行监测。发现不按照专项方案施工的，应当要求其立即整改；发现有危及人身安全紧急情况的，应当立即组织作业人员撤离危险区域。施工单位技术负责人应当定期巡查专项方案实施情况。对于按规定需要验收的危险性较大的分部分项工程，施工单位、监理单位应当组织有关人员进行验收。验收合格的，经施工单位项目技术负责人及项目总监理工程师签字后，方可进入下一道工序。

监理单位应当将危险性较大的分部分项工程列入监理规划和监理实施细则，应当针对工程特点、周边环境和施工工艺等，制定安全监理工作流程、方法和措施。监理单位应当对专项方案实施情况进行现场监理；对不按专项方案实施的，应当责令整改，施工单位拒不整改的，应当及时向建设单位报告；建设单位接到监理单位报告后，应当立即责令施工单位停工整改；施工单位仍不停工整改的，建设单位应当及时向住房城乡建设主管部门报告。

建设单位未按规定提供危险性较大的分部分项工程清单和安全管理措施，未责令施工单位停工整改的，未向住房城乡建设主管部门报告的；施工单位未按规定编制、实施专项方案的；监理单位未按规定审核专项方案或未对危险性较大的分部分项工程实施监理的；住房城乡建设主管部门应当依据有关法律法规予以处罚。

5. 施工安全要点

住房城乡建设部安全生产管理委员会办公室《关于印发起重机械、基坑工程等五项危险性较大的分部分项工程施工安全要点的通知》（建安办函〔2017〕12号）中，制定了起重机械安装拆卸作业、起重机械使用、基坑工程、脚手架、模板支架等五项危险性较大的分部分项工程施工安全要点，要求建筑施工企业制作标牌悬挂在施工现场显著位置，并严格贯彻执行。

（1）起重机械安装拆卸作业安全要点：①起重机械安装拆卸作业必须按照规定编制、审核专项施工方案，超过一定规模的要组织专家论证。②起重机械安装拆卸单位必须具有相应的资质和安全生产许可证，严禁无资质、超范围从事起重机械安装拆卸作业。③起重机械安装拆卸人员、起重机械司机、信号司索工必须取得建筑施工特种作业人员操作资格证书。④起重机械安装拆卸作业前，安装拆卸单位应当按照要求办理安装拆卸告知手续。⑤起重机械安装拆卸作业前，应当向现场管理人员和作业人员进行安全技术交底。⑥起重机械安装拆卸作业要严格按照专项施工方案组织实施，相关管理人员必须在现场监督，发现不按照专项施工方案施工的，应当要求立即整改。⑦起重机械的顶升、附着作业必须由具有相应资质的安装单位严格按照专项施工方案实施。⑧遇大风、大雾、大雨、大雪等恶劣天气，严禁起重机械安装、拆卸和顶升作业。⑨塔式起重机顶升前，应将回转下支座与顶升套架可靠连接，并应进行配平。顶升过程中，应确保平衡，不得进行起升、回转、变幅等操作。顶升结束后，应将标准节与回转下支座可靠连接。⑩起重机械加节后需进行附着的，应按照先附着装置、后顶升加节的顺序进行。附着装置必须符合标准规范要求。拆卸作业时应先降节，后拆除附着装置。⑪辅助起重机械的起重性能必须满足吊装要求，安全装置必须齐全有效，吊索具必须安全可靠，场地必须符合作业要求。⑫起重机械安装完毕及附着作业后，应当按规定进行自检、检验和验收，验收合格后方可投入使用。

（2）起重机械使用安全要点：①起重机械使用单位必须建立机械设备管理制度，并配备专职设备管理人员。②起重机械安装验收合格后应当办理使用登记，在机械设备活动范围内设置明显的安全警示标志。③起重机械司机、信号司索工必须取得建筑施工特种作业人员操作资格证书。④起重机械使用前，应当向作业人员进行安全技术交底。⑤起重机械操作人员必须严格遵守起重机械安全操作规程和标准规范要求，严禁违章指挥、违规作业。⑥遇大风、大雾、大雨、大雪等恶劣天气，不得使用起重机械。⑦起重机械应当按规定进行维修、维护和保养，设备管理人员应当按规定对机械设备进行检查，发现隐患及时整改。⑧起重机械的安全装置、连接螺栓必须齐全有效，结构件不得开焊和开裂，连接件不得严重磨损和塑性变形，零部件不得达到报废标准。⑨两台以上塔式起重机在同一现场交叉作业时，应当制定塔式起重机防碰撞措施。任意两台塔式起重机之间的最小架设距离应符合规范要求。⑩塔式起重机使用时，起重臂和吊物下方严禁有人员停留。物件吊运时，严禁从人员上方通过。

（3）基坑工程施工安全要点：①基坑工程必须按照规定编制、审核专项施工方案，超过一定规模的深基坑工程要组织专家论证。基坑支护必须进行专项设计。②基坑工程施工企业必须具有相应的资质和安全生产许可证，严禁无资质、超范围从事基坑工程施工。③基坑施工前，应当向现场管理人员和作业人员进行安全技术交底。④基坑施工要严格按照专项施工方案组织实施，相关管理人员必须在现场进行监督，发现不按照专项施工方案施工的，应当要求立即整改。⑤基坑施工必须采取有效措施，保护基坑主要影响区范围内的建（构）筑物和地下管线安全。⑥基坑周边施工材料、设施或车辆荷载严禁超过设计要求的地面荷载限值。⑦基坑周边应按要求采取临边防护措施，设置作业人员上下专用通道。⑧基坑施工必须采取基坑内外地表水和地下水控制措施，防止出现积水和漏水漏沙。汛期施工，应当对施工现场排水系统进行检查和维护，保证排水畅通。⑨基坑施工必须做到先支护后开挖，严禁超挖，及时回填。采取支撑的支护结构未达到拆除条件时严禁拆除支撑。⑩基坑工程必须按照规定实施施工监测和第三方监测，指定专人对基坑周边进行巡视，出现危险征兆时应当立即报警。

（4）脚手架施工安全要点：①脚手架工程必须按照规定编制、审核专项施工方案，超过一定规模的要组织专家论证。②脚手架搭设、拆除单位必须具有相应的资质和安全生产许可证，严禁无资质从事脚手架搭设、拆除作业。③脚手架搭设、拆除人员必须取得建筑施工特种作业人员操作资格证书。④脚手架搭设、拆除前，应当向现场管理人员和作业人员进行安全技术交底。⑤脚手架材料进场使用前，必须按规定进行验收，未经验收或验收不合格的严禁使用。⑥脚手架搭设、拆除要严格按照专项施工方案组织实施，相关管理人员必须在现场进行监督，发现不按照专项施工方案施工的，应当要求立即整改。⑦脚手架外侧以及悬挑式脚手架、附着升降脚手架底层应当封闭严密。⑧脚手架必须按专项施工方案设置剪刀撑和连墙件。落地式脚手架搭设场地必须平整坚实。严禁在脚手架上超载堆放材料，严禁将模板支架、缆风绳、泵送混凝土和砂浆的输送管等固定在架体上。⑨脚手架搭设必须分阶段组织验收，验收合格的，方可投入使用。⑩脚手架拆除必须由上而下逐层进行，严禁上下同时作业。连墙件应当随脚手架逐层拆除，严禁先将连墙件整层或数层拆除后再拆脚手架。

（5）模板支架施工安全要点：①模板支架工程必须按照规定编制、审核专项施工方案，超过一定规模的要组织专家论证。②模板支架搭设、拆除单位必须具有相应的资质和安全生产许可证，严禁无资质从事模板支架搭设、拆除作业。③模板支架搭设、拆除人员必须取得建筑施工特种作业人员操作资格证书。④模板支架搭设、拆除前，应当向现场管理人员和作业人员进行安全技术交底。⑤模板支架材料进场验收前，必须按规定进行验收，未经验收或验收不合格的严禁使用。⑥模板支架搭设、拆除要严格按照专项施工方案组织实施，相关管理人员必须在现场进行监督，发现不按照专项施工方案施工的，应当要求立即整改。⑦模板支架搭设场地必须平整坚实。必须按专项施工方案设置纵横向水平杆、扫地杆和剪刀撑；立杆顶部自由端高度、顶托螺杆伸出长度严禁超出专项施工方案要求。⑧模板支架搭设完毕应当组织验收，验收合格的，方可铺设模板。⑨混凝土浇筑时，必须按照专项施工方案规定的顺序进行，应当指定专人对模板支架进行监测，发现架体存在坍塌风险时应当立即组织作业人员撤离现场。⑩混凝土强度必须达到规范要求，并经监理单位确认后方可拆除模板支架。模板支架拆除应从上而下逐层进行。

（三）建筑起重机械安全监督管理的规定

《建设工程安全生产管理条例》规定，施工单位采购、租赁的安全防护用具、机械设备、施工机具及配件，应当具有生产（制造）许可证、产品合格证，并在进入施工现场前进行查验。施工现场的安全防护用具、机械设备、施工机具及配件必须由专人管理，定期进行检查、维修和保养，建立相应的资料档案，并按照国家有关规定及时报废。

施工单位在使用施工起重机械和整体提升脚手架、模板等自升式架设设施前，应当组织有关单位进行验收，也可以委托具有相应资质的检验检测机构进行验收；使用承租的机械设备和施工机具及配件的，由施工总承包单位、分包单位、出租单位和安装单位共同进行验收。验收合格的方可使用。

1. 建筑起重机械的出租和使用

原建设部《建筑起重机械安全监督管理规定》（建设部令第 166 号）规定，建筑起重机械，是指纳入特种设备目录，在房屋建筑工地和市政工程工地安装、拆卸、使用的起重机械。

出租单位出租的建筑起重机械和使用单位购置、租赁、使用的建筑起重机械应当具有特种设备制造许可证、产品合格证、制造监督检验证明。出租单位应当在签订的建筑起重机械租赁合同中，明确租赁双方的安全责任，并出具建筑起重机械特种设备制造许可证、产品合格证、制造监督检验证明、备案证明和自检合格证明，提交安装使用说明书。

有下列情形之一的建筑起重机械，不得出租、使用：①属国家明令淘汰或者禁止使用的；②超过安全技术标准或者制造厂家规定的使用年限的；③经检验达不到安全技术标准规定的；④没有完整安全技术档案的；⑤没有齐全有效的安全保护装置的。建筑起重机械有以上第①、②、③项情形之一的，出租单位或者自购建筑起重机械的使用单位应当予以报废，并向原备案机关办理注销手续。

2. 建筑起重机械的安全技术档案

出租单位、自购建筑起重机械的使用单位，应当建立建筑起重机械安全技术档案。

建筑起重机械安全技术档案应当包括以下资料：①购销合同、制造许可证、产品合格证、制造监督检验证明、安装使用说明书、备案证明等原始资料；②定期检验报告、定期自行检查记录、定期维护保养记录、维修和技术改造记录、运行故障和生产安全事故记录、累计运转记录等运行资料；③历次安装验收资料。

3. 建筑起重机械的安装与拆卸

从事建筑起重机械安装、拆卸活动的单位（以下简称安装单位）应当依法取得建设主管部门颁发的相应资质和建筑施工企业安全生产许可证，并在其资质许可范围内承揽建筑起重机械安装、拆卸工程。

建筑起重机械使用单位和安装单位应当在签订的建筑起重机械安装、拆卸合同中明确双方的安全生产责任。实行施工总承包的，施工总承包单位应当与安装单位签订建筑起重机械安装、拆卸工程安全协议书。

安装单位应当履行下列安全职责：①按照安全技术标准及建筑起重机械性能要求，编制建筑起重机械安装、拆卸工程专项施工方案，并由本单位技术负责人签字；②按照安全技术标准及安装使用说明书等检查建筑起重机械及现场施工条件；③组织安全施工技术交底并签字确认；④制定建筑起重机械安装、拆卸工程生产安全事故应急救援预案；⑤将建筑起重机械安装、拆卸工程专项施工方案，安装、拆卸人员名单，安装、拆卸时间等材料报施工总承包单位和监理单位审核后，告知工程所在地县级以上地方人民政府建设主管部门。

安装单位应当按照建筑起重机械安装、拆卸工程专项施工方案及安全操作规程组织安装、拆卸作业。安装单位的专业技术人员、专职安全生产管理人员应当进行现场监督，技术负责人应当定期巡查。建筑起重机械安装完毕后，安装单位应当按照安全技术标准及安装使用说明书的有关要求对建筑起重机械进行自检、调试和试运转。自检合格的，应当出具自检合格证明，并向使用单位进行安全使用说明。

安装单位应当建立建筑起重机械安装、拆卸工程档案，包括以下资料：①安装、拆卸合同及安全协议书；②安装、拆卸工程专项施工方案；③安全施工技术交底的有关资料；④安装工程验收资料；⑤安装、拆卸工程生产安全事故应急救援预案。

4. 建筑起重机械安装的验收

建筑起重机械安装完毕后，使用单位应当组织出租、安装、监理等有关单位进行验收，或者委托具有相应资质的检验检测机构进行验收。建筑起重机械经验收合格后方可投入使用，未经验收或者验收不合格的不得使用。实行施工总承包的，由施工总承包单位组织验收。建筑起重机械在验收前应当经有相应资质的检验检测机构监督检验合格。

使用单位应当自建筑起重机械安装验收合格之日起 30 日内，将建筑起重机械安装验收资料、建筑起重机械安全管理制度、特种作业人员名单等，向工程所在地县级以上地方人民政府建设主管部门办理建筑起重机械使用登记。登记标志置于或者附着于该设备的显著位置。

5. 建筑起重机械使用单位的职责

使用单位应当履行下列安全职责：①根据不同施工阶段、周围环境以及季节、气候的变化，对建筑起重机械采取相应的安全防护措施；②制定建筑起重机械生产安全事故应急救援预案；③在建筑起重机械活动范围内设置明显的安全警示标志，对集中作业区做好安全防护；④设置相应的设备管理机构或者配备专职的设备管理人员；⑤指定专职设备管理人员、专职安全生产管理人员进行现场监督检查；⑥建筑起重机械出现故障或者发生异常情况的，立即停止使用，消除故障和事故隐患后，方可重新投入使用。

使用单位应当对在用的建筑起重机械及其安全保护装置、吊具、索具等进行经常性和定期的检查、维护和保养，并做好记录。使用单位在建筑起重机械租期结束后，应当将定期检查、维护和保养记录移交出租单位。建筑起重机械租赁合同对建筑起重机械的检查、维护、保养另有约定的，从其约定。

建筑起重机械在使用过程中需要附着的，使用单位应当委托原安装单位或者具有相应资质的安装单位按照专项施工方案实施，并按照规定组织验收。验收合格后方可投入使用。建筑起重机械在使用过程中需要顶升的，使用单位委托原安装单位或者具有相应资质的安装单位按照专项施工方案实施后，即可投入使用。禁止擅自在建筑起重机械上安装非原制造厂制造的标准节和附着装置。

施工总承包单位应当履行下列安全职责：①向安装单位提供拟安装设备位置的基础施

工资料，确保建筑起重机械进场安装、拆卸所需的施工条件；②审核建筑起重机械的特种设备制造许可证、产品合格证、制造监督检验证明、备案证明等文件；③审核安装单位、使用单位的资质证书、安全生产许可证和特种作业人员的特种作业操作资格证书；④审核安装单位制定的建筑起重机械安装、拆卸工程专项施工方案和生产安全事故应急救援预案；⑤审核使用单位制定的建筑起重机械生产安全事故应急救援预案；⑥指定专职安全生产管理人员监督检查建筑起重机械安装、拆卸、使用情况；⑦施工现场有多台塔式起重机作业时，应当组织制定并实施防止塔式起重机相互碰撞的安全措施。

依法发包给两个及两个以上施工单位的工程，不同施工单位在同一施工现场使用多台塔式起重机作业时，建设单位应当协调组织制定防止塔式起重机相互碰撞的安全措施。安装单位、使用单位拒不整改生产安全事故隐患的，建设单位接到监理单位报告后，应当责令安装单位、使用单位立即停工整改。

建筑起重机械特种作业人员应当遵守建筑起重机械安全操作规程和安全管理制度，在作业中有权拒绝违章指挥和强令冒险作业，有权在发生危及人身安全的紧急情况时立即停止作业或者采取必要的应急措施后撤离危险区域。

建筑起重机械安装拆卸工、起重信号工、起重司机、司索工等特种作业人员应当经建设主管部门考核合格，并取得特种作业操作资格证书后，方可上岗作业。

6. 建筑起重机械的备案登记

住房城乡建设部《建筑起重机械备案登记办法》（建质〔2008〕76号）规定，建筑起重机械出租单位或者自购建筑起重机械使用单位（以下简称"产权单位"）在建筑起重机械首次出租或安装前，应当向本单位工商注册所在地县级以上地方人民政府建设主管部门（以下简称"设备备案机关"）办理备案。

产权单位在办理备案手续时，应当向设备备案机关提交以下资料：①产权单位法人营业执照副本；②特种设备制造许可证；③产品合格证；④制造监督检验证明；⑤建筑起重机械设备购销合同、发票或相应有效凭证；⑥设备备案机关规定的其他资料。所有资料复印件应当加盖产权单位公章。

设备备案机关应当自收到产权单位提交的备案资料之日起7个工作日内，对符合备案条件且资料齐全的建筑起重机械进行编号，向产权单位核发建筑起重机械备案证明。有下列情形之一的建筑起重机械，设备备案机关不予备案，并通知产权单位：①属国家和地方明令淘汰或者禁止使用的；②超过制造厂家或者安全技术标准规定的使用年限的；③经检验达不到安全技术标准规定的。

起重机械产权单位变更时，原产权单位应当持建筑起重机械备案证明到设备备案机关办理备案注销手续。设备备案机关应当收回其建筑起重机械备案证明。原产权单位应当将建筑起重机械的安全技术档案移交给现产权单位。现产权单位应当按照本办法办理建筑起重机械备案手续。

从事建筑起重机械安装、拆卸活动的单位（以下简称"安装单位"）办理建筑起重机械安装（拆卸）告知手续前，应当将以下资料报送施工总承包单位、监理单位审核：①建筑起重机械备案证明；②安装单位资质证书、安全生产许可证副本；③安装单位特种作业人员证书；④建筑起重机械安装（拆卸）工程专项施工方案；⑤安装单位与使用单位签订的安装（拆卸）合同及安装单位与施工总承包单位签订的安全协议书；⑥安装单位负责建筑起重机械安装（拆卸）工程专职安全生产管理人员、专业技术人员名单；⑦建筑起重机械安装（拆卸）工程生产安全事故应急救援预案；⑧辅助起重机械资料及其特种作业人员证书；⑨施工总承包单位、监理单位要求的其他资料。施工总承包单位、监理单位应当在收到安装单位提交的齐全有效的资料之日起2个工作日内审核完毕并签署意见。

安装单位应当在建筑起重机械安装（拆卸）前2个工作日内通过书面形式、传真或者计算机信息系统告知工程所在地县级以上地方人民政府建设主管部门，同时按规定提交经施工总承包单位、监理单位审核合格的有关资料。

建筑起重机械使用单位在建筑起重机械安装验收合格之日起30日内，向工程所在地县级以上地方人民政府建设主管部门（以下简称"使用登记机关"）办理使用登记。使用单位在办理建筑起重机械使用登记时，应当向使用登记机关提交下列资料：①建筑起重机械备案证明；②建筑起重机械租赁合同；③建筑起重机械检验检测报告和安装验收资料；④使用单位特种作业人员资格证书；⑤建筑起重机械维护保养等管理制度；⑥建筑起重机械生产安全事故应急救援预案；⑦使用登记机关规定的其他资料。

使用登记机关应当自收到使用单位提交的资料之日起7个工作日内，对于符合登记条件且资料齐全的建筑起重机械核发建筑起重机械使用登记证明。有下列情形之一的建筑起重机械，使用登记机关不予使用登记并有权责令使用单位立即停止使用或者拆除：①属于不予备案情形之一的；②未经检验检测或者经检验检测不合格的；③未经安装验收或者经安装验收不合格的。

7. 违法行为应承担的主要法律责任

《建设工程安全生产管理条例》规定，施工单位有下列行为之一的，责令限期改正；逾期未改正的，责令停业整顿，并处10万元以上30万元以下的罚款；情节严重的，降低资质等级，直至吊销资质证书；造成重大安全事故，构成犯罪的，对直接责任人员，依照刑法有关规定追究刑事责任；造成损失的，依法承担赔偿责任：①安全防护用具、机械设备、施工机具及配件在进入施工现场前未经查验或者查验不合格即投入使用的；②使用未经验收或者验收不合格的施工起重机械和整体提升脚手架、模板等自升式架设设施的；③委托不具有相应资质的单位承担施工现场安装、拆卸施工起重机械和整体提升脚手架、模板等自升式架设设施的；④在施工组织设计中未编制安全技术措施、施工现场临时用电方案或者专项施工方案的。

《建筑起重机械安全监督管理规定》规定，出租单位、自购建筑起重机械的使用单位，有下列行为之一的，由县级以上地方人民政府建设主管部门责令限期改正，予以警告，并处以5000元以上1万元以下罚款：①未按照规定办理备案的；②未按照规定办理注销手续的；③未按照规定建立建筑起重机械安全技术档案的。

安装单位有下列行为之一的，由县级以上地方人民政府建设主管部门责令限期改正，予以警告，并处以5000元以上3万元以下罚款：①未履行安装单位第②、④、⑤项安全职责的；②未按照规定建立建筑起重机械安装、拆卸工程档案的；③未按照建筑起重机械安装、拆卸工程专项施工方案及安全操作规程组织安装、拆卸作业的。

使用单位有下列行为之一的，由县级以上地方人民政府建设主管部门责令限期改正，予以警告，并处以5000元以上3万元以下罚款：①未履行使用单位第①、②、④、⑥项安全职责的；②未指定专职设备管理人员进行现场监督检查的；③擅自在建筑起重机械上安装非原制造厂制造的标准节和附着装置的。

施工总承包单位未履行施工总承包单位第①、③、④、⑤、⑦项安全职责的，由县级以上地方人民政府建设主管部门责令限期改正，予以警告，并处以5000元以上3万元以下罚款。

（四）高大模板支撑系统施工安全监督管理的规定

住房城乡建设部《建设工程高大模板支撑系统施工安全监督管理导则》（建质［2009］254号）规定，高大模板支撑系统是指建设工程施工现场混凝土构件模板支撑高度超过8m，或搭设跨度超过18m，或施工总荷载大于15kN/㎡，或集中线荷载大于20kN/m的模板支撑系统。

高大模板支撑系统施工应严格遵循安全技术规范和专项方案规定，严密组织，责任落实，确保施工过程的安全。

1. 专项施工方案

施工单位应依据国家现行相关标准规范，由项目技术负责人组织相关专业技术人员，结合工程实际，编制高大模板支撑系统的专项施工方案。专项施工方案应当包括以下内容：①编制说明及依据：相关法律、法规、规范性文件、标准、规范及图纸（国标图集）、施工组织设计等；②工程概况：高大模板工程特点、施工平面及立面布置、施工要求和技术保证条件，具体明确支模区域、支模标高、高度、支模范围内的梁截面尺寸、跨度、板厚、支撑的地基情况等；③施工计划：施工进度计划、材料与设备计划等；④施工工艺技术：高大模板支撑系统的基础处理、主要搭设方法、工艺要求、材料的力学性能指标、构造设置以及检查、验收要求等；⑤施工安全保证措施：模板支撑体系搭设及混凝土浇筑区域管理人员组织机构、施工技术措施、模板安装和拆除的安全技术措施、施工应急救援预案，模板支撑系统在搭设、钢筋安装、混凝土浇捣过程中及混凝土终凝前后模板支撑体系位移的监测监控措施等；⑥劳动力计划：包括专职安全生产管理人员、特种作业人员的配置等；⑦计算书及相关图纸：验算项目及计算内容包括模板、模板支撑系统的主要结构强度和截面特征及各项荷载设计值及荷载组合，梁、板模板支撑系统的强度和刚度计算，梁板下立杆稳定性计算，立杆基础承载力验算，支撑系统支撑层承载力验算，转换层下支撑层承载力验算等。每项计算列出计算简图和截面构造大样图，注明材料尺寸、规格、纵横支撑间距。

附图包括支模区域立杆、纵横水平杆平面布置图，支撑系统立面图、剖面图，水平剪刀撑布置平面图及竖向剪刀撑布置投影图，梁板支模大样图，支撑体系监测平面布置图及连墙件布设位置及节点大样图等。

高大模板支撑系统专项施工方案，应先由施工单位技术部门组织本单位施工技术、安全、质量等部门的专业技术人员进行审核，经施工单位技术负责人签字后，再按照相关规定组织专家论证。下列人员应参加专家论证会：①专家组成员；②建设单位项目负责人或技术负责人；③监理单位项目总监理工程师及相关人员；④施工单位分管安全的负责人、技术负责人、项目负责人、项目技术负责人、专项方案编制人员、项目专职安全管理人员；⑤勘察、设计单位项目技术负责人及相关人员。

专家组成员应当由5名及以上符合相关专业要求的专家组成。本项目参建各方的人员不得以专家身份参加专家论证会。专家论证的主要内容包括：①方案是否依据施工现场的实际施工条件编制；方案、构造、计算是否完整、可行；②方案计算书、验算依据是否符合有关标准规范；③安全施工的基本条件是否符合现场实际情况。

施工单位根据专家组的论证报告，对专项施工方案进行修改完善，并经施工单位技术负责人、项目总监理工程师、建设单位项目负责人批准签字后，方可组织实施。

2. 验收管理

高大模板支撑系统搭设前，应由项目技术负责人组织对需要处理或加固的地基、基础进行验收，并留存记录。

高大模板支撑系统的结构材料应按以下要求进行验收、抽检和检测，并留存记录、资料：①施工单位应对进场的承重杆件、连接件等材料的产品合格证、生产许可证、检测报告进行复核，并对其表面观感、重量等物理指标进行抽检；②对承重杆件的外观抽检数量不得低于搭设用量的 30%，发现质量不符合标准、情况严重的，要进行 100% 的检验，并随机抽取外观检验不合格的材料（由监理见证取样）送法定专业检测机构进行检测；③采用钢管扣件搭设高大模板支撑系统时，还应对扣件螺栓的紧固力矩进行抽查，抽查数量应符合《建筑施工扣件式钢管脚手架安全技术规范》JGJ 130 的规定，对梁底扣件应进行 100% 检查。

高大模板支撑系统应在搭设完成后，由项目负责人组织验收，验收人员应包括施工单位和项目两级技术人员、项目安全、质量、施工人员，监理单位的总监和专业监理工程师。验收合格，经施工单位项目技术负责人及项目总监理工程师签字后，方可进入后续工序的施工。

3. 施工管理

高大模板支撑系统应优先选用技术成熟的定型化、工具式支撑体系。搭设高大模板支撑架体的作业人员必须经过培训，取得建筑施工脚手架特种作业操作资格证书后方可上岗。其他相关施工人员应掌握相应的专业知识和技能。

高大模板支撑系统搭设前，项目工程技术负责人或方案编制人员应当根据专项施工方案和有关规范、标准的要求，对现场管理人员、操作班组、作业人员进行安全技术交底，并履行签字手续。安全技术交底的内容应包括模板支撑工程工艺、工序、作业要点和搭设安全技术要求等内容，并保留记录。作业人员应严格按规范、专项施工方案和安全技术交底书的要求进行操作，并正确佩戴相应的劳动防护用品。

高大模板支撑系统的地基承载力、沉降等应能满足方案设计要求。如遇松软土、回填土，应根据设计要求进行平整、夯实，并采取防水、排水措施，按规定在模板支撑立柱底部采用具有足够强度和刚度的垫板。对于高大模板支撑体系，其高度与宽度相比大于两倍的独立支撑系统，应加设保证整体稳定的构造措施。高大模板工程搭设的构造要求应当符合相关技术规范要求，支撑系统立柱接长严禁搭接；应设置扫地杆、纵横向支撑及水平垂直剪刀撑，并与主体结构的墙、柱牢固拉接。搭设高度 2m 以上的支撑架体应设置作业人员登高措施。作业面应按有关规定设置安全防护设施。

模板支撑系统应为独立的系统，禁止与物料提升机、施工升降机、塔式起重机等起重设备钢结构架体机身及其附着设施相连接；禁止与施工脚手架、物料周转料平台等架体相连接。模板、钢筋及其他材料等施工荷载应均匀堆置，放平放稳。施工总荷载不得超过模板支撑系统设计荷载要求。模板支撑系统在使用过程中，立柱底部不得松动悬空，不得任意拆除任何杆件，不得松动扣件，也不得用作缆风绳的拉接。

施工过程中检查项目应符合下列要求：①立柱底部基础应回填夯实；②垫木应满足设计要求；③底座位置应正确，顶托螺杆伸出长度应符合规定；④立柱的规格尺寸和垂直度应符合要求，不得出现偏心荷载；⑤扫地杆、水平拉杆、剪刀撑等设置应符合规定，固定可靠；⑥安全网和各种安全防护设施符合要求。

混凝土浇筑前，施工单位项目技术负责人、项目总监确认具备混凝土浇筑的安全生产条件后，签署混凝土浇筑令，方可浇筑混凝土。框架结构中，柱和梁板的混凝土浇筑顺序，应按先浇筑柱混凝土，后浇筑梁板混凝土的顺序进行。浇筑过程应符合专项施工方案要求，并确保支撑系统受力均匀，避免引起高大模板支撑系统的失稳倾斜。浇筑过程应有专人对高大模板支撑系统进行观测，发现有松动、变形等情况，必须立即停止浇筑，撤离作业人员，并采取相应的加固措施。

高大模板支撑系统拆除前，项目技术负责人、项目总监应核查混凝土同条件试块强度报告，浇筑混凝土达到拆模强度后方可拆除，并履行拆模审批签字手续。高大模板支撑系统的拆除作业必须自上而下逐层进行，严禁上下层同时拆除作业，分段拆除的高度不应大于两层。设有附墙连接的模板支撑系统，附墙连接必须随支撑架体逐层拆除，严禁先将附墙连接全部或数层拆除后再拆支撑架体。高大模板支撑系统拆除时，严禁将拆卸的杆件向地面抛掷，应有专人传递至地面，并按规格分类均匀堆放。

高大模板支撑系统搭设和拆除过程中，地面应设置围栏和警戒标志，并派专人看守，严禁非操作人员进入作业范围。

施工单位应严格按照专项施工方案组织施工。高大模板支撑系统搭设、拆除及混凝土浇筑过程中，应有专业技术人员进行现场指导，设专人负责安全检查，发现险情，立即停止施工并采取应急措施，排除险情后，方可继续施工。

（五）施工现场临时设施和封闭管理的规定

《建筑法》规定，建筑施工企业应当在施工现场采取维护安全、防范危险、预防火灾等措施；有条件的，应当对施工现场实行封闭管理。施工现场对毗邻的建筑物、构筑物和特殊作业环境可能造成损害的，建筑施工企业应当采取安全防护措施。

《建设工程安全生产管理条例》进一步规定，施工单位应当在施工现场入口处、施工起重机械、临时用电设施、脚手架、出入通道口、楼梯口、电梯井口、孔洞口、桥梁口、隧道口、基坑边沿、爆破物及有害危险气体和液体存放处等危险部位，设置明显的安全警示标志。安全警示标志必须符合国家标准。

施工单位应当根据不同施工阶段和周围环境及季节、气候的变化，在施工现场采取相应的安全施工措施。施工现场暂时停止施工的，施工单位应当做好现场防护，所需费用由责任方承担，或者按照合同约定执行。

施工单位应当将施工现场的办公、生活区与作业区分开设置，并保持安全距离；办公、生活区的选址应当符合安全性要求。职工的膳食、饮水、休息场所等应当符合卫生标准。施工单位不得在尚未竣工的建筑物内设置员工集体宿舍。施工现场临时搭建的建筑物应当符合安全使用要求。施工现场使用的装配式活动房屋应当具有产品合格证。

施工单位对因建设工程施工可能造成损害的毗邻建筑物、构筑物和地下管线等，应当采取专项防护措施。在城市市区内的建设工程，施工单位应当对施工现场实行封闭围挡。

建设部安全生产管理委员会办公室《关于加强建筑施工现场临建宿舍及办公用房管理的通知》（建安办函〔2006〕23号）中规定，各级建设行政主管部门、建设单位和建筑业企业要加强对临建房屋的管理。严禁购买和使用不符合地方临建标准或无生产厂家、无产品合格证书的装配式活动房屋。生产厂家制造生产的装配式活动房屋必须有设计构造图、计算书、安装拆卸使用说明书等并符合有关节能、安全技术标准。

施工单位应严格按照《建设工程安全生产管理条例》规定要求，将施工现场的办公、生活区与作业区分开设置，并保持安全距离；办公、生活区的选址应当符合安全、消防要求。临建宿舍、办公用房、食堂、厕所应按《施工现场环境与卫生标准》JGJ 146搭设，并设置符合安全、卫生规定的其他设施，如淋浴室、娱乐室、医务室、宣传栏等，以保证农民工物质、文化生活的基本需要。现场要建立专项检查制度进行定期和不定期的检查，确保上述设施的安全使用。

各施工单位应采取有效措施，以保证临建宿舍及办公用房的使用安全。特别是北方使用煤炭采暖的地区，要严密注意气象变化，切实防止农民工宿舍取暖或施工工程保温时发生一氧化碳中毒的事故。同时要严防工地生活区火灾事故的发生。

《建设工程安全生产管理条例》还规定，施工单位有下列行为之一的，责令限期改正；逾期未改正的，责令停业整顿，并处5万元以上10万元以下的罚款；造成重大安全事故，构成犯罪的，对直接责任人员，依照刑法有关规定追究刑事责任：①施工前未对有关安全施工的技术要求作出详细说明的；②未根据不同施工阶段和周围环境及季节、气候的变化，在施工现场采取相应的安全施工措施，或者在城市市区内的建设工程的施工现场未实行封闭围挡的；③在尚未竣工的建筑物内设置员工集体宿舍的；④施工现场临时搭建的建筑物不符合安全使用要求的；⑤未对因建设工程施工可能造成损害的毗邻建筑物、构筑物和地下管线等采取专项防护措施的。施工单位有以上规定第④项、第⑤项行为，造成损失的，依法承担赔偿责任。

（六）施工现场消防安全管理的规定

2008年10月经修订后公布的《中华人民共和国消防法》（以下简称《消防法》）规定，机关、团体、企业、事业等单位应当履行下列消防安全职责：①落实消防安全责任制，制定本单位的消防安全制度、消防安全操作规程，制定灭火和应急疏散预案；②按照国家标准、行业标准配置消防设施、器材，设置消防安全标志，并定期组织检验、维修，确保完好有效；③对建筑消防设施每年至少进行一次全面检测，确保完好有效，检测记录应当完整准确，存档备查；④保障疏散通道、安全出口、消防车通道畅通，保证防火防烟分区、防火间距符合消防技术标准；⑤组织防火检查，及时消除火灾隐患；⑥组织进行有针对性的消防演练；⑦法律、法规规定的其他消防安全职责。

1. 消防安全责任人

《建设工程安全生产管理条例》进一步规定，施工单位应当在施工现场建立消防安全责任制度，确定消防安全责任人，制定用火、用电、使用易燃易爆材料等各项消防安全管理制度和操作规程，设置消防通道、消防水源，配备消防设施和灭火器材，并在施工现场入口处设置明显标志。

施工单位的主要负责人是本单位的消防安全责任人；项目负责人则应是本项目施工现场的消防安全责任人。同时，要在施工现场实行和落实逐级防火责任制、岗位防火责任制。各部门、各班组负责人以及每个岗位人员都应当对自己管辖工作范围内的消防安全负责，切实做到"谁主管，谁负责；谁在岗，谁负责"。消防安全标志应当按照《消防安全标志设置要求》GB 15630、《消防安全标志》GB 13495 设置。

2. 施工现场消防安全措施

公安部、住房城乡建设部《关于进一步加强建设工程施工现场消防安全工作的通知》（公消〔2009〕131号）规定，施工现场要设置消防通道并确保畅通。建筑工地要满足消防车通行、停靠和作业要求。在建建筑内应设置标明楼梯间和出入口的临时醒目标志，视情安装楼梯间和出入口的临时照明，及时清理建筑垃圾和障碍物，规范材料堆放，保证发生火灾时，现场施工人员疏散和消防人员扑救快捷畅通。

施工现场要按有关规定设置消防水源。应当在建设工程平地阶段按照总平面设计设置室外消火栓系统，并保持充足的管网压力和流量。根据在建工程施工进度，同步安装室内消火栓系统或设置临时消火栓，配备水枪水带，消防干管设置水泵接合器，满足施工现场火灾扑救的消防供水要求。施工现场应当配备必要的消防设施和灭火器材。施工现场的重点防火部位和在建高层建筑的各个楼层，应在明显和方便取用的地方配置适当数量的手提式灭火器、消防沙袋等消防器材。

施工单位应当在施工组织设计中编制消防安全技术措施和专项施工方案，并由专职安全管理人员进行现场监督。动用明火必须实行严格的消防安全管理，禁止在具有火灾、爆炸危险的场所使用明火；需要进行明火作业的，动火部门和人员应当按照用火管理制度办理审批手续，落实现场监护人，在确认无火灾、爆炸危险后方可动火施工；动火施工人员应当遵守消防安全规定，并落实相应的消防安全措施；易燃易爆危险物品和场所应有具体防火防爆措施；电焊、气焊、电工等特殊工种人员必须持证上岗；将容易发生火灾、一旦发生火灾后果严重的部位确定为重点防火部位，实行严格管理。

施工单位应及时纠正违章操作行为，及时发现火灾隐患并采取防范、整改措施。国家、省级等重点工程的施工现场应当进行每日防火巡查，其他施工现场也应根据需要组织防火巡查。施工单位防火检查的内容应当包括：火灾隐患的整改情况以及防范措施的落实情况，疏散通道、消防车通道、消防水源情况，灭火器材配置及有效情况，用火、用电有无违章情况，重点工种人员及其他施工人员消防知识掌握情况，消防安全重点部位管理情况，易燃易爆危险物品和场所防火防爆措施落实情况，防火巡查落实情况等。

3. 消防安全培训教育

《国务院关于加强和改进消防工作的意见》（国发〔2011〕46号）指出，要加强对单位消防安全责任人、消防安全管理人、消防控制室操作人员和消防设计、施工、监理人员及保安、电（气）焊工、消防技术服务机构从业人员的消防安全培训。

公安部、住房城乡建设部《关于进一步加强建设工程施工现场消防安全工作的通知》中规定，施工人员上岗前的安全培训应当包括以下消防内容：有关消防法规、消防安全制度和保障消防安全的操作规程，本岗位的火灾危险性和防火措施，有关消防设施的性能、灭火器材的使用方法，报火警、扑救初起火灾以及自救逃生的知识和技能等，保障施工现场人员具有相应的消防常识和逃生自救能力。

施工单位应当根据国家有关消防法规和建设工程安全生产法规的规定，建立施工现场消防组织，制定灭火和应急疏散预案，并至少每半年组织一次演练，提高施工人员及时报警、扑灭初期火灾和自救逃生能力。

2009年5月公安部、住房城乡建设部等9部委联合颁布的《社会消防安全教育培训规定》中规定，在建工程的施工单位应当开展下列消防安全教育工作：①建设工程施工前应当对施工人员进行消防安全教育；②在建设工地醒目位置、施工人员集中住宿场所设置消防安全宣传栏，悬挂消防安全挂图和消防安全警示标识；③对明火作业人员进行经常性的消防安全教育；④组织灭火和应急疏散演练。

4. 违法行为应承担的主要法律责任

《消防法》规定，违反本法规定，有下列行为之一的，责令改正或者停止施工，并处1万元以上10万元以下罚款：……③建筑施工企业不按照消防设计文件和消防技术标准施工，降低消防施工质量的……

单位违反本法规定，有下列行为之一的，责令改正，处5000元以上5万元以下罚款：①消防设施、器材或者消防安全标志的配置、设置不符合国家标准、行业标准，或者未保持完好有效的；②损坏、挪用或者擅自拆除、停用消防设施、器材的；③占用、堵塞、封闭疏散通道、安全出口或者有其他妨碍安全疏散行为的；④埋压、圈占、遮挡消火栓或者占用防火间距的；⑤占用、堵塞、封闭消防车通道，妨碍消防车通行的；⑥人员密集场所在门窗上设置影响逃生和灭火救援的障碍物的；⑦对火灾隐患经公安机关消防机构通知后不及时采取措施消除的。

有下列行为之一，尚不构成犯罪的，处10日以上15日以下拘留，可以并处500元以下罚款；情节较轻的，处警告或者500元以下罚款：①指使或者强令他人违反消防安全规定，冒险作业的；②过失引起火灾的；③在火灾发生后阻拦报警，或者负有报告职责的人员不及时报警的；④扰乱火灾现场秩序，或者拒不执行火灾现场指挥员指挥，影响灭火救援的；⑤故意破坏或者伪造火灾现场的；⑥擅自拆封或者使用被公安机关消防机构查封的场所、部位的。

（七）建筑工地食堂食品安全管理的规定

2015年4月经修订后公布的《中华人民共和国食品安全法》（以下简称《食品安全法》）规定，学校、托幼机构、养老机构、建筑工地等集中用餐单位的食堂应当严格遵守法律、法规和食品安全标准；从供餐单位订餐的，应当从取得食品生产经营许可的企业订购，并按照要求对订购的食品进行查验。

国家食品药品监督管理局、住房城乡建设部《关于进一步加强建筑工地食堂食品安全工作的意见》（国食药监食〔2010〕172号）规定，各地食品药品监管部门要加强建筑工地食堂餐饮服务许可管理，按照《餐饮服务许可管理办法》规定的许可条件和程序，审查核发《餐饮服务许可证》。对于申请开办食堂的建筑工地，应当要求其提供符合规定的用房、科学合理的流程布局，配备加工制作和消毒等设施设备，健全食品安全管理制度，配备食品安全管理人员和取得健康合格证明的从业人员。不符合法定要求的，一律不发许可证。对未办理许可证经营的，要严格依法进行处理。

要督促建筑工地食堂落实食品原料进货查验和采购索证索票制度，不得采购和使用《食品安全法》禁止生产经营的食品，减少加工制作高风险食品；要按照食品安全操作规范加工制作食品，严防食品交叉污染；要加强对建筑工地食堂关键环节的控制和监管，加强厨房设施、设备的检查；要针对建筑工地食堂加工制作的重点食品品种进行抽样检验，及时了解食品安全状况，认真解决存在的突出问题，防止不安全食品流入工地食堂。

建筑施工企业是建筑工地食堂食品安全的责任主体。建筑工地应当建立健全以项目负责人为第一责任人的食品安全责任制，建筑工地食堂要配备专职或者兼职食品安全管理人员，明确相关人员的责任，建立相应的考核奖惩制度，确保食品安全责任落实到位。要建立健全食品安全管理制度，建立从业人员健康管理档案，食堂从业人员取得健康证明后方可持证上岗。对于从事接触直接入口食品工作的人员患有痢疾、伤寒、甲型病毒性肝炎、戊型病毒性肝炎等消化道传染病，以及患有活动性肺结核、化脓性或者渗出性皮肤病等有碍食品安全的疾病的，应当将其调整到其他不影响食品安全的工作岗位。

建筑工地食堂要依据食品安全事故处理的有关规定，制定食品安全事故应急预案，提高防控食品安全事故能力和水平。发生食品安全事故时，要迅速采取措施控制事态的发展并及时报告，积极做好相关处置工作，防止事故危害的扩大。

五、劳保用品、职业病防治、工伤保险和安全费用制度

（一）施工人员劳动保护用品的规定

施工人员劳动保护用品，是指在建筑施工现场，从事建筑施工活动的人员使用的安全帽、安全带以及安全（绝缘）鞋、防护眼镜、防护手套、防尘（毒）口罩等个人劳动保护用品。

建设部《建筑施工人员个人劳动保护用品使用管理暂行规定》（建质〔2007〕255号）中规定，施工作业人员所在企业（包括总承包企业、专业承包企业、劳务企业等，下同）必须按国家规定免费发放劳动保护用品，更换已损坏或已到使用期限的劳动保护用品，不得收取或变相收取任何费用。劳动保护用品必须以实物形式发放，不得以货币或其他物品替代。

施工企业应建立完善劳动保护用品的采购、验收、保管、发放、使用、更换、报废等规章制度。同时，应建立相应的管理台账，管理台账保存期限不得少于两年，以保证劳动保护用品的质量具有可追溯性。企业采购、个人使用的安全帽、安全带及其他劳动防护用品等，必须符合《安全帽》GB 2811、《安全带》GB 6095及其他劳动保护用品相关国家标准的要求。企业、施工作业人员不得采购和使用无安全标记或不符合国家相关标准要求的劳动保护用品。

企业采购劳动保护用品时，应查验劳动保护用品生产厂家或供货商的生产、经营资格，验明商品合格证明和商品标识，以确保采购劳动保护用品的质量符合安全使用要求。企业应当向劳动保护用品生产厂家或供货商索要法定检验机构出具的检验报告或由供货商签字盖章的检验报告复印件，不能提供检验报告或检验报告复印件的劳动保护用品不得采购。

施工企业应加强对施工作业人员的教育培训，保证施工作业人员能正确使用劳动保护用品。工程项目部应有教育培训的记录，有培训人员和被培训人员的签名和时间。企业应加强对施工作业人员劳动保护用品使用情况的检查，并对施工作业人员劳动保护用品的质量和正确使用负责。实行施工总承包的工程项目，施工总承包企业应加强对施工现场内所有施工作业人员劳动保护用品的监督检查。督促相关分包企业和人员正确使用劳动保护用品。

各级建设行政主管部门应将企业劳动保护用品的发放、管理情况列入建筑施工企业《安全生产许可证》条件的审查内容之一；施工现场劳动保护用品的质量情况作为认定企业是否降低安全生产条件的内容之一；施工作业人员是否正确使用劳动保护用品情况作为考核企业安全生产教育培训是否到位的依据之一。

（二）职业病防治的规定

职业病，是指企业、事业单位和个体经济组织等用人单位的劳动者在职业活动中，因接触粉尘、放射性物质和其他有毒、有害因素而引起的疾病。

2017年11月经修改后公布的《中华人民共和国职业病防治法》（以下简称《职业病防治法》）规定，用人单位应当为劳动者创造符合国家职业卫生标准和卫生要求的工作环境和条件，并采取措施保障劳动者获得职业卫生保护。用人单位制定或者修改有关职业病防治的规章制度，应当听取工会组织的意见。用人单位的主要负责人对本单位的职业病防治工作全面负责。

1. 前期预防

用人单位应当依照法律、法规要求，严格遵守国家职业卫生标准，落实职业病预防措施，从源头上控制和消除职业病危害。

产生职业病危害的用人单位的设立除应当符合法律、行政法规规定的设立条件外，其工作场所还应当符合下列职业卫生要求：①职业病危害因素的强度或者浓度符合国家职业卫生标准；②有与职业病危害防护相适应的设施；③生产布局合理，符合有害与无害作业分开的原则；④有配套的更衣间、洗浴间、孕妇休息间等卫生设施；⑤设备、工具、用具等设施符合保护劳动者生理、心理健康的要求；⑥法律、行政法规和国务院卫生行政部门、安全生产监督管理部门关于保护劳动者健康的其他要求。

国家建立职业病危害项目申报制度。用人单位工作场所存在职业病目录所列职业病的危害因素的，应当及时、如实向所在地安全生产监督管理部门申报危害项目，接受监督。职业病危害因素分类目录由国务院卫生行政部门会同国务院安全生产监督管理部门制定、调整并公布。

新建、扩建、改建建设项目和技术改造、技术引进项目（以下统称建设项目）可能产生职业病危害的，建设单位在可行性论证阶段应当进行职业病危害预评价。医疗机构建设项目可能产生放射性职业病危害的，建设单位应当向卫生行政部门提交放射性职业病危害预评价报告。未提交预评价报告或者预评价报告未经卫生行政部门审核同意的，不得开工建设。建设项目在竣工验收前，建设单位应当进行职业病危害控制效果评价。医疗机构可能产生放射性职业病危害的建设项目竣工验收时，其放射性职业病防护设施经卫生行政部门验收合格后，方可投入使用；其他建设项目的职业病防护设施应当由建设单位负责依法组织验收，验收合格后，方可投入生产和使用。

2. 劳动过程中的防护与管理

用人单位应当采取下列职业病防治管理措施：①设置或者指定职业卫生管理机构或者组织，配备专职或者兼职的职业卫生管理人员，负责本单位的职业病防治工作；②制定职业病防治计划和实施方案；③建立、健全职业卫生管理制度和操作规程；④建立、健全职业卫生档案和劳动者健康监护档案；⑤建立、健全工作场所职业病危害因素监测及评价制度；⑥建立、健全职业病危害事故应急救援预案。

用人单位应当保障职业病防治所需的资金投入，不得挤占、挪用，并对因资金投入不足导致的后果承担责任。用人单位必须采用有效的职业病防护设施，并为劳动者提供个人使用的职业病防护用品。用人单位为劳动者个人提供的职业病防护用品必须符合防治职业病的要求；不符合要求的，不得使用。用人单位应当优先采用有利于防治职业病和保护劳动者健康的新技术、新工艺、新设备、新材料，逐步替代职业病危害严重的技术、工艺、设备、材料。

产生职业病危害的用人单位，应当在醒目位置设置公告栏，公布有关职业病防治的规章制度、操作规程、职业病危害事故应急救援措施和工作场所职业病危害因素检测结果。对产生严重职业病危害的作业岗位，应当在其醒目位置，设置警示标识和中文警示说明。警示说明应当载明产生职业病危害的种类、后果、预防以及应急救治措施等内容。

对可能发生急性职业损伤的有毒、有害工作场所，用人单位应当设置报警装置，配置现场急救用品、冲洗设备、应急撤离通道和必要的泄险区。对放射工作场所和放射性同位素的运输、贮存，用人单位必须配置防护设备和报警装置，保证接触放射线的工作人员佩戴个人剂量计。对职业病防护设备、应急救援设施和个人使用的职业病防护用品，用人单位应当进行经常性的维护、检修，定期检测其性能和效果，确保其处于正常状态，不得擅自拆除或者停止使用。

用人单位应当实施由专人负责的职业病危害因素日常监测，并确保监测系统处于正常运行状态。用人单位应当按照国务院安全生产监督管理部门的规定，定期对工作场所进行职业病危害因素检测、评价。检测、评价结果存入用人单位职业卫生档案，定期向所在地安全生产监督管理部门报告并向劳动者公布。职业病危害因素检测、评价由依法设立的取得国务院安全生产监督管理部门或者设区的市级以上地方人民政府安全生产监督管理部门按照职责分工给予资质认可的职业卫生技术服务机构进行。发现工作场所职业病危害因素不符合国家职业卫生标准和卫生要求时，用人单位应当立即采取相应治理措施，仍然达不到国家职业卫生标准和卫生要求的，必须停止存在职业病危害因素的作业；职业病危害因素经治理后，符合国家职业卫生标准和卫生要求的，方可重新作业。

向用人单位提供可能产生职业病危害的设备的，应当提供中文说明书，并在设备的醒目位置设置警示标识和中文警示说明。警示说明应当载明设备性能、可能产生的职业病危害、安全操作和维护注意事项、职业病防护以及应急救治措施等内容。向用人单位提供可能产生职业病危害的化学品、放射性同位素和含有放射性物质的材料的，应当提供中文说明书。说明书应当载明产品特性、主要成分、存在的有害因素、可能产生的危害后果、安全使用注意事项、职业病防护以及应急救治措施等内容。产品包装应当有醒目的警示标识和中文警示说明。贮存上述材料的场所应当在规定的部位设置危险物品标识或者放射性警示标识。

任何单位和个人不得生产、经营、进口和使用国家明令禁止使用的可能产生职业病危害的设备或者材料。任何单位和个人不得将产生职业病危害的作业转移给不具备职业病防护条件的单位和个人。不具备职业病防护条件的单位和个人不得接受产生职业病危害的作业。用人单位对采用的技术、工艺、设备、材料，应当知悉其产生的职业病危害，对有职业病危害的技术、工艺、设备、材料隐瞒其危害而采用的，对所造成的职业病危害后果承担责任。

用人单位与劳动者订立劳动合同（含聘用合同，下同）时，应当将工作过程中可能产生的职业病危害及其后果、职业病防护措施和待遇等如实告知劳动者，并在劳动合同中写明，不得隐瞒或者欺骗。劳动者在已订立劳动合同期间因工作岗位或者工作内容变更，从事与所订立劳动合同中未告知的存在职业病危害的作业时，用人单位应当依照前款规定，向劳动者履行如实告知的义务，并协商变更原劳动合同相关条款。用人单位违反前两款规定的，劳动者有权拒绝从事存在职业病危害的作业，用人单位不得因此解除与劳动者所订立的劳动合同。

用人单位的主要负责人和职业卫生管理人员应当接受职业卫生培训，遵守职业病防治法律、法规，依法组织本单位的职业病防治工作。用人单位应当对劳动者进行上岗前的职业卫生培训和在岗期间的定期职业卫生培训，普及职业卫生知识，督促劳动者遵守职业病防治法律、法规、规章和操作规程，指导劳动者正确使用职业病防护设备和个人使用的职业病防护用品。

劳动者应当学习和掌握相关的职业卫生知识，增强职业病防范意识，遵守职业病防治法律、法规、规章和操作规程，正确使用、维护职业病防护设备和个人使用的职业病防护用品，发现职业病危害事故隐患应当及时报告。劳动者不履行前款规定义务的，用人单位应当对其进行教育。

对从事接触职业病危害的作业的劳动者，用人单位应当按照国务院安全生产监督管理部门、卫生行政部门的规定组织上岗前、在岗期间和离岗时的职业健康检查，并将检查结果书面告知劳动者。职业健康检查费用由用人单位承担。用人单位不得安排未经上岗前职业健康检查的劳动者从事接触职业病危害的作业；不得安排有职业禁忌的劳动者从事其所禁忌的作业；对在职业健康检查中发现有与所从事的职业相关的健康损害的劳动者，应当调离原工作岗位，并妥善安置；对未进行离岗前职业健康检查的劳动者不得解除或者终止与其订立的劳动合同。职业健康检查应当由取得《医疗机构执业许可证》的医疗卫生机构承担。

用人单位应当为劳动者建立职业健康监护档案，并按照规定的期限妥善保存。职业健康监护档案应当包括劳动者的职业史、职业病危害接触史、职业健康检查结果和职业病诊疗等有关个人健康资料。劳动者离开用人单位时，有权索取本人职业健康监护档案复印件，用人单位应当如实、无偿提供，并在所提供的复印件上签章。

发生或者可能发生急性职业病危害事故时，用人单位应当立即采取应急救援和控制措施，并及时报告所在地安全生产监督管理部门和有关部门。对遭受或者可能遭受急性职业病危害的劳动者，用人单位应当及时组织救治、进行健康检查和医学观察，所需费用由用人单位承担。用人单位不得安排未成年工从事接触职业病危害的作业；不得安排孕期、哺乳期的女职工从事对本人和胎儿、婴儿有危害的作业。

劳动者享有下列职业卫生保护权利：①获得职业卫生教育、培训；②获得职业健康检查、职业病诊疗、康复等职业病防治服务；③了解工作场所产生或者可能产生的职业病危害因素、危害后果和应当采取的职业病防护措施；④要求用人单位提供符合防治职业病要求的职业病防护设施和个人使用的职业病防护用品，改善工作条件；⑤对违反职业病防治法律、法规以及危及生命健康的行为提出批评、检举和控告；⑥拒绝违章指挥和强令进行没有职业病防护措施的作业；⑦参与用人单位职业卫生工作的民主管理，对职业病防治工作提出意见和建议。用人单位应当保障劳动者行使前款所列权利。因劳动者依法行使正当权利而降低其工资、福利等待遇或者解除、终止与其订立的劳动合同的，其行为无效。

工会组织应当督促并协助用人单位开展职业卫生宣传教育和培训，有权对用人单位的职业病防治工作提出意见和建议，依法代表劳动者与用人单位签订劳动安全卫生专项集体合同，与用人单位就劳动者反映的有关职业病防治的问题进行协调并督促解决。工会组织对用人单位违反职业病防治法律、法规，侵犯劳动者合法权益的行为，有权要求纠正；产生严重职业病危害时，有权要求采取防护措施，或者向政府有关部门建议采取强制性措施；发生职业病危害事故时，有权参与事故调查处理；发现危及劳动者生命健康的情形时，有权向用人单位建议组织劳动者撤离危险现场，用人单位应当立即作出处理。

用人单位按照职业病防治要求，用于预防和治理职业病危害、工作场所卫生检测、健康监护和职业卫生培训等费用，按照国家有关规定，在生产成本中据实列支。劳务派遣用工单位应当履行本法规定的用人单位的义务。

3. 职业病诊断与职业病病人保障

劳动者可以在用人单位所在地、本人户籍所在地或者经常居住地依法承担职业病诊断的医疗卫生机构进行职业病诊断。

职业病诊断，应当综合分析下列因素：①病人的职业史；②职业病危害接触史和工作场所职业病危害因素情况；③临床表现以及辅助检查结果等。没有证据否定职业病危害因素与病人临床表现之间的必然联系的，应当诊断为职业病。

用人单位应当如实提供职业病诊断、鉴定所需的劳动者职业史和职业病危害接触史、工作场所职业病危害因素检测结果等资料；劳动者和有关机构也应当提供与职业病诊断、鉴定有关的资料。职业病诊断、鉴定机构需要了解工作场所职业病危害因素情况时，可以对工作场所进行现场调查，也可以向安全生产监督管理部门提出，安全生产监督管理部门应当在 10 日内组织现场调查。用人单位不得拒绝、阻挠。

职业病诊断、鉴定过程中，用人单位不提供工作场所职业病危害因素检测结果等资料的，诊断、鉴定机构应当结合劳动者的临床表现、辅助检查结果和劳动者的职业史、职业病危害接触史，并参考劳动者的自述、安全生产监督管理部门提供的日常监督检查信息等，作出职业病诊断、鉴定结论。劳动者对用人单位提供的工作场所职业病危害因素检测结果等资料有异议，或者因劳动者的用人单位解散、破产，无用人单位提供上述资料的，诊断、鉴定机构应当提请安全生产监督管理部门进行调查，安全生产监督管理部门应当自接到申请之日起 30 日内对存在异议的资料或者工作场所职业病危害因素情况作出判定；有关部门应当配合。

职业病诊断、鉴定过程中，在确认劳动者职业史、职业病危害接触史时，当事人对劳动关系、工种、工作岗位或者在岗时间有争议的，可以向当地的劳动人事争议仲裁委员会申请仲裁；接到申请的劳动人事争议仲裁委员会应当受理，并在 30 日内作出裁决。当事人在仲裁过程中对自己提出的主张，有责任提供证据。劳动者无法提供由用人单位掌握管理的与仲裁主张有关的证据的，仲裁庭应当要求用人单位在指定期限内提供；用人单位在指定期限内不提供的，应当承担不利后果。劳动者对仲裁裁决不服的，可以依法向人民法院提起诉讼。用人单位对仲裁裁决不服的，可以在职业病诊断、鉴定程序结束之日起 15日内依法向人民法院提起诉讼；诉讼期间，劳动者的治疗费用按照职业病待遇规定的途径支付。

用人单位和医疗卫生机构发现职业病病人或者疑似职业病病人时，应当及时向所在地卫生行政部门和安全生产监督管理部门报告。确诊为职业病的，用人单位还应当向所在地劳动保障行政部门报告。

当事人对职业病诊断有异议的，可以向作出诊断的医疗卫生机构所在地地方人民政府卫生行政部门申请鉴定。当事人对设区的市级职业病诊断鉴定委员会的鉴定结论不服的，可以向省、自治区、直辖市人民政府卫生行政部门申请再鉴定。职业病诊断、鉴定费用由用人单位承担。

医疗卫生机构发现疑似职业病病人时，应当告知劳动者本人并及时通知用人单位。用人单位应当及时安排对疑似职业病病人进行诊断；在疑似职业病病人诊断或者医学观察期间，不得解除或者终止与其订立的劳动合同。疑似职业病病人在诊断、医学观察期间的费用，由用人单位承担。

用人单位应当保障职业病病人依法享受国家规定的职业病待遇。用人单位应当按照国家有关规定，安排职业病病人进行治疗、康复和定期检查。用人单位对不适宜继续从事原工作的职业病病人，应当调离原岗位，并妥善安置。用人单位对从事接触职业病危害的作业的劳动者，应当给予适当岗位津贴。

职业病病人除依法享有工伤保险外，依照有关民事法律，尚有获得赔偿的权利的，有权向用人单位提出赔偿要求。劳动者被诊断患有职业病，但用人单位没有依法参加工伤保险的，其医疗和生活保障由该用人单位承担。职业病病人变动工作单位，其依法享有的待遇不变。

用人单位在发生分立、合并、解散、破产等情形时，应当对从事接触职业病危害的作业的劳动者进行健康检查，并按照国家有关规定妥善安置职业病病人。

国家卫生和计划生育委员会 2015 年 1 月颁布的《职业健康检查管理办法》规定，按照劳动者接触的职业病危害因素，职业健康检查分为以下 6 类：①接触粉尘类；②接触化学因素类；③接触物理因素类；④接触生物因素类；⑤接触放射因素类；⑥其他类（特殊作业等）。职业健康检查机构应当根据批准的检查类别和项目，开展相应的职业健康检查。

职业健康检查机构开展职业健康检查应当与用人单位签订委托协议书，由用人单位统一组织劳动者进行职业健康检查；也可以由劳动者持单位介绍信进行职业健康检查。

4. 监督检查

《职业病防治法》规定，安全生产监督管理部门履行监督检查职责时，有权采取下列措施：①进入被检查单位和职业病危害现场，了解情况，调查取证；②查阅或者复制与违反职业病防治法律、法规的行为有关的资料和采集样品；③责令违反职业病防治法律、法规的单位和个人停止违法行为。

发生职业病危害事故或者有证据证明危害状态可能导致职业病危害事故发生时，安全生产监督管理部门可以采取下列临时控制措施：①责令暂停导致职业病危害事故的作业；②封存造成职业病危害事故或者可能导致职业病危害事故发生的材料和设备；③组织控制职业病危害事故现场。在职业病危害事故或者危害状态得到有效控制后，安全生产监督管理部门应当及时解除控制措施。

职业卫生监督执法人员依法执行职务时，应当出示监督执法证件。职业卫生监督执法人员依法执行职务时，被检查单位应当接受检查并予以支持配合，不得拒绝和阻碍。

5. 法律责任

违反本法规定，有下列行为之一的，由安全生产监督管理部门给予警告，责令限期改正；逾期不改正的，处10万元以下的罚款：①工作场所职业病危害因素检测、评价结果没有存档、上报、公布的；②未采取本法规定的职业病防治管理措施的；③未按照规定公布有关职业病防治的规章制度、操作规程、职业病危害事故应急救援措施的；④未按照规定组织劳动者进行职业卫生培训，或者未对劳动者个人职业病防护采取指导、督促措施的；⑤国内首次使用或者首次进口与职业病危害有关的化学材料，未按照规定报送毒性鉴定资料以及经有关部门登记注册或者批准进口的文件的。

用人单位违反本法规定，有下列行为之一的，由安全生产监督管理部门责令限期改正，给予警告，可以并处5万元以上10万元以下的罚款：①未按照规定及时、如实向安全生产监督管理部门申报产生职业病危害的项目的；②未实施由专人负责的职业病危害因素日常监测，或者监测系统不能正常监测的；③订立或者变更劳动合同时，未告知劳动者职业病危害真实情况的；④未按照规定组织职业健康检查、建立职业健康监护档案或者未将检查结果书面告知劳动者的；⑤未依照本法规定在劳动者离开用人单位时提供职业健康监护档案复印件的。

用人单位违反本法规定，有下列行为之一的，由安全生产监督管理部门给予警告，责令限期改正，逾期不改正的，处5万元以上20万元以下的罚款；情节严重的，责令停止产生职业病危害的作业，或者提请有关人民政府按照国务院规定的权限责令关闭：①工作场所职业病危害因素的强度或者浓度超过国家职业卫生标准的；②未提供职业病防护设施和个人使用的职业病防护用品，或者提供的职业病防护设施和个人使用的职业病防护用品不符合国家职业卫生标准和卫生要求的；③对职业病防护设备、应急救援设施和个人使用的职业病防护用品未按照规定进行维护、检修、检测，或者不能保持正常运行、使用状态的；④未按照规定对工作场所职业病危害因素进行检测、评价的；⑤工作场所职业病危害因素经治理仍然达不到国家职业卫生标准和卫生要求时，未停止存在职业病危害因素的作业的；⑥未按照规定安排职业病病人、疑似职业病病人进行诊治的；⑦发生或者可能发生急性职业病危害事故时，未立即采取应急救援和控制措施或者未按照规定及时报告的；⑧未按照规定在产生严重职业病危害的作业岗位醒目位置设置警示标识和中文警示说明的；⑨拒绝职业卫生监督管理部门监督检查的；⑩隐瞒、伪造、篡改、毁损职业健康监护档案、工作场所职业病危害因素检测评价结果等相关资料，或者拒不提供职业病诊断、鉴定所需资料的；⑪未按照规定承担职业病诊断、鉴定费用和职业病病人的医疗、生活保障费用的。

用人单位和医疗卫生机构未按照规定报告职业病、疑似职业病的，由有关主管部门依据职责分工责令限期改正，给予警告，可以并处 1 万元以下的罚款；弄虚作假的，并处 2 万元以上 5 万元以下的罚款；对直接负责的主管人员和其他直接责任人员，可以依法给予降级或者撤职的处分。

违反本法规定，有下列情形之一的，由安全生产监督管理部门责令限期治理，并处 5 万元以上 30 万元以下的罚款；情节严重的，责令停止产生职业病危害的作业，或者提请有关人民政府按照国务院规定的权限责令关闭：①隐瞒技术、工艺、设备、材料所产生的职业病危害而采用的；②隐瞒本单位职业卫生真实情况的；③可能发生急性职业损伤的有毒、有害工作场所、放射工作场所或者放射性同位素的运输、贮存不符合本法规定的；④使用国家明令禁止使用的可能产生职业病危害的设备或者材料的；⑤将产生职业病危害的作业转移给没有职业病防护条件的单位和个人，或者没有职业病防护条件的单位和个人接受产生职业病危害的作业的；⑥擅自拆除、停止使用职业病防护设备或者应急救援设施的；⑦安排未经职业健康检查的劳动者、有职业禁忌的劳动者、未成年工或者孕期、哺乳期女职工从事接触职业病危害的作业或者禁忌作业的；⑧违章指挥和强令劳动者进行没有职业病防护措施的作业的。

用人单位违反本法规定，已经对劳动者生命健康造成严重损害的，由安全生产监督管理部门责令停止产生职业病危害的作业，或者提请有关人民政府按照国务院规定的权限责令关闭，并处 10 万元以上 50 万元以下的罚款。

用人单位违反本法规定，造成重大职业病危害事故或者其他严重后果，构成犯罪的，对直接负责的主管人员和其他直接责任人员，依法追究刑事责任。

（三）工伤保险的规定

《建筑法》规定，建筑施工企业应当依法为职工参加工伤保险缴纳工伤保险费。鼓励企业为从事危险作业的职工办理意外伤害保险，支付保险费。

2010 年 12 月经修订后颁布的《工伤保险条例》规定，中华人民共和国境内的企业、事业单位、社会团体、民办非企业单位、基金会、律师事务所、会计师事务所等组织和有雇工的个体工商户（以下称用人单位）应当依照本条例规定参加工伤保险，为本单位全部职工或者雇工（以下称职工）缴纳工伤保险费。

1. 工伤保险基金

工伤保险基金由用人单位缴纳的工伤保险费、工伤保险基金的利息和依法纳入工伤保险基金的其他资金构成。国家根据不同行业的工伤风险程度确定行业的差别费率，并根据工伤保险费使用、工伤发生率等情况在每个行业内确定若干费率档次。

用人单位应当按时缴纳工伤保险费。职工个人不缴纳工伤保险费。用人单位缴纳工伤保险费的数额为本单位职工工资总额乘以单位缴费费率之积。跨地区、生产流动性较大的行业，可以采取相对集中的方式异地参加统筹地区的工伤保险。

2. 工伤认定

职工有下列情形之一的，应当认定为工伤：①在工作时间和工作场所内，因工作原因受到事故伤害的；②工作时间前后在工作场所内，从事与工作有关的预备性或者收尾性工作受到事故伤害的；③在工作时间和工作场所内，因履行工作职责受到暴力等意外伤害的；④患职业病的；⑤因工外出期间，由于工作原因受到伤害或者发生事故下落不明的；⑥在上下班途中，受到非本人主要责任的交通事故或者城市轨道交通、客运轮渡、火车事故伤害的；⑦法律、行政法规规定应当认定为工伤的其他情形。

职工有下列情形之一的，视同工伤：①在工作时间和工作岗位，突发疾病死亡或者在48 小时之内经抢救无效死亡的；②在抢险救灾等维护国家利益、公共利益活动中受到伤害的；③职工原在军队服役，因战、因公负伤致残，已取得革命伤残军人证，到用人单位后旧伤复发的。职工有以上第①项、第②项情形的，按照《工伤保险条例》的有关规定享受工伤保险待遇；职工有以上第③项情形的，按照《工伤保险条例》的有关规定享受除一次性伤残补助金以外的工伤保险待遇。

职工符合以上的规定，但是有下列情形之一的，不得认定为工伤或者视同工伤：①故意犯罪的；②醉酒或者吸毒的；③自残或者自杀的。

职工发生事故伤害或者按照职业病防治法规定被诊断、鉴定为职业病，所在单位应当自事故伤害发生之日或者被诊断、鉴定为职业病之日起 30 日内，向统筹地区社会保险行政部门提出工伤认定申请。遇有特殊情况，经报社会保险行政部门同意，申请时限可以适当延长。用人单位未在以上规定的时限内提交工伤认定申请，在此期间发生符合《工伤保险条例》规定的工伤待遇等有关费用由该用人单位负担。

提出工伤认定申请应当提交下列材料：①工伤认定申请表；②与用人单位存在劳动关系（包括事实劳动关系）的证明材料；③医疗诊断证明或者职业病诊断证明书（或者职业病诊断鉴定书）。职工或者其近亲属认为是工伤，用人单位不认为是工伤的，由用人单位承担举证责任。

社会保险行政部门应当自受理工伤认定申请之日起 60 日内作出工伤认定的决定，并书面通知申请工伤认定的职工或者其近亲属和该职工所在单位。社会保险行政部门对受理的事实清楚、权利义务明确的工伤认定申请，应当在 15 日内作出工伤认定的决定。作出工伤认定决定需要以司法机关或者有关行政主管部门的结论为依据的，在司法机关或者有关行政主管部门尚未作出结论期间，作出工伤认定决定的时限中止。

3. 劳动能力鉴定

职工发生工伤，经治疗伤情相对稳定后存在残疾、影响劳动能力的，应当进行劳动能力鉴定。劳动能力鉴定是指劳动功能障碍程度和生活自理障碍程度的等级鉴定。劳动功能障碍分为 10 个伤残等级，最重的为 1 级，最轻的为 10 级。生活自理障碍分为 3 个等级：生活完全不能自理、生活大部分不能自理和生活部分不能自理。

劳动能力鉴定由用人单位、工伤职工或者其近亲属向设区的市级劳动能力鉴定委员会提出申请，并提供工伤认定决定和职工工伤医疗的有关资料。设区的市级劳动能力鉴定委员会应当自收到劳动能力鉴定申请之日起 60 日内作出劳动能力鉴定结论，必要时，作出劳动能力鉴定结论的期限可以延长 30 日。劳动能力鉴定结论应当及时送达申请鉴定的单位和个人。

申请鉴定的单位或者个人对设区的市级劳动能力鉴定委员会作出的鉴定结论不服的，可以在收到该鉴定结论之日起 15 日内向省、自治区、直辖市劳动能力鉴定委员会提出再次鉴定申请。省、自治区、直辖市劳动能力鉴定委员会作出的劳动能力鉴定结论为最终结论。自劳动能力鉴定结论作出之日起 1 年后，工伤职工或者其近亲属、所在单位或者经办机构认为伤残情况发生变化的，可以申请劳动能力复查鉴定。

4. 工伤保险待遇

职工因工作遭受事故伤害或者患职业病进行治疗，享受工伤医疗待遇。

（1）工伤的治疗

职工治疗工伤应当在签订服务协议的医疗机构就医，情况紧急时可以先到就近的医疗机构急救。职工住院治疗工伤的伙食补助费，以及经医疗机构出具证明，报经办机构同意，工伤职工到统筹地区以外就医所需的交通、食宿费用从工伤保险基金支付。工伤职工治疗非工伤引发的疾病，不享受工伤医疗待遇，按照基本医疗保险办法处理。

工伤职工因日常生活或者就业需要，经劳动能力鉴定委员会确认，可以安装假肢、矫形器、假眼、假牙和配置轮椅等辅助器具，所需费用按照国家规定的标准从工伤保险基金支付。

（2）工伤医疗的停工留薪期

职工因工作遭受事故伤害或者患职业病需要暂停工作接受工伤医疗的，在停工留薪期内，原工资福利待遇不变，由所在单位按月支付。停工留薪期一般不超过 12 个月。伤情严重或者情况特殊，经设区的市级劳动能力鉴定委员会确认，可以适当延长，但延长不得超过 12 个月。

工伤职工评定伤残等级后，停发原待遇，按照有关规定享受伤残待遇。工伤职工在停工留薪期满后仍需治疗的，继续享受工伤医疗待遇。

（3）工伤职工的护理

生活不能自理的工伤职工在停工留薪期需要护理的，由所在单位负责。工伤职工已经评定伤残等级并经劳动能力鉴定委员会确认需要生活护理的，从工伤保险基金按月支付生活护理费。生活护理费按照生活完全不能自理、生活大部分不能自理或者生活部分不能自理 3 个不同等级支付，其标准分别为统筹地区上年度职工月平均工资的 50%、40% 或者 30%。

（4）职工因工致残的待遇

职工因工致残被鉴定为 1 级至 4 级伤残的，保留劳动关系，退出工作岗位，享受以下待遇：①从工伤保险基金按伤残等级支付一次性伤残补助金，标准为：1 级伤残为 27 个月的本人工资，2 级伤残为 25 个月的本人工资，3 级伤残为 23 个月的本人工资，4 级伤残为 21 个月的本人工资；②从工伤保险基金按月支付伤残津贴，标准为：1 级伤残为本人工资的 90%，2 级伤残为本人工资的 85%，3 级伤残为本人工资的 80%，4 级伤残为本人工资的 75%。伤残津贴实际金额低于当地最低工资标准的，由工伤保险基金补足差额；③工伤职工达到退休年龄并办理退休手续后，停发伤残津贴，按照国家有关规定享受基本养老保险待遇。基本养老保险待遇低于伤残津贴的，由工伤保险基金补足差额。职工因工致残被鉴定为 1 级至 4 级伤残的，由用人单位和职工个人以伤残津贴为基数，缴纳基本医疗保险费。

职工因工致残被鉴定为 5 级、6 级伤残的，享受以下待遇：①从工伤保险基金按伤残等级支付一次性伤残补助金，标准为：5 级伤残为 18 个月的本人工资，6 级伤残为 16 个月的本人工资；②保留与用人单位的劳动关系，由用人单位安排适当工作。难以安排工作的，由用人单位按月发给伤残津贴，标准为：5 级伤残为本人工资的 70%，6 级伤残为本人工资的 60%，并由用人单位按照规定为其缴纳应缴纳的各项社会保险费。伤残津贴实际金额低于当地最低工资标准的，由用人单位补足差额。经工伤职工本人提出，该职工可以与用人单位解除或者终止劳动关系，由工伤保险基金支付一次性工伤医疗补助金，由用人单位支付一次性伤残就业补助金。

职工因工致残被鉴定为 7 级至 10 级伤残的，享受以下待遇：①从工伤保险基金按伤残等级支付一次性伤残补助金，标准为：7 级伤残为 13 个月的本人工资，8 级伤残为 11 个月的本人工资，9 级伤残为 9 个月的本人工资，10 级伤残为 7 个月的本人工资；②劳动、聘用合同期满终止，或者职工本人提出解除劳动、聘用合同的，由工伤保险基金支付一次性工伤医疗补助金，由用人单位支付一次性伤残就业补助金。

（5）职工因工死亡的丧葬补助金、抚恤金和一次性工亡补助金

职工因工死亡，其近亲属按照下列规定从工伤保险基金领取丧葬补助金、供养亲属抚恤金和一次性工亡补助金：①丧葬补助金为 6 个月的统筹地区上年度职工月平均工资；②供养亲属抚恤金按照职工本人工资的一定比例发给由因工死亡职工生前提供主要生活来源、无劳动能力的亲属。标准为：配偶每月 40%，其他亲属每人每月 30%，孤寡老人或者孤儿每人每月在上述标准的基础上增加 10%。核定的各供养亲属的抚恤金之和不应高于因工死亡职工生前的工资。③一次性工亡补助金标准为上一年度全国城镇居民人均可支配收入的 20 倍。伤残职工在停工留薪期内因工伤导致死亡的，其近亲属享受以上规定的待遇。1 级至 4 级伤残职工在停工留薪期满后死亡的，其近亲属可以享受以上第①项、第②项规定的待遇。

（6）其他规定

职工因工外出期间发生事故或者在抢险救灾中下落不明的，从事故发生当月起 3 个月内照发工资，从第 4 个月起停发工资，由工伤保险基金向其供养亲属按月支付供养亲属抚恤金。生活有困难的，可以预支一次性工亡补助金的 50%。职工被人民法院宣告死亡的，按照职工因工死亡的规定处理。

工伤职工有下列情形之一的，停止享受工伤保险待遇：①丧失享受待遇条件的；②拒不接受劳动能力鉴定的；③拒绝治疗的。

2014 年 6 月公布的《最高人民法院关于审理工伤保险行政案件若干问题的规定》中规定，社会保险行政部门认定下列单位为承担工伤保险责任单位的，人民法院应予支持：①职工与两个或两个以上单位建立劳动关系，工伤事故发生时，职工为之工作的单位为承担工伤保险责任的单位；②劳务派遣单位派遣的职工在用工单位工作期间因工伤亡的，派遣单位为承担工伤保险责任的单位；③单位指派到其他单位工作的职工因工伤亡的，指派单位为承担工伤保险责任的单位；④用工单位违反法律、法规规定将承包业务转包给不具备用工主体资格的组织或者自然人，该组织或者自然人聘用的职工从事承包业务时因工伤亡的，用工单位为承担工伤保险责任的单位；⑤个人挂靠其他单位对外经营，其聘用的人员因工伤亡的，被挂靠单位为承担工伤保险责任的单位。前款第④、⑤项明确的承担工伤保险责任的单位承担赔偿责任或者社会保险经办机构从工伤保险基金支付工伤保险待遇后，有权向相关组织、单位和个人追偿。

5. 建筑行业的工伤保险制度

2014 年 12 月人力资源社会保障部、住房城乡建设部、安全监管总局、全国总工会颁

发的《关于进一步做好建筑业工伤保险工作的意见》提出，针对建筑行业的特点，建筑施工企业对相对固定的职工，应按用人单位参加工伤保险；对不能按用人单位参保、建筑项目使用的建筑业职工特别是农民工，按项目参加工伤保险。按用人单位参保的建筑施工企业应以工资总额为基数依法缴纳工伤保险费。以建设项目为单位参保的，可以按照项目工程总造价的一定比例计算缴纳工伤保险费。

建设单位要在工程概算中将工伤保险费用单独列支，作为不可竞争费，不参与竞标，并在项目开工前由施工总承包单位一次性代缴本项目工伤保险费，覆盖项目使用的所有职工，包括专业承包单位、劳务分包单位使用的农民工。施工人员发生工伤后，以劳动合同为基础确认劳动关系。对未签订劳动合同的，由人力资源社会保障部门参照工资支付凭证或记录、工作证、招工登记表、考勤记录及其他劳动者证言等证据，确认事实劳动关系。

对认定为工伤的建筑业职工，各级社会保险经办机构和用人单位应依法按时足额支付各项工伤保险待遇。对在参保项目施工期间发生工伤、项目竣工时尚未完成工伤认定或劳动能力鉴定的建筑业职工，其所在用人单位要继续保证其医疗救治和停工期间的法定待遇，待完成工伤认定及劳动能力鉴定后，依法享受参保职工的各项工伤保险待遇；其中应由用人单位支付的待遇，工伤职工所在用人单位要按时足额支付，也可根据其意愿一次性支付。针对建筑业工资收入分配的特点，对相关工伤保险待遇中难以按本人工资作为计发基数的，可以参照统筹地区上年度职工平均工资作为计发基数。

未参加工伤保险的建设项目，职工发生工伤事故，依法由职工所在用人单位支付工伤保险待遇，施工总承包单位、建设单位承担连带责任；用人单位和承担连带责任的施工总承包单位、建设单位不支付的，由工伤保险基金先行支付，用人单位和承担连带责任的施工总承包单位、建设单位应当偿还；不偿还的，由社会保险经办机构依法追偿。

建设单位、施工总承包单位或具有用工主体资格的分包单位将工程（业务）发包给不具备用工主体资格的组织或个人，该组织或个人招用的劳动者发生工伤的，发包单位与不具备用工主体资格的组织或个人承担连带赔偿责任。

施工总承包单位应当按照项目所在地人力资源社会保障部门统一规定的式样，制作项目参加工伤保险情况公示牌，在施工现场显著位置予以公示，并安排有关工伤预防及工伤保险政策讲解的培训课程，保障广大建筑业职工特别是农民工的知情权，增强其依法维权意识。

开展工伤预防试点的地区可以从工伤保险基金提取一定比例用于工伤预防。

（四）建筑工程安全防护、文明施工措施费用的规定

安全防护、文明施工措施费用，是指按照国家现行的建筑施工安全、施工现场环境与卫生标准和有关规定，购置和更新施工安全防护用具及设施、改善安全生产条件和作业环境所需要的费用。建设单位对建筑工程安全防护、文明施工措施有其他要求的，所发生费用一并计入安全防护、文明施工措施费。

《建设工程安全生产管理条例》规定，施工单位对列入建设工程概算的安全作业环境及安全施工措施所需费用，应当用于施工安全防护用具及设施的采购和更新、安全施工措施的落实、安全生产条件的改善，不得挪作他用。

1. 建筑工程安全防护、文明施工措施费用的计提

财政部、国家安全生产监督管理总局《企业安全生产费用提取和使用管理办法》（财企［2012］16号）中规定，本办法所称安全生产费用（以下简称安全费用）是指企业按照规定标准提取在成本中列支，专门用于完善和改进企业或者项目安全生产条件的资金。

建设工程施工企业以建筑安装工程造价为计提依据。各建设工程类别安全费用提取标准如下：①矿山工程为2.5％；②房屋建筑工程、水利水电工程、电力工程、铁路工程、城市轨道交通工程为2.0％；③市政公用工程、冶炼工程、机电安装工程、化工石油工程、港口与航道工程、公路工程、通信工程为1.5％。建设工程施工企业提取的安全费用列入工程造价，在竞标时，不得删减，列入标外管理。总包单位应当将安全费用按比例直接支付分包单位并监督使用，分包单位不再重复提取。

企业在上述标准的基础上，根据安全生产实际需要，可适当提高安全费用提取标准。本办法公布前，各省级政府已制定下发企业安全费用提取使用办法的，其提取标准如果低于本办法规定的标准，应当按照本办法进行调整；如果高于本办法规定的标准，按照原标准执行。

2005年6月建设部发布的《建筑工程安全防护、文明施工措施费用及使用管理规定》中规定，建筑工程安全防护、文明施工措施费用是由《建筑安装工程费用项目组成》中措施费所含的文明施工费、环境保护费、临时设施费、安全施工费组成。

建设单位、设计单位在编制工程概（预）算时，应当依据工程所在地工程造价管理机构测定的相应费率，合理确定工程安全防护、文明施工措施费。依法进行工程招投标的项目，招标方或具有资质的中介机构编制招标文件时，应当按照有关规定并结合工程实际单独列出安全防护、文明施工措施项目清单。投标方应当根据现行标准规范，结合工程特点、工期进度和作业环境要求，在施工组织设计文件中制定相应的安全防护、文明施工措施，并按照招标文件要求结合自身的施工技术水平、管理水平对工程安全防护、文明施工措施项目单独报价。投标方安全防护、文明施工措施的报价，不得低于依据工程所在地工程造价管理机构测定费率计算所需费用总额的90％。

建设单位与施工单位应当在施工合同中明确安全防护、文明施工措施项目总费用，以及费用预付、支付计划，使用要求、调整方式等条款。建设单位与施工单位在施工合同中对安全防护、文明施工措施费用预付、支付计划未作约定或约定不明的，合同工期在一年以内的，建设单位预付安全防护、文明施工措施项目费用不得低于该费用总额的50％；合同工期在一年以上的（含一年），预付安全防护、文明施工措施费用不得低于该费用总额的30％，其余费用应当按照施工进度支付。

2013年3月住房和城乡建设部、财政部经修订后发布的《建筑安装工程费用项目组成》中规定，安全文明施工费包括：①环境保护费：是指施工现场为达到环保部门要求所需要的各项费用；②文明施工费：是指施工现场文明施工所需要的各项费用；③安全施工费：是指施工现场安全施工所需要的各项费用；④临时设施费：是指施工企业为进行建设工程施工所必须搭设的生活和生产用的临时建筑物、构筑物和其他临时设施费用，包括临时设施的搭设、维修、拆除、清理费或摊销费等。

2. 建筑工程安全防护、文明施工措施费用的使用管理

财政部、国家安全生产监督管理总局《企业安全生产费用提取和使用管理办法》中规

定，建设工程施工企业安全费用应当按照以下范围使用：①完善、改造和维护安全防护设施设备支出（不含"三同时"要求初期投入的安全设施），包括施工现场临时用电系统、洞口、临边、机械设备、高处作业防护、交叉作业防护、防火、防爆、防尘、防毒、防雷、防台风、防地质灾害、地下工程有害气体监测、通风、临时安全防护等设施设备支出；②配备、维护、保养应急救援器材、设备支出和应急演练支出；③开展重大危险源和事故隐患评估、监控和整改支出；④安全生产检查、评价（不包括新建、改建、扩建项目安全评价）、咨询和标准化建设支出；⑤配备和更新现场作业人员安全防护用品支出；⑥安全生产宣传、教育、培训支出；⑦安全生产适用的新技术、新标准、新工艺、新装备的推广应用支出；⑧安全设施及特种设备检测检验支出；⑨其他与安全生产直接相关的支出。

在规定的使用范围内，企业应当将安全费用优先用于满足安全生产监督管理部门、煤矿安全监察机构以及行业主管部门对企业安全生产提出的整改措施或者达到安全生产标准所需的支出。企业提取的安全费用应当专户核算，按规定范围安排使用，不得挤占、挪用。年度结余资金结转下年度使用，当年计提安全费用不足的，超出部分按正常成本费用渠道列支。主要承担安全管理责任的集团公司经过履行内部决策程序，可以对所属企业提取的安全费用按照一定比例集中管理，统筹使用。

企业应当建立健全内部安全费用管理制度，明确安全费用提取和使用的程序、职责及权限，按规定提取和使用安全费用。企业应当加强安全费用管理，编制年度安全费用提取和使用计划，纳入企业财务预算。企业年度安全费用使用计划和上一年安全费用的提取、使用情况按照管理权限报同级财政部门、安全生产监督管理部门、煤矿安全监察机构和行业主管部门备案。企业安全费用的会计处理，应当符合国家统一的会计制度的规定。企业提取的安全费用属于企业自提自用资金，其他单位和部门不得采取收取、代管等形式对其进行集中管理和使用，国家法律、法规另有规定的除外。

建设部《建筑工程安全防护、文明施工措施费用及使用管理规定》中规定，实行工程总承包的，总承包单位依法将建筑工程分包给其他单位的，总承包单位与分包单位应当在分包合同中明确安全防护、文明施工措施费用由总承包单位统一管理。安全防护、文明施工措施由分包单位实施的，由分包单位提出专项安全防护措施及施工方案，经总承包单位批准后及时支付所需费用。

工程监理单位应当对施工单位落实安全防护、文明施工措施情况进行现场监理。对施工单位已经落实的安全防护、文明施工措施，总监理工程师或者造价工程师应当及时审查并签认所发生的费用。监理单位发现施工单位未落实施工组织设计及专项施工方案中安全防护和文明施工措施的，有权责令其立即整改；对施工单位拒不整改或未按期限要求完成整改的，工程监理单位应当及时向建设单位和建设行政主管部门报告，必要时责令其暂停施工。

施工单位应当确保安全防护、文明施工措施费专款专用，在财务管理中单独列出安全防护、文明施工措施项目费用清单备查。施工单位安全生产管理机构和专职安全生产管理人员负责对建筑工程安全防护、文明施工措施的组织实施进行现场监督检查，并有权向建设主管部门反映情况。

3. 违法行为应承担的主要法律责任

财政部、国家安全生产监督管理总局《企业安全生产费用提取和使用管理办法》中规定，企业未按本办法提取和使用安全费用的，安全生产监督管理部门、煤矿安全监察机构和行业主管部门会同财政部门责令其限期改正，并依照相关法律法规进行处理、处罚。建设工程施工总承包单位未向分包单位支付必要的安全费用以及承包单位挪用安全费用的，由建设、交通运输、铁路、水利、安全生产监督管理、煤矿安全监察等主管部门依照相关法规、规章进行处理、处罚。

建设部《建筑工程安全防护、文明施工措施费用及使用管理规定》中规定，工程总承包单位对建筑工程安全防护、文明施工措施费用的使用负总责。总承包单位应当按照本规定及合同约定及时向分包单位支付安全防护、文明施工措施费用。总承包单位不按本规定和合同约定支付费用，造成分包单位不能及时落实安全防护措施导致发生事故的，由总承包单位负主要责任。

建设单位未按本规定支付安全防护、文明施工措施费用的，由县级以上建设行政主管部门依据《建设工程安全生产管理条例》第 54 条规定，责令限期整改；逾期未改正的，责令该建设工程停止施工。

施工单位挪用安全防护、文明施工措施费用的，由县级以上建设主管部门依据《建设工程安全生产管理条例》第 63 条规定，责令限期整改，处挪用费用 20％以上 50％以下的罚款；造成损失的，依法承担赔偿责任。

六、施工生产安全事故的应急救援与调查处理制度

施工现场一旦发生生产安全事故，应当立即实施抢险救援特别是抢救遇险人员，迅速控制事态，防止伤亡事故进一步扩大，并依法向有关部门报告。

（一）施工生产安全事故应急救援预案的规定

《安全生产法》规定，生产经营单位应当制定本单位生产安全事故应急救援预案，与所在地县级以上地方人民政府组织制定的生产安全事故应急救援预案相衔接，并定期组织演练。……建筑施工单位应当建立应急救援组织；生产经营规模较小的，可以不建立应急救援组织，但应当指定兼职的应急救援人员。……建筑施工单位应当配备必要的应急救援器材、设备和物资，并进行经常性维护、保养，保证正常运转。

生产经营单位对重大危险源应当登记建档，进行定期检测、评估、监控，并制定应急预案，告知从业人员和相关人员在紧急情况下应当采取的应急措施。生产经营单位应当按照国家有关规定将本单位重大危险源及有关安全措施、应急措施报有关地方人民政府安全生产监督管理部门和有关部门备案。

2007 年 8 月公布的《中华人民共和国突发事件应对法》规定，矿山、建筑施工单位和易燃易爆物品、危险化学品、放射性物品等危险物品的生产、经营、储运、使用单位，应当制定具体应急预案，并对生产经营场所、有危险物品的建筑物、构筑物及周边环境开展隐患排查，及时采取措施消除隐患，防止发生突发事件。

应急预案应当根据本法和其他有关法律、法规的规定，针对突发事件的性质、特点和

可能造成的社会危害，具体规定突发事件应急管理工作的组织指挥体系与职责和突发事件的预防与预警机制、处置程序、应急保障措施以及事后恢复与重建措施等内容。

《建设工程安全生产管理条例》进一步规定，施工单位应当制定本单位生产安全事故应急救援预案，建立应急救援组织或者配备应急救援人员，配备必要的应急救援器材、设备，并定期组织演练。

施工单位应当根据建设工程施工的特点、范围，对施工现场易发生重大事故的部位、环节进行监控，制定施工现场生产安全事故应急救援预案。实行施工总承包的，由总承包单位统一组织编制建设工程生产安全事故应急救援预案，工程总承包单位和分包单位按照应急救援预案，各自建立应急救援组织或者配备应急救援人员，配备救援器材、设备，并定期组织演练。

《国务院关于坚持科学发展安全发展促进安全生产形势持续稳定好转的意见》规定，加强预案管理和应急演练。建立健全安全生产应急预案体系，加强动态修订完善。落实省、市、县三级安全生产预案报备制度，加强企业预案与政府相关应急预案的衔接。定期开展应急预案演练，切实提高事故救援实战能力。企业生产现场带班人员、班组长和调度人员在遇到险情时，要按照预案规定，立即组织停产撤人。

2009 年 4 月国家安全生产监督管理总局发布的《生产安全事故应急预案管理办法》规定，建筑施工单位应当组织专家对本单位编制的应急预案进行评审。评审应当形成书面纪要并附有专家名单。应急预案的评审应当注重应急预案的实用性、基本要素的完整性、预防措施的针对性、组织体系的科学性、响应程序的操作性、应急保障措施的可行性、应急预案的衔接性等内容。施工单位的应急预案经评审后，由施工单位主要负责人签署公布。

生产经营单位应当制定本单位的应急预案演练计划，根据本单位的事故预防重点，每年至少组织一次综合应急预案演练或者专项应急预案演练，每半年至少组织一次现场处置方案演练。生产经营单位应当按照应急预案的要求配备相应的应急物资及装备，建立使用状况档案，定期检测和维护，使其处于良好状态。

此外，《消防法》还规定，企业应当履行落实消防安全责任制，制定本单位的消防安全制度、消防安全操作规程，制定灭火和应急疏散预案的消防安全职责。《职业病防治法》规定，用人单位应当建立、健全职业病危害事故应急救援预案。《特种设备安全法》规定，特种设备使用单位应当制定特种设备事故应急专项预案，并定期进行应急演练。2002 年 5 月颁布的《使用有毒物品作业场所劳动保护条例》规定，从事使用高毒物品作业的用人单位，应当配备应急救援人员和必要的应急救援器材、设备，制定事故应急救援预案，并根据实际情况变化对应急救援预案适时进行修订，定期组织演练。

（二）房屋市政工程生产安全重大隐患排查治理挂牌督办的规定

重大隐患是指在房屋建筑和市政工程施工过程中，存在的危害程度较大、可能导致群死群伤或造成重大经济损失的生产安全隐患。挂牌督办是指住房城乡建设主管部门以下达督办通知书以及信息公开等方式，督促企业按照法律法规和技术标准，做好房屋市政工程生产安全重大隐患排查治理的工作。

《安全生产法》规定，生产经营单位应当建立健全生产安全事故隐患排查治理制度，采取技术、管理措施，及时发现并消除事故隐患。事故隐患排查治理情况应当如实记录，并向从业人员通报。县级以上地方各级人民政府负有安全生产监督管理职责的部门应当建立健全重大事故隐患治理督办制度，督促生产经营单位消除重大事故隐患。

生产经营单位的安全生产管理人员应当根据本单位的生产经营特点，对安全生产状况进行经常性检查；对检查中发现的安全问题，应当立即处理；不能处理的，应当及时报告本单位有关负责人，有关负责人应当及时处理。检查及处理情况应当如实记录在案。

生产经营单位的安全生产管理人员在检查中发现重大事故隐患，依照前款规定向本单位有关负责人报告，有关负责人不及时处理的，安全生产管理人员可以向主管的负有安全生产监督管理职责的部门报告，接到报告的部门应当依法及时处理。

《国务院关于坚持科学发展安全发展促进安全生产形势持续稳定好转的意见》规定，加强安全生产风险监控管理。充分运用科技和信息手段，建立健全安全生产隐患排查治理体系，强化监测监控、预报预警，及时发现和消除安全隐患。企业要定期进行安全风险评估分析，重大隐患要及时报安全监管监察和行业主管部门备案。

住房城乡建设部《房屋市政工程生产安全重大隐患排查治理挂牌督办暂行办法》（建质〔2011〕158号）进一步规定，建筑施工企业是房屋市政工程生产安全重大隐患排查治理的责任主体，应当建立健全重大隐患排查治理工作制度，并落实到每一个工程项目。企业及工程项目的主要负责人对重大隐患排查治理工作全面负责。

建筑施工企业应当定期组织安全生产管理人员、工程技术人员和其他相关人员排查每一个工程项目的重大隐患，特别是对深基坑、高支模、地铁隧道等技术难度大、风险大的重要工程应重点定期排查。对排查出的重大隐患，应及时实施治理消除，并将相关情况进行登记存档。建筑施工企业应及时将工程项目重大隐患排查治理的有关情况向建设单位报告。建设单位应积极协调勘察、设计、施工、监理、监测等单位，并在资金、人员等方面积极配合做好重大隐患排查治理工作。

房屋市政工程生产安全重大隐患治理挂牌督办按照属地管理原则，由工程所在地住房城乡建设主管部门组织实施。省级住房城乡建设主管部门进行指导和监督。住房城乡建设主管部门接到工程项目重大隐患举报，应立即组织核实，属实的由工程所在地住房城乡建设主管部门及时向承建工程的建筑施工企业下达《房屋市政工程生产安全重大隐患治理挂牌督办通知书》，并公开有关信息，接受社会监督。

《房屋市政工程生产安全重大隐患治理挂牌督办通知书》包括下列内容：①工程项目的名称；②重大隐患的具体内容；③治理要求及期限；④督办解除的程序；⑤其他有关的要求。

承建工程的建筑施工企业接到《房屋市政工程生产安全重大隐患治理挂牌督办通知书》后，应立即组织进行治理。确认重大隐患消除后，向工程所在地住房城乡建设主管部门报送治理报告，并提请解除督办。工程所在地住房城乡建设主管部门收到建筑施工企业提出的重大隐患解除督办申请后，应当立即进行现场审查。审查合格的，依照规定解除督办。审查不合格的，继续实施挂牌督办。

建筑施工企业不认真执行《房屋市政工程生产安全重大隐患治理挂牌督办通知书》的，应依法责令整改；情节严重的要依法责令停工整改；不认真整改导致生产安全事故发生的，依法从重追究企业和相关负责人的责任。

（三）生产安全事故的等级划分

《安全生产法》规定，生产安全一般事故、较大事故、重大事故、特别重大事故的划分标准由国务院规定。

2007年4月国务院颁布的《生产安全事故报告和调查处理条例》规定，根据生产安全事故（以下简称事故）造成的人员伤亡或者直接经济损失，事故一般分为以下等级：①特别重大事故，是指造成30人以上死亡，或者100人以上重伤（包括急性工业中毒，下同），或者1亿元以上直接经济损失的事故；②重大事故，是指造成10人以上30人以下死亡，或者50人以上100人以下重伤，或者5000万元以上1亿元以下直接经济损失的事故；③较大事故，是指造成3人以上10人以下死亡，或者10人以上50人以下重伤，或者1000万元以上5000万元以下直接经济损失的事故；④一般事故，是指造成3人以下死亡，或者10人以下重伤，或者1000万元以下直接经济损失的事故。

按照《生产安全事故报告和调查处理条例》的规定，"以上"包括本数，"以下"不包括本数。

（四）施工生产安全事故的报告

《安全生产法》规定，生产经营单位发生生产安全事故后，事故现场有关人员应当立即报告本单位负责人。单位负责人接到事故报告后，应当迅速采取有效措施，组织抢救，防止事故扩大，减少人员伤亡和财产损失，并按照国家有关规定立即如实报告当地负有安全生产监督管理职责的部门，不得隐瞒不报、谎报或者迟报，不得故意破坏事故现场、毁灭有关证据。

《建筑法》规定，施工中发生事故时，建筑施工企业应当采取紧急措施减少人员伤亡和事故损失，并按照国家有关规定及时向有关部门报告。《建设工程安全生产管理条例》进一步规定，施工单位发生生产安全事故，应当按照国家有关伤亡事故报告和调查处理的规定，及时、如实地向负责安全生产监督管理的部门、建设行政主管部门或者其他有关部门报告；特种设备发生事故的，还应当同时向特种设备安全监督管理部门报告。实行施工总承包的建设工程，由总承包单位负责上报事故。

《生产安全事故报告和调查处理条例》还规定，事故报告应当及时、准确、完整，任何单位和个人对事故不得迟报、漏报、谎报或者瞒报。

建设部《关于进一步规范房屋建筑和市政工程生产安全事故报告和调查处理工作的若干意见》（建质〔2007〕257号）规定，事故发生后，事故现场有关人员应当立即向施工单位负责人报告；施工单位负责人接到报告后，应当于1小时内向事故发生地县级以上人民政府建设主管部门和有关部门报告。情况紧急时，事故现场有关人员可以直接向事故发生地县级以上人民政府建设主管部门和有关部门报告。实行施工总承包的建设工程，由总承包单位负责上报事故。

事故报告内容：①事故发生的时间、地点和工程项目、有关单位名称；②事故的简要经过；③事故已经造成或者可能造成的伤亡人数（包括下落不明的人数）和初步估计的直接经济损失；④事故的初步原因；⑤事故发生后采取的措施及事故控制情况；⑥事故报告单位或报告人员；⑦其他应当报告的情况。

事故报告后出现新情况，以及事故发生之日起 30 日内伤亡人数发生变化的，应当及时补报。

（五）发生施工生产安全事故后应采取的措施

《安全生产法》规定，生产经营单位发生生产安全事故时，单位的主要负责人应当立即组织抢救，并不得在事故调查处理期间擅离职守。

《生产安全事故报告和调查处理条例》规定，事故发生单位负责人接到事故报告后，应当立即启动事故相应应急预案，或者采取有效措施，组织抢救，防止事故扩大，减少人员伤亡和财产损失。

事故发生后，有关单位和人员应当妥善保护事故现场以及相关证据，任何单位和个人不得破坏事故现场、毁灭相关证据。因抢救人员、防止事故扩大以及疏通交通等原因，需要移动事故现场物件的，应当做出标志，绘制现场简图并做出书面记录，妥善保存现场重要痕迹、物证。事故发生单位应当认真吸取事故教训，落实防范和整改措施，防止事故再次发生。防范和整改措施的落实情况应当接受工会和职工的监督。

（六）生产安全事故的调查和处理结果公布

《生产安全事故报告和调查处理条例》规定，特别重大事故由国务院或者国务院授权有关部门组织事故调查组进行调查。重大事故、较大事故、一般事故分别由事故发生地省级人民政府、设区的市级人民政府、县级人民政府负责调查。省级人民政府、设区的市级人民政府、县级人民政府可以直接组织事故调查组进行调查，也可以授权或者委托有关部门组织事故调查组进行调查。未造成人员伤亡的一般事故，县级人民政府也可以委托事故发生单位组织事故调查组进行调查。

事故调查组有权向有关单位和个人了解与事故有关的情况，并要求其提供相关文件、资料，有关单位和个人不得拒绝。事故发生单位的负责人和有关人员在事故调查期间不得擅离职守，并应当随时接受事故调查组的询问，如实提供有关情况。事故调查中发现涉嫌犯罪的，事故调查组应当及时将有关材料或者其复印件移交司法机关处理。

事故调查组应当自事故发生之日起 60 日内提交事故调查报告；特殊情况下，经负责事故调查的人民政府批准，提交事故调查报告的期限可以适当延长，但延长的期限最长不超过 60 日。事故调查报告应当包括下列内容：①事故发生单位概况；②事故发生经过和事故救援情况；③事故造成的人员伤亡和直接经济损失；④事故发生的原因和事故性质；⑤事故责任的认定以及对事故责任者的处理建议；⑥事故防范和整改措施。事故调查报告应当附具有关证据材料。事故调查组成员应当在事故调查报告上签名。

重大事故、较大事故、一般事故，负责事故调查的人民政府应当自收到事故调查报告之日起 15 日内做出批复；特别重大事故，30 日内做出批复，特殊情况下，批复时间可以适当延长，但延长的时间最长不超过 30 日。

事故发生单位应当认真吸取事故教训，落实防范和整改措施，防止事故再次发生。防范和整改措施的落实情况应当接受工会和职工的监督。安全生产监督管理部门和负有安全生产监督管理职责的有关部门应当对事故发生单位落实防范和整改措施的情况进行监督检查。事故处理的情况由负责事故调查的人民政府或者其授权的有关部门、机构向社会公布，依法应当保密的除外。

（七）施工生产安全事故的查处督办

房屋市政工程生产安全事故查处督办，是指上级住房城乡建设行政主管部门督促下级住房城乡建设行政主管部门，依照有关法律法规做好房屋建筑和市政工程生产安全事故的调查处理工作。

住房城乡建设部《房屋市政工程生产安全和质量事故查处督办暂行办法》（建质〔2011〕66号）规定，住房城乡建设部负责房屋市政工程生产安全和质量较大及以上事故的查处督办，省级住房城乡建设行政主管部门负责一般事故的查处督办。

房屋市政工程生产安全较大及以上事故的查处督办，按照以下程序办理：①较大及以上事故发生后，住房城乡建设部质量安全司提出督办建议，并报部领导审定同意后，以住房城乡建设部安委会或办公厅名义向省级住房城乡建设行政主管部门下达《房屋市政工程生产安全和质量较大及以上事故查处督办通知书》；②在住房城乡建设部网站上公布较大及以上事故的查处督办信息，接受社会监督。

《房屋市政工程生产安全和质量较大及以上事故查处督办通知书》包括下列内容：①事故名称；②事故概况；③督办事项；④办理期限；⑤督办解除方式、程序。

省级住房城乡建设行政主管部门接到《房屋市政工程生产安全和质量较大及以上事故查处督办通知书》后，应当依据有关规定，组织本部门及督促下级住房城乡建设行政主管部门按照要求做好下列事项：①在地方人民政府的领导下，积极组织或参与事故的调查工作，提出意见；②依据事故事实和有关法律法规，对违法违规企业给予吊销资质证书或降低资质等级、吊销或暂扣安全生产许可证、责令停业整顿、罚款等处罚，对违法违规人员给予吊销执业资格注册证书或责令停止执业、吊销或暂扣安全生产考核合格证书、罚款等处罚；③对违法违规企业和人员处罚权限不在本级或本地的，向有处罚权限的住房城乡建设行政主管部门及时上报或转送事故事实材料，并提出处罚建议；④其他相关的工作。

省级住房城乡建设行政主管部门应当在房屋市政工程生产安全较大及以上事故发生之日起60日内，完成事故查处督办事项。有特殊情况不能完成的，要向住房城乡建设部作出书面说明。省级住房城乡建设行政主管部门完成房屋市政工程生产安全和质量较大及以上事故查处督办事项后，要向住房城乡建设部作出书面报告，并附送有关材料。住房城乡建设部审核后，依照规定解除督办。

各级住房城乡建设行政主管部门不得对房屋市政工程生产安全和质量事故查处督办事项无故拖延、敷衍塞责，或者在解除督办过程中弄虚作假。各级住房城乡建设行政主管部门要将房屋市政工程生产安全和质量事故查处情况，及时予以公告，接受社会监督。

（八）违法行为应承担的主要法律责任

《安全生产法》规定，生产经营单位的主要负责人在本单位发生生产安全事故时，不立即组织抢救或者在事故调查处理期间擅离职守或者逃匿的，给予降级、撤职的处分，并由安全生产监督管理部门处上一年年收入60%～100%的罚款；对逃匿的处15日以下拘留；构成犯罪的，依照刑法有关规定追究刑事责任。生产经营单位的主要负责人对生产安全事故隐瞒不报、谎报或者迟报的，依照前款规定处罚。

生产经营单位与从业人员订立协议，免除或者减轻其对从业人员因生产安全事故伤亡依法应承担的责任的，该协议无效；对生产经营单位的主要负责人、个人经营的投资人处2万元以上10万元以下的罚款。

发生生产安全事故，对负有责任的生产经营单位除要求其依法承担相应的赔偿等责任外，由安全生产监督管理部门依照下列规定处以罚款：①发生一般事故的，处20万元以上50万元以下的罚款；②发生较大事故的，处50万元以上100万元以下的罚款；③发生重大事故的，处100万元以上500万元以下的罚款；④发生特别重大事故的，处500万元以上1000万元以下的罚款；情节特别严重的，处1000万元以上2000万元以下的罚款。

生产经营单位发生生产安全事故造成人员伤亡、他人财产损失的，应当依法承担赔偿责任；拒不承担或者其负责人逃匿的，由人民法院依法强制执行。生产安全事故的责任人未依法承担赔偿责任，经人民法院依法采取执行措施后，仍不能对受害人给予足额赔偿的，应当继续履行赔偿义务；受害人发现责任人有其他财产的，可以随时请求人民法院执行。

《特种设备安全法》规定，造成人身、财产损害的，依法承担民事责任。应当承担民事赔偿责任和缴纳罚款、罚金，其财产不足以同时支付时，先承担民事赔偿责任。构成违反治安管理行为的，依法给予治安管理处罚；构成犯罪的，依法追究刑事责任。

特种设备安全管理人员、检测人员和作业人员不履行岗位职责，违反操作规程和有关安全规章制度，造成事故的，吊销相关人员的资格。

《生产安全事故报告和调查处理条例》规定，事故发生单位主要负责人有下列行为之一的，处上一年年收入40%～80%的罚款；属于国家工作人员的，并依法给予处分；构成犯罪的，依法追究刑事责任：①不立即组织事故抢救的；②迟报或者漏报事故的；③在事故调查处理期间擅离职守的。

事故发生单位及其有关人员有下列行为之一的，对事故发生单位处100万元以上500万元以下的罚款；对主要负责人、直接负责的主管人员和其他直接责任人员处上一年年收入60%～100%的罚款；属于国家工作人员的，并依法给予处分；构成违反治安管理行为的，由公安机关依法给予治安管理处罚；构成犯罪的，依法追究刑事责任：①谎报或者瞒报事故的；②伪造或者故意破坏事故现场的；③转移、隐匿资金、财产，或者销毁有关证据、资料的；④拒绝接受调查或者拒绝提供有关情况和资料的；⑤在事故调查中作伪证或者指使他人作伪证的；⑥事故发生后逃匿的。

事故发生单位对事故发生负有责任的，依照下列规定处以罚款：①发生一般事故的，处10万元以上20万元以下的罚款；②发生较大事故的，处20万元以上50万元以下的罚款；③发生重大事故的，处50万元以上200万元以下的罚款；④发生特别重大事故的，处200万元以上500万元以下的罚款。

事故发生单位主要负责人未依法履行安全生产管理职责，导致事故发生的，依照下列规定处以罚款；属于国家工作人员的，并依法给予处分；构成犯罪的，依法追究刑事责任：①发生一般事故的，处上一年年收入30%的罚款；②发生较大事故的，处上一年年收入40%的罚款；③发生重大事故的，处上一年年收入60%的罚款；④发生特别重大事故的，处上一年年收入80%的罚款。

事故发生单位对事故发生负有责任的，由有关部门依法暂扣或者吊销其有关证照；对事故发生单位负有事故责任的有关人员，依法暂停或者撤销其与安全生产有关的执业资格、岗位证书；事故发生单位主要负责人受到刑事处罚或者撤职处分的，自刑罚执行完毕或者受处分之日起，5年内不得担任任何生产经营单位的主要负责人。

《特种设备安全法》规定，发生特种设备事故，有下列情形之一的，对单位处5万元以上20万元以下罚款；对主要负责人处1万元以上5万元以下罚款；主要负责人属于国家工作人员的，并依法给予处分：①发生特种设备事故时，不立即组织抢救或者在事故调查处理期间擅离职守或者逃匿的；②对特种设备事故迟报、谎报或者瞒报的。

《中华人民共和国刑法》（以下简称《刑法》）第139条第2款规定，在安全事故发生后，负有报告职责的人员不报或者谎报事故情况，贻误事故抢救，情节严重的，处3年以下有期徒刑或者拘役；情节特别严重的，处3年以上7年以下有期徒刑（《刑法修正案（六）》）。

最高人民法院、最高人民检察院2015年12月公布的《关于办理危害生产安全刑事案件适用法律若干问题的解释》中规定，《刑法》第139条之一规定的"负有报告职责的人员"，是指负有组织、指挥或者管理职责的负责人、管理人员、实际控制人、投资人，以及其他负有报告职责的人员。

在安全事故发生后，负有报告职责的人员不报或者谎报事故情况，贻误事故抢救，具有下列情形之一的，应当认定为《刑法》第139条之一规定的"情节严重"：①导致事故后果扩大，增加死亡1人以上，或者增加重伤3人以上，或者增加直接经济损失100万元以上的。②实施下列行为之一，致使不能及时有效开展事故抢救的：决定不报、迟报、谎报事故情况或者指使、串通有关人员不报、迟报、谎报事故情况的；在事故抢救期间擅离职守或者逃匿的；伪造、破坏事故现场，或者转移、藏匿、毁灭遇难人员尸体，或者转移、藏匿受伤人员的；毁灭、伪造、隐匿与事故有关的图纸、记录、计算机数据等资料以及其他证据的；③其他情节严重的情形。

具有下列情形之一的，应当认定为刑法第139条之一规定的"情节特别严重"：①导致事故后果扩大，增加死亡3人以上，或者增加重伤10人以上，或者增加直接经济损失500万元以上的；②采用暴力、胁迫、命令等方式阻止他人报告事故情况，导致事故后果扩大的；③其他情节特别严重的情形。

在安全事故发生后，与负有报告职责的人员串通，不报或者谎报事故情况，贻误事故抢救，情节严重的，依照《刑法》第139条之一的规定，以共犯论处。在安全事故发生后，直接负责的主管人员和其他直接责任人员故意阻挠开展抢救，导致人员死亡或者重伤，或者为了逃避法律追究，对被害人进行隐藏、遗弃，致使被害人因无法得到救助而死亡或者重度残疾的，分别依照《刑法》第232条、第234条的规定，以故意杀人罪或者故意伤害罪定罪处罚。

实施《刑法》第132条、第134条~第139条之一规定的犯罪行为，在安全事故发生后积极组织、参与事故抢救，或者积极配合调查、主动赔偿损失的，可以酌情从轻处罚。

七、建设单位和相关单位的建设工程安全责任制度

《建设工程安全生产管理条例》规定，建设单位、勘察单位、设计单位、施工单位、

工程监理单位及其他与建设工程安全生产有关的单位，必须遵守安全生产法律、法规的规定，保证建设工程安全生产，依法承担建设工程安全生产责任。

（一）建设单位的安全生产责任

建设单位是建设工程项目的投资或管理主体，在整个工程建设中居于主导地位，必须依法承担相应的建设工程安全生产责任。

1. 依法办理有关批准手续

《建筑法》规定，有下列情形之一的，建设单位应当按照国家有关规定办理申请批准手续：①需要临时占用规划批准范围以外场地的；②可能损坏道路、管线、电力、邮电通信等公共设施的；③需要临时停水、停电、中断道路交通的；④需要进行爆破作业的；⑤法律、法规规定需要办理报批手续的其他情形。

2. 向施工单位提供有关资料

《建设工程安全生产管理条例》规定，建设单位应当向施工单位提供施工现场及毗邻区域内供水、排水、供电、供气、供热、通信、广播电视等地下管线资料，气象和水文观测资料，相邻建筑物和构筑物、地下工程的有关资料，并保证资料的真实、准确、完整。

3. 不得提出违法要求

建设单位不得对勘察、设计、施工、工程监理等单位提出不符合建设工程安全生产法律、法规和强制性标准规定的要求，不得压缩合同约定的工期。

4. 确定安全作业环境及安全施工措施所需费用

建设单位在编制工程概算时，应当确定建设工程安全作业环境及安全施工措施所需费用。

5. 不得要求购买、租赁和使用不符合安全施工要求的用具设备等

建设单位不得明示或者暗示施工单位购买、租赁、使用不符合安全施工要求的安全防护用具、机械设备、施工机具及配件、消防设施和器材。

6. 申领施工许可证应当提供有关安全资料

建设单位在领取施工许可证时，应当提供建设工程有关安全施工措施的资料。依法批准开工报告的建设工程，建设单位应当自开工报告批准之日起 15 日内，将保证安全施工的措施报送建设工程所在地的县级以上地方人民政府建设行政主管部门或者其他有关部门备案。

7. 依法实施装修和拆除工程

《建筑法》规定，涉及建筑主体和承重结构变动的装修工程，建设单位应当在施工前委托原设计单位或者具有相应资质条件的设计单位提出设计方案；没有设计方案的，不得施工。

《建设工程安全生产管理条例》规定，建设单位应当将拆除工程发包给具有相应资质等级的施工单位。建设单位应当在拆除工程施工 15 日前，将下列资料报送建设工程所在地的县级以上地方人民政府建设行政主管部门或者其他有关部门备案：①施工单位资质等级证明；②拟拆除建筑物、构筑物及可能危及毗邻建筑的说明；③拆除施工组织方案；④堆放、清除废弃物的措施。

实施爆破作业的，应当遵守国家有关民用爆炸物品管理的规定。

（二）工程勘察单位的安全生产责任

《建设工程安全生产管理条例》规定，勘察单位应当按照法律、法规和工程建设强制性标准进行勘察，提供的勘察文件应当真实、准确，满足建设工程安全生产的需要。勘察单位在勘察作业时，应当严格执行操作规程，采取措施保证各类管线、设施和周边建筑物、构筑物的安全。

（三）工程设计单位的安全生产责任

设计单位应当按照法律、法规和工程建设强制性标准进行设计，防止因设计不合理导致生产安全事故的发生。

设计单位应当考虑施工安全操作和防护的需要，对涉及施工安全的重点部位和环节在设计文件中注明，并对防范生产安全事故提出指导意见。采用新结构、新材料、新工艺的建设工程和特殊结构的建设工程，设计单位应当在设计中提出保障施工作业人员安全和预防生产安全事故的措施建议。

设计单位和注册建筑师等注册执业人员应当对其设计负责。

（四）工程监理单位的安全生产责任

工程监理单位应当审查施工组织设计中的安全技术措施或者专项施工方案是否符合工程建设强制性标准。

工程监理单位在实施监理过程中，发现存在安全事故隐患的，应当要求施工单位整改；情况严重的，应当要求施工单位暂时停止施工，并及时报告建设单位。施工单位拒不整改或者不停止施工的，工程监理单位应当及时向有关主管部门报告。

工程监理单位和监理工程师应当按照法律、法规和工程建设强制性标准实施监理，并对建设工程安全生产承担监理责任。

（五）机械设备和自升式架设设施单位的安全生产责任

为建设工程提供机械设备和配件的单位，应当按照安全施工的要求配备齐全有效的保险、限位等安全设施和装置。

出租的机械设备和施工机具及配件，应当具有生产（制造）许可证、产品合格证。出租单位应当对出租的机械设备和施工机具及配件的安全性能进行检测，在签订租赁协议时，应当出具检测合格证明。禁止出租检测不合格的机械设备和施工机具及配件。

在施工现场安装、拆卸施工起重机械和整体提升脚手架、模板等自升式架设设施，必须由具有相应资质的单位承担。安装、拆卸施工起重机械和整体提升脚手架、模板等自升式架设设施，应当编制拆装方案、制定安全施工措施，并由专业技术人员现场监督。施工起重机械和整体提升脚手架、模板等自升式架设设施安装完毕后，安装单位应当自检，出具自检合格证明，并向施工单位进行安全使用说明，办理验收手续并签字。

施工起重机械和整体提升脚手架、模板等自升式架设设施的使用达到国家规定的检验检测期限的，必须经具有专业资质的检验检测机构检测。经检测不合格的，不得继续使用。

（六）设备检验检测单位的安全生产责任

《安全生产法》规定，承担安全评价、认证、检测、检验的机构应当具备国家规定的资质条件，并对其作出的安全评价、认证、检测、检验的结果负责。

《特种设备安全法》规定……起重机械……的安装、改造、重大修理过程，应当经特种设备检验机构按照安全技术规范的要求进行监督检验；未经监督检验或者监督检验不合格的，不得出厂或者交付使用。

特种设备检验、检测机构及其检验、检测人员应当客观、公正、及时地出具检验、检测报告，并对检验、检测结果和鉴定结论负责。特种设备检验、检测机构及其检验、检测人员在检验、检测中发现特种设备存在严重事故隐患时，应当及时告知相关单位，并立即向负责特种设备安全监督管理的部门报告。

《建设工程安全生产管理条例》规定，检验检测机构对检测合格的施工起重机械和整体提升脚手架、模板等自升式架设设施，应当出具安全合格证明文件，并对检测结果负责。

（七）政府主管部门的安全监督管理

1. 政府监督管理体制

《安全生产法》规定，国务院安全生产监督管理部门依照本法，对全国安全生产工作实施综合监督管理；县级以上地方各级人民政府安全生产监督管理部门依照本法，对本行政区域内安全生产工作实施综合监督管理。国务院有关部门依照本法和其他有关法律、行政法规的规定，在各自的职责范围内对有关行业、领域的安全生产工作实施监督管理；县级以上地方各级人民政府有关部门依照本法和其他有关法律、法规的规定，在各自的职责范围内对有关行业、领域的安全生产工作实施监督管理。

《建设工程安全生产管理条例》进一步规定，国务院建设行政主管部门对全国的建设工程安全生产实施监督管理。国务院铁路、交通、水利等有关部门按照国务院规定的职责分工，负责有关专业建设工程安全生产的监督管理。县级以上地方人民政府建设行政主管部门对本行政区域内的建设工程安全生产实施监督管理。县级以上地方人民政府交通、水利等有关部门在各自的职责范围内，负责本行政区域内的专业建设工程安全生产的监督管理。

建设行政主管部门或者其他有关部门可以将施工现场的监督检查委托给建设工程安全监督机构具体实施。

2. 政府安全监督职权

《安全生产法》规定，安全生产监督管理部门和其他负有安全生产监督管理职责的部门依法开展安全生产行政执法工作，对生产经营单位执行有关安全生产的法律、法规和国家标准或者行业标准的情况进行监督检查，行使以下职权：①进入生产经营单位进行检查，调阅有关资料，向有关单位和人员了解情况；②对检查中发现的安全生产违法行为，当场予以纠正或者要求限期改正；对依法应当给予行政处罚的行为，依照本法和其他有关法律、行政法规的规定作出行政处罚决定；③对检查中发现的事故隐患，应当责令立即排除；重大事故隐患排除前或者排除过程中无法保证安全的，应当责令从危险区域内撤出作业人员，责令暂时停产停业或者停止使用相关设施、设备；重大事故隐患排除后，经审查同意，方可恢复生产经营和使用；④对有根据认为不符合保障安全生产的国家标准或者行业标准的设施、设备、器材以及违法生产、储存、使用、经营、运输的危险物品予以查封或者扣押，对违法生产、储存、使用、经营危险物品的作业场所予以查封，并依法作出处理决定。监督检查不得影响被检查单位的正常生产经营活动。

生产经营单位对负有安全生产监督管理职责的部门的监督检查人员（以下统称安全生产监督检查人员）依法履行监督检查职责，应当予以配合，不得拒绝、阻挠。生产经营单位拒绝、阻碍负有安全生产监督管理职责的部门依法实施监督检查的，责令改正；拒不改正的，处 2 万元以上 20 万元以下的罚款；对其直接负责的主管人员和其他直接责任人员处 1 万元以上 2 万元以下的罚款；构成犯罪的，依照刑法有关规定追究刑事责任。

安全生产监督检查人员执行监督检查任务时，必须出示有效的监督执法证件；对涉及被检查单位的技术秘密和业务秘密，应当为其保密。负有安全生产监督管理职责的部门在监督检查中，应当互相配合，实行联合检查；确需分别进行检查的，应当互通情况，发现存在的安全问题应当由其他有关部门进行处理的，应当及时移送其他有关部门并形成记录备查，接受移送的部门应当及时进行处理。

负有安全生产监督管理职责的部门依法对存在重大事故隐患的生产经营单位作出停产停业、停止施工、停止使用相关设施或者设备的决定，生产经营单位应当依法执行，及时消除事故隐患。生产经营单位拒不执行，有发生生产安全事故的现实危险的，在保证安全的前提下，经本部门主要负责人批准，负有安全生产监督管理职责的部门可以采取通知有关单位停止供电、停止供应民用爆炸物品等措施，强制生产经营单位履行决定。通知应当采用书面形式，有关单位应当予以配合。负有安全生产监督管理职责的部门依照前款规定采取停止供电措施，除有危及生产安全的紧急情形外，应当提前 24 小时通知生产经营单位。生产经营单位依法履行行政决定、采取相应措施消除事故隐患的，负有安全生产监督管理职责的部门应当及时解除前款规定的措施。

《建设工程安全生产管理条例》规定，县级以上人民政府负有建设工程安全生产监督管理职责的部门在各自的职责范围内履行安全监督检查职责时，有权采取下列措施：①要求被检查单位提供有关建设工程安全生产的文件和资料；②进入被检查单位施工现场进行检查；③纠正施工中违反安全生产要求的行为；④对检查中发现的安全事故隐患，责令立即排除，重大安全事故隐患排除前或者排除过程中无法保证安全的，责令从危险区域内撤出作业人员或者暂时停止施工。

3. 安全生产举报制度、建立信息系统及有关工艺设备材料的淘汰

《安全生产法》规定，任何单位或者个人对事故隐患或者安全生产违法行为，均有权向负有安全生产监督管理职责的部门报告或者举报。

负有安全生产监督管理职责的部门应当建立安全生产违法行为信息库，如实记录生产经营单位的安全生产违法行为信息；对违法行为情节严重的生产经营单位，应当向社会公告，并通报行业主管部门、投资主管部门、国土资源主管部门、证券监督管理机构以及有关金融机构。

《建设工程安全生产管理条例》规定，国家对严重危及施工安全的工艺、设备、材料实行淘汰制度。具体目录由国务院建设行政主管部门会同国务院其他有关部门制定并公布。县级以上人民政府建设行政主管部门和其他有关部门应当及时受理对建设工程生产安全事故及安全事故隐患的检举、控告和投诉。

第四章 建设工程合同制度

合同是平等主体的自然人、法人、其他组织之间设立、变更、终止民事权利义务关系的协议。

一、建设工程合同的法定形式和订立原则

建设工程合同是承包人进行工程建设，发包人支付价款的合同。建设工程合同包括工程勘察、设计、施工合同。

(一) 建设工程合同的法定形式

1999 年 3 月颁布的《中华人民共和国合同法》（以下简称《合同法》）规定，当事人订立合同，有书面形式、口头形式和其他形式。法律、行政法规规定采用书面形式的，应当采用书面形式。当事人约定采用书面形式的，应当采用书面形式。

建设工程合同应当采用书面形式。

(二) 建设工程合同的订立原则

《合同法》规定，合同当事人的法律地位平等，一方不得将自己的意志强加给另一方。当事人依法享有自愿订立合同的权利，任何单位和个人不得非法干预。当事人应当遵循公平原则确定各方的权利和义务。当事人行使权利．履行义务应当遵循诚实信用原则。当事人订立、履行合同，应当遵守法律、行政法规，尊重社会公德，不得扰乱社会经济秩序，损害社会公共利益。

(三) 建设工程施工合同的内容

合同的内容由当事人约定，一般包括以下条款：①当事人的名称或者姓名和住所；②标的；③数量；④质量；⑤价款或者报酬；⑥履行期限、地点和方式；⑦违约责任；⑧解决争议的方法。当事人可以参照各类合同的示范文本订立合同。

需要说明的是，合同示范文本具有引导性、参考性，但无法律强制性。它可以对当事人订立合同起参考作用，但并不要求当事人必须采用合同示范文本。

建设工程施工合同是建设工程合同中的重要部分。《合同法》规定，施工合同的内容包括工程范围、建设工期、中间交工工程的开工和竣工时间、工程质量、工程造价、技术资料交付时间、材料和设备供应责任、拨款和结算、竣工验收、质量保修范围和质量保证期、双方相互协作等条款。

二、无效合同和效力待定合同

（一）无效合同和无效的免责条款

《合同法》规定，有下列情形之一的，合同无效：①一方以欺诈、胁迫的手段订立合同，损害国家利益；②恶意串通，损害国家、集体或者第三人利益；③以合法形式掩盖非法目的；④损害社会公共利益；⑤违反法律、行政法规的强制性规定。

合同中的下列免责条款无效：①造成对方人身伤害的；②因故意或者重大过失造成对方财产损失的。

无效的合同或者被撤销的合同自始没有法律约束力。合同部分无效，不影响其他部分效力的，其他部分仍然有效。合同无效、被撤销或者终止的，不影响合同中独立存在的有关解决争议方法的条款的效力。合同无效或者被撤销后，因该合同取得的财产，应当予以返还；不能返还或者没有必要返还的，应当折价补偿。有过错的一方应当赔偿对方因此所受到的损失，双方都有过错的，应当各自承担相应的责任。

2004年10月发布的《最高人民法院关于审理建设工程施工合同纠纷案件适用法律问题的解释》规定，建设工程施工合同具有下列情形之一的，应当根据《合同法》第52条第5项的规定（注：即违反法律、行政法规的强制性规定），认定无效：①承包人未取得建筑施工企业资质或者超越资质等级的；②没有资质的实际施工人借用有资质的建筑施工企业名义的；③建设工程必须进行招标而未招标或者中标无效的。

建设工程施工合同无效，但建设工程经竣工验收合格，承包人请求参照合同约定支付工程价款的，应予支持。建设工程施工合同无效，且建设工程经竣工验收不合格的，按照以下情形分别处理：①修复后的建设工程经竣工验收合格，发包人请求承包人承担修复费用的，应予支持；②修复后的建设工程经竣工验收不合格，承包人请求支付工程价款的，不予支持。因建设工程不合格造成的损失，发包人有过错的，也应承担相应的民事责任。

（二）效力待定合同

效力待定合同是指合同虽然已经成立，但因不完全符合有关生效要件的规定，其合同效力能否发生尚未确定，一般须经有权人表示承认才能生效。

《合同法》规定，限制民事行为能力人订立的合同，经法定代理人追认后，该合同有效，但纯获利益的合同或者与其年龄、智力、精神健康状况相适应而订立的合同，不必经法定代理人追认。相对人可以催告法定代理人在1个月内予以追认。法定代理人未作表示的，视为拒绝追认。合同被追认之前，善意相对人有撤销的权利。撤销应当以通知的方式作出。

行为人没有代理权、超越代理权或者代理权终止后以被代理人名义订立的合同，未经被代理人追认，对被代理人不发生效力，由行为人承担责任。相对人可以催告被代理人在1个月内予以追认。被代理人未作表示的，视为拒绝追认。合同被追认之前，善意相对人有撤销的权利。撤销应当以通知的方式作出。

无处分权的人处分他人财产，经权利人追认或者无处分权的人订立合同后取得处分权的，该合同有效。

三、合同的履行、变更、转让、撤销和终止

（一）合同的履行与变更

《合同法》规定，当事人应当按照约定全面履行自己的义务。当事人应当遵循诚实信用原则，根据合同的性质、目的和交易习惯履行通知、协助、保密等义务。合同生效后，当事人不得因姓名、名称的变更或者法定代表人、负责人、承办人的变动而不履行合同义务。

当事人协商一致，可以变更合同。法律、行政法规规定变更合同应当办理批准、登记等手续的，依照其规定。当事人对合同变更的内容约定不明确的，推定为未变更。

（二）合同的转让

债权人可以将合同的权利全部或者部分转让给第三人，但有下列情形之一的除外：①根据合同性质不得转让；②按照当事人约定不得转让；③依照法律规定不得转让。债权人转让权利的，应当通知债务人。未经通知，该转让对债务人不发生效力。债权人转让权利的通知不得撤销，但经受让人同意的除外。债务人接到债权转让通知后，债务人对让与人的抗辩，可以向受让人主张。债权人转让权利的，受让人取得与债权有关的从权利，但该从权利专属于债权人自身的除外。

债务人将合同的义务全部或者部分转移给第三人的，应当经债权人同意。债务人转移义务的，新债务人可以主张原债务人对债权人的抗辩。债务人转移义务的，新债务人应当承担与主债务有关的从债务，但该从债务专属于原债务人自身的除外。法律、行政法规规定转让权利或者转移义务应当办理批准、登记等手续的，依照其规定。

当事人一方经对方同意，可以将自己在合同中的权利和义务一并转让给第三人。当事人订立合同后合并的，由合并后的法人或者其他组织行使合同权利，履行合同义务。当事人订立合同后分立的，除债权人和债务人另有约定的以外，由分立的法人或者其他组织对合同的权利和义务享有连带债权，承担连带债务。

（三）合同的撤销

下列合同，当事人一方有权请求人民法院或者仲裁机构变更或者撤销：①因重大误解订立的。②在订立合同时显失公平的。③一方以欺诈、胁迫的手段或者乘人之危，使对方在违背真实意思的情况下订立的合同，受损害方有权请求人民法院或者仲裁机构变更或者撤销。当事人请求变更的，人民法院或者仲裁机构不得撤销。

有下列情形之一的，撤销权消灭：①具有撤销权的当事人自知道或者应当知道撤销事由之日起1年内没有行使撤销权；②具有撤销权的当事人知道撤销事由后明确表示或者以自己的行为放弃撤销权。

（四）合同的终止

有下列情形之一的，合同的权利义务终止：①债务已经按照约定履行；②合同解除；③债务相互抵消；④债务人依法将标的物提存；⑤债权人免除债务；⑥债权债务同归于一人；⑦法律规定或者当事人约定终止的其他情形。

当事人协商一致，可以解除合同。当事人可以约定一方解除合同的条件。解除合同的条件成就时，解除权人可以解除合同。

有下列情形之一的，当事人可以解除合同：①因不可抗力致使不能实现合同目的；②在履行期限届满之前，当事人一方明确表示或者以自己的行为表明不履行主要债务；③当事人一方延迟履行主要债务，经催告后在合理期限内仍未履行；④当事人一方延迟履行债务或者有其他违约行为致使不能实现合同目的；⑤法律规定的其他情形。

《最高人民法院关于审理建设工程施工合同纠纷案件适用法律问题的解释》规定，承包人具有下列情形之一，发包人请求解除建设工程施工合同的，应予支持：①明确表示或者以行为表明不履行合同主要义务的；②合同约定的期限内没有完工，且在发包人催告的合理期限内仍未完工的；③已经完成的建设工程质量不合格，并拒绝修复的；④将承包的建设工程非法转包、违法分包的。

发包人具有下列情形之一，致使承包人无法施工，且在催告的合理期限内仍未履行相应义务，承包人请求解除建设工程施工合同的，应予支持：①未按约定支付工程价款的；②提供的主要建筑材料、建筑构配件和设备不符合强制性标准的；③不履行合同约定的协助义务的。

建设工程施工合同解除后，已经完成的建设工程质量合格的，发包人应当按照约定支付相应的工程价款；已经完成的建设工程质量不合格的，参照本解释第3条规定〔注：建设工程施工合同无效，且建设工程经竣工验收不合格的，按照以下情形分别处理：①修复后的建设工程经竣工验收合格，发包人请求承包人承担修复费用的，应予支持；②修复后的建设工程经竣工验收不合格，承包人请求支付工程价款的，不予支持。因建设工程不合格造成的损失，发包人有过错的，也应承担相应的民事责任〕处理。因一方违约导致合同解除的，违约方应当赔偿因此而给对方造成的损失。

四、违约责任及违约责任的免除

《合同法》规定，当事人一方不履行合同义务或者履行合同义务不符合约定的，应当承担继续履行、采取补救措施或者赔偿损失等违约责任。

当事人一方明确表示或者以自己的行为表明不履行合同义务的，对方可以在履行期限届满之前要求其承担违约责任。当事人可以约定一方违约时应当根据违约情况向对方支付一定数额的违约金，也可以约定因违约产生的损失赔偿额的计算方法。

因不可抗力不能履行合同的，根据不可抗力的影响，部分或者全部免除责任，但法律另有规定的除外。当事人迟延履行后发生不可抗力的，不能免除责任。当事人一方因不可抗力不能履行合同的，应当及时通知对方，以减轻可能给对方造成的损失，并应当在合理期限内提供证明。

不可抗力，是指不能预见、不能避免并不能克服的客观情况。

第五章　劳动合同及劳动者权益保护制度

劳动合同是在市场经济体制下，用人单位与劳动者进行双向选择、确定劳动关系、明确双方权利与义务的协议，是保护劳动者合法权益的基本依据。

劳动者享有平等就业和选择职业的权利、取得劳动报酬的权利、休息休假的权利、获得劳动安全卫生保护的权利、接受职业技能培训的权利、享受社会保险和福利的权利、提请劳动争议处理的权利以及法律规定的其他劳动权利。

一、劳动合同的订立

2012 年 12 月经修改后颁布的《中华人民共和国劳动合同法》（以下简称《劳动合同法》）规定，订立劳动合同，应当遵循合法、公平、平等自愿、协商一致、诚实信用的原则。

用人单位招用劳动者，不得要求劳动者提供担保或者以其他名义向劳动者收取财物，不得扣押劳动者的居民身份证或者其他证件。

（一）劳动合同的种类

《劳动合同法》规定，劳动合同分为固定期限劳动合同、无固定期限劳动合同和以完成一定工作任务为期限的劳动合同。

固定期限劳动合同，是指用人单位与劳动者约定合同终止时间的劳动合同。用人单位与劳动者协商一致，可以订立固定期限劳动合同。

无固定期限劳动合同，是指用人单位与劳动者约定无确定终止时间的劳动合同。用人单位与劳动者协商一致，可以订立无固定期限劳动合同。有下列情形之一，劳动者提出或者同意续订、订立劳动合同的，除劳动者提出订立固定期限劳动合同外，应当订立无固定期限劳动合同：①劳动者在该用人单位连续工作满 10 年的；②用人单位初次实行劳动合同制度或者国有企业改制重新订立劳动合同时，劳动者在该用人单位连续工作满 10 年且距法定退休年龄不足 10 年的；③连续订立 2 次固定期限劳动合同，且劳动者没有本法第 39 条和第 40 条第 1 项、第 2 项规定的情形（见本章第二节），续订劳动合同的。

以完成一定工作任务为期限的劳动合同，是指用人单位与劳动者约定以某项工作的完成为合同期限的劳动合同。

（二）劳动合同的订立时间及形式

建立劳动关系，应当订立书面劳动合同。已建立劳动关系，未同时订立书面劳动合同的，应当自用工之日起 1 个月内订立书面劳动合同。用人单位与劳动者在用工前订立劳动合同的，劳动关系自用工之日起建立。

非全日制用工双方当事人可以订立口头协议。非全日制用工，是指以小时计酬为主，劳动者在同一用人单位一般平均每日工作时间不超过 4 小时，每周工作时间累计不超过 24 小时的用工形式。

(三) 劳动合同的生效与无效

劳动合同由用人单位与劳动者协商一致，并经用人单位与劳动者在劳动合同文本上签字或者盖章生效。劳动合同文本由用人单位和劳动者各执一份。

《劳动合同法》第 26 条规定，下列劳动合同无效或者部分无效：①以欺诈、胁迫的手段或者乘人之危，使对方在违背真实意思的情况下订立或者变更劳动合同的；②用人单位免除自己的法定责任、排除劳动者权利的；③违反法律、行政法规强制性规定的。劳动合同部分无效，不影响其他部分效力的，其他部分仍然有效。劳动合同被确认无效，劳动者已付出劳动的，用人单位应当向劳动者支付劳动报酬。

(四) 集体合同

企业职工一方与用人单位通过平等协商，可以就劳动报酬、工作时间、休息休假、劳动安全卫生、保险福利等事项订立集体合同。集体合同由工会代表企业职工一方与用人单位订立；尚未建立工会的用人单位，由上级工会指导劳动者推举的代表与用人单位订立。

集体合同订立后，应当报送劳动行政部门；劳动行政部门自收到集体合同文本之日起 15 日内未提出异议的，集体合同即行生效。

二、劳动合同的履行、变更、解除和终止

(一) 劳动合同的履行和变更

《劳动合同法》规定，用人单位与劳动者应当按照劳动合同的约定，全面履行各自的义务。

用人单位应当严格执行劳动定额标准，不得强迫或者变相强迫劳动者加班。用人单位安排加班的，应当按照国家有关规定向劳动者支付加班费。劳动者拒绝用人单位管理人员违章指挥、强令冒险作业的，不视为违反劳动合同。

用人单位与劳动者协商一致，可以变更劳动合同约定的内容。变更劳动合同，应当采用书面形式。变更后的劳动合同文本由用人单位和劳动者各执一份。

(二) 劳动合同的解除和终止

1. 劳动者可单方解除劳动合同的规定

劳动者提前 30 日以书面形式通知用人单位，可以解除劳动合同。劳动者在试用期内提前 3 日通知用人单位，可以解除劳动合同。

用人单位有下列情形之一的，劳动者可以解除劳动合同：①未按照劳动合同约定提供劳动保护或者劳动条件的；②未及时足额支付劳动报酬的；③未依法为劳动者缴纳社会保险费的；④用人单位的规章制度违反法律、法规的规定，损害劳动者权益的；⑤因《劳动

合同法》第 26 条第 1 款规定的情形致使劳动合同无效的；⑥法律、行政法规规定劳动者可以解除劳动合同的其他情形。

用人单位以暴力、威胁或者非法限制人身自由的手段强迫劳动者劳动的，或者用人单位违章指挥、强令冒险作业危及劳动者人身安全的，劳动者可以立即解除劳动合同，不需事先告知用人单位。

2. 用人单位可单方解除劳动合同的规定

《劳动合同法》第 39 条规定，劳动者有下列情形之一的，用人单位可以解除劳动合同：①在试用期间被证明不符合录用条件的；②严重违反用人单位的规章制度的；③严重失职，营私舞弊，给用人单位造成重大损害的；④劳动者同时与其他用人单位建立劳动关系，对完成本单位的工作任务造成严重影响，或者经用人单位提出，拒不改正的；⑤因《劳动合同法》第 26 条第 1 款第 1 项规定的情形致使劳动合同无效的；⑥被依法追究刑事责任的。

该法第 40 条规定，有下列情形之一的，用人单位提前 30 日以书面形式通知劳动者本人或者额外支付劳动者 1 个月工资后，可以解除劳动合同：①劳动者患病或者非因工负伤，在规定的医疗期满后不能从事原工作，也不能从事由用人单位另行安排的工作的；②劳动者不能胜任工作，经过培训或者调整工作岗位，仍不能胜任工作的；③劳动合同订立时所依据的客观情况发生重大变化，致使劳动合同无法履行，经用人单位与劳动者协商，未能就变更劳动合同内容达成协议的。

3. 用人单位不得解除劳动合同的规定

劳动者有下列情形之一的，用人单位不得依照该法第 40 条、第 41 条的规定解除劳动合同：①从事接触职业病危害作业的劳动者未进行离岗前职业健康检查，或者疑似职业病病人在诊断或者医学观察期间的；②在本单位患职业病或者因工负伤并被确认丧失或者部分丧失劳动能力的；③患病或者非因工负伤，在规定的医疗期内的；④女职工在孕期、产期、哺乳期的；⑤在本单位连续工作满 15 年，且距法定退休年龄不足 5 年的；⑥法律、行政法规规定的其他情形。

4. 劳动合同的终止

有下列情形之一的，劳动合同终止：①劳动合同期满的；②劳动者开始依法享受基本养老保险待遇的；③劳动者死亡，或者被人民法院宣告死亡或者宣告失踪的；④用人单位被依法宣告破产的；⑤用人单位被吊销营业执照、责令关闭、撤销或者用人单位决定提前解散的；⑥法律、行政法规规定的其他情形。

（三）劳务派遣

劳动合同用工是我国的企业基本用工形式。劳务派遣用工是补充形式，只能在临时性、辅助性或者替代性的工作岗位上实施。

临时性工作岗位是指存续时间不超过 6 个月的岗位；辅助性工作岗位是指为主营业务岗位提供服务的非主营业务岗位；替代性工作岗位是指用工单位的劳动者因脱产学习、休假等原因无法工作的一定期间内，可以由其他劳动者替代工作的岗位。

1. 劳务派遣协议

《劳动合同法》规定，劳务派遣单位是本法中所称用人单位，应当履行用人单位对劳动者的义务。

劳务派遣单位派遣劳动者应当与接受以劳务派遣形式用工的单位（以下称用工单位）订立劳务派遣协议。用工单位应当根据工作岗位的实际需要与劳务派遣单位确定派遣期限，不得将连续用工期限分割订立数个短期劳务派遣协议。

劳务派遣单位和用工单位不得向被派遣劳动者收取费用。

2. 被派遣劳动者的法定权利

用工单位应当按照同工同酬原则，对被派遣劳动者与本单位同类岗位的劳动者实行相同的劳动报酬分配办法。用工单位无同类岗位劳动者的，参照用工单位所在地相同或者相近岗位劳动者的劳动报酬确定。

被派遣劳动者有权在劳务派遣单位或者用工单位依法参加或者组织工会，维护自身的合法权益。

3. 用工单位的法定义务

用工单位应当履行下列义务：①执行国家劳动标准，提供相应的劳动条件和劳动保护；②告知被派遣劳动者的工作要求和劳动报酬；③支付加班费、绩效奖金，提供与工作岗位相关的福利待遇；④对在岗被派遣劳动者进行工作岗位所必需的培训；⑤连续用工的，实行正常的工资调整机制。用工单位不得将被派遣劳动者再派遣到其他用人单位。

2014 年 1 月人力资源社会保障部发布的《劳务派遣暂行规定》进一步规定，用工单位应当按照劳动合同法第 62 条规定，向被派遣劳动者提供与工作岗位相关的福利待遇，不得歧视被派遣劳动者。被派遣劳动者在用工单位因工作遭受事故伤害的，劳务派遣单位应当依法申请工伤认定，用工单位应当协助工伤认定的调查核实工作。劳务派遣单位承担工伤保险责任，但可以与用工单位约定补偿办法。被派遣劳动者在申请进行职业病诊断、鉴定时，用工单位应当负责处理职业病诊断、鉴定事宜，并如实提供职业病诊断、鉴定所需的劳动者职业史和职业危害接触史、工作场所职业病危害因素检测结果等资料，劳务派遣单位应当提供被派遣劳动者职业病诊断、鉴定所需的其他材料。

三、劳动者权益保护的规定

《劳动合同法》规定，用人单位招用劳动者时，应当如实告知劳动者工作内容、工作条件、工作地点、职业危害、安全生产状况、劳动报酬，以及劳动者要求了解的其他情况；用人单位有权了解劳动者与劳动合同直接相关的基本情况，劳动者应当如实说明。

2016 年 1 月颁发的《国务院办公厅关于全面治理拖欠农民工工资问题的意见》中规定，实行施工现场维权信息公示制度。施工总承包企业负责在施工现场醒目位置设立维权信息告示牌，明示业主单位、施工总承包企业及所在项目部、分包企业、行业监管部门等基本信息；明示劳动用工相关法律法规、当地最低工资标准、工资支付日期等信息；明示属地行业监管部门投诉举报电话和劳动争议调解仲裁、劳动保障监察投诉举报电话等信息，实现所有施工场地全覆盖。

（一）工作时间和休息休假

2009 年 8 月经修改后颁布的《中华人民共和国劳动法》（以下简称《劳动法》）规定，

国家实行劳动者每日工作时间不超过 8 小时、平均每周工作时间不超过 44 小时的工时制度。用人单位应当保证劳动者每周至少休息 1 日。企业因生产特点不能实行以上规定的，经劳动行政部门批准，可以实行其他工作和休息办法。用人单位由于生产经营需要，经与工会和劳动者协商后可以延长工作时间，一般每日不得超过 1 小时；因特殊原因需要延长工作时间的，在保障劳动者身体健康的条件下延长工作时间每日不得超过 3 小时，但是每月不得超过 36 小时。

有下列情形之一的，延长工作时间不受以上限制：①发生自然灾害、事故或者因其他原因，威胁劳动者生命健康和财产安全，需要紧急处理的；②生产设备、交通运输线路、公共设施发生故障，影响生产和公众利益，必须及时抢修的；③法律、行政法规规定的其他情形。

用人单位在下列节日期间应当依法安排劳动者休假：①元旦；②春节；③国际劳动节；④国庆节；⑤法律、法规规定的其他休假节日。劳动者连续工作 1 年以上的，享受带薪年休假。

有下列情形之一的，用人单位应当按照下列标准支付高于劳动者正常工作时间工资的工资报酬：①安排劳动者延长工作时间的，支付不低于工资的 150％的工资报酬；②休息日安排劳动者工作又不能安排补休的，支付不低于工资的 200％的工资报酬；③法定休假日安排劳动者工作的，支付不低于工资的 300％的工资报酬。

（二）工资

用人单位根据本单位的生产经营特点和经济效益，依法自主确定本单位的工资分配方式和工资水平。工资应当以货币形式按月支付给劳动者本人。不得克扣或者无故拖欠劳动者的工资。劳动者在法定休假日和婚丧假期间以及依法参加社会活动期间，用人单位应当依法支付工资。

用人单位支付劳动者的工资不得低于当地最低工资标准。

（三）劳动安全卫生

用人单位必须为劳动者提供符合国家规定的劳动安全卫生条件和必要的劳动防护用品，对从事有职业危害作业的劳动者应当定期进行健康检查。从事特种作业的劳动者必须经过专门培训并取得特种作业资格。

（四）女职工和未成年工特殊保护

禁止安排女职工从事矿山井下、国家规定的第 4 级体力劳动强度的劳动和其他禁忌从事的劳动。不得安排女职工在经期从事高处、低温、冷水作业和国家规定的第 3 级体力劳动强度的劳动。不得安排女职工在怀孕期间从事国家规定的第 3 级体力劳动强度的劳动和孕期禁忌从事的活动。对怀孕 7 个月以上的女职工，不得安排其延长工作时间和夜班劳动。不得安排女职工在哺乳未满 1 周岁的婴儿期间从事国家规定的第 3 级体力劳动强度的劳动和哺乳期禁忌从事的其他劳动，不得安排其延长工作时间和夜班劳动。

2012 年 4 月国务院颁布的《女职工劳动保护特别规定》还规定，用人单位应当遵守女职工禁忌从事的劳动范围的规定（详见《女职工劳动保护特别规定》附录）。

《劳动法》规定，禁止用人单位招用未满 16 周岁的未成年人。不得安排未成年工（指年满 16 周岁未满 18 周岁的劳动者）从事矿山井下、有毒有害、国家规定的第 4 级体力劳动强度的劳动和其他禁忌从事的劳动。用人单位应对未成年工定期进行健康检查。

1994 年 12 月劳动部颁布的《未成年工特殊保护规定》中规定，对未成年工的使用和特殊保护实行登记制度。用人单位招收未成年工除符合一般用工要求外，还须向所在地的县级以上劳动行政部门办理登记。

（五）社会保险与福利

劳动者在下列情形下，依法享受社会保险待遇：①退休；②患病、负伤；③因工伤残或者患职业病；④失业；⑤生育。劳动者死亡后，其遗属依法享受遗属津贴。劳动者享受的社会保险金必须按时足额支付。

2010 年 10 月颁布的《中华人民共和国社会保险法》规定，国家建立基本养老保险、基本医疗保险、工伤保险、失业保险、生育保险等社会保险制度，保障公民在年老、疾病、工伤、失业、生育等情况下依法从国家和社会获得物质帮助的权利。

《劳动法》还规定，用人单位应当创造条件，改善集体福利，提高劳动者的福利待遇。

四、劳动争议的解决

用人单位与劳动者发生劳动争议，当事人可以依法申请调解、仲裁、提起诉讼，也可以协商解决。调解原则适用于仲裁和诉讼程序。

劳动争议发生后，当事人可以向本单位劳动争议调解委员会申请调解；调解不成，当事人一方要求仲裁的，可以向劳动争议仲裁委员会申请仲裁。当事人一方也可以直接向劳动争议仲裁委员会申请仲裁。对仲裁裁决不服的，可以向人民法院提起诉讼。

第六章　建设工程施工环境保护、文物保护法律制度

2014 年 4 月经修改后公布的《中华人民共和国环境保护法》（以下简称《环境保护法》）规定，排放污染物的企业事业单位，应当建立环境保护责任制度，明确单位负责人和相关人员的责任。

2017 年 11 月经修改后公布的《中华人民共和国文物保护法》（以下简称《文物保护法》）规定，一切机关、组织和个人都有依法保护文物的义务。

一、施工现场环境噪声污染防治的规定

1996 年 10 月颁布的《中华人民共和国环境噪声污染防治法》规定，在城市市区范围内向周围生活环境排放建筑施工噪声的，应当符合国家规定的建筑施工场界环境噪声排放标准。

在城市市区范围内，建筑施工过程中使用机械设备，可能产生环境噪声污染的，施工单位必须在工程开工 15 日以前向工程所在地县级以上地方人民政府环境保护行政主管部门申报该工程的项目名称、施工场所和期限、可能产生的环境噪声值以及所采取的环境噪声污染防治措施的情况。

在城市市区噪声敏感建筑物集中区域内，禁止夜间进行产生环境噪声污染的建筑施工作业，但抢修、抢险作业和因生产工艺上要求或者特殊需要必须连续作业的除外。因特殊需要必须连续作业的，必须有县级以上人民政府或者其有关主管部门的证明。以上规定的夜间作业，必须公告附近居民。

建筑施工单位违反规定，在城市市区噪声敏感建筑物集中区域内，夜间进行禁止进行的产生环境噪声污染的建筑施工作业的，由工程所在地县级以上地方人民政府环境保护行政主管部门责令改正，可以并处罚款。

受到环境噪声污染危害的单位和个人，有权要求加害人排除危害；造成损失的，依法赔偿损失。赔偿责任和赔偿金额的纠纷，可以根据当事人的请求，由环境保护行政主管部门或者其他环境噪声污染防治工作的监督管理部门、机构调解处理；调解不成的，当事人可以向人民法院起诉。当事人也可以直接向人民法院起诉。

《建筑施工场界环境噪声排放标准》GB 12523—2011 规定，建筑施工过程中场界环境噪声不得超过规定的排放限值。建筑施工场界环境噪声排放限值，昼间 70dB（A），夜间 55dB（A）。夜间噪声最大声级超过限值的幅度不得高于 15dB（A）。"昼间"是指 6：00～22：00 之间的时段；"夜间"是指 22：00～次日 6：00 之间的时段。

二、施工现场大气污染防治的规定

2015 年 8 月经修改后公布的《中华人民共和国大气污染防治法》规定，建设单位应当将防治扬尘污染的费用列入工程造价，并在施工承包合同中明确施工单位扬尘污染防治责任。施工单位应当制定具体的施工扬尘污染防治实施方案。从事房屋建筑、市政基础设施建设、河道整治以及建筑物拆除等施工单位，应当向负责监督管理扬尘污染防治的主管部门备案。

施工单位应当在施工工地设置硬质围挡，并采取覆盖、分段作业、择时施工、洒水抑尘、冲洗地面和车辆等有效防尘、降尘措施。建筑土方、工程渣土、建筑垃圾应当及时清运；在场地内堆存的，应当采用密闭式防尘网遮盖。工程渣土、建筑垃圾应当进行资源化处理。

施工单位应当在施工工地公示扬尘污染防治措施、负责人、扬尘监督管理主管部门等信息。运输煤炭、垃圾、渣土、砂石、土方、灰浆等散装、流体物料的车辆应当采取密闭或者其他措施防止物料遗撒造成扬尘污染，并按照规定路线行驶。装卸物料应当采取密闭或者喷淋等方式防治扬尘污染。贮存煤炭、煤矸石、煤渣、煤灰、水泥、石灰、石膏、砂土等易产生扬尘的物料应当密闭；不能密闭的，应当设置不低于堆放物高度的严密围挡，并采取有效覆盖措施防治扬尘污染。禁止在人口集中地区和其他依法需要特殊保护的区域内焚烧沥青、油毡、橡胶、塑料、皮革、垃圾以及其他产生有毒有害烟尘和恶臭气体的物质。

违反本法规定，在人口集中地区和其他依法需要特殊保护的区域内，焚烧沥青、油毡、橡胶、塑料、皮革、垃圾以及其他产生有毒有害烟尘和恶臭气体的物质的，由县级人民政府确定的监督管理部门责令改正，对单位处 1 万元以上 10 万元以下的罚款，对个人处 500 元以上 2000 元以下的罚款。

拒不执行停止工地土石方作业或者建筑物拆除施工等重污染天气应急措施的，由县级以上地方人民政府确定的监督管理部门处 1 万元以上 10 万元以下的罚款。

施工单位有下列行为之一的，由县级以上人民政府住房城乡建设等主管部门按照职责责令改正，处 1 万元以上 10 万元以下的罚款；拒不改正的，责令停工整治：①施工工地未设置硬质密闭围挡，或者未采取覆盖、分段作业、择时施工、洒水抑尘、冲洗地面和车辆等有效防尘降尘措施的；②建筑土方、工程渣土、建筑垃圾未及时清运，或者未采用密闭式防尘网遮盖的。

有下列行为之一的，由县级以上人民政府环境保护等主管部门按照职责责令改正，处 1 万元以上 10 万元以下的罚款；拒不改正的，责令停工整治或者停业整治：①未密闭煤炭、煤矸石、煤渣、煤灰、水泥、石灰、石膏、砂土等易产生扬尘的物料的；②对不能密闭的易产生扬尘的物料，未设置不低于堆放物高度的严密围挡，或者未采取有效覆盖措施防治扬尘污染的；③装卸物料未采取密闭或者喷淋等方式控制扬尘排放的……⑧未采取措施防止排放恶臭气体的。

三、施工现场水污染防治的规定

2017 年 6 月经修改后公布的《中华人民共和国水污染防治法》（以下简称《水污染防治法》）规定，禁止向水体排放油类、酸液、碱液或者剧毒废液。禁止在水体清洗装贮过油类或者有毒污染物的车辆和容器。禁止向水体排放、倾倒放射性固体废物或者含有高放射性和中放射性物质的废水。向水体排放含低放射性物质的废水，应当符合国家有关放射性污染防治的规定和标准。向水体排放含热废水，应当采取措施，保证水体的水温符合水环境质量标准。含病原体的污水应当经过消毒处理；符合国家有关标准后，方可排放。

禁止向水体排放、倾倒工业废渣、城镇垃圾和其他废弃物。禁止将含有汞、镉、砷、铬、铅、氰化物、黄磷等的可溶性剧毒废渣向水体排放、倾倒或者直接埋入地下。存放可溶性剧毒废渣的场所，应当采取防水、防渗漏、防流失的措施。禁止在江河、湖泊、运河、渠道、水库最高水位线以下的滩地和岸坡堆放、存贮固体废弃物和其他污染物。禁止利用渗井、渗坑、裂隙、溶洞，私设暗管，篡改、伪造监测数据，或者不正常运行水污染防治设施等逃避监管的方式排放水污染物。

2015 年 1 月住房城乡建设部颁布的《城镇污水排入排水管网许可管理办法》进一步规定，各类施工作业需要排水的，由建设单位申请领取排水许可证。因施工作业需要向城镇排水设施排水的，排水许可证的有效期，由城镇排水主管部门根据排水状况确定，但不得超过施工期限。排水户应当按照排水许可证确定的排水类别、总量、时限、排放口位置和数量、排放的污染物项目和浓度等要求排放污水。

排水户不得有下列危及城镇排水设施安全的行为：①向城镇排水设施排放、倾倒剧毒、易燃易爆物质、腐蚀性废液和废渣、有害气体和烹饪油烟等；②堵塞城镇排水设施或者向城镇排水设施内排放、倾倒垃圾、渣土、施工泥浆、油脂、污泥等易堵塞物；③擅自拆卸、移动和穿凿城镇排水设施；④擅自向城镇排水设施加压排放污水。

《水污染防治法》规定，有下列行为之一的，由县级以上地方人民政府环境保护主管部门责令停止违法行为，限期采取治理措施，消除污染，处以罚款；逾期不采取治理措施的，环境保护主管部门可以指定有治理能力的单位代为治理，所需费用由违法者承担：①向水体排放油类、酸液、碱液的；②向水体排放剧毒废液，或者将含有汞、镉、砷、铬、铅、氰化物、黄磷等的可溶性剧毒废渣向水体排放、倾倒或者直接埋入地下的；③在水体清洗装贮过油类、有毒污染物的车辆或者容器的；④向水体排放、倾倒工业废渣、城镇垃圾或者其他废弃物，或者在江河、湖泊、运河、渠道、水库最高水位线以下的滩地、岸坡堆放、存贮固体废弃物或者其他污染物的；⑤向水体排放、倾倒放射性固体废物或者含有高放射性、中放射性物质的废水的；⑥违反国家有关规定或者标准，向水体排放含低放射性物质的废水、热废水或者含病原体的污水的；⑦未采取防渗漏等措施，或者未建设地下水水质监测井进行监测的……⑨未按照规定采取防护性措施，或者利用无防渗漏措施的沟渠、坑塘等输送或者存贮含有毒污染物的废水、含病原体的污水或者其他废弃物的。有前款第③项、第④项、第⑥项、第⑦项、第⑧项行为之一的，处 2 万元以上 20 万元以下的罚款。有前款第①项、第②项、第⑤项、第⑨项行为之一的，处 10 万元以上 100 万元以下的罚款；情节严重的，报经有批准权的人民政府批准，责令停业、关闭。

四、施工现场固体废物污染环境防治的规定

2016 年 11 月经修改后公布的《中华人民共和国固体废物污染环境防治法》（以下简称《固体废物污染环境防治法》）规定，禁止任何单位或者个人向江河、湖泊、运河、渠道、水库及其最高水位线以下的滩地和岸坡等法律、法规规定禁止倾倒、堆放废弃物的地点倾倒、堆放固体废物。

工程施工单位应当及时清运工程施工过程中产生的固体废物，并按照环境卫生行政主管部门的规定进行利用或者处置。产生、收集、贮存、运输、利用、处置危险废物的单位，应当制定意外事故的防范措施和应急预案，并向所在地县级以上地方人民政府环境保护行政主管部门备案；环境保护行政主管部门应当进行检查。

2005 年 3 月建设部颁布的《城市建筑垃圾管理规定》进一步规定，施工单位不得将建筑垃圾交给个人或者未经核准从事建筑垃圾运输的单位运输。处置建筑垃圾的单位在运输建筑垃圾时，应当随车携带建筑垃圾处置核准文件，按照城市人民政府有关部门规定的运输路线、时间运行，不得丢弃、遗撒建筑垃圾，不得超出核准范围承运建筑垃圾。

《固体废物污染环境防治法》规定，有下列行为之一的，由县级以上地方人民政府环境卫生行政主管部门责令停止违法行为，限期改正，处以罚款：①随意倾倒、抛撒或者堆放生活垃圾的；②擅自关闭、闲置或者拆除生活垃圾处置设施、场所的；③工程施工单位不及时清运施工过程中产生的固体废物，造成环境污染的；④工程施工单位不按照环境卫生行政主管部门的规定对施工过程中产生的固体废物进行利用或者处置的；⑤在运输过程中沿途丢弃、遗撒生活垃圾的。单位有以上第①项、第③项、第⑤项行为之一的，处5000 元以上 5 万元以下的罚款；有以上第②项、第④项行为之一的，处 1 万元以上 10 万元以下的罚款。个人有前款第①项、第⑤项行为之一的，处 200 元以下的罚款。

造成固体废物严重污染环境的，由县级以上人民政府环境保护行政主管部门按照国务院规定的权限决定限期治理；逾期未完成治理任务的，由本级人民政府决定停业或者关闭。

造成固体废物污染环境事故的，由县级以上人民政府环境保护行政主管部门处 2 万元以上 20 万元以下的罚款；造成重大损失的，按照直接损失的 30% 计算罚款，但是最高不超过 100 万元，对负有责任的主管人员和其他直接责任人员，依法给予行政处分；造成固体废物污染环境重大事故的，并由县级以上人民政府按照国务院规定的权限决定停业或者关闭。

收集、贮存、利用、处置危险废物，造成重大环境污染事故，构成犯罪的，依法追究刑事责任。

《环境保护法》规定，企业事业单位和其他生产经营者违法排放污染物，受到罚款处罚，被责令改正，拒不改正的，依法作出处罚决定的行政机关可以自责令改正之日的次日起，按照原处罚数额按日连续处罚。

五、施工中文物保护的规定

《文物保护法》规定，下列文物受国家保护：①具有历史、艺术、科学价值的古文化遗址、古墓葬、古建筑、石窟寺和石刻、壁画；②与重大历史事件、革命运动或者著名人物有关的以及具有重要纪念意义、教育意义或者史料价值的近代现代重要史迹、实物、代表性建筑；③历史上各时代珍贵的艺术品、工艺美术品；④历史上各时代重要的文献资料以及具有历史、艺术、科学价值的手稿和图书资料等；⑤反映历史上各时代、各民族社会制度、社会生产、社会生活的代表性实物。具有科学价值的古脊椎动物化石和古人类化石同文物一样受国家保护。

在进行建设工程或者在农业生产中，任何单位或者个人发现文物，应当保护现场，立即报告当地文物行政部门。依照前款规定发现的文物属于国家所有，任何单位或者个人不得哄抢、私分、藏匿。有下列行为之一，构成犯罪的，依法追究刑事责任：①盗掘古文化遗址、古墓葬的；②故意或者过失损毁国家保护的珍贵文物的……⑦盗窃、哄抢、私分或者非法侵占国有文物的……

有下列行为之一，尚不构成犯罪的，由县级以上人民政府文物主管部门会同公安机关追缴文物；情节严重的，处5000元以上5万元以下的罚款：①发现文物隐匿不报或者拒不上交的；②未按照规定移交拣选文物的。

第七章　解决建设工程纠纷法律制度

一、建设工程纠纷的主要种类和法律解决途径

所谓法律纠纷，是指公民、法人、其他组织之间因人身、财产或其他法律关系所发生的对抗冲突（或者争议），主要包括民事纠纷、行政纠纷、刑事纠纷。在建设工程领域常见的是民事纠纷和行政纠纷。

民事纠纷可分为两大类：一类是财产关系方面的民事纠纷，如合同纠纷、损害赔偿纠纷等；另一类是人身关系的民事纠纷，如名誉权纠纷、继承权纠纷等。在建设工程领域，常见的民事纠纷主要是合同纠纷、侵权纠纷，如发包人和承包人就有关工期、质量、造价等而产生的建设工程合同争议，在施工中未采取相应措施造成对他方的损害或是未经许可使用他方专利、工法等造成的侵权纠纷等。

行政纠纷，是在建设工程活动中同行政机关之间由于行政行为而引起的纠纷，包括行政争议和行政案件。在建设工程领域，易引发行政纠纷的具体行政行为主要有行政许可、行政处罚、行政强制、行政裁决等。

民事纠纷的法律解决途径主要有和解、调解、仲裁、诉讼等四种。此外，我国在建设工程法律实践中还在探索其他解决纠纷的新方式，如争议评审机制。

行政纠纷的法律解决途径主要有两种，即行政复议和行政诉讼。

二、调解、和解与争议评审

《合同法》规定，当事人可以通过和解或者调解解决合同争议。当事人不愿和解、调解或者和解、调解不成的，可以根据仲裁协议向仲裁机构申请仲裁。当事人没有订立仲裁协议或者仲裁协议无效的，可以向人民法院起诉。

（一）调解

我国的调解方式主要有人民调解、行政调解、仲裁调解、法院调解和专业机构调解等。

1. 人民调解

2010 年 8 月颁布的《中华人民共和国人民调解法》规定，本法所称人民调解，是指人民调解委员会通过说服、疏导等方式，促使当事人在平等协商基础上自愿达成调解协议，解决民间纠纷的活动。人民调解委员会调解民间纠纷，不收取任何费用。

经人民调解委员会调解达成调解协议的，可以制作调解协议书。当事人认为无需制作调解协议的，可以采取口头协议的方式，人民调解员应当记录协议内容。经人民调解委员

会调解达成的调解协议，具有法律约束力，当事人应当按照约定履行。当事人之间就调解协议的履行或者调解协议的内容发生争议的，一方当事人可以向法院提起诉讼。

2. 行政调解

行政调解是指国家行政机关应纠纷当事人的请求，依据法律、法规和政策，对属于其职权管辖范围内的纠纷，通过耐心的说服教育，使纠纷的双方当事人互相谅解，在平等协商的基础上达成一致协议，促成当事人解决纠纷。

行政调解属于诉讼外调解。行政调解达成的协议不具有强制约束力。

3. 仲裁调解

2017年9月颁布的《中华人民共和国仲裁法》（以下简称《仲裁法》），仲裁庭在作出裁决前，可以先行调解。当事人自愿调解的，仲裁庭应当调解。调解达成协议的，仲裁庭应当制作调解书或者根据协议的结果制作裁决书。调解书与裁决书具有同等法律效力。

4. 法院调解

《民事诉讼法》规定，人民法院审理民事案件，根据当事人自愿的原则，在事实清楚的基础上，分清是非，进行调解。

调解达成协议，必须双方自愿，不得强迫。调解协议的内容不得违反法律规定。调解达成协议，人民法院应当制作调解书。调解书经双方当事人签收后，即具有法律效力。

5. 专业机构调解

专业机构调解是当事人在发生争议前或争议后，协议约定由依法成立的具有独立调解规则的机构按照其调解规则进行调解。专业调解机构进行调解达成的调解协议对当事人双方具有合同约束力，可以通过法院的司法确认或者申请仲裁机构出具和解裁决书获得强制执行力。

（二）和解

和解是当事人之间通过自愿协商达成协议，而调解是在第三方主持下进行疏导、劝说，使之相互谅解，自愿达成协议。

和解包括诉讼前和解、诉讼中和解、执行中和解、仲裁中和解等。和解协议不具有强制约束力，如果一方当事人不按照和解协议执行，另一方当事人不可以请求人民法院强制执行，但可以向法院提起诉讼，也可以根据仲裁协议申请仲裁。

（三）争议评审

争议评审，是指当事人选择的由独立于任何一方当事人的争议评审专家（通常是3人）组成评审组，对当事人发生的争议及时提出解决问题的建议或者作出决定的争议解决方式。当事人通过协议授权评审组调查、听证、建议或者裁决。如果当事人不接受评审组的建议或裁决，仍可通过仲裁或者诉讼的方式解决争议。

2013年3月国家发展和改革委员会、财政部、住房城乡建设部等9部门经修改后发布的《〈标准施工招标资格预审文件〉和〈标准施工招标文件〉暂行规定》，其《标准施工招标文件》"通用合同条款"的争议解决条款部分规定了争议评审内容，即当事人之间的争议在提交仲裁或者诉讼前可以申请由专家组成的评审组进行评审。

三、民事诉讼的有关规定

2017 年 6 月经修改后公布的《中华人民共和国民事诉讼法》规定，对法人或者其他组织提起的民事诉讼，由被告住所地人民法院管辖。因合同纠纷提起的诉讼，由被告住所地或者合同履行地人民法院管辖。因保险合同纠纷提起的诉讼，由被告住所地或者保险标的物所在地人民法院管辖。因票据纠纷提起的诉讼，由票据支付地或者被告住所地人民法院管辖。因侵权行为提起的诉讼，由侵权行为地或者被告住所地人民法院管辖。因不动产纠纷提起的诉讼，由不动产所在地人民法院管辖。

当事人对自己提出的主张，有责任提供证据。证据包括：①当事人的陈述；②书证；③物证；④视听资料；⑤电子数据；⑥证人证言；⑦鉴定意见；⑧勘验笔录。证据必须查证属实，才能作为认定事实的根据。在证据可能灭失或者以后难以取得的情况下，当事人可以在诉讼过程中向人民法院申请保全证据，人民法院也可以主动采取保全措施。因情况紧急，在证据可能灭失或者以后难以取得的情况下，利害关系人可以在提起诉讼或者申请仲裁前向证据所在地、被申请人住所地或者对案件有管辖权的人民法院申请保全证据。

当事人不服地方人民法院第一审判决的，有权在判决书送达之日起 15 日内向上一级人民法院提起上诉。当事人不服地方人民法院第一审裁定的，有权在裁定书送达之日起 10 日内向上一级人民法院提起上诉。当事人对已经发生法律效力的判决、裁定，认为有错误的，可以向上一级人民法院申请再审。当事人申请再审的，不停止判决、裁定的执行。

发生法律效力的民事判决、裁定，当事人必须履行。一方拒绝履行的，对方当事人可以向人民法院申请执行，也可以由审判员移送执行员执行。调解书和其他应当由人民法院执行的法律文书，当事人必须履行。一方拒绝履行的，对方当事人可以向人民法院申请执行。

四、仲裁的有关规定

《仲裁法》规定，当事人采用仲裁方式解决纠纷，应当双方自愿，达成仲裁协议。没有仲裁协议，一方申请仲裁的，仲裁委员会不予受理。当事人达成仲裁协议，一方向人民法院起诉的，人民法院不予受理，但仲裁协议无效的除外。

仲裁协议包括合同中订立的仲裁条款和以其他书面方式在纠纷发生前或者纠纷发生后达成的请求仲裁的协议。仲裁委员会独立于行政机关，与行政机关没有隶属关系。仲裁不实行级别管辖和地域管辖。

仲裁实行一裁终局的制度。裁决作出后，当事人就同一纠纷再申请仲裁或者向人民法院起诉的，仲裁委员会或者人民法院不予受理。裁决被人民法院依法裁定撤销或者不予执行的，当事人就该纠纷可以根据双方重新达成的仲裁协议申请仲裁，也可以向人民法院起诉。

当事人应当履行裁决。一方当事人不履行的，另一方当事人可以依照民事诉讼法的有关规定向人民法院申请执行。

五、行政复议和行政诉讼的有关规定

行政复议是指公民、法人或者其他组织认为行政机关的具体行政行为侵犯其合法权益，依法向履行行政复议职责的行政机关提出复议申请，行政机关依法对该具体行政行为进行合法性、适当性审查，并作出行政复议决定的行政行为。

行政诉讼是公民、法人或者其他组织认为行政机关和行政机关工作人员的具体行政行为侵犯其合法权益，向人民法院提起的诉讼。

（一）行政复议

2017年9月经修改后公布的《中华人民共和国行政复议法》规定，有下列情形之一的，公民、法人或者其他组织可以依照本法申请行政复议：①对行政机关作出的警告、罚款、没收违法所得、没收非法财物、责令停产停业、暂扣或者吊销许可证、暂扣或者吊销执照、行政拘留等行政处罚决定不服的；②对行政机关作出的限制人身自由或者查封、扣押、冻结财产等行政强制措施决定不服的；③对行政机关作出的有关许可证、执照、资质证、资格证等证书变更、中止、撤销的决定不服的……⑤认为行政机关侵犯合法的经营自主权的……⑦认为行政机关违法集资、征收财物、摊派费用或者违法要求履行其他义务的；⑧认为符合法定条件，申请行政机关颁发许可证、执照、资质证、资格证等证书，或者申请行政机关审批、登记有关事项，行政机关没有依法办理的……⑩申请行政机关依法发放抚恤金、社会保险金或者最低生活保障费，行政机关没有依法发放的；⑪认为行政机关的其他具体行政行为侵犯其合法权益的。

公民、法人或者其他组织认为行政机关的具体行政行为所依据的下列规定不合法，在对具体行政行为申请行政复议时，可以一并向行政复议机关提出对该规定的审查申请：①国务院部门的规定；②县级以上地方各级人民政府及其工作部门的规定；③乡、镇人民政府的规定。前款所列规定不含国务院部、委员会规章和地方人民政府规章。

公民、法人或者其他组织认为具体行政行为侵犯其合法权益的，可以自知道该具体行政行为之日起60日内提出行政复议申请；但是法律规定的申请期限超过60日的除外。对县级以上地方各级人民政府工作部门的具体行政行为不服的，由申请人选择，可以向该部门的本级人民政府申请行政复议，也可以向上一级主管部门申请行政复议。

行政复议决定书一经送达，即发生法律效力。被申请人不履行或者无正当理由拖延履行行政复议决定的，行政复议机关或者有关上级行政机关应当责令其限期履行。

申请人逾期不起诉又不履行行政复议决定的，或者不履行最终裁决的行政复议决定的，按照下列规定分别处理：①维持具体行政行为的行政复议决定，由作出具体行政行为的行政机关依法强制执行，或者申请人民法院强制执行；②变更具体行政行为的行政复议决定，由行政复议机关依法强制执行，或者申请人民法院强制执行。

（二）行政诉讼

2017年6月经修改后公布的《中华人民共和国行政诉讼法》规定，人民法院受理公民、法人或者其他组织提起的下列诉讼：①对行政拘留、暂扣或者吊销许可证和执照、责令停产停业、没收违法所得、没收非法财物、罚款、警告等行政处罚不服的；②对限制人身自由或者对财产的查封、扣押、冻结等行政强制措施和行政强制执行不服的；③申请行政许可，行政机关拒绝或者在法定期限内不予答复，或者对行政机关作出的有关行政许可的其他决定不服的……⑧认为行政机关滥用行政权力排除或者限制竞争的；⑨认为行政机关违法集资、摊派费用或者违法要求履行其他义务的；⑩认为行政机关没有依法支付抚恤金、最低生活保障待遇或者社会保险待遇的……⑫认为行政机关侵犯其他人身权、财产权等合法权益的。除前款规定外，人民法院受理法律、法规规定可以提起诉讼的其他行政案件。

人民法院不受理公民、法人或者其他组织对下列事项提起的诉讼：……②行政法规、规章或者行政机关制定、发布的具有普遍约束力的决定、命令……④法律规定由行政机关最终裁决的行政行为。

对属于人民法院受案范围的行政案件，公民、法人或者其他组织可以先向行政机关申请复议，对复议决定不服的，再向人民法院提起诉讼；也可以直接向人民法院提起诉讼。公民、法人或者其他组织认为行政行为所依据的国务院部门和地方人民政府及其部门制定的规范性文件不合法，在对行政行为提起诉讼时，可以一并请求对该规范性文件进行审查。前款规定的规范性文件不含规章。

行政行为有下列情形之一的，人民法院判决撤销或者部分撤销，并可以判决被告重新作出行政行为：①主要证据不足的；②适用法律、法规错误的；③违反法定程序的；④超越职权的；⑤滥用职权的；⑥明显不当的。人民法院判决被告重新作出行政行为的，被告不得以同一的事实和理由作出与原行政行为基本相同的行政行为。

公民、法人或者其他组织拒绝履行判决、裁定、调解书的，行政机关或者第三人可以向第一审人民法院申请强制执行，或者由行政机关依法强制执行。行政机关拒绝履行判决、裁定、调解书的，第一审人民法院可以采取下列措施：①对应当归还的罚款或者应当给付的款额，通知银行从该行政机关的账户内划拨；②在规定期限内不履行的，从期满之日起，对该行政机关负责人按日处 50 元至 100 元的罚款；③将行政机关拒绝履行的情况予以公告；④向监察机关或者该行政机关的上一级行政机关提出司法建议。接受司法建议的机关，根据有关规定进行处理，并将处理情况告知人民法院；⑤拒不履行判决、裁定、调解书，社会影响恶劣的，可以对该行政机关直接负责的主管人员和其他直接责任人员予以拘留；情节严重，构成犯罪的，依法追究刑事责任。

（三）行使行政职权的侵权赔偿责任

公民、法人或者其他组织的合法权益受到行政机关或者行政机关工作人员作出的具体行政行为侵犯造成损害的，有权请求赔偿。

2012 年 10 月经修改后公布的《中华人民共和国国家赔偿法》规定，行政机关及其工作人员在行使行政职权时有下列侵犯财产权情形之一的，受害人有取得赔偿的权利：①违法实施罚款、吊销许可证和执照、责令停产停业、没收财物等行政处罚的；②违法对财产采取查封、扣押、冻结等行政强制措施的；③违法征收、征用财产的；④造成财产损害的其他违法行为。

下篇｜建设工程安全生产标准知识

第八章　建设工程安全标准的基本知识

2017 年 11 月经修改后公布的《中华人民共和国标准化法》（以下简称《标准化法》）规定，标准化工作的任务是制定标准、组织实施标准以及对标准的制定、实施进行监督。

一、施工安全技术标准的法定分类

标准包括国家标准、行业标准、地方标准和团体标准、企业标准。

国家标准分为强制性标准、推荐性标准，行业标准、地方标准是推荐性标准。强制性标准必须执行。国家鼓励采用推荐性标准。强制性国家标准由国务院批准发布或者授权批准发布。推荐性国家标准由国务院标准化行政主管部门制定。强制性标准文本应当免费向社会公开。国家推动免费向社会公开推荐性标准文本。

对没有推荐性国家标准、需要在全国某个行业范围内统一的技术要求，可以制定行业标准。为满足地方自然条件、风俗习惯等特殊技术要求，可以制定地方标准。

国家鼓励学会、协会、商会、联合会、产业技术联盟等社会团体协调相关市场主体共同制定满足市场和创新需要的团体标准，由本团体成员约定采用或者按照本团体的规定供社会自愿采用。企业可以根据需要自行制定企业标准，或者与其他企业联合制定企业标准。

推荐性国家标准、行业标准、地方标准、团体标准、企业标准的技术要求不得低于强制性国家标准的相关技术要求。国家鼓励社会团体、企业制定高于推荐性标准相关技术要求的团体标准、企业标准。不符合强制性标准的产品、服务，不得生产、销售、进口或者提供。

企业应当公开其执行的强制性标准、推荐性标准、团体标准或者企业标准的编号和名称；企业执行自行制定的企业标准的，还应当公开产品、服务的功能指标和产品的性能指标。企业应当按照标准组织生产经营活动，其生产的产品、提供的服务应当符合企业公开标准的技术要求。

二、建筑施工安全生产标准化工作

《标准化法》规定，县级以上人民政府应当支持开展标准化试点示范和宣传工作，传播标准化理念，推广标准化经验，推动全社会运用标准化方式组织生产、经营、管理和服务，发挥标准对促进转型升级、引领创新驱动的支撑作用。

《国务院关于进一步加强企业安全生产工作的通知》中规定，全面开展安全达标。深入开展以岗位达标、专业达标和企业达标为内容的安全生产标准化建设，凡在规定时间内未实现达标的企业要依法暂扣其生产许可证、安全生产许可证，责令停产整顿；对整改逾期未达标的，地方政府要依法予以关闭。

　　住房城乡建设部《关于贯彻落实〈国务院关于进一步加强企业安全生产工作的通知〉的实施意见》（建质［2010］164 号）进一步规定，推进建筑施工安全标准化。企业要深入开展以施工现场安全防护标准化为主要内容的建筑施工安全标准化活动，提高施工安全管理的精细化、规范化程度。

　　要健全建筑施工安全标准化的各项内容和制度，从工程项目涉及的脚手架、模板工程、施工用电和建筑起重机械设备等主要环节入手，作出详细的规定和要求，并细化和量化相应的检查标准。对建筑施工安全标准化不达标，不具备安全生产条件的企业，要依法暂扣其安全生产许可证。

第九章 综合性安全技术标准

主要的技术标准有《建筑施工安全技术统一规范》GB 50870—2013、《施工企业安全生产管理规范》GB 50656—2011、《施工企业安全生产评价标准》JGJ/T 77—2010、《建筑施工安全检查标准》JGJ 59—2011 等。

一、《建筑施工安全技术统一规范》的相关要求

《建筑施工安全技术统一规范》GB 50870—2013 规定，根据发生生产安全事故可能产生的后果，应将建筑施工危险等级划分为Ⅰ、Ⅱ、Ⅲ级（注：Ⅰ级，很严重，危险等级系数 1.10；Ⅱ级，严重，危险等级系数 1.05；Ⅲ级，不严重，危险等级系数 1.00）。在建筑施工过程中，应结合工程施工特点和所处环境，根据建筑施工危险等级实施分级管理，并应综合采用相应的安全技术。

（一）建筑施工安全技术规划

工程项目开工前应结合工程特点编制建筑施工安全技术规划，确定施工安全目标；规划内容应覆盖施工生产的全过程。

建筑施工安全技术规划编制应依据与工程建设有关的法律法规、国家现行有关标准、工程设计文件、工程施工合同或招标投标文件、工程场地条件和周边环境、与工程有关的资源供应情况、施工技术、施工工艺、材料、设备等。建筑施工安全技术规划编制应包含工程概况、编制依据、安全目标、组织结构和人力资源、安全技术分析、安全技术控制、安全技术监测与预警、应急救援、安全技术管理、措施与实施方案等。

（二）建筑施工安全技术分析

建筑施工安全技术分析应包括建筑施工危险源辨识、建筑施工安全风险评估和建筑施工安全技术方案分析，并应符合下列规定：①危险源辨识应覆盖与建筑施工相关的所有场所、环境、材料、设备、设施、方法、施工过程中的危险源；②建筑施工安全风险评估应确定危险源可能产生的生产安全事故的严重性及其影响，确定危险等级；③建筑施工安全技术方案应根据危险等级分析安全技术的可靠性，给出安全技术方案实施过程中的控制指标和控制要求。

危险源辨识应根据工程特点明确给出危险源存在的部位、根源、状态和特性。建筑施工的安全技术分析应在危险源辨识和风险评估的基础上，对风险发生的概率及损失程度进行全面分析，评估发生风险的可能性及危害程度，与相关专业的安全指标相比较，以衡量风险的程度，并应采取相应的安全技术措施。建筑施工安全技术分析应结合工程特点和生产安全事故教训进行。建筑施工安全技术分析可以分部分项工程为基本单元进行。

建筑施工安全技术方案的制订应符合下列规定：①符合建筑施工危险等级的分级规定，并应有针对危险源及其特性的具体安全技术措施；②按照消除、隔离、减弱、控制危险源的顺序选择安全技术措施；③采用有可靠依据的方法分析确定安全技术方案的可靠性和有效性；④根据施工特点制订安全技术方案实施过程中的控制原则，并明确重点控制与监测部位及要求。

建筑施工安全技术分析应根据工程特点和施工活动情况，采用相应的定性分析和定量分析方法。对于采用新结构、新材料、新工艺的建筑施工和特殊结构的建筑施工，相关单位的设计文件中应提出保障施工作业人员安全和预防生产安全事故的安全技术措施；制订和实施施工方案时，应有专项施工安全技术分析报告。

建筑施工起重机械、升降机械、高处作业设备、整体升降脚手架以及复杂的模板支撑架等设施的安全技术分析，应结合各自的特点、施工环境、工艺流程，进行安装前、安装过程中和使用后拆除的全过程安全技术分析，提出安全注意事项和安全措施。

建筑施工现场临时用电安全技术分析应对临时用电所采用的系统、设备、防护措施的可靠性和安全度进行全面分析，并宜包括现场勘测结果，拟进入施工现场的用电设备分析及平面布置，确定电源进线、配电室、配电装置的位置及线路走向，进行负荷计算，选择变压器，设计配电系统，设计防雷装置，确定防护措施，制订安全用电措施和电器防火措施，以及其他措施。

对建筑施工临时结构应做安全技术分析，并应保证在设计规定的使用工况下保持整体稳定性。建筑施工临时结构安全技术分析应符合现行国家标准《建筑结构可靠度设计统一标准》GB 50068 的有关规定，结合临时结构的种类和危险等级，合理确定相关技术参数。建筑施工临时结构在设计使用期限内应可靠，并应符合下列规定：①在正常施工使用工况下应能承受可能出现的各种作用；②在正常施工使用工况下应具备良好的工作性能。

对于建筑施工临时结构的各种极限状态，均应规定明确的限值及标识。

（三）建筑施工安全技术控制

建筑施工安全技术控制措施的实施应符合下列规定：①根据危险等级、安全规划制订安全技术控制措施；②安全技术控制措施符合安全技术分析的要求；③安全技术控制措施按施工工艺、工序实施，提高其有效性；④安全技术控制措施实施程序的更改应处于控制之中；⑤安全技术措施实施的过程控制应以数据分析、信息分析以及过程监测反馈为基础。

建筑施工安全技术措施应按危险等级分级控制，并应符合下列规定：①Ⅰ级：编制专项施工方案和应急救援预案，组织技术论证，履行审核、审批手续，对安全技术方案内容进行技术交底、组织验收，采取监测预警技术进行全过程监控。②Ⅱ级：编制专项施工方案和应急救援措施，履行审核、审批手续，进行技术交底、组织验收，采取监测预警技术进行局部或分段过程监控。③Ⅲ级：制订安全技术措施并履行审核、审批手续，进行技术交底。

建筑施工过程中，各分部分项工程、各工序应按相应专业技术标准进行安全技术控制；对关键环节、特殊环节、采用新技术或新工艺的环节，应提高一个危险等级进行安全技术控制。

建筑施工安全技术措施应在实施前进行预控，实施中进行过程控制，并应符合下列规定：①安全技术措施预控范围应包括材料质量及检验复验、设备和设施检验、作业人员应具备的资格及技术能力、作业人员的安全教育、安全技术交底；②安全技术措施过程控制范围应包括施工工艺和工序、安全操作规程、设备和设施、施工荷载、阶段验收、监测预警。

建筑施工现场的布置应保障疏散通道、安全出口、消防通道畅通，防火防烟分区、防火间距应符合有关消防技术标准。施工现场存放易燃易爆危险品的场所不得与居住场所设置在同一建筑物内，并应与居住场所保持安全距离。

主要材料、设备、构配件及防护用品应有质量证明文件、技术性能文件、使用说明文件，其物理、化学技术性能应符合进行技术分析的要求。建筑构件、建筑材料和室内装修、装饰材料的防火性能应符合国家现行有关标准的规定。对涉及建筑施工安全生产的主要材料、设备、构配件及防护用品，应进行进场验收，并应按各专业安全技术标准规定进行复验。

建筑施工机械设备和施工机具及配件安全技术控制中的性能检测应包括金属结构、工作机构、电器装置、液压系统、安全保护装置、吊索具等。施工机械设备和施工机具使用前应进行安装调试和交接验收。

（四）建筑施工安全技术监测与预警及应急救援

建筑施工安全技术监测与预警应根据危险等级分级进行，并满足下列要求：①Ⅰ级：采用监测预警技术进行全过程监测控制；②Ⅱ级：采用监测预警技术进行局部或分段过程监测控制。

建筑施工安全技术监测方案应依据工程设计要求、地质条件、周边环境、施工方案等因素编制，并应满足下列要求：①为建筑施工过程控制及时提供监测信息；②能检查安全技术措施的正确性和有效性，监测与控制安全技术措施的实施；③为保护周围环境提供依据；④为改进安全技术措施提供依据。

监测方案应包括工程概况、监测依据和项目、监测人员配备、监测方法、主要仪器设备及精度、测点布置与保护、监测频率及监测报警值、数据处理和信息反馈、异常情况下的处理措施。建筑施工安全技术监测可采用仪器监测与巡视检查相结合的方法。建筑施工中涉及安全生产的材料应进行适应性和状态变化监测；对现场抽检有疑问的材料和设备，应由法定专业检测机构进行检测。

建筑施工安全应急救援预案应对安全事故的风险特征进行安全技术分析，对可能引发次生灾害的风险，应有预防技术措施。建筑施工生产安全事故应急预案应包括下列内容：①建筑施工中潜在的风险及其类别、危险程度。②发生紧急情况时应急救援组织机构与人员职责分工、权限。③应急救援设备、器材、物资的配置、选择、使用方法和调用程序；为保持其持续的适用性，对应急救援设备、器材、物资进行维护和定期检测的要求。④应急救援技术措施的选择和采用。⑤与企业内部相关职能部门以及外部（政府、消防、救险、医疗等）相关单位或部门的信息报告、联系方法。⑥组织抢险急救、现场保护、人员撤离或疏散等活动的具体安排等。

（五）建筑施工安全技术管理

建筑施工各有关单位应组织开展分级、分层次的安全技术交底和安全技术实施验收活动，并明确参与交底和验收的技术人员和管理人员。

安全技术交底应符合下列规定：①安全技术交底的内容应针对施工过程中潜在危险因素，明确安全技术措施内容和作业程序要求；②危险等级为Ⅰ级、Ⅱ级的分部分项工程、机械设备及设施安装拆卸的施工作业，应单独进行安全技术交底。

安全技术交底的内容应包括：工程项目和分部分项工程的概况，施工过程的危险部位和环节及可能导致生产安全事故的因素、针对危险因素采取的具体预防措施、作业中应遵守的安全操作规程以及应注意的安全事项、作业人员发现事故隐患应采取的措施、发生事故后应及时采取的避险和救援措施。

施工单位应建立分级、分层次的安全技术交底制度，安全技术交底应有书面记录，交底双方应履行签字手续，书面记录应在交底者、被交底者和安全管理者三方留存备查。

（六）建筑施工安全技术措施实施验收

安全技术措施实施的组织验收应符合下列规定：1）应由施工单位组织安全技术措施的实施验收；2）安全技术措施实施验收应根据危险等级由相应人员参加，并应符合下列规定：①对危险等级为Ⅰ级的安全技术措施实施验收，参加的人员应包括：施工单位技术和安全负责人、项目经理和项目技术负责人及项目安全负责人、项目总监理工程师和专业监理工程师、建设单位项目负责人和技术负责人、勘察设计单位项目技术负责人、涉及的相关参建单位技术负责人；②对危险等级为Ⅱ级的安全技术措施实施验收，参加的人员应包括：施工单位技术和安全负责人、项目经理和项目技术负责人及项目安全负责人、项目总监理工程师和专业监理工程师、建设单位项目技术负责人、勘察设计单位项目设计代表、涉及的相关参建单位技术负责人；③危险等级为Ⅲ级的安全技术措施实施验收；参加的人员应包括：施工单位项目经理和项目技术负责人、项目安全负责人、项目总监理工程师和专业监理工程师、涉及的相关参建单位的专业技术人员。3）实行施工总承包的单位工程，应由总承包单位组织安全技术措施实施验收，相关专业工程的承包单位技术负责人和安全负责人应参加相关专业工程的安全技术措施实施验收。

施工现场安全技术措施实施验收应在实施责任主体单位自行检查评定合格的基础上进行，安全技术措施实施验收应有明确的验收结果意见；当安全技术措施实施验收不合格时，实施责任主体单位应进行整改，并应重新组织验收。

机械设备和施工机具使用前应进行交接验收。施工起重、升降机械和整体提升脚手架、爬模等自升式架设设施安装完毕后，安装单位应自检，出具自检合格证明，并应向施工单位进行安全使用说明，办理交接验收手续。

（七）建筑施工安全技术文件管理

安全技术文件的建档管理应符合下列规定：①安全技术文件建档起止时限，应从工程施工准备阶段到工程竣工验收合格止；②工程建设各参建单位应对安全技术文件进行建档、归档，并应及时向有关单位传递；③建档文件的内容应真实、准确、完整，并应与建设工程安全技术管理活动实际相符合，手续齐全。

归档文件应为原件。因各种原因不能使用原件的，应在复印件上加盖原件存放单位的印章，并应有经办人签字及时间。建设单位、施工单位、监理单位和其他各单位在工程竣工或有关安全技术活动结束后 30 天内，应将安全技术文件交本单位档案室归档，档案保存期不应少于 1 年。

二、《施工企业安全生产管理规范》的相关要求

《施工企业安全生产管理规范》GB 50656—2011 规定，施工企业的安全生产管理体系应根据企业安全管理目标、施工生产特点和规模建立完善，并应有效运行。施工企业应根据施工生产特点和规模，并以安全生产责任制为核心，建立健全安全生产管理制度。

施工企业必须配备满足安全生产需要的法律、法规、各类安全技术标准和操作规程。施工企业应依法为从业人员提供合格的劳动保护用品，办理相关保险，进行健康检查。施工企业严禁使用国家明令淘汰的技术、工艺、设备、设施和材料。施工企业宜通过信息化管理，辅助安全生产管理。施工企业应按本规范要求，定期对安全生产管理状况进行分析评估，并实施改进。

施工企业应依据企业的总体发展规划，制定企业年度及中长期安全管理目标。安全管理目标应包括生产安全事故控制指标、安全生产及文明施工管理目标。安全管理目标应分解到各管理层及相关职能部门和岗位，并应定期进行考核。施工企业各管理层及相关职能部门和岗位应根据分解的安全管理目标，配置相应的资源，并应有效管理。施工企业必须建立安全生产组织体系，明确企业安全生产的决策、管理、实施的机构或岗位。施工企业安全生产组织体系应包括各管理层的主要负责人，各相关职能部门及专职安全生产管理机构，相关岗位及专兼职安全管理人员。

施工企业应建立和健全与企业安全生产组织相对应的安全生产责任体系，并应明确各管理层、职能部门、岗位的安全生产责任。施工企业安全生产责任体系应符合下列要求：1）企业主要负责人应领导企业安全管理工作，组织制定企业中长期安全管理目标和制度，审议、决策重大安全事项。2）各管理层主要负责人应明确并组织落实本管理层各职能部门和岗位的安全生产职责，实现本管理层的安全管理目标。3）各管理层的职能部门及岗位应承担职能范围内与安全生产相关的职责，互相配合，实现相关安全管理目标，应包括下列主要职责：①技术管理部门（或岗位）负责安全生产的技术保障和改进；②施工管理部门（或岗位）负责生产计划、布置、实施的安全管理；③材料管理部门（或岗位）负责安全生产物资及劳动防护用品的安全管理；④动力设备管理部门（或岗位）负责施工临时用电及机具设备的安全管理；⑤专职安全生产管理机构（或岗位）负责安全管理的检查、处理；⑥其他管理部门（或岗位）分别负责人员配备、资金、教育培训、卫生防疫、消防等安全管理。

施工企业应依据职责落实各管理层、职能部门、岗位的安全生产责任。施工企业各管理层、职能部门、岗位的安全生产责任应形成责任书，并应经责任部门或责任人确认。责任书的内容应包括安全生产职责、目标、考核奖惩标准等。

施工企业安全生产管理制度应包括安全生产教育培训、安全费用管理、施工设施、设

备及劳动防护用品的安全管理、安全生产技术管理、分包（供）方安全生产管理、施工现场安全管理、应急救援管理、生产安全事故管理、安全检查和改进、安全考核和奖惩等制度。施工企业的各项安全生产管理制度应规定工作内容、职责与权限、工作程序及标准。施工企业安全生产管理制度，应随有关法律法规以及企业生产经营、管理体制的变化，适时更新、修订完善。施工企业各项安全生产管理活动必须依据企业安全生产管理制度开展。

施工企业安全生产教育培训计划应依据类型、对象、内容、时间安排、形式等需求进行编制。安全教育和培训的类型应包括各类上岗证书的初审、复审培训，三级教育（企业、项目、班组）、岗前教育、日常教育、年度继续教育。安全生产教育培训的对象应包括企业各管理层的负责人、管理人员、特殊工种以及新上岗、待岗复工、转岗、换岗的作业人员。

施工企业的人员上岗应符合下列要求：①企业主要负责人、项目负责人和专职安全生产管理人员必须经安全生产知识和管理能力考核合格，依法取得安全生产考核合格证书；②企业的各类管理人员必须具备与岗位相适应的安全生产知识和管理能力，依法取得必要的岗位资格证书；③特种作业人员必须经安全技术理论和操作技能考核合格，依法取得建筑施工特种作业人员操作资格证书。

施工企业新上岗操作工人必须进行岗前教育培训，教育培训应包括下列内容：①安全生产法律法规和规章制度；②安全操作规程；③针对性的安全防范措施；④违章指挥、违章作业、违反劳动纪律产生的后果；⑤预防、减少安全风险以及紧急情况下应急救援的基本知识、方法和措施。

施工企业应结合季节施工要求及安全生产形势对从业人员进行日常安全生产教育培训。施工企业每年应按规定对所有从业人员进行安全生产继续教育，教育培训应包括下列内容：①新颁布的安全生产法律法规、安全技术标准规范和规范性文件；②先进的安全生产技术和管理经验；③典型事故案例分析。施工企业应定期对从业人员持证上岗情况进行审核、检查，并应及时统计、汇总从业人员的安全教育培训和资格认定等相关记录。

安全生产费用管理应包括资金的提取、申请、审核审批、支付、使用、统计、分析、审计检查等工作内容。施工企业应按规定提取安全生产所需的费用。安全生产费用应包括安全技术措施、安全教育培训、劳动保护、应急准备等，以及必要的安全评价、监测、检测、论证所需费用。施工企业各管理层应根据安全生产管理需要，编制安全生产费用使用计划，明确费用使用的项目、类别、额度、实施单位及责任者、完成期限等内容，并应经审核批准后执行。施工企业各管理层相关负责人必须在其管辖范围内，按专款专用、及时足额的要求，组织落实安全生产费用使用计划。施工企业各管理层应建立安全生产费用分类使用台账，应定期统计，并应报上一级管理层。施工企业各管理层应定期对下一级管理层的安全生产费用使用计划的实施情况进行监督审查和考核。施工企业各管理层应对安全生产费用情况进行年度汇总分析，并应及时调整安全生产费用的比例。

施工企业施工设施、设备和劳动防护用品的安全管理应包括购置、租赁、装拆、验收、检测、使用、保养、维修、改造和报废等内容。施工企业应根据安全管理目标，生产经营特点、规模、环境等，配备符合安全生产要求的施工设施、设备、劳动防护用品及相关的安全检测器具。生产经营活动内容可能包含机械设备的施工企业，应按规定设置相应的设备管理机构或者配备专职的人员进行设备管理。施工企业应建立并保存施工设施、设备、劳动防护用品及相关的安全检测器具管理档案，并应记录下列内容：①来源、类型、数量、技术性能、使用年限等静态管理信息，以及目前使用地点、使用状态、使用责任人、检测、日常维修保养等动态管理信息；②采购、租赁、改造、报废计划及实施情况。施工企业应定期分析施工设施、设备、劳动防护用品及相关的安全检测器具的安全状态，确定指导、检查的重点，采取必要的改进措施。施工企业应自行设计或优先选用标准化、定型化、工具化的安全防护设施。

施工企业安全技术管理应包括对安全生产技术措施的制订、实施、改进等管理。施工企业各管理层的技术负责人应对管理范围的安全技术管理负责。施工企业应定期进行技术分析，改造、淘汰落后的施工工艺、技术和设备，应推行先进、适用的工艺、技术和装备，并应完善安全生产作业条件。施工企业应依据工程规模、类别、难易程度等明确施工组织设计、专项施工方案（措施）的编制、审核和审批的内容、权限、程序及时限。施工企业应根据施工组织设计、专项施工方案（措施）的审核、审批权限，组织相关职能部门审核，技术负责人审批。审核、审批应有明确意见并签名盖章。编制、审批应在施工前完成。施工企业应根据施工组织设计、专项安全施工方案（措施）编制和审批权限的设置，分级进行安全技术交底，编制人员应参与安全技术交底、验收和检查。施工企业可结合生产实际制订企业内部安全技术标准和图集。

分包方安全生产管理应包括分包单位以及供应商的选择、施工过程管理、评价等工作内容。施工企业对分包单位的安全管理应符合下列要求：①选择合法的分包（供）单位；②与分包（供）单位签订安全协议，明确安全责任和义务；③对分包单位施工过程的安全生产实施检查和考核；④及时清退不符合安全生产要求的分包（供）单位；⑤分包工程竣工后对分包（供）单位安全生产能力进行评价。

施工企业对分包（供）单位检查和考核，应包括下列内容：①分包单位安全生产管理机构的设置、人员配备及资格情况；②分包（供）单位违约、违章记录；③分包单位安全生产绩效。施工企业可建立合格分包（供）方名录，并应定期审核、更新。

施工企业的工程项目部应根据企业安全生产管理制度，实施施工现场安全生产管理，应包括下列内容：①制定项目安全管理目标，建立安全生产组织与责任体系，明确安全生产管理职责，实施责任考核；②配置满足安全生产、文明施工要求的费用、从业人员、设施、设备和劳动防护用品及相关的检测器具；③编制安全技术措施、方案、应急预案；④落实施工过程的安全生产措施，组织安全检查，整改安全隐患；⑤组织施工现场场容场貌、作业环境和生活设施安全文明达标；⑥确定消防安全责任人，制定用火、用电、使用易燃易爆材料等各项消防安全管理制度和操作规程，设置消防通道、消防水源，配备消防设施和灭火器材，并在施工现场入口处设置明显标志；⑦组织事故应急救援抢险；⑧对施工安全生产管理活动进行必要的记录，保存应有的资料。

工程项目部应建立健全安全生产责任体系，安全生产责任体系应符合下列要求：①项目经理应为工程项目安全生产第一责任人，应负责分解落实安全生产责任，实施考核奖惩，实现项目安全管理目标；②工程项目总承包单位、专业承包和劳务分包单位的项目经理、技术负责人和专职安全生产管理人员，应组成安全管理组织，并应协调、管理现场安全生产，项目经理应按规定到岗带班指挥生产；③总承包单位、专业承包和劳务分包单位应按规定配备项目专职安全生产管理人员，负责施工现场各自管理范围内的安全生产日常管理；④工程项目部其他管理人员应承担本岗位管理范围内的安全生产职责；⑤分包单位应服从总承包单位管理，并应落实总承包项目部的安全生产要求；⑥施工作业班组应在作业过程中执行安全生产要求；⑦作业人员应严格遵守安全操作规程，并应做到不伤害自己、不伤害他人和不被他人伤害。

项目专职安全生产管理人员应按规定到岗，并应履行下列主要安全生产职责：①对项目安全生产管理情况应实施巡查，阻止和处理违章指挥、违章作业和违反劳动纪律等现象，并应做好记录；②对危险性较大分部分项工程应依据方案实施监督并作好记录；③应建立项目安全生产管理档案，并应定期向企业报告项目安全生产情况。

工程项目应定期及时上报现场安全生产信息；施工企业应全面掌握企业所属工程项目的安全生产状况，并应作为隐患治理、考核奖惩的依据。

施工企业应建立应急救援组织机构，并应组织救援队伍，同时应定期进行演练调整等日常管理。施工企业应建立应急物资保障体系，应明确应急设备和器材配备、储存的场所和数量，并应定期对应急设备和器材进行检查、维护、保养。施工企业应根据施工管理和环境特征，组织各管理层制订应急救援预案，应包括下列内容：①紧急情况、事故类型及特征分析；②应急救援组织机构与人员及职责分工、联系方式；③应急救援设备和器材的调用程序；④与企业内部相关职能部门和外部政府、消防、抢险、医疗等相关单位与部门的信息报告、联系方法；⑤抢险急救的组织、现场保护、人员撤离及疏散等活动的具体安排。施工企业各管理层应对全体从业人员进行应急救援预案的培训和交底；接到相关报告后，应及时启动预案。施工企业应根据应急救援预案，定期组织专项应急演练；应针对演练、实战的结果，对应急预案的适宜性和可操作性组织评价，必要时应进行修改和完善。

施工企业生产安全事故管理应包括报告、调查、处理、记录、统计、分析改进等工作内容。生产安全事故发生后，施工企业应按规定及时上报。实行施工总承包时，应由总承包企业负责上报。情况紧急时，可越级上报。生产安全事故报告应包括下列内容：①事故的时间、地点和相关单位名称；②事故的简要经过；③事故已经造成或者可能造成的伤亡人数（包括失踪、下落不明的人数）和初步估计的直接经济损失；④事故的初步原因；⑤事故发生后采取的措施及事故控制情况；⑥事故报告单位或报告人员。生产安全事故报告后出现新情况时，应及时补报。

施工企业应建立生产安全事故档案，事故档案应包括下列资料：①依据生产安全事故报告要素形成的企业职工伤亡事故统计汇总表；②生产安全事故报告；③事故调查情况报告、对事故责任者的处理决定、伤残鉴定、政府的事故处理批复资料及相关影像资料；④其他有关的资料。

施工企业安全检查应包括下列内容：①安全目标的实现程度；②安全生产职责的履行情况；③各项安全生产管理制度的执行情况；④施工现场管理行为和实物状况；⑤生产安全事故、未遂事故和其他违规违法事件的报告调查、处理情况；⑥安全生产法律法规、标准规范和其他要求的执行情况。

施工企业安全检查的形式应包括各管理层的自查、互查以及对下级管理层的抽查等；安全检查的类型应包括日常巡查、专项检查、季节性检查、定期检查、不定期抽查等，并应符合下列要求：①工程项目部每天应结合施工动态，实行安全巡查；②总承包工程项目部应组织各分包单位每周进行安全检查；③施工企业每月应对工程项目施工现场安全生产情况至少进行一次检查，并应针对检查中发现的倾向性问题、安全生产状况较差的工程项目，组织专项检查；④施工企业应针对承建工程所在地区的气候与环境特点，组织季节性的安全检查。

施工企业安全检查应配备必要的检查、测试器具，对存在的问题和隐患，应定人、定时间、定措施组织整改，并应跟踪复查直至整改完毕。施工企业对安全检查中发现的问题，宜按隐患类别分类记录，定期统计，并应分析确定多发和重大隐患类别，制订实施治理措施。施工企业应定期对安全生产管理的适宜性、符合性和有效性进行评估，应确定改进措施，并对其有效性进行跟踪验证和评价。发生下列情况时，企业应及时进行安全生产管理评估：①适用法律法规发生变化；②企业组织机构和体制发生重大变化；③发生生产安全事故；④其他影响安全生产管理的重大变化。施工企业应建立并保存安全检查和改进活动的资料与记录。

安全考核的对象应包括施工企业各管理层的主要负责人、相关职能部门及岗位和工程项目的参建人员。企业各管理层的主要负责人应组织对本管理层各职能部门、下级管理层的安全生产责任进行考核和奖惩。安全考核应包括下列内容：①安全目标实现程度；②安全职责履行情况；③安全行为；④安全业绩。施工企业应针对生产经营规模和管理状况，明确安全考核的周期，并应及时兑现奖惩。

三、《施工企业安全生产评价标准》的相关要求

《施工企业安全生产评价标准》JGJ/T 77—2010 规定，本标准适用于对施工企业进行安全生产条件和能力的评价。

（一）安全生产管理评价

安全生产管理评价应为对企业安全管理制度建立和落实情况的考核，其内容应包括安全生产责任制度、安全文明资金保障制度、安全教育培训制度、安全检查及隐患排查制度、生产安全事故报告处理制度、安全生产应急救援制度等 6 个评定项目。

施工企业安全生产责任制度的考核评价应符合下列要求：①未建立以企业法人为核心分级负责的各部门及各类人员的安全生产责任制，则该评定项目不应得分；②未建立各部门、各级人员安全生产责任落实情况考核的制度及未对落实情况进行检查的，则该评定项目不应得分；③未实行安全生产的目标管理、制定年度安全生产目标计划、落实责任和责任人及未落实考核的，则该评定项目不应得分；④对责任制和目标管理等的内容和实施，应根据具体情况评定折减分数。

施工企业安全文明资金保障制度的考核评价应符合下列要求：①制度未建立且每年未对与本企业施工规模相适应的资金进行预算和决算，未专款专用，则该评定项目不应得分；②未明确安全生产、文明施工资金使用、监督及考核的责任部门或责任人，应根据具体情况评定折减分数。

施工企业安全教育培训制度的考核评价应符合下列要求：①未建立制度且每年未组织对企业主要负责人、项目经理、安全专职人员及其他管理人员的继续教育的，则该评定项

目不应得分；②企业年度安全教育计划的编制，职工培训教育的档案管理，各类人员的安全教育，应根据具体情况评定折减分数。

施工企业安全检查及隐患排查制度的考核评价应符合下列要求：①未建立制度且未对所属的施工现场、后方场站、基地等组织定期和不定期安全检查的，则该评定项目不应得分；②隐患的整改、排查及治理，应根据具体情况评定折减分数。

施工企业生产安全事故报告处理制度的考核评价应符合下列要求：①未建立制度且未及时、如实上报施工生产中发生伤亡事故的，则该评定项目不应得分；②对已发生的和未遂事故，未按照"四不放过"原则进行处理的，则该评定项目不应得分；③未建立生产安全事故发生及处理情况事故档案的，则该评定项目不应得分。

施工企业安全生产应急救援制度的考核评价应符合下列要求：①未建立制度且未按照本企业经营范围，并结合本企业的施工特点，制定易发、多发事故部位、工序、分部、分项工程的应急救援预案，未对各项应急预案组织实施演练的，则该评定项目不应得分；②应急救援预案的组织、机构、人员和物资的落实，应根据具体情况评定折减分数。

（二）安全技术管理评价

安全技术管理评价应为对企业安全技术管理工作的考核，其内容应包括法规、标准和操作规程配置，施工组织设计，专项施工方案（措施），安全技术交底，危险源控制等5个评定项目。

施工企业法规、标准和操作规程配置及实施情况的考核评价应符合下列要求：①未配置与企业生产经营内容相适应的、现行的有关安全生产方面的法规、标准，以及各工种安全技术操作规程，并未及时组织学习和贯彻的，则该评定项目不应得分；②配置不齐全，应根据具体情况评定折减分数。

施工企业施工组织设计编制和实施情况的考核评价应符合下列要求：①未建立施工组织设计编制、审核、批准制度的，则该评定项目不应得分；②安全技术措施的针对性及审核、审批程序的实施情况等，应根据具体情况评定折减分数。

施工企业专项施工方案（措施）编制和实施情况的考核评价应符合下列要求：①未建立对危险性较大的分部、分项工程专项施工方案编制、审核、批准制度的，则该评定项目不应得分；②制度的执行，应根据具体情况评定折减分数。

施工企业安全技术交底制定和实施情况的考核评价应符合下列要求：①未制定安全技术交底规定的，则该评定项目不应得分；②安全技术交底资料的内容、编制方法及交底程序的执行，应根据具体情况评定折减分数。

施工企业危险源控制制度的建立和实施情况的考核评价应符合下列要求：①未根据本企业的施工特点，建立危险源监管制度的，则该评定项目不应得分；②危险源公示、告知及相应的应急预案编制和实施，应根据具体情况评定折减分数。

（三）设备和设施管理评价

设备和设施管理评价应为对企业设备和设施安全管理工作的考核，其内容应包括设备安全管理、设施和防护用品、安全标志、安全检查测试工具等4个评定项目。

施工企业设备安全管理制度的建立和实施情况的考核评价应符合下列要求：①未建立

机械、设备（包括应急救援器材）采购、租赁、安装、拆除、验收、检测、使用、检查、保养、维修、改造和报废制度的，则该评定项目不应得分；②设备的管理台账、技术档案、人员配备及制度落实，应根据具体情况评定折减分数。

施工企业设施和防护用品制度的建立及实施情况的考核评价应符合下列要求：①未建立安全设施及个人劳保用品的发放、使用管理制度的，则该评定项目不应得分；②安全设施及个人劳保用品管理的实施及监管，应根据具体情况评定折减分数。

施工企业安全标志管理规定的制定和实施情况的考核评价应符合下列要求：①未制定施工现场安全警示、警告标识、标志使用管理规定的，则该评定项目不应得分；②管理规定的实施、监督和指导，应根据具体情况评定折减分数。

施工企业安全检查测试工具配备制度的建立和实施情况的考核评价应符合下列要求：①未建立安全检查检验仪器、仪表及工具配备制度的，则该评定项目不应得分；②配备及使用，应根据具体情况评定折减分数。

（四）企业市场行为评价

企业市场行为评价应为对企业安全管理市场行为的考核，其内容包括安全生产许可证、安全生产文明施工、安全质量标准化达标、资质机构与人员管理制度等 4 个评定项目。

施工企业安全生产许可证许可状况的考核评价应符合下列要求：①未取得安全生产许可证而承接施工任务的、在安全生产许可证暂扣期间承接工程的、企业承发包工程项目的规模和施工范围与本企业资质不相符的，则该评定项目不应得分；②企业主要负责人、项目负责人和专职安全管理人员的配备和考核，应根据具体情况评定折减分数。

施工企业安全生产文明施工动态管理行为的考核评价应符合下列要求：①企业资质因安全生产、文明施工受到降级处罚的，则该评定项目不应得分；②其他不良行为，视其影响程度、处理结果等，应根据具体情况评定折减分数。

施工企业安全质量标准化达标情况的考核评价应符合下列要求：①本企业所属的施工现场安全质量标准化年度达标合格率低于国家或地方规定的，则该评定项目不应得分；②安全质量标准化年度达标优良率低于国家或地方规定的，应根据具体情况评定折减分数。

施工企业资质、机构与人员管理制度的建立和人员配备情况的考核评价应符合下列要求：①未建立安全生产管理组织体系、未制定人员资格管理制度、未按规定设置专职安全管理机构、未配备足够的安全生产专管人员的，则该评定项目不应得分；②实行分包的，总承包单位未制定对分包单位资质和人员资格管理制度并监督落实的，则该评定项目不应得分。

（五）施工现场安全管理评价

施工现场安全管理评价应为对企业所属施工现场安全状况的考核，其内容应包括施工现场安全达标、安全文明资金保障、资质和资格管理、生产安全事故控制、设备设施工艺选用、保险等 6 个评定项目。

施工现场安全达标考核，企业应对所属的施工现场按现行规范标准进行检查，有一个工地未达到合格标准的，则该评定项目不应得分。

施工现场安全文明资金保障，应对企业按规定落实其所属施工现场安全生产、文明施工资金的情况进行考核，有一个施工现场未将施工现场安全生产、文明施工所需资金编制计划并实施、未做到专款专用的，则该评定项目不应得分。

施工现场分包资质和资格管理规定的制定以及施工现场控制情况的考核评价应符合下列要求：①未制定对分包单位安全生产许可证、资质、资格管理及施工现场控制的要求和规定，且在总包与分包合同中未明确参建各方的安全生产责任，分包单位承接的施工任务不符合其所具有的安全资质，作业人员不符合相应的安全资格，未按规定配备项目经理、专职或兼职安全生产管理人员的，则该评定项目不应得分；②对分包单位的监督管理，应根据具体情况评定折减分数。

施工现场生产安全事故控制的隐患防治、应急预案的编制和实施情况的考核评价应符合下列要求：①未针对施工现场实际情况制定事故应急救援预案的，则该评定项目不应得分；②对现场常见、多发或重大隐患的排查及防治措施的实施，应急救援组织和救援物资的落实，应根据具体情况评定折减分数。

施工现场设备、设施、工艺管理的考核评价应符合下列要求：①使用国家明令淘汰的设备或工艺，则该评定项目不应得分；②使用不符合国家现行标准的且存在严重安全隐患的设施，则该评定项目不应得分；③使用超过使用年限或存在严重隐患的机械、设备、设施、工艺的，则该评定项目不应得分；④对其余机械、设备、设施以及安全标识的使用情况，应根据具体情况评定折减分数；⑤对职业病的防治，应根据具体情况评定折减分数。

施工现场保险办理情况的考核评价应符合下列要求：①未按规定办理意外伤害保险的，则该评定项目不应得分；②意外伤害保险的办理实施，应根据具体情况评定折减分数。

（六）评价方法

施工企业每年度应至少进行一次自我考核评价。发生下列情况之一时，企业应再进行复核评价：①适用法律、法规发生变化时；②企业组织机构和体制发生重大变化后；③发生生产安全事故后；④其他影响安全生产管理的重大变化。

施工企业考核自评应由企业负责人组织，各相关管理部门均应参与。评价人员应具备企业安全管理及相关专业能力，每次评价不应少于3人。抽查及核验企业在建施工现场，应符合下列要求：①抽查在建工程实体数量，对特级资质企业不应少于8个施工现场；对一级资质企业不应少于5个施工现场；对一级资质以下企业不应少于3个施工现场；企业在建工程实体少于上述规定数量的，则应全数检查；②核验企业所属其他在建施工现场安全管理状况，核验总数不应少于企业在建工程项目总数的50%。抽查发生因工死亡事故的企业在建施工现场，应按事故等级或情节轻重程度，在本标准规定的基础上分别增加2~4个在建工程项目；应增加核验企业在建工程项目总数的10%~30%。对评价时无在建工程项目的企业，应在企业有在建工程项目时，再次进行跟踪评价。

安全生产条件和能力评分应符合下列要求：①施工企业安全生产评价应按评定项目、评分标准和评分方法进行，并应符合本标准附录A的规定，满分分值均应为100分；

②在评价施工企业安全生产条件能力时，应采用加权法计算，权重系数应符合表4.0.8的规定，并应按本标准附录B进行评价。

（七）评价等级

施工企业安全生产考核评定应分为合格、基本合格、不合格三个等级，并宜符合下列要求：①对有在建工程的企业，安全生产考核评定宜分为合格、不合格2个等级；②对无在建工程的企业，安全生产考核评定宜分为基本合格、不合格2个等级。

四、《建筑施工安全检查标准》的相关要求

《建筑施工安全检查标准》JGJ 59—2011规定，保证项目是检查评定项目中，对施工人员生命、设备设施及环境安全起关键性作用的项目。一般项目是检查评定项目中，除保证项目以外的其他项目。

（一）检查评定项目

1. 安全管理

（1）安全管理保证项目的检查评定应符合下列规定：

1）安全生产责任制：①工程项目部应建立以项目经理为第一责任人的各级管理人员安全生产责任制；②安全生产责任制应经责任人签字确认；③工程项目部应有各工种安全技术操作规程；④工程项目部应按规定配备专职安全员；⑤对实行经济承包的工程项目，承包合同中应有安全生产考核指标；⑥工程项目部应制定安全生产资金保障制度；⑦按安全生产资金保障制度，应编制安全资金使用计划，并应按计划实施；⑧工程项目部应制定以伤亡事故控制、现场安全达标、文明施工为主要内容的安全生产管理目标；⑨按安全生产管理目标和项目管理人员的安全生产责任制，应进行安全生产责任目标分解；⑩应建立对安全生产责任制和责任目标的考核制度；⑪按考核制度，应对项目管理人员定期进行考核。

2）施工组织设计及专项施工方案：①工程项目部在施工前应编制施工组织设计，施工组织设计应针对工程特点、施工工艺制定安全技术措施；②危险性较大的分部分项工程应按规定编制安全专项施工方案，专项施工方案应有针对性，并按有关规定进行设计计算；③超过一定规模危险性较大的分部分项工程，施工单位应组织专家对专项施工方案进行论证；④施工组织设计、专项施工方案，应由有关部门审核，施工单位技术负责人、监理单位项目总监批准；⑤工程项目部应按施工组织设计、专项施工方案组织实施。

3）安全技术交底：①施工负责人在分派生产任务时，应对相关管理人员、施工作业人员进行书面安全技术交底；②安全技术交底应按施工工序、施工部位、施工栋号分部分项进行；③安全技术交底应结合施工作业场所状况、特点、工序，对危险因素、施工方案、规范标准、操作规程和应急措施进行交底；④安全技术交底应由交底人、被交底人、专职安全员进行签字确认。

4）安全检查：①工程项目部应建立安全检查制度；②安全检查应由项目负责人组织，

专职安全员及相关专业人员参加，定期进行并填写检查记录；③对检查中发现的事故隐患应下达隐患整改通知单，定人、定时间、定措施进行整改。重大事故隐患整改后，应由相关部门组织复查。

5）安全教育：①工程项目部应建立安全教育培训制度；②当施工人员入场时，工程项目部应组织进行以国家安全法律法规、企业安全制度、施工现场安全管理规定及各工种安全技术操作规程为主要内容的三级安全教育培训和考核；③当施工人员变换工种或采用新技术、新工艺、新设备、新材料施工时，应进行安全教育培训；④施工管理人员、专职安全员每年度应进行安全教育培训和考核。

6）应急救援：①工程项目部应针对工程特点，进行重大危险源的辨识；应制定防触电、防坍塌、防高处坠落、防起重及机械伤害、防火灾、防物体打击等主要内容的专项应急救援预案，并对施工现场易发生重大安全事故的部位、环节进行监控；②施工现场应建立应急救援组织，培训、配备应急救援人员，定期组织员工进行应急救援演练；③按应急救援预案要求，应配备应急救援器材和设备。

（2）安全管理一般项目的检查评定应符合下列规定：

1）分包单位安全管理：①总包单位应对承揽分包工程的分包单位进行资质、安全生产许可证和相关人员安全生产资格的审查；②当总包单位与分包单位签订分包合同时，应签订安全生产协议书，明确双方的安全责任；③分包单位应按规定建立安全机构，配备专职安全员。

2）持证上岗：①从事建筑施工的项目经理、专职安全员和特种作业人员，必须经行业主管部门培训考核合格，取得相应资格证书，方可上岗作业；②项目经理、专职安全员和特种作业人员应持证上岗。

3）生产安全事故处理：①当施工现场发生生产安全事故时，施工单位应按规定及时报告；②施工单位应按规定对生产安全事故进行调查分析，制定防范措施；③应依法为施工作业人员办理保险。

4）安全标志：①施工现场入口处及主要施工区域、危险部位应设置相应的安全警示标志牌；②施工现场应绘制安全标志布置图；③应根据工程部位和现场设施的变化，调整安全标志牌设置；④施工现场应设置重大危险源公示牌。

2. 文明施工

（1）文明施工保证项目的检查评定应符合下列规定：

1）现场围挡：①市区主要路段的工地应设置高度不小于 2.5m 的封闭围挡；②一般路段的工地应设置高度不小于 1.8m 的封闭围挡；③围挡应坚固、稳定、整洁、美观。

2）封闭管理：①施工现场进出口应设置大门，并应设置门卫值班室；②应建立门卫值守管理制度，并应配备门卫值守人员；③施工人员进入施工现场应佩戴工作卡；④施工现场出入口应标有企业名称或标识，并应设置车辆冲洗设施。

3）施工场地：①施工现场的主要道路及材料加工区地面应进行硬化处理；②施工现场道路应畅通，路面应平整坚实；③施工现场应有防止扬尘措施；④施工现场应设置排水设施，且排水通畅无积水；⑤施工现场应有防止泥浆、污水、废水污染环境的措施；⑥施工现场应设置专门的吸烟处，严禁随意吸烟；⑦温暖季节应有绿化布置。

4）材料管理：①建筑材料、构件、料具应按总平面布局进行码放；②材料应码放整齐，并应标明名称、规格等；③施工现场材料码放应采取防火、防锈蚀、防雨等措施；④建筑物内施工垃圾的清运，应采用器具或管道运输，严禁随意抛掷；⑤易燃易爆物品应分类储藏在专用库房内，并应制定防火措施。

5）现场办公与住宿：①施工作业、材料存放区与办公、生活区应划分清晰，并应采取相应的隔离措施；②在建工程内、伙房、库房不得兼作宿舍；③宿舍、办公用房的防火等级应符合规范要求；④宿舍应设置可开启式窗户，床铺不得超过 2 层，通道宽度不应小于 0.9m；⑤宿舍内住宿人员人均面积不应小于 2.5m²，且不得超过 16 人；⑥冬季宿舍内应有采暖和防一氧化碳中毒措施；⑦夏季宿舍内应有防暑降温和防蚊蝇措施；⑧生活用品应摆放整齐、环境卫生应良好。

6）现场防火：①施工现场应建立消防安全管理制度，制定消防措施；②施工现场临时用房和作业场所的防火设计应符合规范要求；③施工现场应设置消防通道、消防水源，并应符合规范要求；④施工现场灭火器材应保证可靠有效，布局配置应符合规范要求；⑤明火作业应履行动火审批手续，配备动火监护人员。

（2）文明施工一般项目的检查评定应符合下列规定：

1）综合治理：①生活区内应设置供作业人员学习和娱乐的场所；②施工现场应建立治安保卫制度，责任分解落实到人；③施工现场应制定治安防范措施。

2）公示标牌：①大门口处应设置公示标牌，主要内容应包括：工程概况牌、消防保卫牌、安全生产牌、文明施工牌、管理人员名单及监督电话牌、施工现场总平面图；②标牌应规范、整齐、统一；③施工现场应有安全标语；④应有宣传栏、读报栏、黑板报。

3）生活设施：①应建立卫生责任制度并落实到人；②食堂与厕所、垃圾站、有毒有害场所等污染源的距离应符合规范要求；③食堂必须有卫生许可证，炊事人员必须持身体健康证上岗；④食堂使用的燃气罐应单独设置存放间，存放间应通风良好，并严禁存放其他物品；⑤食堂的卫生环境应良好，且应配备必要的排风、冷藏、消毒、防鼠、防蚊蝇等设施；⑥厕所内的设施数量和布局应符合规范要求；⑦厕所必须符合卫生要求；⑧必须保证现场人员卫生饮水；⑨应设置淋浴室，且能满足现场人员需求；⑩生活垃圾应装入密闭式容器内，并应及时清理。

4）社区服务：①夜间施工前，必须经批准后方可进行施工；②施工现场严禁焚烧各类废弃物；③施工现场应制定防粉尘、防噪声、防光污染等措施；④应制定施工不扰民措施。

3. 扣件式钢管脚手架

（1）扣件式钢管脚手架保证项目的检查评定应符合下列规定：

1）施工方案：①架体搭设应编制专项施工方案，结构设计应进行计算，并按规定进行审核、审批；②当架体搭设超过规范允许高度时，应组织专家对专项施工方案进行论证。

2）立杆基础：①立杆基础应按方案要求平整、夯实，并应采取排水措施，立杆底部设置的垫板、底座应符合规范要求；②架体应在距立杆底端高度不大于 200mm 处设置纵、横向扫地杆，并应用直角扣件固定在立杆上，横向扫地杆应设置在纵向扫地杆的下方。

3）架体与建筑结构拉结：①架体与建筑结构拉结应符合规范要求；②连墙件应

从架体底层第一步纵向水平杆处开始设置，当该处设置有困难时应采取其他可靠措施固定；③对搭设高度超过 24m 的双排脚手架，应采用刚性连墙件与建筑结构可靠拉结。

4）杆件间距与剪刀撑：①架体立杆、纵向水平杆、横向水平杆间距应符合设计和规范要求；②纵向剪刀撑及横向斜撑的设置应符合规范要求；③剪刀撑杆件的接长、剪刀撑斜杆与架体杆件的固定应符合规范要求。

5）脚手板与防护栏杆：①脚手板材质、规格应符合规范要求，铺板应严密、牢靠；②架体外侧应采用密目式安全网封闭，网间连接应严密；③作业层应按规范要求设置防护栏杆；④作业层外侧应设置高度不小于 180mm 的挡脚板。

6）交底与验收：①架体搭设前应进行安全技术交底，并应有文字记录；②当架体分段搭设、分段使用时，应进行分段验收；③搭设完毕应办理验收手续，验收应有量化内容并经责任人签字确认。

（2）扣件式钢管脚手架一般项目的检查评定应符合下列规定：

1）横向水平杆设置：①横向水平杆应设置在纵向水平杆与立杆相交的主节点处，两端应与纵向水平杆固定；②作业层应按铺设脚手板的需要增加设置横向水平杆；③单排脚手架横向水平杆插入墙内不应小于 180mm。

2）杆件连接：①纵向水平杆杆件宜采用对接，若采用搭接，其搭接长度不应小于 1m，且固定应符合规范要求；②立杆除顶层顶步外，不得采用搭接；③杆件对接扣件应交错布置，并符合规范要求；④扣件紧固力矩不应小于 40N·m，且不应大于 65N·m。

3）层间防护：①作业层脚手板下应采用安全平网兜底，以下每隔 10m 应采用安全平网封闭；②作业层里排架体与建筑物之间应采用脚手板或安全平网封闭。

4）构配件材质：①钢管直径、壁厚、材质应符合规范要求；②钢管弯曲、变形、锈蚀应在规范允许范围内；③扣件应进行复试且技术性能符合规范要求。

5）通道：①架体应设置供人员上下的专用通道；②专用通道的设置应符合规范要求。

4. 门式钢管脚手架

（1）门式钢管脚手架保证项目的检查评定应符合下列规定：

1）施工方案：①架体搭设应编制专项施工方案，结构设计应进行计算，并按规定进行审核、审批；②当架体搭设超过规范允许高度时，应组织专家对专项施工方案进行论证。

2）架体基础：①立杆基础应按方案要求平整、夯实，并应采取排水措施；②架体底部应设置垫板和立杆底座，并应符合规范要求；③架体扫地杆设置应符合规范要求。

3）架体稳定：①架体与建筑物结构拉结应符合规范要求；②架体剪刀撑斜杆与地面夹角应在 45°~60° 之间，应采用旋转扣件与立杆固定，剪刀撑设置应符合规范要求；③门架立杆的垂直偏差应符合规范要求；④交叉支撑的设置应符合规范要求。

4）杆件锁臂：①架体杆件、锁臂应按规范要求进行组装；②应按规范要求设置纵向水平加固杆；③架体使用的扣件规格应与连接杆件相匹配。

5）脚手板：①脚手板材质、规格应符合规范要求；②脚手板应铺设严密、平整、牢固；③挂扣式钢脚手板的挂扣必须完全挂扣在水平杆上，挂钩应处于锁住状态。

6）交底与验收：①架体搭设前应进行安全技术交底，并应有文字记录；②当架体分段搭设、分段使用时，应进行分段验收；③搭设完毕应办理验收手续，验收应有量化内容并经责任人签字确认。

（2）门式钢管脚手架一般项目的检查评定应符合下列规定：

1）架体防护：①作业层应按规范要求设置防护栏杆；②作业层外侧应设置高度不小于180mm的挡脚板；③架体外侧应采用密目式安全网进行封闭，网间连接应严密；④架体作业层脚手板下应采用安全平网兜底，以下每隔10m应采用安全平网封闭。

2）构配件材质：①门架不应有严重的弯曲、锈蚀和开焊；②门架及构配件的规格、型号、材质应符合规范要求。

3）荷载：①架体上的施工荷载应符合设计和规范要求；②施工均布荷载、集中荷载应在设计允许范围内。

4）通道：①架体应设置供人员上下的专用通道；②专用通道的设置应符合规范要求。

5. 碗扣式钢管脚手架

（1）碗扣式钢管脚手架保证项目的检查评定应符合下列规定：

1）施工方案：①架体搭设应编制专项施工方案，结构设计应进行计算，并按规定进行审核、审批；②当架体搭设超过规范允许高度时，应组织专家对专项施工方案进行论证。

2）架体基础：①立杆基础应按方案要求平整、夯实，并应采取排水措施，立杆底部设置的垫板和底座应符合规范要求；②架体纵横向扫地杆距立杆底端高度不应大于350mm。

3）架体稳定：①架体与建筑结构拉结应符合规范要求，并应从架体底层第二步纵向水平杆处开始设置连墙件，当该处设置有困难时应采取其他可靠措施固定；②架体拉结点应牢固可靠；③连墙件应采用刚性杆件；④架体竖向应沿高度方向连续设置专用斜杆或八字撑；⑤专用斜杆两端应固定在纵横向水平杆的碗扣节点处；⑥专用斜杆或八字形斜撑的设置角度应符合规范要求。

4）杆件锁件：①架体立杆间距、水平杆步距应符合设计和规范要求；②应按专项施工方案设计的步距在立杆连接碗扣节点处设置纵、横向水平杆；③当架体搭设高度超过24m时，顶部24m以下的连墙件应设置水平斜杆，并应符合规范要求；④架体组装及碗扣紧固应符合规范要求。

5）脚手板：①脚手板材质、规格应符合规范要求；②脚手板应铺设严密、平整、牢固；③挂扣式钢脚手板的挂扣必须完全挂扣在水平杆上，挂钩应处于锁住状态。

6）交底与验收：①架体搭设前应进行安全技术交底，并应有文字记录；②架体分段搭设、分段使用时，应进行分段验收；③搭设完毕应办理验收手续，验收应有量化内容并经责任人签字确认。

（2）碗扣式钢管脚手架一般项目的检查评定应符合下列规定：

1）架体防护：①架体外侧应采用密目式安全网进行封闭，网间连接应严密；②作业层应按规范要求设置防护栏杆；③作业层外侧应设置高度不小于180mm的挡脚板；④作业层脚手板下应采用安全平网兜底，以下每隔10m应采用安全平网封闭。

2）构配件材质：①架体构配件的规格、型号、材质应符合规范要求；②钢管不应有严重的弯曲、变形、锈蚀。

3）荷载：①架体上的施工荷载应符合设计和规范要求；②施工均布荷载、集中荷载应在设计允许范围内。

4）通道：①架体应设置供人员上下的专用通道；②专用通道的设置应符合规范要求。

6. 承插型盘扣式钢管脚手架

（1）承插型盘扣式钢管脚手架保证项目的检查评定应符合下列规定：

1）施工方案：①架体搭设应编制专项施工方案，结构设计应进行计算；②专项施工方案应按规定进行审核、审批。

2）架体基础：①立杆基础应按方案要求平整、夯实，并应采取排水措施；②立杆底部应设置垫板和可调底座，并应符合规范要求；③架体纵、横向扫地杆设置应符合规范要求。

3）架体稳定：①架体与建筑结构拉结应符合规范要求，并应从架体底层第一步水平杆处开始设置连墙件，当该处设置有困难时应采取其他可靠措施固定；②架体拉结点应牢固可靠；③连墙件应采用刚性杆件；④架体竖向斜杆、剪刀撑的设置应符合规范要求；⑤竖向斜杆的两端应固定在纵、横向水平杆与立杆汇交的盘扣节点处；⑥斜杆及剪刀撑应沿脚手架高度连续设置，角度应符合规范要求。

4）杆件设置：①架体立杆间距、水平杆步距应符合设计和规范要求；②应按专项施工方案设计的步距在立杆连接插盘处设置纵、横向水平杆；③当双排脚手架的水平杆未设挂扣式钢脚手板时，应按规范要求设置水平斜杆。

5）脚手板：①脚手板材质、规格应符合规范要求；②脚手板应铺设严密、平整、牢固；③挂扣式钢脚手板的挂扣必须完全挂扣在水平杆上，挂钩应处于锁住状态。

6）交底与验收：①架体搭设前应进行安全技术交底，并应有文字记录；②架体分段搭设、分段使用时，应进行分段验收；③搭设完毕应办理验收手续，验收应有量化内容并经责任人签字确认。

（2）承插型盘扣式钢管脚手架一般项目的检查评定应符合下列规定：

1）架体防护：①架体外侧应采用密目式安全网进行封闭，网间连接应严密；②作业层应按规范要求设置防护栏杆；③作业层外侧应设置高度不小于180mm的挡脚板；④作业层脚手板下应采用安全平网兜底，以下每隔10m应采用安全平网封闭。

2）杆件连接：①立杆的接长位置应符合规范要求；②剪刀撑的接长应符合规范要求。

3）构配件材质：①架体构配件的规格、型号、材质应符合规范要求；②钢管不应有严重的弯曲、变形、锈蚀。

4）通道：①架体应设置供人员上下的专用通道；②专用通道的设置应符合规范要求。

7. 满堂脚手架

（1）满堂脚手架保证项目的检查评定应符合下列规定：

1）施工方案：①架体搭设应编制专项施工方案，结构设计应进行计算；②专项施工方案应按规定进行审核、审批。

2）架体基础：①架体基础应按方案要求平整、夯实，并应采取排水措施；②架体底部应按规范要求设置垫板和底座，垫板规格应符合规范要求；③架体扫地杆设置应符合规范要求。

3）架体稳定：①架体四周与中部应按规范要求设置竖向剪刀撑或专用斜杆；②架体

应按规范要求设置水平剪刀撑或水平斜杆；③当架体高宽比大于规范规定时，应按规范要求与建筑结构拉结或采取增加架体宽度、设置钢丝绳张拉固定等稳定措施。

4）杆件锁件：①架体立杆件间距、水平杆步距应符合设计和规范要求；②杆件的接长应符合规范要求；③架体搭设应牢固，杆件节点应按规范要求进行紧固。

5）脚手板：①作业层脚手板应满铺、铺稳、铺牢；②脚手板的材质、规格应符合规范要求；③挂扣式钢脚手板的挂扣应完全挂扣在水平杆上，挂钩处应处于锁住状态。

6）交底与验收：①架体搭设前应进行安全技术交底，并应有文字记录；②架体分段搭设、分段使用时，应进行分段验收；③搭设完毕应办理验收手续，验收应有量化内容并经责任人签字确认。

（2）满堂脚手架一般项目的检查评定应符合下列规定：

1）架体防护：①作业层应按规范要求设置防护栏杆；②作业层外侧应设置高度不小于 l80m 的挡脚板；③作业层脚手板下应采用安全平网兜底，以下每隔 10m 应采用安全平网封闭。

2）构配件材质：①架体构配件的规格、型号、材质应符合规范要求；②杆件的弯曲、变形和锈蚀应在规范允许范围内。

3）荷载：①架体上的施工荷载应符合设计和规范要求；②施工均布荷载、集中荷载应在设计允许范围内。

4）通道：①架体应设置供人员上下的专用通道；②专用通道的设置应符合规范要求。

8. 悬挑式脚手架

（1）悬挑式脚手架保证项目的检查评定应符合下列规定：

1）施工方案：①架体搭设应编制专项施工方案，结构设计应进行计算；②架体搭设超过规范允许高度，专项施工方案应按规定组织专家论证；③专项施工方案应按规定进行审核、审批。

2）悬挑钢梁：①钢梁截面尺寸应经设计计算确定，且截面形式应符合设计和规范要求；②钢梁锚固端长度不应小于悬挑长度的 1.25 倍；③钢梁锚固处结构强度、锚固措施应符合设计和规范要求；④钢梁外端应设置钢丝绳或钢拉杆与上层建筑结构拉结；⑤钢梁间距应按悬挑架体立杆纵距设置。

3）架体稳定：①立杆底部应与钢梁连接柱固定；②承插式立杆接长应采用螺栓或销钉固定；③纵横向扫地杆的设置应符合规范要求；④剪刀撑应沿悬挑架体高度连续设置，角度应为 45°～60°；⑤架体应按规定设置横向斜撑；⑥架体应采用刚性连墙件与建筑结构拉结，设置的位置、数量应符合设计和规范要求。

4）脚手板：①脚手板材质、规格应符合规范要求；②脚手板铺设应严密、牢固，探出横向水平杆长度不应大于 150mm。

5）荷载：架体上施工荷载应均匀，并不应超过设计和规范要求。

6）交底与验收：①架体搭设前应进行安全技术交底，并应有文字记录；②架体分段搭设、分段使用时，应进行分段验收；③搭设完毕应办理验收手续，验收应有量化内容并经责任人签字确认。

（2）悬挑式脚手架一般项目的检查评定应符合下列规定：

1）杆件间距：①立杆纵横向间距、纵向水平杆步距应符合设计和规范要求；②作业层应按脚手板铺设的需要增加横向水平杆。

2）架体防护：①作业层应按规范要求设置防护栏杆；②作业层外侧应设置高度不小于180mm的挡脚板；③架体外侧应采用密目式安全网封闭，网间连接应严密。

3）层间防护：①架体作业层脚手板下应采用安全平网兜底，以下每隔10m应采用安全平网封闭；②作业层里排架体与建筑物之间应采用脚手板或安全平网封闭；③架体底层沿建筑结构边缘在悬挑钢梁与悬挑钢梁之间应采取措施封闭；④架体底层应进行封闭。

4）构配件材质：①型钢、钢管、构配件规格材质应符合规范要求；②型钢、钢管弯曲、变形、锈蚀应在规范允许范围内。

9. 附着式升降脚手架

（1）附着式升降脚手架保证项目的检查评定应符合下列规定：

1）施工方案：①附着式升降脚手架搭设作业应编制专项施工方案，结构设计应进行计算；②专项施工方案应按规定进行审核、审批；③脚手架提升超过规定允许高度，应组织专家对专项施工方案进行论证。

2）安全装置：①附着式升降脚手架应安装防坠落装置，技术性能应符合规范要求；②防坠落装置与升降设备应分别独立固定在建筑结构上；③防坠落装置应设置在竖向主框架处，与建筑结构附着；④附着式升降脚手架应安装防倾覆装置，技术性能应符合规范要求；⑤升降和使用工况时，最上和最下两个防倾装置之间最小间距应符合规范要求；⑥附着式升降脚手架应安装同步控制装置，并应符合规范要求。

3）架体构造：①架体高度不应大于5倍楼层高度，宽度不应大于1.2m；②直线布置的架体支撑跨度不应大于7m，折线、曲线布置的架体支撑点处的架体外侧距离不应大于5.4m；③架体水平悬挑长度不应大于2m，且不应大于跨度的1/2；④架体悬臂高度不应大于架体高度的2/5，且不应大于6m；⑤架体高度与支承跨度的乘积不应大于110㎡。

4）附着支座：①附着支座数量、间距应符合规范要求；②使用工况应将竖向主框架与附着支座固定；③升降工况应将防倾、导向装置设置在附着支座上；④附着支座与建筑结构连接固定方式应符合规范要求。

5）架体安装：①主框架和水平支承桁架的节点应采用焊接或螺栓连接，各杆件的轴线应汇交于节点；②内外两片水平支承桁架的上弦和下弦之间应设置水平支撑杆件，各节点应采用焊接或螺栓连接；③架体立杆底端应设在水平桁架上弦杆的节点处；④竖向主框架组装高度应与架体高度相等；⑤剪刀撑应沿架体高度连续设置，并应将竖向主框架、水平支承桁架和架体构架连成一体，剪刀撑斜杆水平夹角应为45°～60°。

6）架体升降：①两跨以上架体同时升降应采用电动或液压动力装置，不得采用手动装置；②升降工况附着支座处建筑结构混凝土强度应符合设计和规范要求；③升降工况架体上不得有施工荷载，严禁人员在架体上停留。

（2）附着式升降脚手架一般项目的检查评定应符合下列规定：

1）检查验收：①动力装置、主要结构配件进场应按规定进行验收；②架体分区段安装、分区段使用时，应进行分区段验收；③架体安装完毕应按规定进行整体验收，验收应有量化内容并经责任人签字确认；④架体每次升、降前应按规定进行检查，并应填写检查记录。

2）脚手板：①脚手板应铺设严密、平整、牢固；②作业层里排架体与建筑物之间应采用脚手板或安全平网封闭；③脚手板材质、规格应符合规范要求。

3）架体防护：①架体外侧应采用密目式安全网封闭，网间连接应严密；②作业层应按规范要求设置防护栏杆；③作业层外侧应设置高度不小于 180mm 的挡脚板。

4）安全作业：①操作前应对有关技术人员和作业人员进行安全技术交底，并应有文字记录；②作业人员应经培训并定岗作业；③安装拆除单位资质应符合要求，特种作业人员应持证上岗；④架体安装、升降、拆除时应设置安全警戒区，并应设置专人监护；⑤荷载分布应均匀，荷载最大值应在规范允许范围内。

10. 高处作业吊篮

（1）高处作业吊篮保证项目的检查评定应符合下列规定：

1）施工方案：①吊篮安装作业应编制专项施工方案，吊篮支架支撑处的结构承载力应经过验算；②专项施工方案应按规定进行审核、审批。

2）安全装置：①吊篮应安装防坠安全锁，并应灵敏有效；②防坠安全锁不应超过标定期限；③吊篮应设置为作业人员挂设安全带专用的安全绳和安全锁扣，安全绳应固定在建筑物可靠位置上，不得与吊篮上的任何部位连接；④吊篮应安装上限位装置，并应保证限位装置灵敏可靠。

3）悬挂机构：①悬挂机构前支架不得支撑在女儿墙及建筑物外挑檐边缘等非承重结构上；②悬挂机构前梁外伸长度应符合产品说明书规定；③前支架应与支撑面垂直，且脚轮不应受力；④上支架应固定在前支架调节杆与悬挑梁连接的节点处；⑤严禁使用破损的配重块或其他替代物；⑥配重块应固定可靠，重量应符合设计规定。

4）钢丝绳：①钢丝绳不应有断丝、断股、松股、锈蚀、硬弯及油污和附着物；②安全钢丝绳应单独设置，型号规格应与工作钢丝绳一致；③吊篮运行时安全钢丝绳应张紧悬垂；④电焊作业时应对钢丝绳采取保护措施。

5）安装作业：①吊篮平台的组装长度应符合产品说明书和规范要求；②吊篮的构配件应为同一厂家的产品。

6）升降作业：①必须由经过培训合格的人员操作吊篮升降；②吊篮内的作业人员不应超过 2 人；③吊篮内作业人员应将安全带用安全锁扣正确挂置在独立设置的专用安全绳上；④作业人员应从地面进出吊篮。

（2）高处作业吊篮一般项目的检查评定应符合下列规定：

1）交底与验收：①吊篮安装完毕，应按规范要求进行验收，验收表应由责任人签字确认；②班前、班后应按规定对吊篮进行检查；③吊篮安装、使用前对作业人员进行安全技术交底，并应有文字记录。

2）安全防护：①吊篮平台周边的防护栏杆、挡脚板的设置应符合规范要求；②上下立体交叉作业时吊篮应设置顶部防护板。

3）吊篮稳定：①吊篮作业时应采取防止摆动的措施；②吊篮与作业面距离应在规定要求范围内。

4）荷载：①吊篮施工荷载应符合设计要求；②吊篮施工荷载应均匀分布。

11. 基坑工程

（1）基坑工程保证项目的检查评定应符合下列规定：

1）施工方案：①基坑工程施工应编制专项施工方案，开挖深度超过 3m 或虽未超过

3m 但地质条件和周边环境复杂的基坑土方开挖、支护、降水工程，应单独编制专项施工方案；②专项施工方案应按规定进行审核、审批；③开挖深度超过 5m 的基坑土方开挖、支护、降水工程或开挖深度虽未超过 5m 但地质条件、周围环境复杂的基坑土方开挖、支护、降水工程专项施工方案，应组织专家进行论证；④当基坑周边环境或施工条件发生变化时，专项施工方案应重新进行审核、审批。

2）基坑支护：①人工开挖的狭窄基槽，开挖深度较大并存在边坡塌方危险时，应采取支护措施；②地质条件良好、土质均匀且无地下水的自然放坡的坡率应符合规范要求；③基坑支护结构应符合设计要求；④基坑支护结构水平位移应在设计允许范围内。

3）降排水：①当基坑开挖深度范围内有地下水时，应采取有效的降排水措施；②基坑边沿周围地面应设排水沟，放坡开挖时，应对坡顶、坡面、坡脚采取降排水措施；③基坑底四周应按专项施工方案设排水沟和集水井，并应及时排除积水。

4）基坑开挖：①基坑支护结构必须在达到设计要求的强度后，方可开挖下层土方，严禁提前开挖和超挖；②基坑开挖应按设计和施工方案的要求，分层、分段、均衡开挖；③基坑开挖应采取措施防止碰撞支护结构、工程桩或扰动基底原状土土层；④当采用机械在软土场地作业时，应采取铺设渣土或砂石等硬化措施。

5）坑边荷载：①基坑边堆置土、料具等荷载应在基坑支护设计允许范围内；②施工机械与基坑边沿的安全距离应符合设计要求。

6）安全防护：①开挖深度超过 2m 及以上的基坑周边必须安装防护栏杆，防护栏杆的安装应符合规范要求；②基坑内应设置供施工人员上下的专用梯道，梯道应设置扶手栏杆，梯道的宽度不应小于 1m，梯道搭设应符合规范要求；③降水井口应设置防护盖板或围栏，并应设置明显的警示标志。

（2）基坑工程一般项目的检查评定应符合下列规定：

1）基坑监测：①基坑开挖前应编制监测方案，并应明确监测项目、监测报警值、监测方法和监测点的布置、监测周期等内容；②监测的时间间隔应根据施工进度确定，当监测结果变化速率较大时，应加密观测次数；③基坑开挖监测工程中，应根据设计要求提交阶段性监测报告。

2）支撑拆除：①基坑支撑结构的拆除方式、拆除顺序应符合专项施工方案的要求；②当采用机械拆除时，施工荷载应小于支护结构承载能力；③人工拆除时，应按规定设置防护设施；④当采用爆破拆除、静力破碎等拆除方式时，必须符合国家现行相关规范的要求。

3）作业环境：①基坑内土方机械、施工人员的安全距离应符合规范要求；②上下垂直作业应按规定采取有效的防护措施；③在电力、通信、燃气、上下水等管线 2m 范围内挖土时，应采取安全保护措施，并应设专人监护；④施工作业区域应采光良好，当光线较弱时应设置有足够照度的光源。

4）应急预案：①基坑工程应按规范要求结合工程施工过程中可能出现的支护变形、漏水等影响基坑工程安全的不利因素制定应急预案；②应急组织机构应健全，应急的物资、材料、工具、机具等品种、规格、数量应满足应急的需要，并应符合应急预案的要求。

12. 模板支架

（1）模板支架保证项目的检查评定应符合下列规定：

1）施工方案：①模板支架搭设应编制专项施工方案，结构设计应进行计算，并应按规定进行审核、审批；②模板支架搭设高度 8m 及以上；跨度 18m 及以上，施工总荷载 15kN/m² 及以上，集中线荷载 20kN/m 及以上的专项施工方案，应按规定组织专家论证。

2）支架基础：①基础应坚实、平整，承载力应符合设计要求，并应能承受支架上部全部荷载；②支架底部应按规范要求设置底座、垫板，垫板规格应符合规范要求；③支架底部纵、横向扫地杆的设置应符合规范要求；④基础应采取排水设施，并应排水畅通；⑤当支架设在楼面结构上时，应对楼面结构强度进行验算，必要时应对楼面结构采取加固措施。

3）支架构造：①立杆间距应符合设计和规范要求；②水平杆步距应符合设计和规范要求，水平杆应按规范要求连续设置；③竖向、水平剪刀撑或专用斜杆、水平斜杆的设置应符合规范要求。

4）支架稳定：①当支架高宽比大于规定值时，应按规定设置连墙杆或采用增加架体宽度的加强措施；②立杆伸出顶层水平杆中心线至支撑点的长度应符合规范要求；③浇筑混凝土时应对架体基础沉降、架体变形进行监控，基础沉降、架体变形应在规定允许范围内。

5）施工荷载：①施工均布荷载、集中荷载应在设计允许范围内；②当浇筑混凝土时，应对混凝土堆积高度进行控制。

6）交底与验收：①支架搭设、拆除前应进行交底，并应有交底记录；②支架搭设完毕，应按规定组织验收，验收应有量化内容并经责任人签字确认。

（2）模板支架一般项目的检查评定应符合下列规定：

1）杆件连接：①立杆应采用对接、套接或承插式连接方式，并应符合规范要求；②水平杆的连接应符合规范要求；③当剪刀撑斜杆采用搭接时，搭接长度不应小于 1m；④杆件各连接点的紧固应符合规范要求。

2）底座与托撑：①可调底座、托撑螺杆直径应与立杆内径匹配，配合间隙应符合规范要求；②螺杆旋入螺母内长度不应少于 5 倍的螺距。

3）构配件材质：①钢管壁厚应符合规范要求；②构配件规格、型号、材质应符合规范要求；③杆件弯曲、变形、锈蚀量应在规范允许范围内。

4）支架拆除：①支架拆除前结构的混凝土强度应达到设计要求；②支架拆除前应设置警戒区，并应设专人监护。

13. 高处作业

高处作业的检查评定应符合下列规定：

1）安全帽：①进入施工现场的人员必须正确佩戴安全帽；②安全帽的质量应符合规范要求。

2）安全网：①在建工程外脚手架的外侧应采用密目式安全网进行封闭；②安全网的质量应符合规范要求。

3）安全带：①高处作业人员应按规定系挂安全带；②安全带的系挂应符合规范要求；③安全带的质量应符合规范要求。

4）临边防护：①作业面边沿应设置连续的临边防护设施；②临边防护设施的构造、强度应符合规范要求；③临边防护设施宜定型化、工具式，杆件的规格及连接固定方式应符合规范要求。

5）洞口防护：①在建工程的预留洞口、楼梯口、电梯井口等孔洞应采取防护措施；②防护措施、设施应符合规范要求；③防护设施宜定型化、工具式；④电梯井内每隔2层且不大于10m应设置安全平网防护。

6）通道口防护：①通道口防护应严密、牢固；②防护棚两侧应采取封闭措施；③防护棚宽度应大于通道口宽度，长度应符合规范要求；④当建筑物高度超过24m时，通道口防护顶棚应采用双层防护；⑤防护棚的材质应符合规范要求。

7）攀登作业：①梯脚底部应坚实，不得垫高使用；②折梯使用时上部夹角宜为35°～45°，并应设有可靠的拉撑装置；③梯子的材质和制作质量应符合规范要求。

8）悬空作业：①悬空作业处应设置防护栏杆或采取其他可靠的安全措施；②悬空作业所使用的索具、吊具等应经验收，合格后方可使用；③悬空作业人员应系挂安全带、佩带工具袋。

9）移动式操作平台：①操作平台应按规定进行设计计算；②移动式操作平台轮子与平台连接应牢固、可靠，立柱底端距地面高度不得大于80mm；③操作平台应按设计和规范要求进行组装，铺板应严密；④操作平台四周应按规范要求设置防护栏杆，并应设置登高扶梯；⑤操作平台的材质应符合规范要求。

10）悬挑式物料钢平台：①悬挑式物料钢平台的制作、安装应编制专项施工方案，并应进行设计计算；②悬挑式物料钢平台的下部支撑系统或上部拉结点，应设置在建筑结构上；③斜拉杆或钢丝绳应按规范要求在平台两侧各设置前后两道；④钢平台两侧必须安装固定的防护栏杆，并应在平台明显处设置荷载限定标牌；⑤钢平台台面、钢平台与建筑结构间铺板应严密、牢固。

14. 施工用电

（1）施工用电保证项目的检查评定应符合下列规定：

1）外电防护：①外电线路与在建工程及脚手架、起重机械、场内机动车道的安全距离应符合规范要求；②当安全距离不符合规范要求时，必须采取隔离防护措施，并应悬挂明显的警示标志；③防护设施与外电线路的安全距离应符合规范要求，并应坚固、稳定；④外电架空线路正下方不得进行施工、建造临时设施或堆放材料物品。

2）接地与接零保护系统：①施工现场专用的电源中性点直接接地的低压配电系统应采用TN-S接零保护系统；②施工现场配电系统不得同时采用两种保护系统；③保护零线应由工作接地线、总配电箱电源侧零线或总漏电保护器电源零线处引出，电气设备的金属外壳必须与保护零线连接；④保护零线应单独敷设，线路上严禁装设开关或熔断器，严禁通过工作电流；⑤保护零线应采用绝缘导线，规格和颜色标记应符合规范要求；⑥保护零线应在总配电箱处、配电系统的中间处和末端处作重复接地；⑦接地装置的接地线应采用2根及以上导体，在不同点与接地体做电气连接，接地体应采用角钢、钢管或光面圆钢；⑧工作接地电阻不得大于4Ω，重复接地电阻不得大于10Ω；⑨施工现场起重机、物料提升机、施工升降机、脚手架应按规范要求采取防雷措施，防雷装置的冲击接地电阻值不得大于30Ω；⑩作防雷接地机械上的电气设备，保护零线必须同时作重复接地。

3）配电线路：①线路及接头应保证机械强度和绝缘强度；②线路应设短路、过载保护，导线截面应满足线路负荷电流；③线路的设施、材料及相序排列、档距、与邻近线路或固定物的距离应符合规范要求；④电缆应采用架空或埋地敷设并应符合规范要求，严禁沿地面明设或沿脚手架、树木等敷设；⑤电缆中必须包含全部工作芯线和用作保护零线的芯线，并应按规定接用；⑥室内明敷主干线距地面高度不得小于 2.5m。

4）配电箱与开关箱：①施工现场配电系统应采用三级配电、二级漏电保护系统，用电设备必须有各自专用的开关箱；②箱体结构、箱内电器设置及使用应符合规范要求；③配电箱必须分设工作零线端子板和保护零线端子板，保护零线、工作零线必须通过各自的端子板连接；④总配电箱与开关箱应安装漏电保护器，漏电保护器参数应匹配并灵敏可靠；⑤箱体应设置系统接线图和分路标记，并应有门、锁及防雨措施；⑥箱体安装位置、高度及周边通道应符合规范要求；⑦分配箱与开关箱间的距离不应超过 30m，开关箱与用电设备间的距离不应超过 3m。

（2）施工用电一般项目的检查评定应符合下列规定：

1）配电室与配电装置：①配电室的建筑耐火等级不应低于 3 级，配电室应配置适用于电气火灾的灭火器材；②配电室、配电装置的布设应符合规范要求；③配电装置中的仪表、电器元件设置应符合规范要求；④备用发电机组应与外电线路进行连锁；⑤配电室应采取防止风雨和小动物侵入的措施；⑥配电室应设置警示标志、工地供电平面图和系统图。

2）现场照明：①照明用电应与动力用电分设；②特殊场所和手持照明灯应采用安全电压供电；③照明变压器应采用双绕组安全隔离变压器；④灯具金属外壳应接保护零线；⑤灯具与地面、易燃物间的距离应符合规范要求；⑥照明线路和安全电压线路的架设应符合规范要求；⑦施工现场应按规范要求配备应急照明。

3）用电档案：①总包单位与分包单位应签订临时用电管理协议，明确各方相关责任；②施工现场应制定专项用电施工组织设计、外电防护专项方案；③专项用电施工组织设计、外电防护专项方案应履行审批程序，实施后应由相关部门组织验收；④用电各项记录应按规定填写，记录应真实有效；⑤用电档案资料应齐全，并应设专人管理。

15. 物料提升机

（1）物料提升机保证项目的检查评定应符合下列规定：

1）安全装置：①应安装起重量限制器、防坠安全器，并应灵敏可靠；②安全停层装置应符合规范要求，并应定型化；③应安装上行程限位并灵敏可靠，安全越程不应小于 3m；④安装高度超过 30m 的物料提升机应安装渐进式防坠安全器及自动停层、语音影像信号监控装置。

2）防护设施：①应在地面进料口安装防护围栏和防护棚，防护围栏、防护棚的安装高度和强度应符合规范要求；②停层平台两侧应设置防护栏杆、挡脚板，平台脚手板应铺满、铺平；③平台门、吊笼门安装高度、强度应符合规范要求，并应定型化。

3）附墙架与缆风绳：①附墙架结构、材质、间距应符合产品说明书要求；②附墙架应与建筑结构可靠连接；③缆风绳设置的数量、位置、角度应符合规范要求，并应与地锚可靠连接；④安装高度超过 30m 的物料提升机必须使用附墙架；⑤地锚设置应符合规范要求。

4）钢丝绳：①钢丝绳磨损、断丝、变形、锈蚀量应在规范允许范围内；②钢丝绳夹设置应符合规范要求；③当吊笼处于最低位置时，卷筒上钢丝绳严禁少于 3 圈；④钢丝绳应设置过路保护措施。

5）安拆、验收与使用：①安装、拆卸单位应具有起重设备安装工程专业承包资质和安全生产许可证；②安装、拆卸作业应制定专项施工方案，并应按规定进行审核、审批；③安装完毕应履行验收程序，验收表格应由责任人签字确认；④安装、拆卸作业人员及司机应持证上岗；⑤物料提升机作业前应按规定进行例行检查，并应填写检查记录；⑥实行多班作业，应按规定填写交接班记录。

（2）物料提升机一般项目的检查评定应符合下列规定：

1）基础与导轨架：①基础的承载力和平整度应符合规范要求；②基础周边应设置排水设施；③导轨架垂直度偏差不应大于导轨架高度 0.15％；④井架停层平台通道处的结构应采取加强措施。

2）动力与传动：①卷扬机、曳引机应安装牢固，当卷扬机卷筒与导轨架底部导向轮的距离小于 20 倍卷筒宽度时，应设置排绳器；②钢丝绳应在卷筒上排列整齐；③滑轮与导轨架、吊笼应采用刚性连接，滑轮应与钢丝绳相匹配；④卷筒、滑轮应设置防止钢丝绳脱出装置；⑤当曳引钢丝绳为 2 根及以上时，应设置曳引力平衡装置。

3）通信装置：①应按规范要求设置通信装置；②通信装置应具有语音和影像显示功能。

4）卷扬机操作棚：①应按规范要求设置卷扬机操作棚；②卷扬机操作棚强度、操作空间应符合规范要求。

5）避雷装置：①当物料提升机未在其他防雷保护范围内时，应设置避雷装置；②避雷装置设置应符合现行行业标准《施工现场临时用电安全技术规范》JGJ 46 的规定。

16. 施工升降机

（1）施工升降机保证项目的检查评定应符合下列规定：

1）安全装置：①应安装起重量限制器，并应灵敏可靠；②应安装渐进式防坠安全器并应灵敏可靠，防坠安全器应在有效的标定期内使用；③对重钢丝绳应安装防松绳装置，并应灵敏可靠；④吊笼的控制装置应安装非自动复位型的急停开关，任何时候均可切断控制电路停止吊笼运行；⑤底架应安装吊笼和对重缓冲器，缓冲器应符合规范要求；⑥SC型施工升降机应安装一对以上安全钩。

2）限位装置：①应安装非自动复位型极限开关并应灵敏可靠；②应安装自动复位型上、下限位开关并应灵敏可靠，上、下限位开关安装位置应符合规范要求；③上极限开关与上限位开关之间的安全越程不应小于 0.15m；④极限开关、限位开关应设置独立的触发元件；⑤吊笼门应安装机电连锁装置，并应灵敏可靠；⑥吊笼顶窗应安装电气安全开关，并应灵敏可靠。

3）防护设施：①吊笼和对重升降通道周围应安装地面防护围栏，防护围栏的安装高度、强度应符合规范要求，围栏门应安装机电连锁装置并应灵敏可靠；②地面出入通道防护棚的搭设应符合规范要求；③停层平台两侧应设置防护栏杆、挡脚板，平台脚手板应铺满、铺平；④层门安装高度、强度应符合规范要求，并应定型化。

4）附墙架：①附墙架应采用配套标准产品，当附墙架不能满足施工现场要求时，应对附墙架另行设计，附墙架的设计应满足构件刚度、强度、稳定性等要求，制作应满足设计要求；②附墙架与建筑结构连接方式、角度应符合产品说明书要求；③附墙架间距、最高附着点以上导轨架的自由高度应符合产品说明书要求。

5）钢丝绳、滑轮与对重：①对重钢丝绳绳数不得少于 2 根且应相互独立；②钢丝绳磨损、变形、锈蚀应在规范允许范围内；③钢丝绳的规格、固定应符合产品说明书及规范要求；④滑轮应安装钢丝绳防脱装置，并应符合规范要求；⑤对重重量、固定应符合产品说明书要求；⑥对重除导向轮或滑靴外应设有防脱轨保护装置。

6）安拆、验收与使用：①安装、拆卸单位应具有起重设备安装工程专业承包资质和安全生产许可证；②安装、拆卸应制定专项施工方案，并经过审核、审批；③安装完毕应履行验收程序，验收表格应由责任人签字确认；④安装、拆卸作业人员及司机应持证上岗；⑤施工升降机作业前应按规定进行例行检查，并应填写检查记录；⑥实行多班作业，应按规定填写交接班记录。

（2）施工升降机一般项目的检查评定应符合下列规定：

1）导轨架：①导轨架垂直度应符合规范要求；②标准节的质量应符合产品说明书及规范要求；③对重导轨应符合规范要求；④标准节连接螺栓使用应符合产品说明书及规范要求。

2）基础：①基础制作、验收应符合说明书及规范要求；②基础设置在地下室顶板或楼面结构上时，应对其支承结构进行承载力验算；③基础应设有排水设施。

3）电气安全：①施工升降机与架空线路的安全距离或防护措施应符合规范要求；②电缆导向架设置应符合说明书及规范要求；③施工升降机在其他避雷装置保护范围外应设置避雷装置，并应符合规范要求。

4）通信装置：施工升降机应安装楼层信号联络装置，并应清晰有效。

17. 塔式起重机

（1）塔式起重机保证项目的检查评定应符合下列规定：

1）载荷限制装置：①应安装起重量限制器并应灵敏可靠，当起重量大于相应挡位的额定值并小于该额定值的 110% 时，应切断上升方向的电源，但机构可作下降方向的运动；②应安装起重力矩限制器并应灵敏可靠，当起重力矩大于相应工况下的额定值并小于该额定值的 110%，应切断上升和幅度增大方向的电源，但机构可作下降和减小幅度方向的运动。

2）行程限位装置：①应安装起升高度限位器，起升高度限位器的安全越程应符合规范要求，并应灵敏可靠；②小车变幅的塔式起重机应安装小车行程开关，动臂变幅的塔式起重机应安装臂架幅度限制开关，并应灵敏可靠；③回转部分不设集电器的塔式起重机应安装回转限位器，并应灵敏可靠；④行走式塔式起重机应安装行走限位器，并应灵敏可靠。

3）保护装置：①小车变幅的塔式起重机应安装断绳保护及断轴保护装置，并应符合规范要求；②行走及小车变幅的轨道行程末端应安装缓冲器及止挡装置，并应符合规范要求；③起重臂根部绞点高度大于 50m 的塔式起重机应安装风速仪，并应灵敏可靠；④当塔式起重机顶部高度大于 30m 且高于周围建筑物时，应安装障碍指示灯。

4）吊钩、滑轮、卷筒与钢丝绳：①吊钩应安装钢丝绳防脱钩装置并应完好可靠，吊钩的磨损、变形应在规定允许范围内；②滑轮、卷筒应安装钢丝绳防脱装置并应完好可靠，滑轮、卷筒的磨损应在规定允许范围内；③钢丝绳的磨损、变形、锈蚀应在规定允许范围内，钢丝绳的规格、固定、缠绕应符合说明书及规范要求。

5）多塔作业：①多塔作业应制定专项施工方案并经过审批；②任意两台塔式起重机之间的最小架设距离应符合规范要求。

6）安拆、验收与使用：①安装、拆卸单位应具有起重设备安装工程专业承包资质和安全生产许可证；②安装、拆卸应制定专项施工方案，并经过审核、审批；③安装完毕应履行验收程序，验收表格应由责任人签字确认；④安装、拆卸作业人员及司机、指挥应持证上岗；⑤塔式起重机作业前应按规定进行例行检查，并应填写检查记录；⑥实行多班作业，应按规定填写交接班记录。

（2）塔式起重机一般项目的检查评定应符合下列规定：

1）附着：①当塔式起重机高度超过产品说明书规定时，应安装附着装置，附着装置安装应符合产品说明书及规范要求；②当附着装置的水平距离不能满足产品说明书要求时，应进行设计计算和审批；③安装内爬式塔式起重机的建筑承载结构应进行承载力验算；④附着前和附着后塔身垂直度应符合规范要求。

2）基础与轨道：①塔式起重机基础应按产品说明书及有关规定进行设计、检测和验收；②基础应设置排水措施；③路基箱或枕木铺设应符合产品说明书及规范要求；④轨道铺设应符合产品说明书及规范要求。

3）结构设施：①主要结构构件的变形、锈蚀应在规范允许范围内；②平台、走道、梯子、护栏的设置应符合规范要求；③高强螺栓、销轴、紧固件的紧固、连接应符合规范要求，高强螺栓应使用力矩扳手或专用工具紧固。

4）电气安全：①塔式起重机应采用 TN-S 接零保护系统供电；②塔式起重机与架空线路的安全距离或防护措施应符合规范要求；③塔式起重机应安装避雷接地装置，并应符合规范要求；④电缆的使用及固定应符合规范要求。

18. 起重吊装

（1）起重吊装保证项目的检查评定应符合下列规定：

1）施工方案：①起重吊装作业应编制专项施工方案，并按规定进行审核、审批；②超规模的起重吊装作业，应组织专家对专项施工方案进行论证。

2）起重机械：①起重机械应按规定安装荷载限制器及行程限位装置；②荷载限制器、行程限位装置应灵敏可靠；③起重拔杆组装应符合设计要求；④起重拔杆组装后应进行验收，并应由责任人签字确认。

3）钢丝绳与地锚：①钢丝绳磨损、断丝、变形、锈蚀应在规范允许范围内；②钢丝绳规格应符合起重机产品说明书要求；③吊钩、卷筒、滑轮磨损应在规范允许范围内；④吊钩、卷筒、滑轮应安装钢丝绳防脱装置；⑤起重拔杆的缆风绳、地锚设置应符合设计要求。

4）索具：①当采用编结连接时，编结长度不应小于 15 倍的绳径，且不应小于 300mm；②当采用绳夹连接时，绳夹规格应与钢丝绳相匹配，绳夹数量、间距应符合规范要求；③索具安全系数应符合规范要求；④吊索规格应互相匹配，机械性能应符合设计要求。

5) 作业环境：①起重机行走作业处地面承载能力应符合产品说明书要求；②起重机与架空线路安全距离应符合规范要求。

6) 作业人员：①起重机司机应持证上岗，操作证应与操作机型相符；②起重机作业应设专职信号指挥和司索人员，一人不得同时兼顾信号指挥和司索作业；③作业前应按规定进行安全技术交底，并应有交底记录。

（2）起重吊装一般项目的检查评定应符合下列规定：

1) 起重吊装：①当多台起重机同时起吊一个构件时，单台起重机所承受的荷载应符合专项施工方案要求；②吊索系挂点应符合专项施工方案要求；③起重机作业时，任何人不应停留在起重臂下方，被吊物不应从人的正上方通过；④起重机不应采用吊具载运人员；⑤当吊运易散落物件时，应使用专用吊笼。

2) 高处作业：①应按规定设置高处作业平台；②平台强度、护栏高度应符合规范要求；③爬梯的强度、构造应符合规范要求；④应设置可靠的安全带悬挂点，并应高挂低用。

3) 构件码放：①构件码放荷载应在作业面承载能力允许范围内；②构件码放高度应在规定允许范围内；③大型构件码放应有保证稳定的措施。

4) 警戒监护：①应按规定设置作业警戒区；②警戒区应设专人监护。

19. 施工机具

施工机具的检查评定应符合下列规定：

1) 平刨：①平刨安装完毕应按规定履行验收程序，并应经责任人签字确认；②平刨应设置护手及防护罩等安全装置；③保护零线应单独设置，并应安装漏电保护装置；④平刨应按规定设置作业棚，并应具有防雨、防晒等功能；⑤不得使用同台电机驱动多种刀具、钻具的多功能木工机具。

2) 圆盘锯：①圆盘锯安装完毕应按规定履行验收程序，并应经责任人签字确认；②圆盘锯应设置防护罩、分料器、防护挡板等安全装置；③保护零线应单独设置，并应安装漏电保护装置；④圆盘锯应按规定设置作业棚，并应具有防雨、防晒等功能；⑤不得使用同台电机驱动多种刀具、钻具的多功能木工机具。

3) 手持电动工具：①Ⅰ类手持电动工具应单独设置保护零线，并应安装漏电保护装置；②使用Ⅰ类手持电动工具应按规定戴绝缘手套、穿绝缘鞋；③手持电动工具的电源线应保持出厂时的状态，不得接长使用。

4) 钢筋机械：①钢筋机械安装完毕应按规定履行验收程序，并应经责任人签字确认；②保护零线应单独设置，并应安装漏电保护装置；③钢筋加工区应搭设作业棚，并应具有防雨、防晒等功能；④对焊机作业应设置防火花飞溅的隔离设施；⑤钢筋冷拉作业应按规定设置防护栏；⑥机械传动部位应设置防护罩。

5) 电焊机：①电焊机安装完毕应按规定履行验收程序，并应经责任人签字确认；②保护零线应单独设置，并应安装漏电保护装置；③电焊机应设置二次空载降压保护装置；④电焊机一次线长度不得超过5m，并应穿管保护；⑤二次线应采用防水橡皮护套铜芯软电缆；⑥电焊机应设置防雨罩，接线柱应设置防护罩。

6) 搅拌机：①搅拌机安装完毕应按规定履行验收程序，并应经责任人签字确认；②保护零线应单独设置，并应安装漏电保护装置；③离合器、制动器应灵敏有效，料斗钢丝绳的磨损、锈蚀、变形量应在规定允许范围内；④料斗应设置安全挂钩或止挡装置，传动部位应设置防护罩；⑤搅拌机应按规定设置作业棚，并应具有防雨、防晒等功能。

7）气瓶：①气瓶使用时必须安装减压器，乙炔瓶应安装回火防止器，并应灵敏可靠；②气瓶间安全距离不应小于 5m，与明火安全距离不应小于 10m；③气瓶应设置防振圈、防护帽，并应按规定存放。

8）翻斗车：①翻斗车制动、转向装置应灵敏可靠；②司机应经专门培训，持证上岗，行车时车斗内不得载人。

9）潜水泵：①保护零线应单独设置，并应安装漏电保护装置；②负荷线应采用专用防水橡皮电缆，不得有接头。

10）振捣器：①振捣器作业时应使用移动配电箱，电缆线长度不应超过 30m；②保护零线应单独设置，并应安装漏电保护装置；③操作人员应按规定戴绝缘手套、穿绝缘鞋。

11）桩工机械：①桩工机械安装完毕应按规定履行验收程序，并应经责任人签字确认；②作业前应编制专项方案，并应对作业人员进行安全技术交底；③桩工机械应按规定安装安全装置，并应灵敏可靠；④机械作业区域地面承载力应符合机械说明书要求；⑤机械与输电线路安全距离应符合现行行业标准《施工现场临时用电安全技术规范》JGJ 46 的规定。

（二）检查评分方法

建筑施工安全检查评定中，保证项目应全数检查。

分项检查评分表和检查评分汇总表的满分分值均应为 100 分，评分表的实得分值应为各检查项目所得分值之和；评分应采用扣减分值的方法，扣减分值总和不得超过该检查项目的应得分值；当按分项检查评分表评分时，保证项目中有一项未得分或保证项目小计得分不足 40 分，此分项检查评分表不应得分。

（三）检查评定等级

建筑施工安全检查评定的等级划分应符合下列规定：1）优良：分项检查评分表无零分，汇总表得分值应在 80 分及以上。2）合格：分项检查评分表无零分，汇总表得分值应在 80 分以下，70 分及以上。3）不合格：①当汇总表得分值不足 70 分时；②当有一分项检查评分表为零时。

第十章　脚手架安全技术标准

主要的技术标准有《建筑施工脚手架安全技术统一标准》GB 51210—2016、《建筑施工工具式脚手架安全技术规范》JGJ 202—2010、《建筑施工门式钢管脚手架安全技术规范》JGJ 128—2010、《建筑施工扣件式钢管脚手架安全技术规范》JGJ 130—2011、《建筑施工碗扣式钢管脚手架安全技术规范》JGJ 166—2016、《液压升降整体脚手架安全技术规程》JGJ 183—2009、《建筑施工承插型盘扣式钢管支架安全技术规程》JGJ 231—2010、《建筑施工木脚手架安全技术规范》JGJ 164—2008 等。

一、《建筑施工脚手架安全技术统一标准》的相关要求

《建筑施工脚手架安全技术统一标准》GB 51210—2016 规定，脚手架的设计、搭设、使用和维护应满足下列要求：①应能承受设计荷载；②结构应稳固，不得发生影响正常使用的变形；③应满足使用要求，具有安全防护功能；④在使用中，脚手架结构性能不得发生明显改变；⑤当遇意外作用或偶然超载时，不得发生整体破坏；⑥脚手架所依附、承受的工程结构不应受到损害。

构配件出厂质量应符合国家现行相关产品标准的要求，杆件、构配件的外观质量应符合下列规定：①不得使用带有裂纹、折痕、表面明显凹陷、严重锈蚀的钢管；②铸件表面应光滑，不得有砂眼、气孔、裂纹、浇冒口残余等缺陷，表面粘砂应清除干净；③冲压件不得有毛刺、裂纹、明显变形、氧化皮等缺陷；④焊接件的焊缝应饱满，焊渣应清除干净，不得有未焊透、夹渣、咬肉、裂纹等缺陷。

（一）构造要求

脚手架的构造和组架工艺应能满足施工需求，并应保证架体牢固、稳定。脚手架杆件连接节点应满足其强度和转动刚度要求，应确保架体在使用期内安全，节点无松动。

脚手架的竖向和水平剪刀撑应根据其种类、荷载、结构和构造设置，剪刀撑斜杆应与相邻立杆连接牢固；可采用斜撑杆、交叉拉杆代替剪刀撑。门式钢管脚手架设置的纵向交叉拉杆可代替剪刀撑。

竹脚手架应只用于作业脚手架和落地满堂支撑脚手架，木脚手架可用于作业脚手架和支撑脚手架。

1. 作业脚手架

作业脚手架的宽度不应小于 0.8m 且不宜大于 1.2m。作业层高度不应小于 1.7m，且不宜大于 2.0m。作业脚手架应按设计计算和构造要求设置连墙件，并应符合下列规定：①连墙件应采用能承受压力和拉力的构造，并应与建筑结构和架体连接牢固；②连墙点的水平间距不得超过 3 跨，竖向间距不得超过 3 步，连墙点之上架体的悬臂高度不应超过 2

步；③在架体的转角处、开口型作业脚手架端部应增设连墙件，连墙件的垂直间距不应大于建筑物层高，且不应大于4.0m。

在作业脚手架的纵向外侧立面上应设置竖向剪刀撑，并应符合下列规定：①每道剪刀撑的宽度应为4～6跨，且不应小于6m，也不应大于9m，剪刀撑斜杆与水平面的倾角应在45°～60°之间；②搭设高度在24m以下时，应在架体两端、转角及中间每隔不超过15m各设置一道剪刀撑，并由底至顶连续设置，搭设高度在24m及以上时，应在全外侧立面上由底至顶连续设置；③悬挑脚手架、附着式升降脚手架应在全外侧立面上由底至顶连续设置。

当采用竖向斜撑杆、竖向交叉拉杆替代作业脚手架竖向剪刀撑时，应符合下列规定：①在作业脚手架的端部、转角处应各设置一道；②搭设高度在24m以下时，应每隔5～7跨设置一道；搭设高度在24m及以上时，应每隔1～3跨设置一道；相邻竖向斜撑杆应朝向对称呈八字形设置；③每道竖向斜撑杆、竖向交叉拉杆应在作业脚手架外侧相邻纵向立杆间由底至顶按步连续设置。

作业脚手架底部立杆上应设置纵向和横向扫地杆。悬挑脚手架立杆底部应与悬挑支承结构可靠连接；应在立杆底部设置纵向扫地杆，并应间断设置水平剪刀撑或水平斜撑杆。

作业脚手架的作业层上应满铺脚手板，并应采取可靠的连接方式与水平杆固定。当作业层边缘与建筑物间隙大于150mm时，应采取防护措施。作业层外侧应设置栏杆和挡脚板。

2. 支撑脚手架

支撑脚手架的立杆间距和步距应按设计计算确定，且间距不宜1.5m，步距不应大于2.0m。支撑脚手架独立架体高宽比不应大于3.0。

支撑脚手架应设置水平剪刀撑，并应符合下列规定：①安全等级为Ⅱ级的支撑脚手架宜在架顶处设置一道水平剪刀撑；②安全等级为Ⅰ级的支撑脚手架应在架顶、竖向每隔不大于8m各设置一道水平剪刀撑；③每道水平剪刀撑应连续设置，剪刀撑的宽度宜为6～9m。

支撑脚手架剪刀撑或斜撑杆、交叉拉杆的布置应均匀、对称。支撑脚手架的水平杆应按步距沿纵向和横向通长连续设置，不得缺失。在支撑脚手架立杆底部应设置纵向和横向扫地杆，水平杆和扫地杆应与相邻立杆连接牢固。安全等级为Ⅰ级的支撑脚手架顶层两步距范围内架体的纵向和横向水平杆宜按减小步距加密设置。

满堂支撑脚手架应在外侧立面、内部纵向和横向每隔6～9m由底至顶连续设置一道竖向剪刀撑；在顶层和竖向间隔不大于8m处各设置一道水平剪刀撑，并应在底层立杆上设置纵向和横向扫地杆。

可移动的满堂支撑脚手架搭设高度不应超过12m，高宽比不应大于1.5。应在外侧立面、内部纵向和横向间隔不大于4m由底至顶连续设置一道竖向剪刀撑；应在顶层、扫地杆设置层和竖向间隔不超过2步分别设置一道水平剪刀撑。应在底层设置纵向和横向扫地杆。可移动的满堂支撑脚手架应有同步移动控制措施。

（二）搭设与拆除

脚手架搭设作业前，应向作业人员进行安全技术交底。脚手架的搭设场地应平整、坚实，场地排水应顺畅，不应有积水。脚手架附着于建筑结构处的混凝土强度应满足安全承载要求。

脚手架应按顺序搭设，并应符合下列规定：①落地作业脚手架、悬挑脚手架的搭设应与工程施工同步，一次搭设高度不应超过最上层连墙件两步，且自由高度不应大于4m；②支撑脚手架应逐排、逐层进行搭设；③剪刀撑、斜撑杆等加固杆件应随架体同步搭设，不得滞后安装；④构件组装类脚手架的搭设应自一端向另一端延伸，自下而上按步架设，并应逐层改变搭设方向；⑤每搭设完一步架体后，应按规定校正立杆间距、步距、垂直度及水平杆的水平度。

作业脚手架连墙件的安装必须符合下列规定：①连墙件的安装必须随作业脚手架搭设同步进行，严禁滞后安装；②当作业脚手架操作层高出相邻连墙件2个步距及以上时，在上层连墙件安装完毕前，必须采取临时拉结措施。

脚手架的拆除作业必须符合下列规定：①架体的拆除应从上而下逐层进行，严禁上下同时作业；②同层杆件和构配件必须按先外后内的顺序拆除；剪刀撑、斜撑杆等加固杆件必须在拆卸至该杆件所在部位时再拆除；③作业脚手架连墙件必须随架体逐层拆除，严禁先将连墙件整层或数层拆除后再拆架体。拆除作业过程中，当架体的自由端高度超过2个步距时，必须采取临时拉结措施。

脚手架的拆除作业不得重锤击打、撬别。拆除的杆件、构配件应采用机械或人工运至地面，严禁抛掷。脚手架在使用过程中应分阶段进行检查、监护、维护、保养。

（三）质量控制

脚手架工程应按下列规定进行质量控制：①对搭设脚手架的材料、构配件和设备应进行现场检验；②脚手架搭设过程中应分步校验，并应进行阶段施工质量检查；③脚手架搭设完工后应进行验收，并应在验收合格后方可使用。

搭设脚手架的材料、构配件和设备应按进入施工现场的批次分品种、规格进行检验，检验合格后方可搭设施工，并应符合下列规定：①新产品应有产品质量合格证，工厂化生产的主要承力杆件、涉及结构安全的构件应具有型式检验报告；②材料、构配件和设备质量应符合本标准及国家现行相关标准的规定；③按规定应进行施工现场抽样复验的构配件，应经抽样复验合格；④周转使用的材料、构配件和设备，应经维修检验合格。

脚手架在搭设过程中和阶段使用前，应进行阶段施工质量检查，确认合格后方可进行下道工序施工或阶段使用，在下列阶段应进行阶段施工质量检查：①搭设场地完工后及脚手架搭设前，附着式升降脚手架支座、悬挑脚手架悬挑结构固定后；②首层水平杆搭设安装后；③落地作业脚手架和悬挑作业脚手架每搭设一个楼层高度，阶段使用前；④附着式升降脚手架在每次提升前、提升就位后和每次下降前、下降就位后；⑤支撑脚手架每搭设2~4步或不大于6m高度。

在落地作业脚手架、悬挑脚手架、支撑脚手架达到设计高度后，附着式升降脚手架安装就位后，应对脚手架搭设施工质量进行完工验收。脚手架搭设施工质量合格判定应符合下列规定：①所用材料、构配件和设备质量应经现场检验合格；②搭设场地、支承结构件固定应满足稳定承载的要求；③阶段施工质量检查合格，符合本标准及脚手架相关的国家现行标准、专项施工方案的要求；④观感质量检查应符合要求；⑤专项施工方案、产品合格证及型式检验报告、检查记录、测试记录等技术资料应完整。

(四) 安全管理

脚手架工程应按下列规定实施安全管理：①搭设和拆除作业前，应审核专项施工方案；②应查验搭设脚手架的材料、构配件、设备检验和施工质量检查验收结果；③使用过程中，应检查脚手架安全使用制度的落实情况。

脚手架的搭设和拆除作业应由专业架子工担任，并应持证上岗。搭设和拆除脚手架作业应有相应的安全设施，操作人员应佩戴个人防护用品，穿防滑鞋。

脚手架在使用过程中，应定期进行检查，检查项目应符合下列规定：①主要受力杆件、剪刀撑等加固杆件、连墙件应无缺失、无松动，架体应无明显变形；②场地应无积水，立杆底端应无松动、无悬空；③安全防护设施应齐全、有效，应无损坏缺失；④附着式升降脚手架支座应牢固，防倾、防坠装置应处于良好工作状态，架体升降应正常平稳；⑤悬挑脚手架的悬挑支承结构应固定牢固。

当脚手架遇有下列情况之一时，应进行检查，确认安全后方可继续使用：①遇有 6 级及以上强风或大雨过后；②冻结的地基土解冻后；③停用超过 1 个月；④架体部分拆除；⑤其他特殊情况。

脚手架作业层上的荷载不得超过设计允许荷载。严禁将支撑脚手架、缆风绳、混凝土输送泵管、卸料平台及大型设备的支承件等固定在作业脚手架上。严禁在作业脚手架上悬挂起重设备。雷雨天气、6 级及以上强风天气应停止架上作业；雨、雪、霜后上架作业应采取有效的防滑措施，并应清除积雪。

作业脚手架外侧和支撑脚手架作业层栏杆应采用密目式安全网或其他措施全封闭防护。密目式安全网应为阻燃产品。作业脚手架临街的外侧立面、转角处应采取硬防护措施，硬防护的高度不应小于 1.2m，转角处硬防护的宽度应为作业脚手架的宽度。作业脚手架同时满载作业的层数不应超过 2 层。

在脚手架作业层上进行电焊、气焊和其他动火作业时，应采取防火措施，并应设专人监护。在脚手架使用期间，立杆基础下及附近不宜进行挖掘作业。当因施工需要需进行挖掘作业时，应对架体采取加固措施。在搭设和拆除脚手架作业时，应设置安全警戒线、警戒标志，并应派专人监护，严禁非作业人员入内。

支撑脚手架在施加荷载的过程中，架体下严禁有人。当脚手架在使用过程中出现安全隐患时，应及时排除；当出现可能危及人身安全的重大隐患时，应停止架上作业，撤离作业人员，并应由工程技术人员组织检查、处置。

二、《建筑施工工具式脚手架安全技术规范》的相关要求

《建筑施工工具式脚手架安全技术规范》JGJ 202—2010 规定，本规范适用于建筑施工中使用的工具式脚手架，包括附着式升降脚手架、高处作业吊篮、外挂防护架的设计、制作、安装、拆除、使用及安全管理。

施工现场使用工具式脚手架应由总承包单位统一监督，并应符合下列规定：①安装、升降、使用、拆除等作业前，应向有关作业人员进行安全教育，并应监督对作业人员的安

全技术交底；②应对专业承包人员的配备和特种作业人员的资格进行审查；③安装、升降、拆卸等作业时，应派专人进行监督；④应组织工具式脚手架的检查验收；⑤应定期对工具式脚手架使用情况进行安全巡检。

临街搭设时，外侧应有防止坠物伤人的防护措施。安装、拆除时，在地面应设围栏和警戒标志，并应派专人看守，非操作人员不得入内。在工具式脚手架使用期间，不得拆除下列杆件：①架体上的杆件；②与建筑物连接的各类杆件（如连墙件、附墙支座）等。作业层上的施工荷载应符合设计要求，不得超载。不得将模板支架、缆风绳、泵送混凝土和砂浆的输送管等固定在架体上；不得用其悬挂起重设备。遇5级以上大风和雨天，不得提升或下降工具式脚手架。

当施工中发现工具式脚手架故障和存在安全隐患时，应及时排除，对可能危及人身安全时，应停止作业。应由专业人员进行整改。整改后的工具式脚手架应重新进行验收检查，合格后方可使用。工具式脚手架作业人员在施工过程中应戴安全帽、系安全带、穿防滑鞋，酒后不得上岗作业。

（一）附着式升降脚手架

附着式升降脚手架的升降操作应符合下列规定：①升降作业程序和操作规程；②操作人员不得停留在架体上；③升降过程中不得有施工荷载；④所有妨碍升降的障碍物应已拆除；⑤所有影响升降作业的约束应已拆开；⑥各相邻提升点间的高差不得大于30mm，整体架最大升降差不得大于80mm。

升降过程中应实行统一指挥、统一指令。升降指令应由总指挥一人下达；当有异常情况出现时，任何人均可立即发出停止指令。架体升降到位后，应及时按使用状况要求进行附着固定；在没有完成架体固定工作前，施工人员不得擅自离岗或下班。

附着式升降脚手架在使用过程中不得进行下列作业：①利用架体吊运物料；②在架体上拉结吊装缆绳（或缆索）；③在架体上推车；④任意拆除结构件或松动连接件；⑤拆除或移动架体上的安全防护设施；⑥利用架体支撑模板或卸料平台；⑦其他影响架体安全的作业。

当附着式升降脚手架停用超过3个月时，应提前采取加固措施。当附着式升降脚手架停用超过1个月或遇6级及以上大风后复工时，应进行检查，确认合格后方可使用。螺栓连接件、升降设备、防倾装置、防坠落装置、电控设备、同步控制装置等应每月进行维护保养。

附着式升降脚手架的拆除工作应按专项施工方案及安全操作规程的有关要求进行。应对拆除作业人员进行安全技术交底。拆除时应有可靠的防止人员与物料坠落的措施，拆除的材料及设备不得抛扔。拆除作业应在白天进行。遇5级及以上大风和大雨、大雪、浓雾和雷雨等恶劣天气时，不得进行拆除作业。

（二）高处作业吊篮

高处作业吊篮应由悬挂机构、吊篮平台、提升机构、防坠落机构、电气控制系统、钢丝绳和配套附件、连接件组成。安装作业前，应划定安全区域，并应排除作业障碍。

在建筑物屋面上进行悬挂机构的组装时，作业人员应与屋面边缘保持2m以上的距离。组装场地狭小时应采取防坠落措施。悬挂机构前支架严禁支撑在女儿墙上、女儿墙外或建筑物挑檐边缘。配重件应稳定可靠地安放在配重架上，并应有防止随意移动的措施。严禁使用破损的配重件或其他替代物。配重件的重量应符合设计规定。安装时钢丝绳应沿建筑物立面缓慢下放至地面，不得抛掷。

安装任何形式的悬挑结构，其施加于建筑物或构筑物支承处的作用力，均应符合建筑结构的承载能力，不得对建筑物和其他设施造成破坏和不良影响。高处作业吊篮安装和使用时，在 10m 范围内如有高压输电线路，应按照现行行业标准《施工现场临时用电安全技术规范》JGJ 46 的规定，采取隔离措施。

高处作业吊篮应设置作业人员专用的挂设安全带的安全绳及安全锁扣。安全绳应固定在建筑物可靠位置上不得与吊篮上任何部位有连接，并应符合下列规定：①安全绳应符合现行国家标准《安全带》GB 6095 的要求，其直径应与安全锁扣的规格相一致；②安全绳不得有松散、断股、打结现象；③安全锁扣的配件应完好、齐全，规格和方向标识应清晰可辨。吊篮宜安装防护棚，防止高处坠物造成作业人员伤害。吊篮应安装上限位装置，宜安装下限位装置。

使用吊篮作业时，应排除影响吊篮正常运行的障碍。在吊篮下方可能造成坠落物伤害的范围，应设置安全隔离区和警告标志，人员或车辆不得停留、通行。在吊篮内从事安装、维修等作业时，操作人员应佩戴工具袋。不得将吊篮作为垂直运输设备，不得采用吊篮运送物料。

吊篮内的作业人员不应超过 2 个。吊篮正常工作时，人员应从地面进入吊篮内，不得从建筑物顶部、窗口等处或其他孔洞处出入吊篮。在吊篮内的作业人员应佩戴安全帽，系安全带，并应将安全锁扣正确挂置在独立设置的安全绳上。吊篮平台内应保持荷载均衡，不得超载运行。吊篮做升降运行时，工作平台两端高差不得超过 150mm。在吊篮内进行电焊作业时，应对吊篮设备、钢丝绳、电缆采取保护措施。不得将电焊机放置在吊篮内；电焊缆线不得与吊篮任何部位接触；电焊钳不得搭挂在吊篮上。

当吊篮施工遇有雨雪、大雾、风沙及 5 级以上大风等恶劣天气时，应停止作业，并应将吊篮平台停放至地面，应对钢丝绳、电缆进行绑扎固定。下班后不得将吊篮停留在半空中，应将吊篮放至地面。人员离开吊篮、进行吊篮维修或每日收工后应将主电源切断，并应将电气柜中各开关置于断开位置并加锁。

高处作业吊篮拆除时应按照专项施工方案，并应在专业人员的指挥下实施。拆除前应将吊篮平台下落至地面，并应将钢丝绳从提升机、安全锁中退出，切断总电源。拆除支承悬挂机构时，应对作业人员和设备采取相应的安全措施。拆卸分解后的构配件不得放置在建筑物边缘，应采取防止坠落的措施。零散物品应放置在容器中。不得将吊篮任何部件从屋顶处抛下。

（三）外挂防护架

安装防护架时，应先搭设操作平台。防护架应配合施工进度搭设，一次搭设的高度不应超过相邻连墙件以上 2 个步距。每搭完一步架后，应校正步距、纵距、横距及立杆的垂直度，确认合格后方可进行下道工序。

提升防护架的起重设备能力应满足要求，公称起重力矩值不得小于 400kN·m，其额定起升重量的 90% 应大于架体重量。提升钢丝绳的长度应能保证提升平稳。提升速度不得大于 3.5m/min。

在防护架从准备提升到提升到位交付使用前，除操作人员以外的其他人员不得从事临边防护等作业。操作人员应佩戴安全带。当防护架提升、下降时，操作人员必须站在建筑物内或相邻的架体上，严禁站在防护架上操作；架体安装完毕前，严禁上人。防护架在提升时，必须按照"提升一片、固定一片、封闭一片"的原则进行，严禁提前拆除两片以上的架体、分片处的连接杆、立面及底部封闭设施。

拆除防护架时，应符合下列规定：①应采用起重机械把防护架吊运到地面进行拆除；②拆除的构配件应按品种、规格随时码堆存放，不得抛掷。

三、《建筑施工门式钢管脚手架安全技术规范》的相关要求

《建筑施工门式钢管脚手架安全技术规范》JGJ 128—2010 规定，本规范适用于房屋建筑与市政工程施工中采用门式钢管脚手架搭设的落地式脚手架、悬挑脚手架、满堂脚手架与模板支架的设计、施工和使用。

搭拆架体时，施工作业层应铺设脚手板，操作人员应站在临时设置的脚手板上进行作业，并应按规定使用安全防护用品，穿防滑鞋。门式脚手架与模板支架作业层上严禁超载。严禁将模板支架、缆风绳、混凝土泵管、卸料平台等固定在门式脚手架上。6 级及以上大风天气应停止架上作业；雨、雪、雾天应停止脚手架的搭拆作业；雨、雪、霜后上架作业应采取有效的防滑措施，并应扫除积雪。门式脚手架与模板支架在使用期间，当预见可能有强风天气所产生的风压值超出设计的基本风压值时，对架体应采取临时加固措施。

在门式脚手架使用期间，脚手架基础附近严禁进行挖掘作业。满堂脚手架与模板支架的交叉支撑和加固杆，在施工期间禁止拆除。门式脚手架在使用期间，不应拆除加固杆、连墙件、转角处连接杆、通道口斜撑杆等加固杆件。当施工需要，脚手架的交叉支撑可在门架一侧局部临时拆除，但在该门架单元上下应设置水平加固杆或挂扣式脚手板，在施工完成后应立即恢复安装交叉支撑。应避免装卸物料对门式脚手架或模板支架产生偏心、振动和冲击荷载。

门式脚手架外侧应设置密目式安全网，网间应严密，防止坠物伤人。门式脚手架与架空输电线路的安全距离、工地临时用电线路架设及脚手架接地、防雷措施，应按现行行业标准《施工现场临时用电安全技术规范》JGJ 46 的有关规定执行。在门式脚手架或模板支架上进行电、气焊作业时，必须有防火措施和专人看护。不得攀爬门式脚手架。

搭拆门式脚手架或模板支架作业时，必须设置警戒线、警戒标志，并应派专人看守，严禁非作业人员入内。对门式脚手架与模板支架应进行日常性的检查和维护，架体上的建筑垃圾或杂物应及时清理。

四、《建筑施工扣件式钢管脚手架安全技术规范》的相关要求

《建筑施工扣件式钢管脚手架安全技术规范》JGJ 130—2011 规定，本规范适用于房屋建筑工程和市政工程等施工用落地式单、双排扣件式钢管脚手架、满堂扣件式钢管脚手

架、型钢悬挑扣件式钢管脚手架、满堂扣件式钢管支撑架的设计、施工及验收。

搭拆脚手架人员必须戴安全帽、系安全带、穿防滑鞋。脚手架的构配件质量与搭设质量，应按本规范的规定进行检查验收，并应确认合格后使用。钢管上严禁打孔。单、双排脚手架必须配合施工进度搭设，一次搭设高度不应超过相邻连墙件以上两步；如果超过相邻连墙件以上两步，无法设置连墙件时，应采取撑拉固定等措施与建筑结构拉结。每搭完一步脚手架后，应按本规范的规定校正步距、纵距、横距及立杆的垂直度。脚手板应铺设牢靠、严实，并应用安全网双层兜底。施工层以下每隔 10m 应用安全网封闭。单、双排脚手架、悬挑式脚手架沿架体外围应用密目式安全网全封闭，密目式安全网宜设置在脚手架外立杆的内侧，并应与架体绑扎牢固。满堂脚手架与满堂支撑架在安装过程中，应采取防倾覆的临时固定措施。临街搭设脚手架时，外侧应有防止坠物伤人的防护措施。

作业层上的施工荷载应符合设计要求，不得超载。不得将模板支架、缆风绳、泵送混凝土和砂浆的输送管等固定在架体上；严禁悬挂起重设备，严禁拆除或移动架体上安全防护设施。满堂支撑架在使用过程中，应设有专人监护施工，当出现异常情况时，应立即停止施工，并应迅速撤离作业面上人员。应在采取确保安全的措施后，查明原因，做出判断和处理。满堂支撑架顶部的实际荷载不得超过设计规定。在脚手架使用期间，严禁拆除下列杆件：①主节点处的纵、横向水平杆，纵、横向扫地杆；②连墙件。

当在脚手架使用过程中开挖脚手架基础下的设备基础或管沟时，必须对脚手架采取加固措施。在脚手架上进行电、气焊作业时，应有防火措施和专人看守。工地临时用电线路的架设及脚手架接地、避雷措施等，应按现行行业标准《施工现场临时用电安全技术规范》JGJ46 的有关规定执行。

单、双排脚手架拆除作业必须由上而下逐层进行，严禁上下同时作业；连墙件必须随脚手架逐层拆除，严禁先将连墙件整层或数层拆除后再拆脚手架；分段拆除高差大于两步时，应增设连墙件加固。架体拆除作业应设专人指挥，当有多人同时操作时，应明确分工、统一行动，且应具有足够的操作面。卸料时各构配件严禁抛掷至地面。

当有 6 级强风及以上风、浓雾、雨或雪天气时应停止脚手架搭设与拆除作业。雨、雪后上架作业应有防滑措施，并应扫除积雪。夜间不宜进行脚手架搭设与拆除作业。搭拆脚手架时，地面应设围栏和警戒标志，并应派专人看守，严禁非操作人员入内。

五、《建筑施工碗扣式钢管脚手架安全技术规范》的相关要求

《建筑施工碗扣式钢管脚手架安全技术规范》JGJ 166—2016 规定，碗扣式钢管脚手架施工前，必须编制专项施工方案。模板支撑架相高度超过 24m 的双排脚手架应按本规范的规定对其结构构件和立杆地基承载力进行设计计算；当双排脚手架高度在 24m 及以下时，可按本规范的构造要求搭设。

（一）构造要求

脚手架地基应符合下列规定：①地基应坚实、平整，场地应有排水措施，不应有积水；②土层地基上的立杆底部应设置底座和混凝土垫层，垫层混凝土强度等级不应低于 C15，厚度不应小于 150mm；当采用垫板代替混凝土垫层时，垫板宜采用厚度不小于

50mm、宽度不小于 200mm、长度不少于两跨的木垫板；③混凝土结构层上的立杆底部应设置底座或垫板；④对承载力不足的地基土或混凝土结构层，应进行加固处理；⑤湿陷性黄土、膨胀土、软土地基应有防水措施；⑥当基础表面高差较小时，可采用可调底座调整；当基础表面高差较大时，可利用立杆碗扣节点位差配合可调底座进行调整，且高处的立杆距离坡顶边缘不宜小于 500mm。

1. 双排脚手架构造

双排脚手架的搭设高度不宜超过 50m；当搭设高度超过 50m 时，应采用分段搭设等措施。

双排脚手架立杆顶端防护栏杆宜高出作业层 1.5m。双排脚手架应设置竖向斜撑杆，并应符合下列规定：①竖向斜撑杆应采用专用外斜杆，并应设置在有纵向及横向水平杆的碗扣节点上；②在双排脚手架的转角处、开口型双排脚手架的端部应各设置一道竖向斜撑杆；③当架体搭设高度在 24m 以下时，应每隔不大于 5 跨设置一道竖向斜撑杆；当架体搭设高度在 24m 及以上时，应每隔不大于 3 跨设置一道竖向斜撑杆；相邻斜撑杆宜对称八字形设置；④每道竖向斜撑杆应在双排脚手架外侧相邻立杆间由底至顶按步连续设置；⑤当斜撑杆临时拆除时，拆除前应在相邻立杆间设置相同数量的斜撑杆。

双排脚手架连墙件的设置应符合下列规定：①连墙件应采用能承受压力和拉力的构造，并应与建筑结构和架体连接牢固；②同一层连墙件应设置在同一水平面，连墙点的水平投影间距不得超过 3 跨，竖向垂直间距不得超过 3 步，连墙点之上架体的悬臂高度不得超过 2 步；③在架体的转角处、开口型双排脚手架的端部应增设连墙件，连墙件的竖向垂直间距不应大于建筑物的层高，且不应大于 4m；④连墙件宜从底层第一道水平杆处开始设置；⑤连墙件宜采用菱形布置，也可采用矩形布置；⑥连墙件中的连墙杆宜呈水平设置，也可采用连墙端高于架体端的倾斜设置方式；⑦连墙件应设置在靠近有横向水平杆的碗扣节点处，当采用钢管扣件做连墙件时，连墙件应与立杆连接，连接点距架体碗扣主节点距离不应大于 300mm；⑧当双排脚手架下部暂不能设置连墙件时，应采取可靠的防倾覆措施，但无连墙件的最大高度不得超过 6m。

双排脚手架内立杆与建筑物距离不宜大于 150mm；当双排脚手架内立杆与建筑物距离大于 150mm 时，应采用脚手板或安全平网封闭。当选用窄挑梁或宽挑梁设置作业平台时，挑梁应单层挑出，严禁增加层数。

2. 模板支撑架构造

模板支撑架搭设高度不宜超过 30m。模板支撑架每根立杆的顶部应设置可调托撑。当被支撑的建筑结构底面存在坡度时，应随坡度调整架体高度，可利用立杆碗扣节点位差增设水平杆；并应配合可调托撑进行调整。

当模板支撑架同时满足下列条件时，可不设置竖向及水平向的斜撑杆和剪刀撑：①搭设高度小于 5m，架体高宽比小于 1.5；②被支撑结构自重面荷载标准值不大于 $5kN/m^2$，线荷载标准值不大于 8kN/m；③架体按本规范的构造要求与既有建筑结构进行了可靠连接；④场地地基坚实、均匀，满足承载力要求。

独立的模板支撑架高宽比不宜大于 3；当大于 3 时，应采取下列加强措施：①将架体超出顶部加载区投影范围向外延伸布置 2~3 跨，将下部架体尺寸扩大；②按本规范的构造要求将架体与既有建筑结构进行可靠连接；③当无建筑结构进行可靠连接时，宜在架体上对称设置缆风绳或采取其他防倾覆的措施。

（二）施工

进入施工现场的脚手架构配件，在使用前应对其质量进行复检，不合格产品不得使用。对经检验合格的构配件应按品种、规格分类码放，并应标识数量和规格。构配件堆放场地排水应畅通，不得有积水。脚手架搭设前，应对场地进行清理、平整，地基应坚实、均匀，并应采取排水措施。当采取预埋方式设置脚手架连墙件时，应按设计要求预埋；在混凝土浇筑前，应进行隐蔽检查。

地基施工完成后，应检查地基表面平整度，平整度偏差不得大于20mm。当脚手架基础为楼面等既有建筑结构或贝雷梁、型钢等临时支撑结构时，对不满足承载力要求的既有建筑结构应按方案设计的要求进行加固，对贝雷梁、型钢等临时支撑结构应按相关规定对临时支撑结构进行验收。地基和基础经验收合格后，应按专项施工方案的要求放线定位。

1. 搭设

脚手架立杆垫板、底座应准确放置在定位线上，垫板应平整、无翘曲，不得采用已开裂的垫板，底座的轴心线应与地面垂直。

脚手架应按顺序搭设，并应符合下列规定：①双排脚手架搭设应按立杆、水平杆、斜杆、连墙件的顺序配合施工进度逐层搭设。一次搭设高度不应超过最上层连墙件2步，且自由长度不应大于4m；②模板支撑架应按先立杆、后水平杆、再斜杆的顺序搭设形成基本架体单元，并应以基本架体单元逐排、逐层扩展搭设成整体支撑架体系，每层搭设高度不宜大于3m；③斜撑杆、剪刀撑等加固件应随架体同步搭设，不得滞后安装。

双排脚手架连墙件必须随架体升高及时在规定位置处设置；当作业层高出相邻连墙件以上2步时，在上层连墙件安装完毕前，必须采取临时拉结措施。碗扣节点组装时，应通过限位销将上碗扣锁紧水平杆。脚手架每搭完一步架体后，应校正水平杆步距、立杆间距、立杆垂直度和水平杆水平度。架体立杆在1.8m高度内的垂直度偏差不得大于5mm，架体全高的垂直度偏差应小于架体搭设高度的1/600，且不得大于35mm；相邻水平杆的高差不应大于5mm。当双排脚手架内外侧加挑梁时，在一跨挑梁范围内不得超过1名施工人员操作，严禁堆放物料。

在多层楼板上连续搭设模板支撑架时，应分析多层楼板间荷载传递对架体和建筑结构的影响，上下层架体立杆宜对位设置。模板支撑架应在架体验收合格后，方可浇筑混凝土。

2. 拆除

当脚手架分段、分立面拆除时，应确定分界处的技术处理措施，分段后的架体应稳定。脚手架拆除前，应清理作业层上的施工机具及多余的材料和杂物。

脚手架拆除作业应设专人指挥，当有多人同时操作时，应明确分工、统一行动，且应具有足够的操作面。拆除的脚手架构配件应采用起重设备吊运或人工传递到地面，严禁抛掷。拆除的脚手架构配件应分类堆放，并应便于运输、维护和保管。

双排脚手架的拆除作业，必须符合下列规定：①架体拆除应自上而下逐层进行，严禁上下层同时拆除；②连墙件应随脚手架逐层拆除，严禁先将连墙件整层或数层拆除后再拆除架体；③拆除作业过程中，当架体的自由端高度大于2步时，必须增设临时拉结件。双排脚手架的斜撑杆、剪刀撑等加固件应在架体拆除至该部位时，才能拆除。

模板支撑架的拆除应符合下列规定：1）架体拆除应符合现行国家标准《混凝土结构工程施工质量验收规范》GB 50204、《混凝土结构工程施工规范》GB 50666 中混凝土强度的规定，拆除前应填写拆模申请单；2）预应力混凝土构件的架体拆除应在预应力施工完成后进行；3）架体的拆除顺序、工艺应符合专项施工方案的要求。当专项施工方案无明确规定时，应符合下列规定：①应先拆除后搭设的部分，后拆除先搭设的部分；②架体拆除必须自上而下逐层进行，严禁上下层同时拆除作业，分段拆除的高度不应大于两层；③梁下架体的拆除，宜从跨中开始，对称地向两端拆除；悬臂构件下架体的拆除，宜从悬臂端向固定端拆除。

（三）检查与验收

根据施工进度，脚手架应在下列环节进行检查与验收：①施工准备阶段，构配件进场时；②地基与基础施工完后，架体搭设前；③首层水平杆搭设安装后；④双排脚手架每搭设一个楼层高度，投入使用前；⑤模板支撑架每搭设完 4 步或搭设至 6m 高度时；⑥双排脚手架搭设至设计高度后；⑦模板支撑架搭设至设计高度后。

进入施工现场的主要构配件应有产品质量合格证、产品性能检验报告，并应按本规范的规定对其表面观感质量、规格尺寸等进行抽样检验。

检查验收应具备下列资料：①专项施工方案及变更文件；②周转使用的脚手架构配件使用前的复验合格记录；③构配件进场、基础施工、架体搭设、防护设施施工阶段的施工记录及质量检查记录。

脚手架搭设至设计高度后，在投入使用前，应在阶段检查验收的基础上形成完工验收记录，记录表应符合本规范的规定。

（四）安全管理

搭设和拆除脚手架作业应有相应的安全设施，操作人员应正确佩戴安全帽、安全带和防滑鞋。

脚手架作业层上的施工荷载不得超过设计允许荷载。当遇六级及以上强风、浓雾、雨或雪天气时，应停止脚手架的搭设与拆除作业。凡雨、霜、雪后，上架作业应有防滑措施，并应及时清除水、冰、霜、雪。夜间不宜进行脚手架搭设与拆除作业。在搭设和拆除脚手架作业时，应设置安全警戒线和警戒标志，并应设专人监护，严禁非作业人员进入作业范围。严禁将模板支撑架、缆风绳、混凝土输送泵管、卸料平台及大型设备的附着件等固定在双排脚手架上。

脚手架验收合格投入使用后，在使用过程中应定期检查，检查项目应符合下列规定：①基础应无积水，基础周边应有序排水，底座和可调托撑应无松动，立杆应无悬空；②基础应无明显沉降，架体应无明显变形；③立杆、水平杆、斜撑杆、剪刀撑和连墙件应无缺失、松动；④架体应无超载使用情况；⑤模板支撑架监测点应完好；⑥安全防护设施应齐全有效，无损坏缺失。

当脚手架遇有下列情况之一时，应进行全面检查，确认安全后方可继续使用：①遇有6 级及以上强风或大雨后；②冻结的地基土解冻后；③停用超过 1 个月后；④架体遭受外力撞击作用后；⑤架体部分拆除后；⑥遇有其他特殊情况后；⑦其他可能影响架体结构稳定性的特殊情况发生后。

当在双排脚手架上同时有两个及以上操作层作业时，在同一跨距内各操作层的施工均布荷载标准值总和不得超过 5kN/m²。防护脚手架应有限载标识。脚手架使用期间，严禁擅自拆除架体主节点处的纵向水平杆、横向水平杆，纵向扫地杆、横向扫地杆和连墙件。当脚手架在使用过程中出现安全隐患时，应及时排除；当出现可能危及人身安全的重大隐患时，应停止架上作业，撤离作业人员，并应及时组织检查处置。

模板支撑架在使用过程中，模板下严禁人员停留。模板支撑架的使用应符合下列规定：1）浇筑混凝土应在签署混凝土浇筑令后进行；2）混凝土浇筑顺序应符合下列规定：①框架结构中连续浇筑立柱和梁板时，应按先浇筑立柱、后浇筑梁板的顺序进行；②浇筑梁板或悬臂构件时，应按从沉降变形大的部位向沉降变形小的部位顺序进行。

当有下列情况之一时，宜按现行行业标准《钢管满堂支架预压技术规程》JGJ/T 194 的规定对模板支撑架及地基进行预压：①承受重载或设计有特殊要求时；②地基为不良地质条件时；③拟浇筑构件跨度大、对成型线形有要求时。

模板支撑架应编制监测方案，使用中应按监测方案对架体实施监测。双排脚手架在使用过程中，应对整个架体相对主体结构的变形、基础沉降、架体垂直度进行观测。在影响脚手架地基安全的范围内，严禁进行挖掘作业。

脚手架应与输电线路保持安全距离，施工现场临时用电线路架设及脚手架接地防雷措施等应符合现行行业标准《施工现场临时用电安全技术规范》JGJ 46 的规定。在脚手架上进行焊接作业时，必须有防火措施，应派专人监护，并应符合现行国家标准《建设工程施工现场消防安全技术规范》GB 50720 的规定。

六、《液压升降整体脚手架安全技术规程》的相关要求

《液压升降整体脚手架安全技术规程》JGJ 183—2009 规定，本规程适用于高层、超高层建（构）筑物不带外模板的千斤顶式或油缸式液压升降整体脚手架的设计、制作、安装、检验、使用、拆除和管理。

液压升降整体脚手架不得与物料平台相连接。当架体遇到塔式起重机、施工电梯、物料平台等需断开或开洞时，断开处应加设栏杆并封闭，开口处应有可靠的防止人员及物料坠落的措施。安全防护措施应符合下列要求：①架体外侧必须采用密目式安全立网（≥2000 目/100cm²）围挡，密目式安全立网必须可靠固定在架体上；②架体底层的脚手板除应铺设严密外，还应具有可翻起的翻板构造；③工作脚手架外侧应设置防护栏杆和挡脚板，挡脚板的高度不应小于 180mm，顶层防护栏杆高度不应小于 1.5m；④工作脚手架应设置固定牢靠的脚手板，其与结构之间的间距应符合国家现行标准《建筑施工扣件式钢管脚手架安全技术规范》JGJ 130 的相关规定。

液压升降整体脚手架的每个机位必须设置防坠落装置。防坠落装置的制动距离不得大于 80mm。防坠落装置应设置在竖向主框架或附着支承结构上。防坠落装置使用完一个单体工程或停止使用 6 个月后，应经检验合格后方可再次使用。防坠落装置受力杆件与建筑结构必须可靠连接。

技术人员和专业操作人员应熟练掌握液压升降整体脚手架的技术性能及安全要求。遇到雷雨、6级及以上大风、大雾、大雪天气时，必须停止施工。架体上人员应对设备、工具、零散材料、可移动的铺板等进行整理、固定，并应作好防护，全部人员撤离后应立即切断电源。液压升降整体脚手架施工区域内应有防雷设施，并应设置相应的消防设施。

液压升降整体脚手架安装、升降、拆除过程中，应统一指挥，在操作区域应设置安全警戒。升降过程中作业人员必须撤离工作脚手架。安装过程中竖向主框架与建筑结构间应采取可靠的临时固定措施，确保竖向主框架的稳定。架体底部应铺设脚手板，脚手板与墙体间隙不应大于50mm，操作层脚手板应满铺牢固，孔洞直径宜小于25mm。剪刀撑斜杆与地面的夹角应为45°～60°。

每个竖向主框架所覆盖的每一楼层处应设置一道附着支承及防倾覆装置。防坠落装置应设置在竖向主框架处，防坠吊杆应附着在建筑结构上，且必须与建筑结构可靠连接。每一升降点应设置一个防坠落装置，在使用和升降工况下应能起作用。架体的外侧防护应采用安全密目网，安全密目网应布设在外立杆内侧。

在液压升降整体脚手架升降过程中，应设立统一指挥，统一信号。参与的作业人员必须服从指挥，确保安全。升降时应进行检查，并应符合下列要求：①液压控制台的压力表、指示灯、同步控制系统的工作情况应无异常现象；②各个机位建筑结构受力点的混凝土墙体或预埋件应无异常变化；③各个机位的竖向主框架、水平支承结构、附着支承结构、导向、防倾覆装置、受力构件应无异常现象；④各个防坠落装置的开启情况和失力锁紧工作应正常。当发现异常现象时，应停止升降工作，查明原因、隐患排除后方可继续进行升降工作

在使用过程中严禁下列违章作业：①架体上超载、集中堆载；②利用架体作为吊装点和张拉点；③利用架体作为施工外模板的支模架；④拆除安全防护设施和消防设施；⑤构件碰撞或扯动架体；⑥其他影响架体安全的违章作业。

施工作业时，应有足够的照度。作业期间，应每天清理架体、设备、构配件上的混凝土、尘土和建筑垃圾。每完成一个单体工程，应对液压升降整体脚手架部件、液压升降装置、控制设备、防坠落装置等进行保养和维修。

液压升降整体脚手架的部件及装置，出现下列情况之一时，应予以报废：①焊接结构件严重变形或严重锈蚀；②螺栓发生严重变形、严重磨损、严重锈蚀；③液压升降装置主要部件损坏；④防坠落装置的部件发生明显变形。

液压升降整体脚手架的拆除工作应按专项施工方案执行，并应对拆除人员进行安全技术交底。液压升降整体脚手架的拆除工作宜在低空进行。拆除后的材料应随拆随运，分类堆放，严禁抛掷。

七、《建筑施工承插型盘扣式钢管支架安全技术规程》的相关要求

《建筑施工承插型盘扣式钢管支架安全技术规程》JGJ 231—2010规定，承插型盘扣式钢管双排脚手架高度在24m以下时，可按本规程的构造要求搭设；模板支架和高度超过24m的双排脚手架应按本规程的规定对其结构构件及立杆地基承载力进行设计计算，并应根据本规程规定编制专项施工方案。

模板支架及脚手架施工前应根据施工对象情况、地基承载力、搭设高度，按本规程的基本要求编制专项施工方案，并应经审核批准后实施。搭设操作人员必须经过专业技术培训和专业考试合格后，持证上岗。模板支架及脚手架搭设前，施工管理人员应按专项施工方案的要求对操作人员进行技术和安全作业交底。

进入施工现场的钢管支架及构配件质量应在使用前进行复检。经验收合格的构配件应按品种、规格分类码放，并应标挂数量规格铭牌备用。构配件堆放场地应排水畅通、无积水。当采用预埋方式设置脚手架连墙件时，应提前与相关部门协商，并应按设计要求预埋。模板支架及脚手架搭设场地必须平整、坚实、有排水措施。

模板支架与脚手架基础应按专项施工方案进行施工，并应按基础承载力要求进行验收。土层地基上的立杆应采用可调底座和垫板，垫板的长度不宜少于 2 跨。当地基高差较大时，可利用立杆 0.5m 节点位差配合可调底座进行调整。模板支架及脚手架应在地基基础验收合格后搭设。

模板支架立杆搭设位置应按专项施工方案放线确定。模板支架搭设应根据立杆放置可调底座，应按先立杆后水平杆再斜杆的顺序搭设，形成基本的架体单元，应以此扩展搭设成整体支架体系。可调底座和土层基础上垫板应准确放置在定位线上，保持水平。垫板应平整、无翘曲，不得采用已开裂垫板。立杆应通过立杆连接套管连接，在同一水平高度内相邻立杆连接套管接头的位置宜错开，且错开高度不宜小于 75mm。模板支架高度大于 8m 时，错开高度不宜小于 500mm。水平杆扣接头与连接盘的插销应用铁锤击紧至规定插入深度的刻度线。

每搭完一步支模架后，应及时校正水平杆步距，立杆的纵、横距，立杆的垂直偏差和水平杆的水平偏差。在多层楼板上连续设置模板支架时，应保证上下层支撑立杆在同一轴线上。混凝土浇筑前施工管理人员应组织对搭设的支架进行验收，并应确认符合专项施工方案要求后浇筑混凝土。

拆除作业应按先搭后拆、后搭先拆的原则，从顶层开始，逐层向下进行，严禁上下层同时拆除，严禁抛掷。分段、分立面拆除时，应确定分界处的技术处理方案，并应保证分段后架体稳定。

双排外脚手架立杆应定位准确，并应配合施工进度搭设，一次搭设高度不应超过相邻连墙件以上两步。连墙件应随脚手架高度上升在规定位置处设置，不得任意拆除。作业层设置应符合下列要求：①应满铺脚手板；②外侧应设挡脚板和防护栏杆，防护栏杆可在每层作业面立杆的 0.5m 和 1.0m 的盘扣节点处布置上、中两道水平杆，并应在外侧满挂密目安全网；③作业层与主体结构间的空隙应设置内侧防护网。当脚手架搭设至顶层时，外侧防护栏杆高出顶层作业层的高度不应小于 1500mm。脚手架拆除应按后装先拆、先装后拆的原则进行，严禁上下同时作业。连墙件应随脚手架逐层拆除，分段拆除的高度差不应大于两步。如因作业条件限制，出现高度差大于两步时，应增设连墙件加固。

对进入现场的钢管支架构配件的检查与验收应符合下列规定：①应有钢管支架产品标识及产品质量合格证；②应有钢管支架产品主要技术参数及产品使用说明书；③当对支架质量有疑问时，应进行质量抽检和试验。

模板支架应根据下列情况按进度分阶段进行检查和验收：①基础完工后及模板支架搭设前；②超过 8m 的高支模架搭设至一半高度后；③搭设高度达到设计高度后和混凝土浇

筑前。

脚手架应根据下列情况按进度分阶段进行检查和验收：①基础完工后及脚手架搭设前；②首段高度达到 6m 时；③架体随施工进度逐层升高时；④搭设高度达到设计高度后。

模板支架和脚手架的搭设人员应持证上岗。支架搭设作业人员应正确佩戴安全帽、安全带和防滑鞋。模板支架混凝土浇筑作业层上的施工荷载不应超过设计值。混凝土浇筑过程中，应派专人在安全区域内观测模板支架的工作状态，发生异常时观测人员应及时报告施工负责人，情况紧急时施工人员应迅速撤离，并应进行相应加固处理。模板支架及脚手架使用期间，不得擅自拆除架体结构杆件。如需拆除时，必须报请工程项目技术负责人以及总监理工程师同意，确定防控措施后方可实施。严禁在模板支架及脚手架基础开挖深度影响范围内进行挖掘作业。拆除的支架构件应安全地传递至地面，严禁抛掷。

高支模区域内，应设置安全警戒线，不得上下交叉作业。在脚手架或模板支架上进行电气焊作业时，必须有防火措施和专人监护。模板支架及脚手架应与架空输电线路保持安全距离，工地临时用电线路架设及脚手架接地防雷击措施等应按现行行业标准《施工现场临时用电安全技术规范》JGJ 46 的有关规定执行。

八、《建筑施工木脚手架安全技术规范》的相关要求

《建筑施工木脚手架安全技术规范》JGJ 164—2008 规定，当选材、材质和构造符合本规范的规定时，脚手架搭设高度应符合下列规定：①单排架不得超过 20m；②双排架不得超过 25m，当需超过 25m 时，应按本规范进行设计计算确定，但增高后的总高度不得超过 30m。

单排脚手架的搭设不得用于墙厚在 180mm 及以下的砌体土坯和轻质空心砖墙以及砌筑砂浆强度在 M1.0 以下的墙体。空斗墙上留置脚手眼时，横向水平杆下必须实砌两皮砖。砖砌体的下列部位不得留置脚手眼：①砖过梁上与梁成 60°角的三角形范围内；②砖柱或宽度小于 740mm 的窗间墙；③梁和梁垫下及其左右各 370mm 的范围内；④门窗洞口两侧 240mm 和转角处 420mm 的范围内；⑤设计图纸上规定不允许留洞眼的部位。

在大雾、大雨、大雪和 6 级以上的大风天，不得进行脚手架在高处的搭设作业。雨雪后搭设时必须采取防滑措施。搭设脚手架时，操作人员应戴好安全帽，在 2m 以上高处作业，应系安全带。

剪刀撑的设置应符合下列规定：①单、双排脚手架的外侧均应在架体端部、转折角和中间每隔 15m 的净距内，设置纵向剪刀撑，并应由底至顶连续设置；剪刀撑的斜杆应至少覆盖 5 根立杆。斜杆与地面倾角应在 45°～60°之间。当架长在 30m 以内时，应在外侧立面整个长度和高度上连续设置多跨剪刀撑。②剪刀撑的斜杆的端部应置于立杆与纵、横向水平杆相交节点处，与横向水平杆绑扎应牢固。中部与立杆及纵、横向水平杆各相交处均应绑扎牢固。③对不能交圈搭设的单片脚手架，应在两端端部从底到上连续设置横向斜撑。④斜撑或剪刀撑的斜杆底端埋入土内深度不得小于 0.3m。

进行脚手架拆除作业时，应统一指挥，信号明确，上下呼应，动作协调；当解开与另一人有关的结扣时，应先通知对方，严防坠落。在高处进行拆除作业的人员必须佩戴安全

带，其挂钩必须挂于牢固的构件上，并应站立于稳固的杆件上。拆除顺序应由上而下、先绑后拆、后绑先拆。应先拆除栏杆、脚手板、剪刀撑、斜撑，后拆除横向水平杆、纵向水平杆、立杆等，一步一清，依次进行。严禁上下同时进行拆除作业。

木脚手架的搭设、维修和拆除，必须编制专项施工方案；作业前，应向操作人员进行安全技术交底，并应按方案实施。在邻近脚手架的纵向和危及脚手架基础的地方，不得进行挖掘作业。在脚手架上进行电气焊作业时，应有可靠的防火安全措施，并设专人监护。脚手架支承于永久性结构上时，传递给永久性结构的荷载不得超过其设计允许值。上料平台应独立搭设，严禁与脚手架共用杆件。用吊笼运砖时，严禁直接放于外脚手架上。不得在单排架上使用运料小车。不得在各种杆件上进行钻孔、刀削和斧砍。每年均应对所使用的脚手板和各种杆件进行外观检查，严禁使用有腐朽、虫蛀、折裂、扭裂和纵向严重裂缝的杆件。作业层的连墙件不得承受脚手板及由其所传递来的一切荷载。

脚手架投入使用前，应先进行验收，合格后方可使用；搭设过程中每隔四步至搭设完毕均应分别进行验收。停工后又重新使用的脚手架，必须按新搭脚手架的标准检查验收，合格后方可使用。

施工过程中，严禁随意抽拆架上的各类杆件和脚手板，并应及时清除架上的垃圾和冰雪。当出现大风雨、冰雪解冻等情况时，应进行检查，对立杆下沉、悬空、接头松动、架子歪斜等现象，应立即进行维修和加固，确保安全后方可使用。

搭设脚手架时，应有保证安全上下的爬梯或斜道，严禁攀登架体上下。脚手架在使用过程中，应经常检查维修，发现问题必须及时处理解决。脚手架拆除时应划分作业区，周围应设置围栏或竖立警戒标志，并应设专人看管，严禁非作业人员入内。

第十一章 基坑支护、土方作业安全技术标准

主要的技术标准有《建筑边坡工程技术规范》GB 50330—2013、《建筑基坑支护技术规程》JGJ 120—2012、《建筑基坑工程监测技术规范》GB 50497—2009、《建筑施工土石方工程安全技术规范》JGJ 180—2009、《湿陷性黄土地区建筑基坑工程安全技术规程》JGJ 167—2009 等。

一、《建筑边坡工程技术规范》的相关要求

《建筑边坡工程技术规范》GB 50330—2013 规定，本规范适用于岩质边坡高度为 30m 以下（含 30m）、土质边坡高度为 15m 以下（含 15m）的建筑边坡工程以及岩石基坑边坡工程。超过上述限定高度的边坡工程或地质和环境条件复杂的边坡工程除应符合本规范的规定外，尚应进行专项设计，采取有效、可靠的加强措施。

规模大、破坏后果很严重、难以处理的滑坡、危岩、泥石流及断层破碎带地区，不应修筑建筑边坡。山区工程建设时应根据地质、地形条件及工程要求，因地制宜设置边坡，避免形成深挖高填的边坡工程。对稳定性较差且边坡高度较大的边坡工程宜采用放坡或分阶放坡方式进行治理。当边坡坡体内洞室密集而对边坡产生不利影响时，应根据洞室大小和深度等因素进行稳定性分析，采取相应的加强措施。存在临空外倾结构面的岩土质边坡，支护结构基础必须置于外倾结构面以下稳定地层内。

下列边坡工程的设计及施工应进行专门论证：①高度超过本规范适用范围的边坡工程；②地质和环境条件复杂、稳定性极差的一级边坡工程；③边坡塌滑区有重要建（构）筑物、稳定性较差的边坡工程；④采用新结构、新技术的一、二级边坡工程。

边坡工程应根据其损坏后可能造成的破坏后果（危及人的生命、造成经济损失、产生不良社会影响）的严重性、边坡类型和边坡高度等因素，确定边坡工程安全等级。一个边坡工程的各段，可根据实际情况采用不同的安全等级；对危害性极严重、环境和地质条件复杂的边坡工程，其安全等级应根据工程情况适当提高。破坏后果很严重、严重的下列边坡工程，其安全等级应定为一级：①由外倾软弱结构面控制的边坡工程；②工程滑坡地段的边坡工程；③边坡塌滑区有重要建（构）筑物的边坡工程。

边坡工程应根据安全等级、边坡环境、工程地质和水文地质、支护结构类型和变形控制要求等条件编制施工方案，采取合理、可行、有效的措施保证施工安全。对土石方开挖后不稳定或欠稳定的边坡，应根据边坡的地质特征和可能发生的破坏方式等情况，采取自上而下、分段跳槽、及时支护的逆作法或部分逆作法施工。未经设计许可严禁大开挖、爆破作业。不应在边坡潜在塌滑区超量堆载。边坡工程的临时性排水措施应满足地下水、暴雨和施工用水等的排放要求，有条件时宜结合边坡工程的永久性排水措施进行。边坡工程开挖后应及时按设计实施支护结构施工或采取封闭措施。一级边坡工程施工应采用信息法

施工。边坡工程施工应进行水土流失、噪声及粉尘控制等的环境保护。

边坡工程的施工组织设计应包括下列基本内容：①工程概况。边坡环境及邻近建（构）筑物基础概况、场区地形、工程地质与水文地质特点、施工条件、边坡支护结构特点、必要的图件及技术难点。②施工组织管理。组织机构图及职责分工，规章制度及落实合同工期。③施工准备。熟悉设计图、技术准备、施工所需的设备、材料进场、劳动力等计划。④施工部署。平面布置，边坡施工的分段分阶、施工程序。⑤施工方案。土石方及支护结构施工方案、附属构筑物施工方案、试验与监测。⑥施工进度计划。采用流水作业原理编制施工进度、网络计划及保证措施。⑦质量保证体系及措施。⑧安全管理及文明施工。

信息法施工的准备工作应包括下列内容：①熟悉地质及环境资料，重点了解影响边坡稳定性的地质特征和边坡破坏模式；②了解边坡支护结构的特点和技术难点，掌握设计意图及对施工的特殊要求；③了解坡顶需保护的重要建（构）筑物基础、结构和管线情况及其要求，必要时采取预加固措施；④收集同类边坡工程的施工经验；⑤参与制定和实施边坡支护结构、邻近建（构）筑物和管线的监测方案；⑥制定应急预案。

信息法施工应符合下列规定：①按设计要求实施监测，掌握边坡工程监测情况；②编录施工现场揭示的地质状态与原地质资料对比变化图，为施工勘察提供资料；③根据施工方案，对可能出现的开挖不利工况进行边坡及支护结构强度、变形和稳定验算；④建立信息反馈制度，当开挖后的实际地质情况与原勘察资料变化较大，支护结构变形较大，监测值达到报警值等不利于边坡稳定的情况发生时，应及时向设计、监理、业主通报，并根据设计处理措施调整施工方案；⑤施工中出现险情时应按本规范要求进行处理。

岩石边坡开挖爆破施工应采取避免边坡及邻近建（构）筑物震害的工程措施。当地质条件复杂、边坡稳定性差、爆破对坡顶建（构）筑物震害较严重时，不应采用爆破开挖方案。边坡爆破施工应符合下列规定：①在爆破危险区应采取安全保护措施；②爆破前应对爆破影响区建（构）筑物的原有状况进行查勘记录，并布设好监测点；③爆破施工应符合本规范要求，当边坡开挖采用逆作法时，爆破应配合放阶施工；当爆破危害较大时，应采取控制爆破措施；④支护结构坡面爆破宜采用光面爆破法；爆破坡面宜预留部分岩层采用人工挖掘修整；⑤爆破施工技术尚应符合国家现行有关标准的规定。对稳定性较差的边坡或爆破影响范围内坡顶有重要建筑物的边坡，爆破震动效应应通过爆破震动效应监测或试爆试验确定。

当边坡变形过大，变形速率过快，周边环境出现沉降开裂等险情时，应暂停施工，并根据险情状况采用下列应急处理措施：①坡底被动区临时压重；②坡顶主动区卸土减载，并应严格控制卸载程序；③做好临时排水、封面处理；④临时加固支护结构；⑤加强险情区段监测；⑥立即向勘察、设计等单位反馈信息，及时按施工现状开展勘察及设计资料复审工作。

边坡施工出现险情时，施工单位应做好边坡支护结构及边坡环境异常情况收集、整理、汇编等工作。边坡施工出现险情后，施工单位应会同相关单位查清险情原因，并应按边坡排危抢险方案的原则制定施工抢险方案。施工单位应根据施工抢险方案及时开展边坡工程抢险工作。

二、《建筑基坑支护技术规程》的相关要求

《建筑基坑支护技术规程》JGJ 120—2012 规定，基坑支护应满足下列功能要求：①保证基坑周边建（构）筑物、地下管线、道路的安全和正常使用；②保证主体地下结构的施工空间。

地下水控制应根据工程地质和水文地质条件、基坑周边环境要求及支护结构形式选用截水、降水、集水明排方法或其组合。当降水会对基坑周边建（构）筑物、地下管线、道路等造成危害或对环境造成长期不利影响时，应采用截水方法控制地下水。采用悬挂式帷幕时，应同时采用坑内降水，并宜根据水文地质条件结合坑外回灌措施。

基坑开挖应符合下列规定：①当支护结构构件强度达到开挖阶段的设计强度时，方可下挖基坑；对采用预应力锚杆的支护结构，应在锚杆施加预加力后，方可下挖基坑；对土钉墙，应在土钉、喷射混凝土面层的养护时间大于 2d 后，方可下挖基坑；②应按支护结构设计规定的施工顺序和开挖深度分层开挖；③锚杆、土钉的施工作业面与锚杆、土钉的高差不宜大于 500mm；④开挖时，挖土机械不得碰撞或损害锚杆、腰梁、土钉墙面、内支撑及其连接件等构件，不得损害已施工的基础桩；⑤当基坑采用降水时，应在降水后开挖地下水位以下的土方；⑥当开挖揭露的实际土层性状或地下水情况与设计依据的勘察资料明显不符，或出现异常现象、不明物体时，应停止开挖，在采取相应处理措施后方可继续开挖；⑦挖至坑底时，应避免扰动基底持力土层的原状结构。

软土基坑开挖除应符合以上规定外，尚应符合下列规定：①应按分层、分段、对称、均衡、适时的原则开挖；②当主体结构采用桩基础且基础桩已施工完成时，应根据开挖面下软土的性状，限制每层开挖厚度，不得造成基础桩偏位；③对采用内支撑的支护结构，宜采用局部开槽方法浇筑混凝土支撑或安装钢支撑；开挖到支撑作业面后，应及时进行支撑的施工；④对重力式水泥土墙，沿水泥土墙方向应分区段开挖，每一开挖区段的长度不宜大于 40m。

当基坑开挖面上方的锚杆、土钉、支撑未达到设计要求时，严禁向下超挖土方。采用锚杆或支撑的支护结构，在未达到设计规定的拆除条件时，严禁拆除锚杆或支撑。基坑周边施工材料、设施或车辆荷载严禁超过设计要求的地面荷载限值。

基坑开挖和支护结构使用期内，应按下列要求对基坑进行维护：①雨期施工时，应在坑顶、坑底采取有效的截排水措施；对地势低洼的基坑，应考虑周边汇水区域地面径流向基坑汇水的影响；排水沟、集水井应采取防渗措施；②基坑周边地面宜作硬化或防渗处理；③基坑周边的施工用水应有排放系统，不得渗入土体内；④当坑体渗水、积水或有渗流时，应及时进行疏导、排泄、截断水源；⑤开挖至坑底后，应及时进行混凝土垫层和主体地下结构施工；⑥主体地下结构施工时，结构外墙与基坑侧壁之间应及时回填。

在支护结构施工、基坑开挖期间以及支护结构使用期内，应对支护结构和周边环境的状况随时进行巡查，现场巡查时应检查有无下列现象及其发展情况：①基坑外地面和道路开裂、沉陷；②基坑周边建（构）筑物、围墙开裂、倾斜；③基坑周边水管漏水、破裂，燃气管漏气；④挡土构件表面开裂；⑤锚杆锚头松动，锚具夹片滑动，腰梁及支座变形，连接破损等；⑥支撑构件变形、开裂；⑦土钉墙土钉滑脱，土钉墙面层开裂和错动；⑧基

坑侧壁和截水帷幕渗水、漏水、流砂等；⑨降水井抽水异常，基坑排水不通畅。

支护结构的安全等级分为三级：一级，支护结构失效、土体过大变形对基坑周边环境或主体结构施工安全的影响很严重；二级，支护结构失效、土体过大变形对基坑周边环境或主体结构施工安全的影响严重；三级，支护结构失效、土体过大变形对基坑周边环境或主体结构施工安全的影响不严重。安全等级为一级、二级的支护结构，在基坑开挖过程与支护结构使用期内，必须进行支护结构的水平位移监测和基坑开挖影响范围内建（构）筑物、地面的沉降监测。

基坑监测数据、现场巡查结果应及时整理和反馈。当出现下列危险征兆时应立即报警：①支护结构位移达到设计规定的位移限值；②支护结构位移速率增长且不收敛；③支护结构构件的内力超过其设计值；④基坑周边建（构）筑物、道路、地面的沉降达到设计规定的沉降、倾斜限值；基坑周边建（构）筑物、道路、地面开裂；⑤支护结构构件出现影响整体结构安全性的损坏；⑥基坑出现局部坍塌；⑦开挖面出现隆起现象；⑧基坑出现流土、管涌现象。

支护结构或基坑周边环境出现以上规定的报警情况或其他险情时，应立即停止开挖，并应根据危险产生的原因和可能进一步发展的破坏形式，采取控制或加固措施。危险消除后，方可继续开挖。必要时，应对危险部位采取基坑回填、地面卸土、临时支撑等应急措施。当危险由地下水管道渗漏、坑体渗水造成时，应及时采取截断渗漏水源、疏排渗水等措施。

三、《建筑基坑工程监测技术规范》的相关要求

《建筑基坑工程监测技术规范》GB 50497—2009 规定，本规范适用于一般土及软土建筑基坑工程监测，不适用于岩石建筑基坑工程以及冻土、膨胀土、湿陷性黄土等特殊土和侵蚀性环境的建筑基坑工程监测。

开挖深度大于等于 5m 或开挖深度小于 5m 但现场地质情况和周围环境较复杂的基坑工程以及其他需要监测的基坑工程应实施基坑工程监测。基坑工程施工前，应由建设方委托具备相应资质的第三方对基坑工程实施现场监测。监测单位应编制监测方案，监测方案需经建设方、设计方、监理方等认可，必要时还需与基坑周边环境涉及的有关管理单位协商一致后方可实施。

下列基坑工程的监测方案应进行专门论证：①地质和环境条件复杂的基坑工程；②临近重要建筑和管线，以及历史文物、优秀近现代建筑、地铁、隧道等破坏后果很严重的基坑工程；③已发生严重事故，重新组织施工的基坑工程；④采用新技术、新工艺、新材料、新设备的一、二级基坑工程；⑤其他需要论证的基坑工程。

基坑工程的现场监测应采用仪器监测与巡视检查相结合的方法。基坑工程现场监测的对象应包括：①支护结构；②地下水状况；③基坑底部及周边土体；④周边建筑；⑤周边管线及设施；⑥周边重要的道路；⑦其他应监测的对象。基坑工程施工和使用期内，每天均应由专人进行巡视。

当出现下列情况之一时，必须立即进行危险报警，并应对基坑支护结构和周边环境中的保护对象采取应急措施：①监测数据达到监测报警值的累计值；②基坑支护结构或周边

土体的位移值突然明显增大或基坑出现流沙、管涌、隆起、陷落或较严重的渗漏等；③基坑支护结构的支撑或锚杆体系出现过大变形、压屈、断裂、松弛或拔出的迹象；④周边建筑的结构部分、周边地面出现较严重的突发裂缝或危害结构的变形裂缝；⑤周边管线变形突然明显增长或出现裂缝、泄漏等；⑥根据当地工程经验判断，出现其他必须进行危险报警的情况。

四、《建筑施工土石方工程安全技术规范》的相关要求

《建筑施工土石方工程安全技术规范》JGJ 180—2009 规定，土石方工程应编制专项施工安全方案，并应严格按照方案实施。施工前应针对安全风险进行安全教育及安全技术交底。施工现场发现危及人身安全和公共安全的隐患时，必须立即停止作业，排除隐患后方可恢复施工。

土石方施工的机械设备应有出厂合格证书，必须按照出厂使用说明书规定的技术性能、承载能力和使用条件等要求，正确操作，合理使用，严禁超载作业或任意扩大使用范围。机械设备进场前，应对现场和行进道路进行踏勘。不满足通行要求的地段应采取必要的措施。作业前应检查施工现场，查明危险源。机械作业不宜在有地下电缆或燃气管道等 2m 半径范围内进行。

作业时操作人员不得擅自离开岗位或将机械设备交给其他无证人员操作，严禁疲劳和酒后作业。严禁无关人员进入作业区和操作室。机械设备连续作业时，应遵守交接班制度。配合机械设备作业的人员，应在机械设备的回转半径以外工作；当在回转半径内作业时，必须有专人协调指挥。遇到下列情况之一时应立即停止作业：①填挖区土体不稳定、有坍塌可能；②地面涌水冒浆，出现陷车或因下雨发生坡道打滑；③发生大雨、雷电、浓雾、水位暴涨及山洪暴发等情况；④施工标志及防护设施被损坏；⑤工作面净空不足以保证安全作业；⑥出现其他不能保证作业和运行安全的情况。

机械设备运行时，严禁接触转动部位和进行检修。夜间工作时，现场必须有足够照明；机械设备照明装置应完好无损。机械设备在冬期使用，应遵守有关规定。冬、雨期施工时，应及时清除场地和道路上的冰雪、积水，并应采取有效的防滑措施。作业结束后，应将机械设备停到安全地带。操作人员非作业时间不得停留在机械设备内。

挖掘机挖掘前，驾驶员应发出信号，确认安全后方可启动设备。设备操作过程中应平稳，不宜紧急制动。当铲斗未离开工作面时，不得作回转、行走等动作。铲斗升降不得过猛，下降时不得碰撞车架或履带。装车作业应在运输车停稳后进行，铲斗不得撞击运输车任何部位；回转时严禁铲斗从运输车驾驶室顶上越过。拉铲或反铲作业时，挖掘机履带到工作面边缘的安全距离不应小于 1.0m。挖掘机行驶或作业中，不得用铲斗吊运物料，驾驶室外严禁站人。

推土机工作时严禁有人站在履带或刀片的支架上。推土机向沟槽回填土时应设专人指挥，严禁推铲越出边缘。两台以上推土机在同一区域作业时，两机前后距离不得小于 8m，平行时左右距离不得小于 1.5m。

自行式铲运机沿沟边或填方边坡作业时，轮胎离路肩不得小于 0.7m，并应放低铲斗，低速缓行。两台以上铲运机在同一区域作业时，自行式铲运机前后距离不得小于 20m（铲

土时不得小于 10m），拖式铲运机前后距离不得小于 10m（铲土时不得小于 5m）；平行时左右距离均不得小于 2m。

装载机作业时应使用低速挡。严禁铲斗载人。装载机不得在倾斜度超过规定的场地上工作。向汽车装料时，铲斗不得在汽车驾驶室上方越过。不得偏载、超载。在边坡、壕沟、凹坑卸料时，应有专人指挥，轮胎距沟、坑边缘的距离应大于 1.5m，并应放置挡木阻滑。

压路机碾压的工作面，应经过适当平整。压路机工作地段的纵坡坡度不应超过其最大爬坡能力，横坡坡度不应大于 20°。修筑坑边道路时，必须由里侧向外侧碾压。距路基边缘不得小于 1m。严禁用压路机拖带任何机械、物件。两台以上压路机在同一区域作业时，前后距离不得小于 3m。

载重汽车向坑洼区域卸料时，应和边坡保持安全距离，防止塌方翻车。严禁在斜坡侧向倾卸。载重汽车卸料后，应使车厢落下复位后方可起步，不得在未落车厢的情况下行驶。车厢内严禁载人。

蛙式夯实机的扶手和操作手柄必须加装绝缘材料，操作开关必须使用定向开关，进线口必须加胶圈。夯实机的电缆线不宜长于 50m，不得扭结、缠绕或张拉过紧，应保持有至少 3～4m 的余量。操作人员必须戴绝缘手套、穿绝缘鞋，必须采取一人操作、一人拉线作业。多台夯机同时作业时，其并列间距不宜小于 5m，纵列间距不宜小于 10m。

小翻斗车运输构件宽度不得超过车宽，高度不得超过 1.5m（从地面算起）。下坡时严禁空挡滑行；严禁在大于 25°的陡坡上向下行驶。在坑槽边缘倒料时，必须在距离坑槽 0.8～1.0m 处设置安全挡块。严禁骑沟倒料。翻斗车行驶的坡道应平整且宽度不得小于 2.3m。翻斗车行驶中，车架上和料斗内严禁站人。

土石方施工区域应在行车、行人可能经过的路线点处设置明显的警示标志。有爆破、塌方、滑坡、深坑、高空滚石、沉陷等危险的区域应设置防护栏栅或隔离带。施工现场临时供水管线应埋设在安全区域，冬期应有可靠的防冻措施。供水管线穿越道路时应有可靠的防振防压措施。

土石方爆破工程应由具有相应爆破资质和安全生产许可证的企业承担。爆破作业人员应取得有关部门颁发的资格证书，做到持证上岗。爆破工程作业现场应由具有相应资格的技术人员负责指导施工。A 级、B 级、C 级和对安全影响较大的 D 级爆破工程均应编制爆破设计书，并对爆破方案进行专家论证。爆破警戒范围由设计确定。在危险区边界，应设有明显标志，并派出警戒人员。爆破警戒时，应确保指挥部、起爆站和各警戒点之间有良好的通信联络。爆破后应检查有无盲炮及其他险情。当有盲炮及其他险情时，应及时上报并处理，同时在现场设立危险标志。

爆破作业环境有下列情况时，严禁进行爆破作业：①爆破可能产生不稳定边坡、滑坡、崩塌的危险；②爆破可能危及建（构）筑物、公共设施或人员的安全；③恶劣天气条件下。

爆破作业环境有下列情况时，不应进行爆破作业：①药室或炮孔温度异常，而无有效针对措施；②作业人员和设备撤离通道不安全或堵塞。

土方开挖前，应查明基坑周边影响范围内建（构）筑物、上下水、电缆、燃气、排水及热力等地下管线情况，并采取措施保护其使用安全。基坑开挖深度范围内有地下水时，应采取有效的地下水控制措施。基坑工程应编制应急预案。开挖深度超过 2m 的基坑周边必须安装防护栏杆。防护栏杆应符合下列规定：①防护栏杆高度不应低于 1.2m；②防护栏杆应由横杆及立杆组成，横杆应设 2~3 道，下杆离地高度宜为 0.3~0.6m，上杆离地高度宜为 1.2~1.5m，立杆间距不宜大于 2.0m，立杆离坡边距离宜大于 0.5m；③防护栏杆宜加挂密目安全网和挡脚板，安全网应自上而下封闭设置，挡脚板高度不应小于 180mm，挡脚板下沿离地高度不应大于 10mm；④防护栏杆应安装牢固，材料应有足够的强度。

深基坑开挖过程中必须进行基坑变形监测，发现异常情况应及时采取措施。当基坑开挖过程中出现位移超过预警值、地表裂缝或沉陷等情况时，应及时报告有关方面。出现塌方险情等征兆时，应立即停止作业，组织撤离危险区域，并立即通知有关方面进行研究处理。

边坡开挖施工区域应有临时排水及防雨措施。边坡开挖前，应清除边坡上方已松动的石块及可能崩塌的土体。边坡开挖前应设置变形监测点，定期监测边坡的变形。边坡开挖过程中出现沉降、裂缝等险情时，应立即向有关方面报告，并根据险情采取如下措施：①暂停施工，转移危险区内人员和设备；②对危险区域采取临时隔离措施，并设置警示标志；③坡脚被动区压重或坡顶主动区卸载；④作好临时排水、封面处理；⑤采取应急支护措施。

五、《湿陷性黄土地区建筑基坑工程安全技术规程》的相关要求

《湿陷性黄土地区建筑基坑工程安全技术规程》JGJ 167—2009 规定，湿陷性黄土，是指在一定压力的作用下受水浸湿时，土的结构迅速破坏，并产生显著附加下沉的黄土。

施工过程中应经常检查平面位置、坑底面标高、边坡坡度、地下水的降深情况。专职安全员应随时观测周边的环境变化。土方开挖施工过程中，基坑边缘及挖掘机械的回转半径内严禁人员逗留。基坑的四周应设置安全围栏并应牢固可靠。围栏的高度不应低于 1.20m，并应设置明显的安全警告标识牌。当基坑较深时，应设置人员上下的专用通道。夜间施工时，现场应具备充足的照明条件，不得留有照明死角。每个照明灯具应设置单独的漏电保护器。电源线应采用架空设置；当不具备架空条件时，可采用地沟埋设，车辆的通行地段，应先将电源线穿入护管后再埋入地下。

基坑降水宜优先采用管井降水；当具有施工经验或具备条件时，亦可采用集水明排或其他降水方法。土方工程施工前应进行挖填方的平衡计算，并应综合考虑基坑工程的各道工序及土方的合理运距。土方开挖前，应做好地面排水，必要时应做好降低地下水位工作。当挖方较深时，应采取必要的基坑支护措施。防止坑壁坍塌，避免危害工程周边环境。雨期和冬期施工应采取防水、排水、防冻等措施，确保基坑及坑壁不受水浸泡、冲刷、受冻。

基槽开挖前必须查明基槽开挖影响范围内的各类地下设施，包括上水、下水、电缆、光缆、消防管道、煤气、天然气、热力等管线和管道的分布、使用状况及对变形的要求等。查明基槽影响范围内的道路及车辆载重情况。基槽开挖必须保证基槽及邻近的建（构）筑物、地下各类管线和道路的安全。基槽工程可采用垂直开挖、放坡开挖或内支撑

方式开挖。支护结构必须满足强度、稳定性和变形的要求。基槽土方开挖的顺序、方法必须与设计相一致，并应遵循"开槽支撑，先撑后挖，分层开挖，严禁超挖"的原则。施工中基槽边堆置土方的高度和安全距离应符合设计要求。基槽开挖时，应对周围环境进行观察和监测；当出现异常情况时，应及时反馈并处理，待恢复正常后方可施工。基槽工程在开挖及回填中，应监测地层中的有害气体，并应采取戴防毒面具、送风送氧等有效防护措施。当基槽较深时，应设置人员上下坡道或爬梯，不得在槽壁上掏坑攀登上下。

对深度超过 2m 及以上的基坑施工，应在基坑四周设置高度大于 0.15m 的防水围挡，并应设置防护栏杆，防护栏杆埋深应大于 0.60m，高度宜为 1.00～1.10m，栏杆柱距不得大于 2.0m，距离坑边水平距离不得小于 0.50m。基坑周边 1.2m 范围内不得堆载，3m 以内限制堆载，坑边严禁重型车辆通行。当支护设计中已考虑堆载和车辆运行时，必须按设计要求进行，严禁超载。在基坑边 1 倍基坑深度范围内建造临时住房或仓库时，应经基坑支护设计单位允许，并经施工企业技术负责人、工程项目总监批准，方可实施。

基坑的上、下部和四周必须设置排水系统，流水坡向应明显，不得积水。基坑上部排水沟与基坑边缘的距离应大于 2m，沟底和两侧必须做防渗处理。基坑底部四周应设置排水沟和集水坑。雨期施工时，应有防洪、防暴雨的排水措施及材料设备，备用电源应处在良好的技术状态。在基坑的危险部位或在临边、临空位置，设置明显的安全警示标识或警戒。当夜间进行基坑施工时，设置的照明充足，灯光布局合理，防止强光影响作业人员视力，必要时应配备应急照明。

基坑开挖时支护单位应编制基坑安全应急预案，并经项目总监批准。应急预案中所涉及的机械设备与物料，应确保完好，存放在现场并便于立即投入使用。施工单位在作业前，必须对从事作业的人员进行安全技术交底，并应进行事故应急救援演练。施工单位应有专人对基坑安全进行巡查，每天早晚各 1 次，雨期应增加巡查次数，并应做好记录，发现异常情况应及时报告。对基坑监测数据应及时进行分析整理；当变形值超过设计警戒值时，应发出预警，停止施工，撤离人员，并应按应急预案中的措施进行处理。

第十二章 高处作业、施工用电、建筑拆除安全技术标准

主要的技术标准有《建筑施工高处作业安全技术规范》JGJ 80—2016、《施工现场临时用电安全技术规范》JGJ 46—2005、《建设工程施工现场供用电安全规范》GB 50194—2014 和《建筑拆除工程安全技术规范》JGJ 147—2016。

一、《建筑施工高处作业安全技术规范》的相关要求

《建筑施工高处作业安全技术规范》JGJ 80—2016 规定，高处作业施工前，应按类别对安全防护设施进行检查、验收，验收合格后方可进行作业，并应做验收记录。验收可分层或分阶段进行。高处作业施工前，应对作业人员进行安全技术交底，并应记录。应对初次作业人员进行培训。应根据要求将各类安全警示标志悬挂于施工现场各相应部位，夜间应设红灯警示。高处作业施工前，应检查高处作业的安全标志、工具、仪表、电气设施和设备，确认其完好后，方可进行施工。

高处作业人员应根据作业的实际情况配备相应的高处作业安全防护用品，并应按规定正确佩戴和使用相应的安全防护用品、用具。对施工作业现场可能坠落的物料，应及时拆除或采取固定措施。高处作业所用的物料应堆放平稳，不得妨碍通行和装卸。工具应随手放入工具袋；作业中的走道、通道板和登高用具，应随时清理干净；拆卸下的物料及余料和废料应及时清理运走，不得随意放置或向下丢弃。传递物料时不得抛掷。

在雨、霜、雾、雪等天气进行高处作业时，应采取防滑、防冻和防雷措施，并应及时清除作业面上的水、冰、雪、霜。当遇有 6 级及以上强风、浓雾、沙尘暴等恶劣气候，不得进行露天攀登与悬空高处作业。雨雪天气后，应对高处作业安全设施进行检查，当发现有松动、变形、损坏或脱落等现象时，应立即修理完善，维修合格后方可使用。对需临时拆除或变动的安全防护设施，应采取可靠措施，作业后应立即恢复。

安全防护设施验收应包括下列主要内容：①防护栏杆的设置与搭设；②攀登与悬空作业的用具与设施搭设；③操作平台及平台防护设施的搭设；④防护棚的搭设；⑤安全网的设置；⑥安全防护设施、设备的性能与质量、所用的材料、配件的规格；⑦设施的节点构造，材料配件的规格、材质及其与建筑物的固定、连接状况。

应有专人对各类安全防护设施进行检查和维修保养，发现隐患应及时采取整改措施。安全防护设施宜采用定型化、工具化设施，防护栏应为黑黄或红白相间的条纹标示，盖件应为黄或红色标示。

（一）临边与洞口作业

1. 临边作业

坠落高度基准面 2m 及以上进行临边作业时，应在临空一侧设置防护栏杆，并应采用

密目式安全立网或工具式栏板封闭。

施工的楼梯口、楼梯平台和梯段边，应安装防护栏杆；外设楼梯口、楼梯平台和梯段边还应采用密目式安全立网封闭。建筑物外围边沿处，对没有设置外脚手架的工程，应设置防护栏杆；对有外脚手架的工程，应采用密目式安全立网全封闭；密目式安全立网应设置在脚手架外侧立杆上，并应与脚手杆紧密连接。

施工升降机、龙门架和井架物料提升机等在建筑物间设置的停层平台两侧边，应设置防护栏杆、挡脚板，并应采用密目式安全立网或工具式栏板封闭。停层平台口应设置高度不低于 1.80m 的楼层防护门，并应设置防外开装置。井架物料提升机通道中间，应分别设置隔离设施。

2. 洞口作业

洞口作业时，应采取防坠落措施，并应符合下列规定：①当竖向洞口短边边长小于 500mm 时，应采取封堵措施；当垂直洞口短边边长大于或等于 500mm 时；应在临空一侧设置高度不小于 1.2m 的防护栏杆，并应采用密目式安全立网或工具式栏板封闭，设置挡脚板；②当非竖向洞口短边边长为 25～500mm 时，应采用承力力满足使用要求的盖板覆盖，盖板四周搁置应均衡，且应防止盖板移位；③当非竖向洞口短边边长为 500～1500mm 时，应采用盖板覆盖或防护栏杆等措施，并应固定牢固；④当非竖向洞口短边边长大于或等于 1500mm 时，应在洞口作业侧设置高度不小于 1.2m 的防护栏杆，洞口应采用安全平网封闭。

电梯井口应设置防护门，其高度不应小于 1.5m，防护门底端距地面高度不应大于 50mm，并应设置挡脚板。在电梯施工前，电梯井道内应每隔 2 层且不大于 10m 加设一道安全平网。电梯井内的施工层上部，应设置隔离防护设施。

洞口盖板应能承受不小于 1kN 的集中荷载和不小于 2kN/m² 的均布荷载，有特殊要求的盖板应另行设计。墙面等处落地的竖向洞口、窗台高度低于 800mm 的竖向洞口及框架结构在浇筑完混凝土未砌筑墙体时的洞口，应按临边防护要求设置防护栏杆。

3. 防护栏杆

临边作业的防护栏杆应由横杆、立杆及挡脚板组成，防护栏杆应符合下列规定：①防护栏杆应为两道横杆，上杆距地面高度应为 1.2m，下杆应在上杆和挡脚板中间设置；②当防护栏杆高度人于 1.2m 时，应增设横杆，横杆间距不应大于 600mm；③防护栏杆立杆间距不应大于 2m；④挡脚板高度不应小于 180mm。

防护栏杆立杆底端应固定牢固，并应符合下列规定：①当在土体上固定时，应采用预埋或打入方式固定；②当在混凝土楼面、地面、屋面或墙面固定时，应将预埋件与立杆连接牢固；③当在砌体上固定时，应预先砌入相应规格含有预埋件的混凝土块，预埋件应与立杆连接牢固。

防护栏杆杆件的规格及连接，应符合下列规定：①当采用钢管作为防护栏杆杆件时，横杆及栏杆立杆应采用脚手钢管，并应采用扣件、焊接、定型套管等方式进行连接固定；②当采用其他材料作防护栏杆杆件时，应选用与钢管材质强度相当的材料，并应采用螺栓、销轴或焊接等方式进行连接固定。

防护栏杆的立杆和横杆的设置、固定及连接，应确保防护栏杆在上下横杆和立杆任何部位处，均能承受任何方向 1kN 的外力作用。当栏杆所处位置有发生人群拥挤、物件碰撞等可能时，应加大横杆截面或加密立杆间距。防护栏杆应张挂密目式安全立网或其他材料封闭。

(二) 攀登与悬空作业

1. 攀登作业

登高作业应借助施工通道、梯子及其他攀登设施和用具。攀登作业设施和用具应牢固可靠；当采用梯子攀爬作用时，踏面荷载不应大于 1.1kN；当梯面上有特殊作业时，应按实际情况进行专项设计。

同一梯子上不得两人同时作业。在通道处使用梯子作业时，应有专人监护或设置围栏。脚手架操作层上严禁架设梯子作业。使用单梯时梯面应与水平面成 75°夹角，踏步不得缺失，梯格间距宜为 300mm，不得垫高使用。使用固定式直梯攀登作业时，当攀登高度超过 3m 时，宜加设护笼；当攀登高度超过 8m 时，应设置梯间平台。

钢结构安装时，应使用梯子或其他登高设施攀登作业。坠落高度超过 2m 时，应设置操作平台。当安装屋架时，应在屋脊处设置扶梯。扶梯踏步间距不应大于 400mm。屋架杆件安装时搭设的操作平台，应设置防护栏杆或使用作业人员拴挂安全带的安全绳。深基坑施工应设置扶梯、入坑踏步及专用载人设备或斜道等设施。采用斜道时，应加设间距不大于 400mm 的防滑条等防滑措施。作业人员严禁沿坑壁、支撑或乘运土工具上下。

2. 悬空作业

悬空作业的立足处的设置应牢固，并应配置登高和防坠落装置和设施。

构件吊装和管道安装时的悬空作业应符合下列规定：①钢结构吊装，构件宜在地面组装，安全设施应一并设置；②吊装钢筋混凝土屋架、梁、柱等大型构件前，应在构件上预先设置登高通道、操作立足点等安全设施；③在高空安装大模板、吊装第一块预制构件或单独的大中型预制构件时，应站在作业平台上操作；④钢结构安装施工宜在施工层搭设水平通道，水平通道两侧应设置防护栏杆；当利用钢梁作为水平通道时，应在钢梁一侧设置连续的安全绳，安全绳宜采用钢丝绳；⑤钢结构、管道等安装施工的安全防护宜采用工具化、定型化设施。

严禁在未固定、无防护设施的构件及管道上进行作业或通行。当利用吊车梁等构件作为水平通道时，临空面的一侧应设置连续的栏杆等防护措施。当安全绳为钢索时，钢索的一端应采用花篮螺栓收紧；当安全绳为钢丝绳时，钢丝绳的自然下垂度不应大于绳长的 1/20，并不应大于 100mm。

模板支撑体系搭设和拆卸的悬空作业，应符合下列规定：①模板支撑的搭设和拆卸应按规定程序进行，不得在上下同一垂直面上同时装拆模板；②在坠落基准面 2m 及以上高处搭设与拆除柱模板及悬挑结构的模板时，应设置操作平台；③在进行高处拆模作业时应配置登高用具或搭设支架。

绑扎钢筋和预应力张拉的悬空作业应符合下列规定：①绑扎立柱和墙体钢筋，不得沿钢筋骨架攀登或站在骨架上作业；②在坠落基准面 2m 及以上高处绑扎柱钢筋和进行预应力张拉时，应搭设操作平台。

混凝土浇筑与结构施工的悬空作业应符合下列规定：①浇筑高度 2m 及以上的混凝土结构构件时，应设置脚手架或操作平台；②悬挑的混凝土梁和檐、外墙和边柱等结构施工时，应搭设脚手架或操作平台。

屋面作业时应符合下列规定：①在坡度大于 25°的屋面上作业，当无外脚手架时，应在屋檐边设置不低于 1.5m 高的防护栏杆，并应采用密目式安全立网全封闭；②在轻质型材等屋面上作业，应搭设临时走道板，不得在轻质型材上行走；安装轻质型材板前，应采取在梁下支设安全平网或搭设脚手架等安全防护措施。

外墙作业时应符合下列规定：①门窗作业时，应有防坠落措施，操作人员在无安全防护措施时，不得站立在樘子、阳台栏板上作业；②高处作业不得使用座板式单人吊具，不得使用自制吊篮。

（三）操作平台

操作平台应通过设计计算，并应编制专项方案，架体构造与材质应满足国家现行相关标准的规定。操作平台的临边应设置防护栏杆，单独设置的操作平台应设置供人上下、踏步间距不大于 400mm 的扶梯。应在操作平台明显位置设置标明允许负载值的限载牌及限定允许的作业人数，物料应及时转运，不得超重、超高堆放。

操作平台使用中应每月不少于 1 次定期检查，应由专人进行日常维护工作，及时消除安全隐患。

1. 移动式操作平台

移动式操作平台面积不宜大于 10m²，高度不宜大于 5m，高宽比不应大于 2：1，施工荷载不应大于 1.5kN/m²。移动式操作平台的轮子与平台架体连接应牢固，立柱底端离地面不得大于 80mm，行走轮和导向轮应配有制动器或刹车闸等制动措施。

移动式操作平台移动时，操作平台上不得站人。

2. 落地式操作平台

落地式操作平台架体构造应符合下列规定：①操作平台高度不应大于 15m，高宽比不应大于 3：1；②施工平台的施工荷载不应大于 2.0kN/m²；当接料平台的施工荷载大于 2.0kN/m² 时，应进行专项设计；③操作平台应与建筑物进行刚性连接或加设防倾措施，不得与脚手架连接；④用脚手架搭设操作平台时，其立杆间距和步距等结构要求应符合国家现行相关脚手架规范的规定；应在立杆下部设置底座或垫板、纵向与横向扫地杆，并应在外立面设置剪刀撑或斜撑；⑤操作平台应从底层第一步水平杆起逐层设置连墙件，且连墙件间隔不应大于 4m，并应设置水平剪刀撑。连墙件应为可承受拉力和压力的构件，并应与建筑结构可靠连接。

落地式操作平台一次搭设高度不应超过相邻连墙件以上 2 步。落地式操作平台拆除应由上而下逐层进行，严禁上下同时作业，连墙件应随施工进度逐层拆除。

落地式操作平台检查验收应符合下列规定：①操作平台的钢管和扣件应有产品合格证；②搭设前应对基础进行检查验收，搭设中应随施工进度按结构层对操作平台进行检查验收；③遇 6 级以上大风、雷雨、大雪等恶劣天气及停用超过 1 个月，恢复使用前，应进行检查。

3. 悬挑式操作平台

悬挑式操作平台设置应符合下列规定：①操作平台的搁置点、拉结点、支撑点应设置在稳定的主体结构上，且应可靠连接；②严禁将操作平台设置在临时设施上；③操作平台的结构应稳定可靠，承载力应符合设计要求。

悬挑式操作平台的悬挑长度不宜大于 5m，均布荷载不应大于 5.5kN/m²，集中荷载不应大于 15kN，悬挑梁应锚固固定。采用斜拉方式的悬挑式操作平台，平台两侧的连接吊环应与前后两道斜拉钢丝绳连接，每一道钢丝绳应能承载该侧所有荷载。采用支承方式的悬挑式操作平台，应在钢平台下方设置不少于两道斜撑，斜撑的一端应支承在钢平台主结构钢梁下，另一端应支承在建筑物主体结构。采用悬臂梁式的操作平台，应采用型钢制作悬挑梁或悬挑桁架，不得使用钢管，其节点应采用螺栓或焊接的刚性节点。当平台板上的主梁采用与主体结构预埋件焊接时，预埋件、焊缝均应经设计计算，建筑主体结构应同时满足强度要求。

悬挑式操作平台应设置 4 个吊环，吊运时应使用卡环，不得使吊钩直接钩挂吊环。吊环应按通用吊环或起重吊环设计，并应满足强度要求。

悬挑式操作平台安装时，钢丝绳应采用专用的钢丝绳夹连接，钢丝绳夹数量应与钢丝绳直径相匹配，且不得少于 4 个。建筑物锐角、利口周围系钢丝绳处应加衬软垫物。悬挑式操作平台的外侧应略高于内侧；外侧应安装防护栏杆并应设置防护挡板全封闭。人员不得在悬挑式操作平台吊运、安装时上下。

（四）交叉作业

交叉作业时，坠落半径内应设置安全防护棚或安全防护网等安全隔离措施。当尚未设置安全隔离措施时，应设置警戒隔离区，人员严禁进入隔离区。

处于起重机臂架回转范围内的通道，应搭设安全防护棚。施工现场人员进出的通道口，应搭设安全防护棚。不得在安全防护棚栅顶堆放物料。对不搭设脚手架和设置安全防护棚时的交叉作业，应设置安全防护网，当在多层、高层建筑外立面施工时，应在 2 层及每隔 4 层设 1 道固定的安全防护网，同时设 2 道随施工高度提升的安全防护网。

安全防护棚搭设应符合下列规定：①当安全防护棚为非机动车辆通行时，棚底至地面高度不应小于 3m；当安全防护棚为机动车辆通行时，棚底至地面高度不应小于 4m。②当建筑物高度大于 24m 并采用木质板搭设时，应搭设双层安全防护棚。两层防护的间距不应小于 700mm，安全防护棚的高度不应小于 4m。③当安全防护棚的顶棚采用竹笆或木质板搭设时，应采用双层搭设，间距不应小于 700mm；当采用木质板或与其等强度的其他材料搭设时，可采用单层搭设，木板厚度不应小于 50mm。防护棚的长度应根据建筑物高度与可能坠落半径确定。

安全防护网搭设应符合下列规定：①安全防护网搭设时，应每隔 3m 设一根支撑杆，支撑杆水平夹角不宜小于 45°；②当在楼层设支撑杆时，应预埋钢筋环或在结构内外侧各设一道横杆；③安全防护网应外高里低，网与网之间应拼接严密。

（五）建筑施工安全网

建筑施工安全网的选用应符合下列规定：①安全网材质、规格、物理性能、耐火性、阻燃性应满足现行国家标准《安全网》GB 5725 的规定；②密目式安全立网的网目密度应为 10cm×10cm 面积上大于或等于 2000 目。

采用平网防护时，严禁使用密目式安全立网代替平网使用。密目式安全立网使用前，应检查产品分类标记、产品合格证、网目数及网体重量，确认合格方可使用。

安全网搭设应绑扎牢固、网间严密。安全网的支撑架应具有足够的强度和稳定性。密目式安全立网搭设时，每个开眼环扣应穿入系绳，系绳应绑扎在支撑架上，间距不得大于450mm。相邻密目网间应紧密结合或重叠。

当立网用于龙门架、物料提升架及井架的封闭防护时，四周边绳应与支撑架贴紧，边绳的断裂张力不得小于3kN，系绳应绑在支撑架上，间距不得大于750mm。用于电梯井、钢结构和框架结构及构筑物封闭防护的平网，应符合下列规定：①平网每个系结点上的边绳应与支撑架靠紧，边绳的断裂张力不得小于7kN，系绳沿网边应均匀分布，间距不得大于750mm；②电梯井内平网网体与井壁的空隙不得大于25mm，安全网拉结应牢固。

二、《施工现场临时用电安全技术规范》的相关要求

《施工现场临时用电安全技术规范》JGJ 46—2005规定，建筑施工现场临时用电工程专用的电源中性点直接接地的220/380V三相四线制低压电力系统，必须符合下列规定：①采用三级配电系统；②采用TN-S接零保护系统；③采用二级漏电保护系统。

施工现场临时用电设备在5台及以上或设备总容量在50kW及以上者，应编制用电组织设计。施工现场临时用电组织设计应包括下列内容：1）现场勘测。2）确定电源进线、变电所或配电室、配电装置、用电设备位置及线路走向。3）进行负荷计算。4）选择变压器。5）设计配电系统：①设计配电线路；选择导线或电缆；②设计配电装置，选择电器；③设计接地装置；④绘制临时用电工程图纸，主要包括用电工程总平面图、配电装置布置图、配电系统接线图、接地装置设计图。6）设计防雷装置。7）确定防护措施。8）制定安全用电措施和电气防火措施。临时用电工程图纸应单独绘制，临时用电工程应按图施工。

临时用电组织设计及变更时，必须履行"编制、审核、批准"程序，由电气工程技术人员组织编制，经相关部门审核及具有法人资格企业的技术负责人批准后实施。变更用电组织设计时应补充有关图纸资料。临时用电工程必须经编制、审核、批准部门和使用单位共同验收，合格后方可投入使用。施工现场临时用电设备在5台以下和设备总容量在50kW以下者，应制定安全用电和电气防火措施，并应符合以上规定。

电工必须经过按国家现行标准考核合格后，持证上岗工作；其他用电人员必须通过相关安全教育培训和技术交底，考核合格后方可上岗工作。安装、巡检、维修或拆除临时用电设备和线路，必须由电工完成，并应有人监护。

在建工程不得在外电架空线路正下方施工、搭设作业棚、建造生活设施或堆放构件、架具、材料及其他杂物等。施工现场开挖沟槽边缘与外电埋地电缆沟槽边缘之间的距离不得小于0.5m。电气设备现场周围不得存放易燃易爆物、污源和腐蚀介质，否则应予清除或做防护处置，其防护等级必须与环境条件相适应。电气设备设置场所应能避免物体打击和机械损伤，否则应做防护处置。

当施工现场与外电线路共用同一供电系统时，电气设备的接地、接零保护应与原系统保持一致，不得一部分设备做保护接零，另一部分设备做保护接地。施工现场的临时用电电力系统严禁利用大地做相线或零线。保护零线必须采用绝缘导线。城防、人防、隧道等

潮湿或条件特别恶劣施工现场的电气设备必须采用保护接零。每一接地装置的接地线应采用2根及以上导体，在不同点与接地体做电气连接。不得采用铝导体做接地体或地下接地线。垂直接地体宜采用角钢、钢管或光面圆钢，不得采用螺纹钢。接地可利用自然接地体，但应保证其电气连接和热稳定。在有静电的施工现场内，对集聚在机械设备上的静电应采取接地泄漏措施。

施工现场内的起重机、井字架、龙门架等机械设备，以及钢脚手架和正在施工的在建工程等的金属结构，当在相邻建筑物、构筑物等设施的防雷装置接闪器的保护范围以外时，应按规定安装防雷装置。当最高机械设备上避雷针（接闪器）的保护范围能覆盖其他设备，且又最后退出现场，则其他设备可不设防雷装置。机械设备或设施的防雷引下线可利用该设备或设施的金属结构体，但应保证电气连接。

配电室应靠近电源，并应设在灰尘少、潮气少、振动小、无腐蚀介质、无易燃易爆物及道路畅通的地方。配电室和控制室应能自然通风，并应采取防止雨雪侵入和动物进入的措施。配电柜或配电线路停电维修时，应挂接地线，并应悬挂"禁止合闸、有人工作"停电标志牌。停送电必须由专人负责。

发电机组及其控制、配电、修理室等可分开设置；在保证电气安全距离和满足防火要求情况下可合并设置。发电机组的排烟管道必须伸出室外。发电机组及其控制、配电室内必须配置可用于扑灭电气火灾的灭火器，严禁存放贮油桶。发电机组电源必须与外电线路电源连锁，严禁并列运行。发电机组并列运行时，必须装设同期装置，并在机组同步运行后再向负载供电。

架空线必须采用绝缘导线。架空线必须架设在专用电杆上，严禁架设在树木、脚手架及其他设施上。电缆中必须包含全部工作芯线和用作保护零线或保护线的芯线。需要三相四线制配电的电缆线路必须采用五芯电缆。电缆线路应采用埋地或架空敷设，严禁沿地面明设，并应避免机械损伤和介质腐蚀。架空电缆严禁沿脚手架、树木或其他设施敷设。在建工程内的电缆线路必须采用电缆埋地引入，严禁穿越脚手架引入。室内配线必须采用绝缘导线或电缆。

配电系统应设置配电柜或总配电箱、分配电箱、开关箱，实行三级配电。每台用电设备必须有各自专用的开关箱，严禁用同一个开关箱直接控制2台及2台以上用电设备（含插座）。动力配电箱与照明配电箱宜分别设置。当合并设置为同一配电箱时，动力和照明应分路配电；动力开关箱与照明开关箱必须分设。配电箱、开关箱应装设在干燥、通风及常温场所，不得装设在有严重损伤作用的瓦斯、烟气、潮气及其他有害介质中，亦不得装设在易受外来固体物撞击、强烈振动、液体浸溅及热源烘烤场所。配电箱、开关箱周围应有足够2人同时工作的空间和通道，不得堆放任何妨碍操作、维修的物品，不得有灌木、杂草。

配电箱、开关箱内的电器必须可靠、完好，严禁使用破损、不合格的电器。总配电箱的电器应具备电源隔离，正常接通与分断电路，以及短路、过载、漏电保护功能。分配电箱应装设总隔离开关、分路隔离开关以及总断路器、分路断路器或总熔断器、分路熔断器。开关箱必须装设隔离开关、断路器或熔断器，以及漏电保护器。配电箱、开关箱箱门应配锁，并应由专人负责。配电箱、开关箱应定期检查、维修。检查、维修人员必须是专业电工。检查、维修时必须按规定穿、戴绝缘鞋、手套，必须使用电工绝缘工具，并应做检查、维修工作记录。对配电箱、开关箱进行定期维修、检查时，必须将其前一级相应的电源隔离开关分闸断电，并悬挂"禁止合闸、有人工作"停电标志牌，严禁带电作业。施工现场停止作业1小时以上时，应将动力开关箱断电上锁。

塔式起重机、外用电梯、滑升模板的金属操作平台及需要设置避雷装置的物料提升机，除应连接PE线外，还应做重复接地。设备的金属结构构件之间应保证电气连接。轨道式塔式起重机的电缆不得拖地行走。需要夜间工作的塔式起重机，应设置正对工作面的投光灯。塔身高于30m的塔式起重机，应在塔顶和臂架端部设红色信号灯。外用电梯和物料提升机在每日工作前必须对行程开关、限位开关、紧急停止开关、驱动机构和制动器等进行空载检查，正常后方可使用。检查时必须有防坠落措施。

使用夯土机械必须按规定穿戴绝缘用品，使用过程应有专人调整电缆，电缆长度不应大于50m。电缆严禁缠绕、扭结和被夯土机械跨越。多台夯土机械并列工作时，其间距不得小于5m；前后工作时，其间距不得小于10m。夯土机械的操作扶手必须绝缘。电焊机械应放置在防雨、干燥和通风良好的地方。焊接现场不得有易燃、易爆物品。使用电焊机械焊接时必须穿戴防护用品，严禁露天冒雨从事电焊作业。使用手持式电动工具时，必须按规定穿、戴绝缘防护用品。对混凝土搅拌机、钢筋加工机械、木工机械、盾构机械等设备进行清理、检查、维修时，必须首先将其开关箱分闸断电，呈现可见电源分断点，并关门上锁。

在坑、洞、井内作业、夜间施工或厂房、道路、仓库、办公室、食堂、宿舍、料具堆放场及自然采光差等场所，应设一般照明、局部照明或混合照明。在一个工作场所内，不得只设局部照明。停电后，操作人员需及时撤离的施工现场，必须装设自备电源的应急照明。一般场所宜选用额定电压为220V的照明器。下列特殊场所应使用安全特低电压照明器：①隧道、人防工程、高温、有导电灰尘、比较潮湿或灯具离地面高度低于2.5m等场所的照明，电源电压不应大于36V；②潮湿和易触及带电体场所的照明，电源电压不得大于24V；③特别潮湿场所、导电良好的地面、锅炉或金属容器内的照明，电源电压不得大于12V。

对夜间影响飞机或车辆通行的在建工程及机械设备，必须设置醒目的红色信号灯，其电源应设在施工现场总电源开关的前侧，并应设置外电线路停止供电时的应急自备电源。

三、《建设工程施工现场供用电安全规范》的相关要求

《建设工程施工现场供用电安全规范》GB 50194—2014规定，供用电设计应按照工程规模、场地特点、负荷性质、用电容量、地区供用电条件，合理确定设计方案。供用电设计应经审核、批准后实施。

供用电施工方案或施工组织设计应经审核、批准后实施。供用电施工方案或施工组织设计应包括下列内容：①工程概况；②编制依据；③供用电施工管理组织机构；④配电装置安装、防雷接地装置安装、线路敷设等施工内容的技术要求；⑤安全用电及防火措施。

供用电工程施工完毕后，应有完整的平面布置图、系统图、隐蔽工程记录、试验记录，经验收合格后方可投入使用。

（一）发电设施

施工现场发电设施的选址应根据负荷位置、交通运输、线路布置、污染源频率风向、周边环境等因素综合考虑。发电设施不应设在地势低洼和可能积水的场所。

发电机组电源必须与其他电源互相闭锁，严禁并列运行。

（二）变电设施

变电所位置的选择应符合下列规定：①应方便日常巡检和维护；②不应设在易受施工干扰、地势低洼易积水的场所。

变电所对于其他专业的要求应符合下列规定：①面积与高度应满足变配电装置的维护与操作所需的安全距离；②变配电室内应配置适用于电气火灾的灭火器材；③变配电室应设置应急照明；④变电所外醒目位置应标识维护运行机构、人员、联系方式等信息；⑤变电所应设置排水设施。

（三）配电设施

低压配电系统宜采用三级配电，宜设置总配电箱、分配电箱、末级配电箱。消防等重要负荷应由总配电箱专用回路直接供电，并不得接入过负荷保护和剩余电流保护器。消防泵、施工升降机、塔式起重机、混凝土输送泵等大型设备应设专用配电箱。

配电室的选址及对其他专业的要求应符合本规范第5.0.1条、第5.0.2条的有关规定（注：指变电所）。

总配电箱以下可设若干分配电箱，分配电箱以下可设若干末级配电箱。分配电箱以下可根据需要，再设分配电箱。总配电箱应设在靠近电源的区域，分配电箱应设在用电设备或负荷相对集中的区域，分配电箱与末级配电箱的距离不宜超过30m。

动力配电箱与照明配电箱宜分别设置。当合并设置为同一配电箱时，动力和照明应分路供电；动力末级配电箱与照明末级配电箱应分别设置。用电设备或插座的电源宜引自末级配电箱，当一个末级配电箱直接控制多台用电设备或插座时，每台用电设备或插座应有各自独立的保护电器。当分配电箱直接控制用电设备时，每台用电设备或插座应有各自独立的保护电器。

配电箱内的电器应完好，不应使用破损及不合格的电器。总配电箱宜装设电压表、总电流表、电度表。末级配电箱进线应设置总断路器，各分支回路应设置具有短路、过负荷、剩余电流动作保护功能的电器。剩余电流保护器应用专用仪器检测其特性，且每月不应少于1次，发现问题应及时修理或更换。剩余电流保护器每天使用前应启动试验按钮试跳一次，试跳不正常时不得继续使用。

（四）配电线路

施工现场配电线路路径选择应符合下列规定：①应结合施工现场规划及布局，在满足安全要求的条件下，方便线路敷设、接引及维护；②应避开过热、腐蚀以及储存易燃、易爆物的仓库等影响线路安全运行的区域；③宜避开易遭受机械性外力的交通、吊装、挖掘作业频繁场所，以及河道、低洼、易受雨水冲刷的地段；④不应跨越在建工程、脚手架、临时建筑物。

在建工程不得在外电架空线路保护区内搭设生产、生活等临时设施或堆放构件、架具、材料及其他杂物等。当需在外电架空线路保护区内施工或作业时，应在采取安全措施后进行。在外电架空线路附近开挖沟槽时，应采取加固措施，防止外电架空线路电杆倾斜、悬倒。

（五）接地与防雷

下列电气装置的外露可导电部分和装置外可导电部分均应接地：①电机、变压器、照明灯具等Ⅰ类电气设备的金属外壳、基础型钢、与该电气设备连接的金属构架及靠近带电部分的金属围栏；②电缆的金属外皮和电力线路的金属保护管、接线盒。

接地装置的设置应考虑土壤受干燥、冻结等季节因素的影响，并应使接地电阻在各季节均能保证达到所要求的值。严禁利用输送可燃液体、可燃气体或爆炸性气体的金属管道作为电气设备的接地保护导体（PE）。发电机中性点应接地，且接地电阻不应大于 4Ω；发电机组的金属外壳及部件应可靠接地。

施工现场和临时生活区的高度在 20m 及以上的钢脚手架、幕墙金属龙骨、正在施工的建筑物以及塔式起重机、井子架、施工升降机、机具、烟囱、水塔等设施，均应设有防雷保护措施；当以上设施在其他建筑物或设施的防雷保护范围之内时，可不再设置。

（六）电动施工机具

施工现场所使用的电动施工机具应符合国家强制认证标准规定。施工现场所使用的电动施工机具的防护等级应与施工现场的环境相适应。施工现场所使用的电动施工机具应根据其类别设置相应的间接接触电击防护措施。

1. 可移式和手持式电动工具

施工现场电动工具的选用应符合下列规定：①一般施工场所可选用Ⅰ类或Ⅱ类电动工具。②潮湿、泥泞、导电良好的地面，狭窄的导电场所应选用Ⅱ类或Ⅲ类电动工具。③当选用Ⅰ类或Ⅱ类电动工具时，Ⅰ类电动工具金属外壳与保护导体（PE）应可靠连接；为其供电的末级配电箱中剩余电流保护器的额定剩余电流动作值不应大于 30mA，额定剩余电流动作时间不应大于 0.1s。④导电良好的地面，狭窄的导电场所使用的Ⅱ类电动工具的剩余电流动作保护器、Ⅲ类电动工具的安全隔离变压器及其配电箱应设置在作业场所外面。⑤在狭窄的导电场所作业时应有人在外面监护。

1 台剩余电流动作保护器不得控制 2 台及以上电动工具。电动工具的电源线，应采用橡皮绝缘橡皮护套铜芯软电缆。电缆应避开热源，并应采取防止机械损伤的措施。电动工具需要移动时，不得手提电源线或工具的可旋转部分。电动工具使用完毕、暂停工作、遇突然停电时应及时切断电源。

2. 起重机械

起重机械的电源电缆应经常检查，定期维护。轨道式起重机电源电缆收放通道附近不得堆放其他设备、材料和杂物。

塔式起重机电源进线的保护导体（PE）应做重复接地，塔身应做防雷接地。轨道式塔式起重机接地装置的设置应符合下列规定：①轨道两端头应各设置一组接地装置；②轨道的接头处做电气搭接，两头轨道端部应做环形电气连接；③较长轨道每隔 20m 应加一组接地装置。

在强电磁场源附近工作的塔式起重机，操作人员应戴绝缘手套和穿绝缘鞋，并应在吊钩与吊物间采取绝缘隔离措施，或在吊钩吊装地面物体时，应在吊钩上挂接临时接地线。起重机上的电气设备和接线方式不得随意改动。起重机上的电气设备应定期检查，发现缺陷应及时处理。在运行过程中不得进行电气检修工作。

3. 焊接机械

电焊机应放置在防雨、干燥和通风良好的地方。焊接现场不得有易燃、易爆物品。电焊机的外壳应可靠接地，不得串联接地。电焊机的裸露导电部分应装设安全保护罩。电焊机的电源开关应单独设置。发电机式直流电焊机械的电源应采用启动器控制。

电焊把钳绝缘应良好。施工现场使用交流电焊机时宜装配防触电保护器。使用电焊机焊接时应穿戴防护用品。不得冒雨从事电焊作业。

4. 其他电动施工机具

使用夯土机械应按规定穿戴绝缘用品，使用过程应有专人调整电缆，电缆长度不宜超过 50m，电缆不应缠绕、扭结和被夯土机械跨越。夯土机械的操作扶手应绝缘可靠。

潜水泵电机的电源线应采用具有防水性能的绝缘橡皮护套铜芯软电缆，且不得承受外力。电缆在水中不得有中间接头。混凝土搅拌机、插入式振动器、平板振动器、地面抹光机、水磨石机、钢筋加工机械、木工机械等设备的电源线应采用耐气候型橡皮护套铜芯软电缆，并不得有任何破损和接头。

（七）办公、生活用电及现场照明

办公、生活用电器具应符合国家产品认证标准。办公、生活设施用水的水泵电源宜采用单独回路供电。生活、办公场所不得使用电炉等产生明火的电气装置。办公、生活场所供用电系统应装设剩余电流动作保护器。

照明方式的选择应符合下列规定：①需要夜间施工、无自然采光或自然采光差的场所，办公、生活、生产辅助设施，道路等应设置一般照明；②同一工作场所内的不同区域有不同照度要求时，应分区采用一般照明或混合照明，不应只采用局部照明。

照明种类的选择应符合下列规定：①工作场所均应设置正常照明；②在坑井、沟道、沉箱内及高层构筑物内的走道、拐弯处、安全出入口、楼梯间、操作区域等部位，应设置应急照明；③在危及航行安全的建筑物、构筑物上，应根据航行要求设置障碍照明。

严禁利用额定电压 220V 的临时照明灯具作为行灯使用。下列特殊场所应使用安全特低电压系统（SELV）供电的照明装置，且电源电压应符合下列规定：1）下列特殊场所的安全特低电压系统照明电源电压不应大于 24V：①金属结构构架场所；②隧道、人防等地下空间；③有导电粉尘、腐蚀介质、蒸汽及高温炎热的场所。2）下列特殊场所的特低电压系统照明电源电压不应大于 12V：①相对湿度长期处于 95% 以上的潮湿场所；②导电良好的地面、狭窄的导电场所。

（八）特殊环境

1. 高原环境

在高原地区施工现场使用的供配电设备的防护等级及性能应能满足高原环境特点。架空线路的设计应综合考虑海拔、气压、雪、冰、风、温差变化大等因素的影响。

2. 易燃、易爆环境

在易燃、易爆环境中使用的电气设备应采用隔爆型，其电气控制设备应安装在安全的隔离墙外或与该区域有一定安全距离的配电箱中。在易燃、易爆区域内，应采用阻燃电缆。

在易燃、易爆区域内进行用电设备检修或更换工作时，必须断开电源，严禁带电作业。

3. 腐蚀环境

在腐蚀环境中使用的电工产品应采用防腐型产品。在腐蚀环境中户内使用的配电线路宜采用全塑电缆明敷。在腐蚀环境中户外使用的电缆采用直埋时，宜采用塑料护套电缆在土沟内埋设，土沟内应回填中性土壤，敷设时应避开可能遭受化学液体侵蚀的地带。

腐蚀环境的密封式动力配电箱、照明配电箱、控制箱、电动机接线盒等电缆进出口处应采用金属或塑料的带橡胶密封圈的密封防腐措施，电缆管口应封堵。

4. 潮湿环境

户外安装使用的电气设备均应有良好的防雨性能，其安装位置地面处应能防止积水。在潮湿环境下使用的配电箱宜采取防潮措施。

在潮湿环境中严禁带电进行设备检修工作。在潮湿环境中使用电气设备时，操作人员应按规定穿戴绝缘防护用品和站在绝缘台上，所操作的电气设备的绝缘水平应符合要求，设备的金属外壳、环境中的金属构架和管道均应良好接地，电源回路中应有可靠的防电击保护装置，连接的导线或电缆不应有接头和破损。

（九）供用电设施的管理、运行及维护

供用电设施的管理应符合下列规定：①供用电设施投入运行前，应建立、健全供用电管理机构，设立运行、维修专业班组并明确职责及管理范围；②应根据用电情况制订用电、运行、维修等管理制度以及安全操作规程。运行、维护专业人员应熟悉有关规章制度；③应建立用电安全岗位责任制，明确各级用电安全负责人。

供用电设施的运行、维护工器具配置应符合下列规定：①变配电所内应配备合格的安全工具及防护设施；②供用电设施的运行及维护，应按有关规定配备安全工器具及防护设施，并定期检验。电气绝缘工具不得挪作他用。

供用电设施的日常运行、维护应符合下列规定：①变配电所运行人员单独值班时，不得从事检修工作；②应建立供用电设施巡视制度及巡视记录台账；③配电装置和变压器，每班应巡视检查 1 次；④配电线路的巡视和检查，每周不应少于 1 次；⑤配电设施的接地装置应每半年检测 1 次；⑥剩余电流动作保护器应每月检测 1 次；⑦保护导体（PE）的导通情况应每月检测 1 次；⑧根据线路负荷情况进行调整，宜使线路三相保持平衡；⑨施工现场室外供用电设施除经常维护外，遇大风、暴雨、冰雹、雪、霜、雾等恶劣天气时，应加强巡视和检查；巡视和检查时，应穿绝缘靴且不得靠近避雷器和避雷针；⑩新投入运行或大修后投入运行的电气设备，在 72h 内应加强巡视，无异常情况后，方可按正常周期进行巡视；⑪供用电设施的清扫和检修，每年不宜少于 2 次，其时间应安排在雨季和冬季到来之前；⑫施工现场大型用电设备应有专人进行维护和管理。

在全部停电和部分停电的电气设备上工作时，应完成下列技术措施且符合相关规定：①一次设备应完全停电，并应切断变压器和电压互感器二次侧开关或熔断器；②应在设备或线路切断电源，并经验电确无电压后装设接地线，进行工作；③工作地点应悬挂"在此工作"标示牌，并应采取安全措施。

在靠近带电部分工作时，应设专人监护。工作人员在工作中正常活动范围与设备带电部位的最小安全距离不得小于 0.7m。接引、拆除电源工作，应由维护电工进行，并应设专人进行监护。配电箱柜的箱柜门上应设警示标识。施工现场供用电文件资料在施工期间应由专人妥善保管。

（十）供用电设施的拆除

施工现场供用电设施的拆除应按已批准的拆除方案进行。在拆除前，被拆除部分应与带电部分在电气上进行可靠断开、隔离，应悬挂警示牌，并应在被拆除侧挂临时接地线或投接地刀闸。拆除前应确保电容器已进行有效放电。

在拆除临近带电部分的供用电设施时，应有专人监护，并应设隔离防护设施。拆除工作应从电源侧开始。在临近带电部分的应拆除设备拆除后，应立即对拆除处带电设备外露的带电部分进行电气安全防护。拆除过程中，应避免对设备造成损伤。

四、《建筑拆除工程安全技术规范》的相关要求

《建筑拆除工程安全技术规范》JGJ 147—2016 规定，拆除工程施工作业前，应对拟拆除物的实际状况、周边环境、防护措施、人员清场、施工机具及人员培训教育情况等进行检查；施工作业中，应根据作业环境变化及时调整安全防护措施，随时检查作业机具状况及物料堆放情况；施工作业后，应对场地的安全状况及环境保护措施进行检查。

拆除工程施工应先切断电源、水源和气源，再拆除设备管线设施及主体结构；主体结构拆除宜先拆除非承重结构及附属设施，再拆除承重结构。拆除工程施工不得立体交叉作业。拆除工程施工中，应对拟拆除物的稳定状态进行监测；当发现事故隐患时，必须停止作业。对局部拆除影响结构安全的，应先加固后再拆除。拆除地下物，应采取保证基坑边坡及周边建筑物、构筑物的安全与稳定的措施。拆除工程作业中，发现不明物体应停止施工，并应采取相应的应急措施，保护现场及时向有关部门报告。

对有限空间拆除施工，应先采取通风措施，经检测合格后再进行作业。当进入有限空间拆除作业时，应采取强制性持续通风措施，保持空气流通。严禁采用纯氧通风换气。对生产、使用、储存危险品的拟拆除物，拆除施工前应先进行残留物的检测和处理，合格后方可进行施工。拆卸的各种构件及物料应及时清理、分类存放，并应处于安全稳定状态。

（一）施工准备

拆除工程施工前，应掌握有关图纸和资料。拆除工程施工前，应进行现场勘查，调查了解地上、地下建筑物及设施和毗邻建筑物、构筑物等分布情况。对拆除工程施工的区域，应设置硬质封闭围挡及安全警示标志，严禁无关人员进入施工区域。

拆除工程施工前，应对影响施工的管线、设施和树木等进行迁移工作。需保留的管

线、设施和树木应采取相应的防护措施。拆除工程施工作业前，必须对影响作业的管线、设施和树木的挪移或防护措施等进行复查，确认安全后方可施工。当拟拆除物与毗邻建筑及道路的安全距离不能满足要求时，必须采取相应的安全防护措施。拆除工程施工前，应对所使用的机械设备和防护用具进行进场验收和检查，合格后方可作业。

（二）拆除施工

1. 人工拆除

人工拆除施工应从上至下逐层拆除，并应分段进行，不得垂直交叉作业。当框架结构采用人工拆除施工时，应按楼板、次梁、主梁、结构柱的顺序依次进行。当进行人工拆除作业时，水平构件上严禁人员聚集或集中堆放物料，作业人员应在稳定的结构或脚手架上操作。当人工拆除建筑墙体时，严禁采用底部掏掘或推倒的方法。

当拆除建筑的栏杆、楼梯、楼板等构件时，应与建筑结构整体拆除进度相配合，不得先行拆除。建筑的承重梁柱，应在其所承载的全部构件拆除后，再逆行拆除。当拆除梁或悬挑构件时，应采取有效的控制下落措施。当采用牵引方式拆除结构柱时，应沿结构柱底部剔凿出钢筋，定向牵引后，保留牵引方向同侧的钢筋，切断结构柱其他钢筋后再进行后续作业。当拆除管道或容器时，必须查清残留物的性质，并应采取相应措施，方可进行拆除施工。

拆除现场使用的小型机具，严禁超负荷或带故障运转。对人工拆除施工作业面的孔洞，应采取防护措施。

2. 机械拆除

对拆除施工使用的机械设备，应符合施工组织设计要求，严禁超载作业或任意扩大使用范围。供机械设备停放、作业的场地应具有足够的承载力。

当采用机械拆除建筑时，应从上至下逐层拆除，并应分段进行；应先拆除非承重结构，再拆除承重结构。当采用机械拆除建筑时，机械设备前端工作装置的作业高度应超过拟拆除物的高度。对拆除作业中较大尺寸的构件或沉重物料，应采用起重机具及时吊运。

当拆除作业采用双机同时起吊同一构件时，每台起重机载荷不得超过允许载荷的80%，且应对第一吊次进行试吊作业，施工中两台起重机应同步作业。当拆除屋架等人型构件时，必须采用吊索具将构件锁定牢固，待起重机吊稳后，方可进行切割作业。吊运过程中，应采用辅助措施使被吊物处于稳定状态。当拆除桥梁时，应先拆除桥面系及附属结构，再拆除主体。

当机械拆除需人工拆除配合时，人员与机械不得在同一作业面上同时作业。

3. 爆破拆除

爆破拆除作业的分级和爆破器材的购买、运输、储存及爆破作业应按现行国家标准《爆破安全规程》GB 6722执行。对高大建筑物、构筑物的爆破拆除设计，应控制倒塌的触落地震动及爆破后坐、滚动、触地飞溅、前冲等危害，并应采取相应的安全技术措施。

爆破拆除应设置安全警戒，安全警戒的范围应符合设计要求。爆破后应对盲炮、爆堆、爆破拆除效果以及对周围环境的影响等进行检查，发现问题应及时处理。

4. 静力破碎拆除

对建筑物、构筑物的整体拆除或承重构件拆除，均不得采用静力破碎的方法拆除。

当静力破碎作业发生异常情况时，必须立即停止作业，查清原因，并应采取相应安全措施后，方可继续施工。

（三）安全管理

拆除工程施工前，必须对施工作业人员进行书面安全技术交底，且应有记录并签字确认。

拆除工程施工必须按施工组织设计、安全专项施工方案实施；在拆除施工现场划定危险区域，设置警戒线和相关的安全警示标志，并应由专人监护。拆除工程使用的脚手架、安全网，必须由专业人员按专项施工方案搭设，经验收合格后方可使用。安全防护设施验收时，应按类别逐项查验，并应有验收记录。

当遇大雨、大雪、大雾或6级及以上风力等影响施工安全的恶劣天气时，严禁进行露天拆除作业。当日拆除施工结束后或暂停施工时，机械设备应停放在安全位置，并应采取固定措施。拆除工程应根据施工现场作业环境，制定相应的消防安全措施。当拆除作业遇有易燃易爆材料时，应采取有效的防火防爆措施。对管道或容器进行切割作业前，应检查并确认管道或容器内无可燃气体或爆炸性粉尘等残留物。

当拆除工程施工过程中发生事故时，应及时启动生产安全事故应急预案，抢救伤员、保护现场，并应向有关部门报告。拆除工程施工应建立安全技术档案，应包括下列主要内容：①拆除工程施工合同及安全生产管理协议；②拆除工程施工组织设计、安全专项施工方案和生产安全事故应急预案；③安全技术交底及记录；④脚手架及安全防护设施检查验收记录；⑤劳务分包合同及安全生产管理协议；⑥机械租赁合同及安全生产管理协议；⑦安全教育和培训记录。

（四）文明施工

拆除工程施工组织设计中应包括相应的文明施工、绿色施工管理内容。施工总平面布置应按设计要求进行优化，减少占用场地。

拆除工程施工，应采取节水措施。拆除工程施工，应采取控制扬尘和降低噪声的措施。施工现场严禁焚烧各类废弃物。电气焊作业应采取防光污染和防火等措施。拆除工程的各类拆除物料应分类，宜回收再生利用；废弃物应及时清运出场。施工现场应设置车辆冲洗设施，运输车辆驶出施工现场前应将车轮和车身等部位清洗干净。运输渣土的车辆应采取封闭或覆盖等防扬尘、防遗撒的措施。

拆除工程完成后，应将现场清理干净。裸露的场地应采取覆盖、硬化或绿化等防扬尘的措施。对临时占用的场地应及时腾退并恢复原貌。

第十三章　建筑起重机械安全技术标准

主要的技术标准有《起重机械安全规程》GB 6067、《塔式起重机安全规程》GB 5144—2006、《建筑施工塔式起重机安装、使用、拆卸安全技术规程》JGJ 196—2010、《建筑施工升降机安装、使用、拆卸安全技术规程》JGJ 215—2010、《龙门架及井架物料提升机安全技术规范》JGJ 88—2010、《建筑起重机械安全评估技术规程》JGJ/T 189—2009 等。

一、《起重机械安全规程》的相关要求

《起重机械安全规程　第1部分：总则》GB 6067.1—2010 规定，本部分适用于桥式和门式起重机、流动式起重机、塔式起重机、臂架起重机、缆索起重机及轻小型起重设备的通用要求。

司机应遵照制造商说明书和安全工作制度负责起重机的安全操作。除接到停止信号之外，在任何时候都只应服从吊装工或指挥人员发出的可明显识别的信号。吊装工负责在起重机械的吊具上吊挂和卸下重物，并根据相应的载荷定位的工作计划选择适用的吊具和吊装设备。

指挥人员应负有将信号从吊装工传递给司机的责任。指挥人员可以代替吊装工指挥起重机械和载荷的移动，但在任何时候只能由一人负责。在起重机械工作中，如果把指挥起重机械安全运行和载荷搬运的工作职责移交给其他有关人员，指挥人员应向司机说明情况。而且，司机和被移交者应明确其应负的责任。

安装人员负责按照安装方案及制造商提供的说明书安装起重机械，当需要两个或两个以上安装人员时，应指定一人作为"安装主管"，在任何时候监管安装工作。维护人员的职责是维护起重机械以及对起重机械的安全使用和正常操作负责。他们应遵照制造厂商提供的维护手册并在安全工作制度下对起重机械进行所有必要的维护。

在现场负责全面管理的人员或组织以及起重机操作中的人员对起重机械的安全运行都负有责任。主管人员应保证安全教育和起重作业中各项安全制度的落实。起重作业中与安全性有关的环节包括起重机械的使用、维修和更换安全装备、安全操作规程等所涉及的各类人员的责任应落实到位。所有正在起重作业的工作人员、现场参观者或与起重机械邻近的人员应了解相关的安全要求。有关人员应向这些人员讲解人身安全装备的正确使用方法并要求他们使用这些装备。

安全通道和紧急逃生装置在起重机运行以及检查、检验、试验、维护、修理、安装和拆卸过程中均应处于良好状态。任何人登上或离开起重机械，均需报告在岗起重机械司机并获许可。

二、《塔式起重机安全规程》的相关要求

《塔式起重机安全规程》GB 5144—2006 规定，自升式塔机在加节作业时，任一顶升循环中即使顶升油缸的活塞杆全程伸出，塔身上端面至少应比顶升套架上排导向滚轮（或滑套）中心线高 60mm。塔机应保证在工作和非工作状态时，平衡重及压重在其规定位置上不位移、不脱落，平衡重块之间不得互相撞击。当使用散粒物料作平衡重时应使用平衡重箱，平衡重箱应防水，保证重量准确、稳定。

塔机安装、拆卸及塔身加节或降节作业时，应按使用说明书中有关规定及注意事项进行。架设前应对塔机自身的架设机构进行检查，保证机构处于正常状态。塔机在安装、增加塔身标准节之前应对结构件和高强度螺栓进行检查，若发现下列问题应修复或更换后方可进行安装：①目视可见的结构件裂纹及焊缝裂纹；②连接件的轴、孔严重磨损；③结构件母材严重锈蚀；④结构件整体或局部塑性变形，销孔塑性变形。

小车变幅的塔机在起重臂组装完毕准备吊装之前，应检查起重臂的连接销轴、安装定位板等是否连接牢固、可靠。当起重臂的连接销轴轴端采用焊接挡板时，则在锤击安装销轴后，应检查轴端挡板的焊缝是否正常。

安装、拆卸、加节或降节作业时，塔机的最大安装高度处的风速不应大于 13m/s，当有特殊要求时，按用户和制造厂的协议执行。塔机的尾部与周围建筑物及其外围施工设施之间的安全距离不小于 0.6m。

三、《建筑施工塔式起重机安装、使用、拆卸安全技术规程》的相关要求

《建筑施工塔式起重机安装、使用、拆卸安全技术规程》JGJ 196—2010 规定，塔式起重机安装、拆卸作业应配备下列人员：①持有安全生产考核合格证书的项目负责人和安全负责人、机械管理人员；②持有建筑施工特种作业操作资格证书的建筑起重机械安装拆卸工、起重司机、起重信号工、司索工等特种作业操作人员。

塔式起重机应具有特种设备制造许可证、产品合格证、制造监督检验证明，并已在县级以上地方建设主管部门备案登记。有下列情况之一的塔式起重机严禁使用：①国家明令淘汰的产品；②超过规定使用年限经评估不合格的产品；③不符合国家现行相关标准的产品；④没有完整安全技术档案的产品。

塔式起重机安装、拆卸前，应编制专项施工方案，指导作业人员实施安装、拆卸作业。专项施工方案应根据塔式起重机说明书和作业场地的实际情况编制，并应符合国家现行相关标准的规定。专项施工方案应由本单位技术、安全、设备等部门审核、技术负责人审批后，经监理单位批准实施。

当多台塔式起重机在同一施工现场交叉作业时，应编制专项方案，并应采取防碰撞的安全措施。在塔式起重机的安装、使用及拆卸阶段，进入现场的作业人员必须佩戴安全帽、防滑鞋、安全带等防护用品，无关人员严禁进入作业区域内。在安装、拆卸作业期间，应设警戒区。塔式起重机使用时，起重臂和吊物下方严禁有人停留；物件吊运时，严

禁从人员上方通过。严禁用塔式起重机载运人员。

安装作业中应统一指挥，明确指挥信号。当视线受阻、距离过远时，应采用对讲机或多级指挥。雨雪、浓雾天气严禁进行安装作业。安装时，塔式起重机最大高度处的风速应符合使用说明书的要求，且风速不得超过 12m/s。塔式起重机不宜在夜间进行安装作业；当需在夜间进行塔式起重机安装和拆卸作业时，应保证提供足够的照明。当遇有特殊情况安装作业不能连续进行时，必须将已安装的部位固定牢靠并达到安全状态，经检查确认无隐患后，方可停止作业。塔式起重机的安全装置必须设置齐全，并应按程序进行调试合格。安装单位自检合格后，应委托有相应资质的检验检测机构进行检测。检验检测机构应出具检测报告书。

塔式起重机使用前，应对起重司机、起重信号工、司索工等作业人员进行安全技术交底。作业中遇突发故障，应采取措施将吊物降落到安全地方，严禁吊物长时间悬挂在空中。遇有风速在 12m/s 及以上的大风或大雨、大雪、大雾等恶劣天气时，应停止作业。雨雪过后，应先经过试吊，确认制动器灵敏可靠后方可进行作业。夜间施工应有足够照明，照明的安装应符合现行行业标准《施工现场临时用电安全技术规范》JGJ 46 的要求。

每班作业应做好例行保养，并应做好记录。记录的主要内容应包括结构件外观、安全装置、传动机构、连接件、制动器、索具、夹具、吊钩、滑轮、钢丝绳、液位、油位、油压、电源、电压等。实行多班作业的设备，应执行交接班制度，认真填写交接班记录，接班司机经检查确认无误后，方可开机作业。塔式起重机应实施各级保养。转场时，应做转场保养，并应有记录。塔式起重机的主要部件和安全装置等应进行经常性检查，每月不得少于一次，并应有记录；当发现有安全隐患时，应及时进行整改。

塔式起重机拆卸作业宜连续进行；当遇特殊情况拆卸作业不能继续时，应采取措施保证塔式起重机处于安全状态。拆卸应先降节、后拆除附着装置。拆卸完毕后，为塔式起重机拆卸作业而设置的所有设施应拆除，清理场地上作业时所用的吊索具、工具等各种零配件和杂物。

吊具、索具在每次使用前应进行检查，经检查确认符合要求后，方可继续使用。当发现有缺陷时，应停止使用。吊具、索具每 6 个月应进行一次检查，并应作好记录。检验记录应作为继续使用、维修或报废的依据。钢丝绳严禁采用打结方式系结吊物。

四、《建筑施工升降机安装、使用、拆卸安全技术规程》的相关要求

《建筑施工升降机安装、使用、拆卸安全技术规程》JGJ 215—2010 规定，本规程适用于房屋建筑工程、市政工程所用的齿轮齿条式、钢丝绳式人货两用施工升降机，不适用于电梯、矿井提升机、升降平台。

施工升降机安装作业前，安装单位应编制施工升降机安装、拆卸工程专项施工方案，由安装单位技术负责人批准后，报送施工总承包单位或使用单位、监理单位审核，并告知工程所在地县级以上建设行政主管部门。

施工升降机安装前应对各部件进行检查。对有可见裂纹的构件应进行修复或更换，对有严重锈蚀、严重磨损、整体或局部变形的构件必须进行更换，符合产品标准的有关规定

后方能进行安装。安装作业前，安装技术人员应根据施工升降机安装、拆卸工程专项施工方案和使用说明书的要求，对安装作业人员进行安全技术交底，并由安装作业人员在交底书上签字。有下列情况之一的施工升降机不得安装使用：①属国家明令淘汰或禁止使用的；②超过由安全技术标准或制造厂家规定使用年限的；③经检验达不到安全技术标准规定的；④无完整安全技术档案的；⑤无齐全有效的安全保护装置的。

施工升降机必须安装防坠安全器。防坠安全器应在一年有效标定期内使用。施工升降机应安装超载保护装置。超载保护装置在载荷达到额定载重量的110%前应能中止吊笼启动，在齿轮齿条式载人施工升降机载荷达到额定载重量的90%时应能给出报警信号。

施工升降机的安装作业范围应设置警戒线及明显的警示标志。非作业人员不得进入警戒范围。任何人不得在悬吊物下方行走或停留。进入现场的安装作业人员应佩戴安全防护用品，高处作业人员应系安全带，穿防滑鞋。作业人员严禁酒后作业。安装作业中应统一指挥，明确分工。危险部位安装时应采取可靠的防护措施。当指挥信号传递困难时，应使用对讲机等通信工具进行指挥。当遇大雨、大雪、大雾或风速大于13m/s（6级风）等恶劣天气时，应停止安装作业。

安装单位自检合格后，应经有相应资质的检验检测机构监督检验。检验合格后，使用单位应组织租赁单位、安装单位和监理单位等进行验收。实行施工总承包的，应由施工总承包单位组织验收。严禁使用未经验收或验收不合格的施工升降机。

施工升降机司机应持有建筑施工特种作业操作资格证书，不得无证操作。使用单位应对施工升降机司机进行书面安全技术交底，交底资料应留存备查。严禁施工升降机使用超过有效标定期的防坠安全器。施工升降机额定载重量、额定乘员数标牌应置于吊笼醒目位置。严禁在超过额定载重量或额定乘员数的情况下使用施工升降机。应在施工升降机作业范围内设置明显的安全警示标志，应在集中作业区做好安全防护。当遇大雨、大雪、大雾、施工升降机顶部风速大于20m/s或导轨架、电缆表面结有冰层时，不得使用施工升降机。在施工升降机基础周边水平距离5m以内，不得开挖井，不得堆放易燃易爆物品及其他杂物。

施工升降机司机严禁酒后作业。工作时间内司机不应与其他人员闲谈，不应有妨碍施工升降机运行的行为。施工升降机司机应遵守安全操作规程和安全管理制度。实行多班作业的施工升降机，应执行交接班制度，交班司机应按本规程填写交接班记录表。接班司机应进行班前检查，确认无误后，方能开机作业。施工升降机使用过程中，运载物料的尺寸不应超过吊笼的界限。吊笼上的各类安全装置应保持完好有效。经过大雨、大雪、台风等恶劣天气后应对各安全装置进行全面检查，确认安全有效后方能使用。当在施工升降机运行中发现异常情况时，应立即停机，直到排除故障后方能继续运行。作业结束后应将施工升降机返回最底层停放，将各控制开关拨到零位，切断电源、锁好开关箱、吊笼门和地面防护围栏门。当遇到可能影响施工升降机安全技术性能的自然灾害、发生设备事故或停工6个月以上时，应对施工升降机重新组织检查验收。严禁在施工升降机运行中进行保养、维修作业。

施工升降机拆卸作业应符合拆卸工程专项施工方案的要求。应有足够的工作面作为拆卸场地，应在拆卸场地周围设置警戒线和醒目的安全警示标志，并应派专人监护。拆卸施工升降机时不得在拆卸作业区域内进行与拆卸无关的其他作业。夜间不得进行施工升降机的拆卸作业。施工升降机拆卸应连续作业。当拆卸作业不能连续完成时，应根据拆卸状态采取相应的安全措施。吊笼未拆除之前，非拆卸作业人员不得在地面防护围栏内、施工升降机运行通道内、导轨架内以及附墙架上等区域活动。

五、《龙门架及井架物料提升机安全技术规范》的相关要求

《龙门架及井架物料提升机安全技术规范》JGJ 88—2010 规定，物料提升机额定起重量不宜超过 160kN；安装高度不宜超过 30m。当安装高度超过 30m 时，物料提升机除应具有起重量限制、防坠保护、停层及限位功能外，尚应符合下列规定：①吊笼应有自动停层功能，停层后吊笼底板与停层平台的垂直高度偏差不应超过 30mm；②防坠安全器应为渐进式；③应具有自升降安拆功能；④应具有语音及影像信号。

安装、拆除物料提升机的单位应具备下列条件：①安装、拆除单位应具有起重机械安拆资质及安全生产许可证；②安装、拆除作业人员必须经专门培训，取得特种作业资格证。

物料提升机安装、拆除前，应根据工程实际情况编制专项安装、拆除方案，且应经安装、拆除单位技术负责人审批后实施。专项安装、拆除方案应具有针对性、可操作性，并应包括下列内容：①工程概况；②编制依据；③安装位置及示意图；④专业安装、拆除技术人员的分工及职责；⑤辅助安装、拆除起重设备的型号、性能、参数及位置；⑥安装、拆除的工艺程序和安全技术措施；⑦主要安全装置的调试及试验程序。

安装作业前的准备，应符合下列规定：①物料提升机安装前，安装负责人应依据专项安装方案对安装作业人员进行安全技术交底；②应确认物料提升机的结构、零部件和安全装置经出厂检验，并符合要求；③应确认物料提升机的基础已验收，并符合要求；④应确认辅助安装起重设备及工具经检验检测，并符合要求；⑤应明确作业警戒区，并设专人监护。

基础的位置应保证视线良好，物料提升机任意部位与建筑物或其他施工设备间的安全距离不应小于 0.6m；与外电线路的安全距离应符合现行业标准《施工现场临时用电安全技术规范》JGJ 46 的规定。钢丝绳宜设防护槽，槽内应设滚动托架，且应采用钢板网将槽口封盖。钢丝绳不得拖地或浸泡在水中。

物料提升机安装完毕后，应由工程负责人组织安装单位、使用单位、租赁单位和监理单位等对物料提升机安装质量进行验收，并应按本规范填写验收记录。物料提升机验收合格后，应在导轨架明显处悬挂验收合格标志牌。

拆除作业前，应对物料提升机的导轨架、附墙架等部位进行检查，确认无误后方能进行拆除作业。拆除作业应先挂吊具、后拆除附墙架或缆风绳及地脚螺栓。拆除作业中，不得抛掷构件。拆除作业宜在白天进行，夜间作业应有良好的照明。

使用单位应建立设备档案，档案内容应包括下列项目：①安装检测及验收记录；②大修及更换主要零部件记录；③设备安全事故记录；④累计运转记录。物料提升机必须由取得特种作业操作证的人员操作。物料提升机严禁载人。物料应在吊笼内均匀分布，不应过度偏载。不得装载超出吊笼空间的超长物料，不得超载运行。在任何情况下，不得使用限位开关代替控制开关运行。

物料提升机每班作业前司机应进行作业前检查，确认无误后方可作业。应检查确认下列内容：①制动器可靠有效；②限位器灵敏完好；③停层装置动作可靠；④钢丝绳磨损在允许范围内；⑤吊笼及对重导向装置无异常；⑥滑轮、卷筒防钢丝绳脱槽装置可靠有效；⑦吊笼运行通道内无障碍物。当发生防坠安全器制停吊笼的情况时，应查明制停原因，排除故障，并应检查吊笼、导轨架及钢丝绳，应确认无误并重新调整防坠安全器后运行。

物料提升机在大雨、大雾、风速 13m/s 及以上大风等恶劣天气时，必须停止运行。作业结束后，应将吊笼返回最底层停放，控制开关应扳至零位，并应切断电源，锁好开关箱。

六、《建筑起重机械安全评估技术规程》的相关要求

《建筑起重机械安全评估技术规程》JGJ/T 189—2009 规定，塔式起重机和施工升降机有下列情况之一的应进行安全评估：①塔式起重机，630kNm 以下（不含 630kNm）、出厂年限超过 10 年（不含 10 年）；630~1250kNm（不含 1250kNm）、出厂年限超过 15 年（不含 15 年）；1250kNm 以上（含 1250kNm）、出厂年限超过 20 年（不含 20 年）。②施工升降机，出厂年限超过 8 年（不含 8 年）的 SC 型施工升降机；出厂年限超过 5 年（不含 5 年）的 SS 型施工升降机。对超过设计规定相应载荷状态允许工作循环次数的建筑起重机械，应作报废处理。

安全评估程序应符合下列要求：①设备产权单位应提供设备安全技术档案资料。设备安全技术档案资料应包括特种设备制造许可证、制造监督检验证明、出厂合格证、使用说明书、备案证明、使用履历记录等，并应符合本规程的要求；②在设备解体状态下，应对设备外观进行全面目测检查，对重要结构件及可疑部位应进行厚度测量、直线度测量及无损检测等；③设备组装调试完成后，应对设备进行载荷试验；④根据设备安全技术档案资料情况、检查检测结果等，应依据本规程及有关标准要求，对设备进行安全评估判别，得出安全评估结论及有效期并出具安全评估报告；⑤应对安全评估后的建筑起重机械进行唯一性标识。

塔式起重机和施工升降机安全评估的最长有效期限应符合下列规定：①塔式起重机，630kNm 以下（不含 630kNm）评估合格最长有效期限为 1 年；630~1250kNm（不含 1250kNm）评估合格最长有效期限为 2 年；1250kNm 以上（含 1250kNm）评估合格最长有效期限为 3 年。②施工升降机，SC 型评估合格最长有效期限为 2 年；SS 型评估合格最长有效期限为 1 年。设备产权单位应持评估报告到原备案机关办理相应手续。

安全评估机构应对评估后的建筑起重机进行"合格"、"不合格"的标识。标识必须具有唯一性，并应置于重要结构件的明显部位。设备产权单位应注意对评估标识的保护。经评估为合格或不合格的建筑起重机械，设备产权单位应在建筑起重机械的标牌和司机室等部位挂牌明示。

第十四章　建筑机械使用、施工模板安全技术标准

主要的技术标准有《建筑机械使用安全技术规程》JGJ 33—2012、《建筑施工模板安全技术规范》JGJ 162—2008 等。

一、《建筑机械使用安全技术规程》的相关要求

《建筑机械使用安全技术规程》JGJ 33—2012 规定，机械必须按出厂使用说明书规定的技术性能、承载能力和使用条件，正确操作，合理使用，严禁超载、超速作业或任意扩大使用范围。机械上的各种安全防护和保险装置及各种安全信息装置必须齐全有效。

机械作业前，施工技术人员应向操作人员进行安全技术交底。操作人员应熟悉作业环境和施工条件，并应听从指挥，遵守现场安全管理规定。在工作中，应按规定使用劳动保护用品。高处作业时应系安全带。机械使用前，应对机械进行检查、试运转。操作人员在作业过程中，应集中精力，正确操作，并应检查机械工况，不得擅自离开工作岗位或将机械交给其他无证人员操作。无关人员不得进入作业区或操作室内。操作人员应根据机械有关保养维修规定，认真及时做好机械保养维修工作，保持机械的完好状态，并应做好维修保养记录。实行多班作业的机械，应执行交接班制度，填写交接班记录，接班人员上岗前应认真检查。应为机械提供道路、水电、作业棚及停放场地等作业条件，并应消除各种安全隐患。夜间作业应提供充足的照明。

机械安装、试机、拆卸应按使用说明书的要求进行。使用前应经专业技术人员验收合格。新机械、经过大修或技术改造的机械，应按出厂使用说明书的要求和现行行业标准《建筑机械技术试验规程》JGJ 34 的规定进行测试和试运转，并应符合本规程附录 A 的规定。机械在寒冷季节使用，应符合本规程附录 B 的规定。机械集中停放的场所、大型内燃机械，应有专人看管，并应按规定配备消防器材；机房及机械周边不得堆放易燃、易爆物品。变配电所、乙炔站、氧气站、空气压缩机房、发电机房、锅炉房等易燃易爆场所，挖掘机、起重机、打桩机等易发生安全事故的施工现场，应设置警戒区域，悬挂警示标志，非工作人员不得入内。

在机械产生对人体有害的气体、液体、尘埃、渣滓、放射性射线、振动、噪声等场所，应配置相应的安全保护设施、监测设备（仪器）、废品处理装置；在隧道、沉井、管道等狭小空间施工时，应采取措施，使有害物控制在规定的限度内。停用 1 个月以上或封存的机械，应做好停用或封存前的保养工作，并应采取预防风沙、雨淋、水泡、锈蚀等措施。当发生机械事故时，应立即组织抢救，并应保护事故现场，应按国家有关事故报告和调查处理规定执行。违反本规程的作业指令，操作人员应拒绝执行。清洁、保养、维修机械或电气装置前，必须先切断电源，等机械停稳后再进行操作。严禁带电或采用预约停送电时间的方式进行检修。机械不得带病运转。检修前，应悬挂"禁止合闸，有人工作"的

警示牌。

(一)动力与电气装置

内燃机机房应有良好的通风、防雨措施,周围应有 1m 宽以上的通道,排气管应引出室外,并不得与可燃物接触。室外使用的动力机械应搭设防护棚。冷却系统的水质应保持洁净,硬水应经软化处理后使用,并应按要求定期检查更换。电气设备的金属外壳应进行保护接地或保护接零,并应符合现行行业标准《施工现场临时用电安全技术规范》JGJ46 的规定。

在同一供电系统中,不得将一部分电气设备作保护接地,而将另一部分电气设备作保护接零。不得将暖气管、煤气管、自来水管作为工作零线或接地线使用。在保护接零的零线上不得装设开关或熔断器,保护零线应采用黄/绿双色线。不得利用大地作工作零线,不得借用机械本身金属结构作工作零线。电气设备的每个保护接地或保护接零点应采用单独的接地(零)线与接地干线(或保护零线)相连接。不得在一个接地(零)线中串接几个接地(零)点。大型设备应设置独立的保护接零,对高度超过 30m 的垂直运输设备应设置防雷接地保护装置。

电气设备的额定工作电压应与电源电压等级相符。电气装置遇跳闸时,不得强行合闸。应查明原因,排除故障后再行合闸。各种配电箱、开关箱应配锁,电箱门上应有编号和责任人标牌,电箱门内侧应有线路图,箱内不得存放任何其他物件并应保持清洁。非本岗位作业人员不得擅自开箱合闸。每班工作完毕后,应切断电源,锁好箱门。发生人身触电时,应立即切断电源后对触电者作紧急救护。不得在未切断电源之前与触电者直接接触。电气设备或线路发生火警时,应首先切断电源,在未切断电源之前,人员不得接触导线或电气设备,不得用水或泡沫灭火机进行灭火。

1. 内燃机

内燃机作业前应重点检查下列项目,并符合相应要求:①曲轴箱内润滑油油面应在标尺规定范围内;②冷却水或防冻液量应充足、清洁、无渗漏,风扇三角胶带应松紧合适;③燃油箱油量应充足,各油管及接头处不应有漏油现象;④各总成连接件应安装牢固,附件应完整。

内燃机运行中出现异响、异味、水温急剧上升及机油压力急剧下降等情况时,应立即停机检查并排除故障。停机前应卸去载荷,进行低速运转,待温度降低后再停止运转。装有涡轮增压器的内燃机,应怠速运转 5~10min 后停机。有减压装置的内燃机,不得使用减压杆进行熄火停机。排气管向上的内燃机,停机后应在排气管口上加盖。

2. 发电机

新装、大修或停用 10d 及以上的发电机,使用前应测量定子和励磁回路的绝缘电阻及吸收比,转子绕组的绝缘电阻不得小于 0.5MΩ,吸收比不得小于 1.3,并应做好测量记录。

启动后应检查并确认发电机无异响,滑环及整流子上电刷应接触良好,不得有跳动及产生火花现象。应在运转稳定,频率、电压达到额定值后,再向外供电。用电负荷应逐步加大,三相应保持平衡。不得对旋转着的发电机进行维修、清理。运转中的发电机不得使用帆布等物体遮盖。发电机组电源应与外电线路电源连锁,不得与外电并联运行。

并联运行的发电机组如因负荷下降而需停车一台时，应先将需停车的一台发电机的负荷全部转移到继续运转的发电机上，然后按单台发电机停车的方法进行停机。如需全部停机则应先将负荷逐步切断，然后停机。移动式发电机使用前应将底架停放在平稳的基础上，不得在运转时移动发电机。发电机运行中应经常检查仪表及运转部件，发现问题应及时调整。

发电机经检修后应进行检查，转子及定子槽间不得留有工具、材料及其他杂物。

3. 电动机

长期停用或可能受潮的电动机，使用前应测量绕组间和绕组对地的绝缘电阻，绝缘电阻值应大于 0.5MΩ，绕线转子电动机还应检查转子绕组及滑环对地绝缘电阻。电动机应装设过载和短路保护装置，并应根据设备需要装设断、错相和失压保护装置。

绕线式转子电动机的集电环与电刷的接触面不得小于满接触面的 75%。在使用过程中不应有跳动和产生火花现象，并应定期检查电刷簧的压力确保可靠。直流电动机的换向器表面应光洁，当有机械损伤或火花灼伤时应修整。电动机运行中不应异响、漏电，轴承温度应正常，电刷与滑环应接触良好。电动机在正常运行中，不得突然进行反向运转。电动机械在工作中遇停电时，应立即切断电源，并应将启动开关置于停止位置。电动机停止运行前，应首先将载荷卸去，或将转速降到最低，然后切断电源，启动开关应置于停止位置。

4. 空气压缩机

空气压缩机作业区应保持清洁和干燥。贮气罐应放在通风良好处，距贮气罐 15m 以内不得进行焊接或热加工作业。贮气罐和输气管路每 3 年应做水压试验一次，试验压力应为额定压力的 150%。压力表和安全阀应每年至少校验一次。空气压缩机作业前应重点检查下列项目，并应符合相应要求：①内燃机燃油、润滑油应添加充足；电动机电源应正常；②各连接部位应紧固，各运动机构及各部阀门开闭应灵活，管路不得有漏气现象；③各防护装置应齐全良好，贮气罐内不得有存水；④电动空气压缩机的电动机及启动器外壳应接地良好，接地电阻不得大于 4Ω。

作业中贮气罐内压力不得超过铭牌额定压力，安全阀应灵敏有效。进气阀、排气阀、轴承及各部件不得有异响或过热现象。每工作 2h，应将液气分离器、中间冷却器、后冷却器内的油水排放一次。贮气罐内的油水每班应排放 1～2 次。正常运转后，应经常观察各种仪表读数，并应随时按使用说明书进行调整。发现下列情况之一时应立即停机检查，并应在找出原因并排除故障后继续作业：①漏水、漏气、漏电或冷却水突然中断；②压力表、温度表、电流表、转速表指示值超过规定；③排气压力突然升高，排气阀、安全阀失效；④机械有异响或电动机电刷发生强烈火花；⑤安全防护、压力控制装置及电气绝缘装置失效。运转中，因缺水而使气缸过热停机时，应待气缸自然降温至 60℃ 以下时，再进行加水作业。

当电动空气压缩机运转中停电时，应立即切断电源，并应在无载荷状态下重新启动。在潮湿地区及隧道中施工时，对空气压缩机外露摩擦面应定期加注润滑油，对电动机和电气设备应做好防潮保护工作。

5. 10kV 以下配电装置

施工电源及高低压配电装置应设专职值班人员负责运行与维护，高压巡视检查工作不得少于 2 人，每半年应进行一次停电检修和清扫。应定期对触头的接触情况、油质、三相合闸的同步性进行检查。停用或经修理后的高压油开关，在投入运行前应全面检查，应在额定电压下作合闸、跳闸操作各 3 次，其动作应正确可靠。隔离开关应每季度检查一次，瓷件应无裂纹和放电现象；接线柱与螺栓不应松动；刀型开关不应变形、损伤，应接触严密。三相隔离开关各相动触头与静触头应同时接触，前后相差不得大于 3mm，打开角不得小于 60°。避雷装置在雷雨季节之前应进行一次预防性试验，并应测量接地电阻。雷电后应检查阀型避雷器的瓷瓶、连接线和地线，应确保完好无损。低压电气设备和器材的绝缘电阻不得小于 0.5MΩ。

在易燃、易爆、有腐蚀性气体的场所应采用防爆型低压电器；在多尘和潮湿或易触及人体的场所应采用封闭型低压电器。

（二）建筑起重机械

建筑起重机械进入施工现场应具备特种设备制造许可证、产品合格证、特种设备制造监督检验证明、备案证明、安装使用说明书和自检合格证明。建筑起重机械有下列情形之一时，不得出租和使用：①属国家明令淘汰或禁止使用的品种、型号；②超过安全技术标准或制造厂规定的使用年限；③经检验达不到安全技术标准规定；④没有完整安全技术档案；⑤没有齐全有效的安全保护装置。

建筑起重机械的安全技术档案应包括下列内容：①购销合同、特种设备制造许可证、产品合格证、特种设备制造监督检验证明、安装使用说明书、备案证明等原始资料；②定期检验报告、定期自行检查记录、定期维护保养记录、维修和技术改造记录、运行故障和生产安全事故记录、累积运转记录等运行资料；③历次安装验收资料。

施工现场应提供符合起重机械作业要求的通道和电源等工作场地和作业环境。基础与地基承载能力应满足起重机械的安全使用要求。操作人员在作业前应对行驶道路、架空电线、建（构）筑物等现场环境以及起吊重物进行全面了解。建筑起重机械应装有音响清晰的信号装置。在起重臂、吊钩、平衡重等转动物体上应有鲜明的色彩标志。建筑起重机械的变幅限位器、力矩限制器、起重量限制器、防坠安全器、钢丝绳防脱装置、防脱钩装置以及各种行程限位开关等安全保护装置，必须齐全有效，严禁随意调整或拆除。严禁利用限制器和限位装置代替操纵机构。

建筑起重机械安装工、司机、信号司索工作业时应密切配合，按规定的指挥信号执行。当信号不清或错误时，操作人员应拒绝执行。施工现场应采用旗语、口哨、对讲机等有效的联络措施确保通信畅通。在风速达到 9.0m/s 及以上或大雨、大雪、大雾等恶劣天气时，严禁进行建筑起重机械的安装拆卸作业。在风速达到 12.0m/s 及以上或大雨、大雪、大雾等恶劣天气时，应停止露天的起重吊装作业。重新作业前，应先试吊，并应确认各种安全装置灵敏可靠后进行作业。操作人员进行起重机械回转、变幅、行走和吊钩升降等动作前，应发出音响信号示意。

建筑起重机械作业时，应在臂长的水平投影覆盖范围外设置警戒区域，并应有监护措施；起重臂和重物下方不得有人停留、工作或通过。不得用吊车、物料提升机载运人员。不得使用建筑起重机械进行斜拉、斜吊和起吊埋设在地下或凝固在地面上的重物以及其他不明重量的物体。起吊重物应绑扎平稳、牢固，不得在重物上再堆放或悬挂零星物件。易散落物件应使用吊笼吊运。标有绑扎位置的物件，应按标记绑扎后吊运。吊索的水平夹角宜为 45°～60°，不得小于 30°，吊索与物件棱角之间应加保护垫料。起吊载荷达到起重机械额定起重量的 90％及以上时，应先将重物吊离地面不大于 200mm，检查起重机械的稳定性和制动可靠性，并应在确认重物绑扎牢固平稳后再继续起吊。对大体积或易晃动的重物应拴拉绳。重物的吊运速度应平稳、均匀，不得突然制动。回转未停稳前，不得反向操作。建筑起重机械作业时，在遇突发故障或突然停电时，应立即把所有控制器拨到零位，并及时关闭发动机或断开电源总开关，然后进行检修。起吊物不得长时间悬挂在空中，应采取措施将重物降落到安全位置。

建筑起重机械使用的钢丝绳，其结构形式、强度、规格等应符合起重机使用说明书的要求。钢丝绳与卷筒应连接牢固，放出钢丝绳时，卷筒上应至少保留三圈，收放钢丝绳时应防止钢丝绳损坏、扭结、弯折和乱绳。钢丝绳采用编结固接时，编结部分的长度不得小于钢丝绳直径的 20 倍，并不应小于 300mm，其编结部分应用细钢丝捆扎。当采用绳卡固接时，与钢丝绳直径匹配的绳卡数量应符合本规程表 4.1.26 的规定，绳卡间距应是 6～7 倍钢丝绳直径，最后一个绳卡距绳头的长度不得小于 140mm。绳卡滑鞍（夹板）应在钢丝绳承载时受力的一侧，U 形螺栓应在钢丝绳的尾端，不得正反交错。绳卡初次固定后，应待钢丝绳受力后再次紧固，并宜拧紧到使尾端钢丝绳受压处直径高度压扁 1/3。作业中应经常检查紧固情况。每班作业前，应检查钢丝绳及钢丝绳的连接部位。在转动的卷筒上缠绕钢丝绳时，不得用手拉或脚踩引导钢丝绳，不得给正在运转的钢丝绳涂抹润滑脂。

建筑起重机械报废及超龄使用应符合国家现行有关规定。建筑起重机械的吊钩和吊环严禁补焊，当出现下列情况之一时应更换：①表面有裂纹、破口；②危险断面及钩颈永久变形；③挂绳处断面磨损超过高度 10％；④吊钩衬套磨损超过原厚度 50％；⑤销轴磨损超过其直径的 5％。

建筑起重机械使用时，每班都应对制动器进行检查。当制动器的零件出现下列情况之一时，应作报废处理：①裂纹；②制动器摩擦片厚度磨损达原厚度 50％；③弹簧出现塑性变形；④小轴或轴孔直径磨损达原直径的 5％。

建筑起重机械制动轮的制动摩擦面不应有妨碍制动性能的缺陷或沾染油污。制动轮出现下列情况之一时，应作报废处理：①裂纹；②起升、变幅机构的制动轮，轮缘厚度磨损大于原厚度的 40％；③其他机构的制动轮，轮缘厚度磨损大于原厚度的 50％；④轮面凹凸不平度达 1.5～2.0mm（小直径取小值，大直径取大值）。

1. 履带式起重机

起重机械应在平坦坚实的地面上作业、行走和停放。作业时，坡度不得大于 3°，起重机械应与沟渠、基坑保持安全距离。起重机械启动前应重点检查下列项目，并应符合相应要求：①各安全防护装置及各指示仪表应齐全完好；②钢丝绳及连接部位应符合规定；③燃油、润滑油、液压油、冷却水等应添加充足；④各连接件不得松动；⑤在回转空间范围内不得有障碍物。

作业时，起重臂的最大仰角不得超过使用说明书的规定。当无资料可查时，不得超过 78°。起重机械工作时，在行走、起升、回转及变幅 4 种动作中，应只允许不超过 2 种动作的复合操作。当负荷超过该工况额定负荷的 90％及以上时，应慢速升降重物，严禁超过2种动作的复合操作和下降起重臂。在重物起升过程中，操作人员应把脚放在制动踏板上，控制起升高度，防止吊钩冒顶。当重物悬停空中时，即使制动踏板被固定，仍应脚踩在制动踏板上。采用双机抬吊作业时，应选用起重性能相似的起重机进行。抬吊时应统一指挥，动作应配合协调，载荷应分配合理，起吊重量不得超过两台起重机在该工况下允许起重量总和的75%，单机的起吊载荷不得超过允许载荷的80%。在吊装过程中，两台起重机的吊钩滑轮组应保持垂直状态。

起重机械行走时，转弯不应过急；当转弯半径过小时，应分次转弯。起重机械不宜长距离负载行驶。起重机械负载时应缓慢行驶，起重量不得超过相应工况额定起重量的70%，起重臂应位于行驶方向正前方，载荷离地面高度不得大于500mm，并应拴好拉绳。起重机械上、下坡道时应无载行走，上坡时应将起重臂仰角适当放小，下坡时应将起重臂仰角适当放大。下坡严禁空挡滑行。在坡道上严禁带载回转。作业结束后，起重臂应转至顺风方向，并应降至40°~60°之间，吊钩应提升到接近顶端的位置，关停内燃机，并应将各操纵杆放在空挡位置，各制动器应加保险固定，操作室和机棚应关门加锁。

起重机械转移工地，应采用火车或平板拖车运输，所用跳板的坡度不得大于15°；起重机械装上车后，应将回转、行走、变幅等机构制动，应采用木楔楔紧履带两端，并应绑扎牢固；吊钩不得悬空摆动。起重机械自行转移时，应卸去配重，拆短起重臂，主动轮应在后面，机身、起重臂、吊钩等必须处于制动位置，并应加保险固定。起重机械通过桥梁、水坝、排水沟等构筑物时，应先查明允许载荷后再通过，必要时应采取加固措施。通过铁路、地下水管、电缆等设施时，应铺设垫板保护，机械在上面行走时不得转弯。

2. 汽车、轮胎式起重机

起重机械工作的场地应保持平坦坚实，符合起重时的受力要求；起重机械应与沟渠、基坑保持安全距离。起重机械启动前应重点检查下列项目，并应符合相应要求：①各安全保护装置和指示仪表应齐全完好；②钢丝绳及连接部位应符合规定；③燃油、润滑油、液压油及冷却水应添加充足；④各连接件不得松动；⑤轮胎气压应符合规定；⑥起重臂应可靠搁置在支架上。

作业前，应全部伸出支腿，调整机体使回转支撑面的倾斜度在无载荷时不大于1/1000（水准居中）。支腿的定位销必须插上。底盘为弹性悬挂的起重机，插支腿前应先收紧稳定器。作业中不得扳动支腿操纵阀。调整支腿时应在无载荷时进行，应先将起重臂转至正前方或正后方之后，再调整支腿。起重作业前，应根据所吊重物的重量和起升高度，并应按起重性能曲线，调整起重臂长度和仰角；应估计吊索长度和重物本身的高度，留出适当起吊空间。起重臂顺序伸缩时，应按使用说明书进行，在伸臂的同时应下降吊钩。当制动器发出警报时，应立即停止伸臂。

汽车式起重机变幅角度不得小于各长度所规定的仰角。汽车式起重机起吊作业时，汽车驾驶室内不得有人，重物不得超越汽车驾驶室上方，且不得在车的前方起吊。起吊重物达到额定起重量的50%及以上时，应使用低速挡。作业中发现起重机倾斜、支腿不稳等异常现象时，应在保证作业人员安全的情况下，将重物降至安全的位置。当重物在空中需停留较长时间时，应将起升卷筒制动锁住，操作人员不得离开操作室。起吊重物达到额定起重量的90%以上时，严禁向下变幅，同时严禁进行2种及以上的操作动作。起重机械带载回转时，操作应平稳，应避免急剧回转或急停，换向应在停稳后进行。起重机械带载行走时，道路应平坦坚实，载荷应符合使用说明书的规定，重物离地面不得超过 500mm，并应拴好拉绳，缓慢行驶。作业后，应先将起重臂全部缩回放在支架上，再收回支腿；吊钩应使用钢丝绳挂牢；车架尾部两撑杆应分别撑在尾部下方的支座内，并应采用螺母固定；阻止机身旋转的销式制动器应插入销孔，并应将取力器操纵手柄放在脱开位置，最后应锁住起重操作室门。

起重机械应保持中速行驶，不得紧急制动，过铁道口或起伏路面时应减速，下坡时严禁空挡滑行，倒车时应有人监护指挥。行驶时，底盘走台上不得有人员站立或蹲坐，不得堆放物件。

3. 塔式起重机

行走式塔式起重机的轨道基础应符合下列要求：①路基承载能力应满足塔式起重机使用说明书要求；②每间隔 6m 应设轨距拉杆一个，轨距允许偏差应为公称值的 1/1000，且不得超过 ±3mm；③在纵横方向上，钢轨顶面的倾斜度不得大于 1/1000；塔机安装后，轨道顶面纵、横方向上的倾斜度，对上回转塔机不应大于 3/1000；对下回转塔机不应大于 5/1000。在轨道全程中，轨道顶面任意两点的高差应小于 100mm；④钢轨接头间隙不得大于 4mm，与另一侧轨道接头的错开距离不得小于 1.5m，接头处应架在轨枕上，接头两端高度差不得大于 2mm；⑤距轨道终端 1m 处应设置缓冲止挡器，其高度不应小于行走轮的半径，在轨道上应安装限位开关碰块，安装位置应保证塔机在与缓冲止挡器或与同一轨道上其他塔机相距大于 1m 处能完全停住，此时电缆线应有足够的富余长度；⑥鱼尾板连接螺栓应紧固，垫板应固定牢靠。

塔式起重机的基础应排水通畅，并应按专项方案与基坑保持安全距离。塔式起重机应在其基础验收合格后进行安装。塔式起重机的金属结构、轨道应有可靠的接地装置，接地电阻不得大于 4Ω。高位塔式起重机应设置防雷装置。装拆作业前应进行检查，并应符合下列规定：①混凝土基础、路基和轨道铺设应符合技术要求；②应对所装拆塔式起重机的各机构、结构焊缝、重要部位螺栓、销轴、卷扬机构和钢丝绳、吊钩、吊具、电气设备、线路等进行检查，消除隐患；③应对自升塔式起重机顶升液压系统的液压缸和油管、顶升套架结构、导向轮、顶升支撑（爬爪）等进行检查，使其处于完好工况；④装拆人员应使用合格的工具、安全带、安全帽；⑤装拆作业中配备的起重机械等辅助机械应状况良好，技术性能应满足装拆作业的安全要求；⑥装拆现场的电源电压、运输道路、作业场地等应具备装拆作业条件；⑦安全监督岗的设置及安全技术措施的贯彻落实应符合要求。

指挥人员应熟悉装拆作业方案，遵守装拆工艺和操作规程，使用明确的指挥信号。参与装拆作业的人员，应听从指挥，如发现指挥信号不清或有错误时，应停止作业。装拆人员应熟悉装拆工艺，遵守操作规程，当发现异常情况或疑难问题时，应及时向技术负责人汇报，不得自行处理。装拆顺序、技术要求、安全注意事项应按批准的专项施工方案执行。在装拆作业过程中，当遇天气剧变、突然停电、机械故障等意外情况时，应将已装拆的部件固定牢靠，并经检查确认无隐患后停止作业。塔式起重机各部位的栏杆、平台、扶杆、护圈等安全防护装置应配置齐全。行走式塔式起重机的大车行走缓冲止挡器和限位开关碰块应安装牢固。因损坏或其他原因而不能用正常方法拆卸塔式起重机时，应按照技术部门重新批准的拆卸方案执行。塔式起重机安装过程中，应分阶段检查验收。各机构动作应正确、平稳，制动可靠，各安全装置应灵敏有效。在无载荷情况下，塔身的垂直度允许偏差应为 4/1000。

塔式起重机升降作业时，应符合下列规定：①升降作业应有专人指挥，专人操作液压系统，专人拆装螺栓。非作业人员不得登上顶升套架的操作平台。操作室内应只准一人操作；②升降作业应在白天进行；③顶升前应预先放松电缆，电缆长度应大于顶升总高度，并应紧固好电缆，下降时应适时收紧电缆；④升降作业前，应对液压系统进行检查和试机，应在空载状态下将液压缸活塞杆伸缩 3～4 次，检查无误后，再将液压缸活塞杆通过顶升梁借助顶升套架的支撑，顶起载荷 100～150mm，停 10min，观察液压缸载荷是否有下滑现象；⑤升降作业时，应调整好顶升套架滚轮与塔身标准节的间隙，并应按规定要求使起重臂和平衡臂处于平衡状态，将回转机构制动，当回转台与塔身标准节之间的最后一处连接螺栓（销轴）拆卸困难时，应将最后一处连接螺栓（销轴）对角方向的螺栓重新插入，再采取其他方法进行拆卸，不得用旋转起重臂的方法松动螺栓（销轴）；⑥顶升撑脚（爬爪）就位后，应及时插上安全销，才能继续升降作业；⑦升降作业完毕后，应按规定扭力紧固各连接螺栓，应将液压操纵杆扳到中间位置，并应切断液压升降机构电源。

塔式起重机的附着装置应符合下列规定：①附着建筑物的锚固点的承载能力应满足塔式起重机技术要求，附着装置的布置方式应按使用说明书的规定执行，当有变动时，应另行设计；②附着杆件与附着支座（锚固点）应采取销轴铰接；③安装附着框架和附着杆件时，应用经纬仪测量塔身垂直度，并应利用附着杆件进行调整，在最高锚固点以下垂直度允许偏差为 2/1000；④安装附着框架和附着支座时，各道附着装置所在平面与水平面的夹角不得超过 10°；⑤附着框架宜设置在塔身标准节连接处，并应箍紧塔身；⑥塔身顶升到规定附着间距时，应及时增设附着装置，塔身高出附着装置的自由端高度，应符合使用说明书的规定；⑦塔式起重机作业过程中，应经常检查附着装置，发现松动或异常情况时，应立即停止作业，故障未排除，不得继续作业；⑧拆卸塔式起重机时，应随着降落塔身的进程拆卸相应的附着装置，严禁在落塔之前先拆附着装置；⑨附着装置的安装、拆卸、检查和调整应有专人负责；⑩行走式塔式起重机作固定式塔式起重机使用时，应提高轨道基础的承载能力，切断行走机构的电源，并应设置阻挡行走轮移动的支座。

塔式起重机内爬升时应符合下列规定：①内爬升作业时，信号联络应通畅；②内爬升过程中，严禁进行塔式起重机的起升、回转、变幅等各项动作；③塔式起重机爬升到指定楼层后，应立即拔出塔身底座的支承梁或支腿，通过内爬升框架及时固定在结构上，并应顶紧导向装置或用楔块塞紧；④内爬升塔式起重机的塔身固定间距应符合使用说明书要求；⑤应对设置内爬升框架的建筑结构进行承载力复核，并应根据计算结果采取相应的加固措施。

雨天后，对行走式塔式起重机，应检查轨距偏差、钢轨顶面的倾斜度、钢轨的平直度、轨道基础的沉降及轨道的通过性能等；对固定式塔式起重机，应检查混凝土基础不均匀沉降。根据使用说明书的要求，应定期对塔式起重机各工作机构、所有安全装置、制动器的性能及磨损情况、钢丝绳的磨损及绳端固定、液压系统、润滑系统、螺栓销轴连接处等进行检查。配电箱应设置在距塔式起重机 3m 范围内或轨道中部，且明显可见；电箱中应设置带熔断式断路器及塔式起重机电源总开关；电缆卷筒应灵活有效，不得拖缆。塔式起重机在无线电台、电视台或其他电磁波发射天线附近施工时，与吊钩接触的作业人员，应戴绝缘手套和穿绝缘鞋，并应在吊钩上挂接临时放电装置。

当同一施工地点有两台以上塔式起重机并可能互相干涉时，应制定群塔作业方案；两台塔式起重机之间的最小架设距离应保证处于低位塔式起重机的起重臂端部与另一台塔式起重机的塔身之间至少有 2m 的距离；处于高位塔式起重机的最低位置的部件（吊钩升至最高点或平衡重的最低部位）与低位塔式起重机中处于最高位置部件之间的垂直距离不应小于 2m。轨道式塔式起重机作业前，应检查轨道基础平直无沉陷，鱼尾板、连接螺栓及道钉不得松动，并应清除轨道上的障碍物，将夹轨器固定。

塔式起重机启动应符合下列要求：①金属结构和工作机构的外观情况应正常；②安全保护装置和指示仪表应齐全完好；③齿轮箱、液压油箱的油位应符合规定；④各部位连接螺栓不得松动；⑤钢丝绳磨损应在规定范围内，滑轮穿绕应正确；⑥供电电缆不得破损。

送电前，各控制器手柄应在零位。接通电源后，应检查并确认不得有漏电现象。作业前，应进行空载运转，试验各工作机构并确认运转正常，不得有噪声及异响，各机构的制动器及安全保护装置应灵敏有效，确认正常后方可作业。

起吊重物时，重物和吊具的总重量不得超过塔式起重机相应幅度下规定的起重量。应根据起吊重物和现场情况，选择适当的工作速度，操纵各控制器时应从停止点（零点）开始，依次逐级增加速度，不得越挡操作。在变换运转方向时，应将控制器手柄扳到零位，待电动机停止运转后再转向另一方向，不得直接变换运转方向突然变速或制动。在提升吊钩、起重小车或行走大车运行到限位装置前，应减速缓行到停止位置，并应与限位装置保持一定距离。不得采用限位装置作为停止运行的控制开关。臂式塔式起重机的变幅动作应单独进行；允许带载变幅的动臂式塔式起重机，当载荷达到额定起重量的 90% 及以上时，不得增加幅度。重物就位时，应采用慢就位工作机构。重物水平移动时，重物底部应高出障碍物 0.5m 以上。回转部分不设集电器的塔式起重机，应安装回转限位器，在作业时，不得顺一个方向连续回转 1.5 圈。当停电或电压下降时，应立即将控制器扳到零位，并切断电源。如吊钩上挂有重物，应重复放松制动器，使重物缓慢地下降到安全位置。

遇大风停止作业时，应锁紧夹轨器，将回转机构的制动器完全松开，起重臂应能随风转动。对轻型俯仰变幅塔式起重机，应将起重臂落下并与塔身结构锁紧在一起。作业中，操作人员临时离开操作室时，应切断电源。塔式起重机载人专用电梯不得超员，专用电梯断绳保护装置应灵敏有效。塔式起重机作业时，不得开动电梯。电梯停用时，应降全塔身底部位置，不得长时间悬在空中。在非工作状态时，应松开回转制动器，回转部分应能自由旋转；行走式塔式起重机应停放在轨道中间位置，小车及平衡重应置于非工作状态，吊钩组顶部宜上升到距起重臂底面 2~3m 处。停机时，应将每个控制器拨回零位，依次断开各开关，关闭操作室门窗；下机后，应锁紧夹轨器，断开电源总开关，打开高空障碍灯。检修人员对高空部位的塔身、起重臂、平衡臂等检修时，应系好安全带。停用的塔式起重机的电动机、电气柜、变阻器箱及制动器等应遮盖严密。动臂式和未附着塔式起重机及附着以上塔式起重机桁架上不得悬挂标语牌。

4. 桅杆式起重机

桅杆式起重机专项方案必须按规定程序审批，并应经专家论证后实施。施工单位必须指定安全技术人员对桅杆式起重机的安装、使用和拆卸进行现场监督和监测。专项方案应包含下列主要内容：①工程概况、施工平面布置；②编制依据；③施工计划；④施工技术参数、工艺流程；⑤施工安全技术措施；⑥劳动力计划；⑦计算书及相关图纸。

桅杆式起重机的安装和拆卸应划出警戒区，清除周围的障碍物，在专人统一指挥下，应按使用说明书和装拆方案进行。桅杆式起重机的基础应符合专项方案的要求。缆风绳的规格、数量及地锚的拉力、埋设深度等应按照起重机性能经过计算确定，缆风绳与地面的夹角不得大于60°，缆绳与桅杆和地锚的连接应牢固。地锚不得使用膨胀螺栓、定滑轮。缆风绳的架设应避开架空电线。在靠近电线的附近，应设置绝缘材料搭设的护线架。桅杆式起重机安装后应进行试运转，使用前应组织验收。提升重物时，吊钩钢丝绳应垂直，操作应平稳；当重物吊起离开支承面时，应检查并确认各机构工作正常后，继续起吊。

在起吊额定起重量的90%及以上重物前，应安排专人检查地锚的牢固程度。起吊时，缆风绳应受力均匀，主杆应保持直立状态。作业时，桅杆式起重机的回转钢丝绳应处于拉紧状态。回转装置应有安全制动控制器。桅杆式起重机移动时，应用满足承重要求的枕木排和滚杠垫在底座，并将起重臂收紧处于移动方向的前方。移动时，桅杆不得倾斜，缆风绳的松紧应配合一致。缆风钢丝绳安全系数不应小于3.5，起升、锚固、吊索钢丝绳安全系数不应小于8。

5. 门式、桥式起重机与电动葫芦

起重机路基和轨道的铺设应符合使用说明书的规定，轨道接地电阻不得大于4Ω。门式起重机的电缆应设有电缆卷筒，配电箱应设置在轨道中部。用滑线供电的起重机应在滑线的两端标有鲜明的颜色，滑线应设置防护装置，防止人员及吊具钢丝绳与滑线意外接触。轨道应平直，鱼尾板连接螺栓不得松动，轨道和起重机运行范围内不得有障碍物。门式、桥式起重机作业前应重点检查下列项目，并应符合相应要求：①机械结构外观应正常，各连接件不得松动；②钢丝绳外表情况应良好，绳卡应牢固；③各安全限位装置应齐全完好。

操作室内应垫木板或绝缘板，接通电源后应采用试电笔测试金属结构部分，并应确认无漏电现象；上、下操作室应使用专用扶梯。作业前，应进行空载试运转，检查并确认各机构运转正常，制动可靠，各限位开关灵敏有效。

在提升大件时不得用快速，并应拴拉绳防止摆动。吊运易燃、易爆、有害等危险品时，应经安全主管部门批准，并应有相应的安全措施。吊运路线不得从人员、设备上面通过；空车行走时，吊钩应离地面2m以上。吊运重物应平稳、慢速，行驶中不得突然变速或倒退。两台起重机同时作业时，应保持5m以上距离。不得用一台起重机顶推另一台起重机。起重机行走时，两侧驱动轮应保持同步，发现偏移应及时停止作业，调整修理后继续使用。作业中，人员不得从一台桥式起重机跨越到另一台桥式起重机。操作人员进入桥架前应切断电源。门式、桥式起重机的主梁挠度超过规定值时，应修复后使用。作业后，门式起重机应停放在停机线上，用夹轨器锁紧；桥式起重机应将小车停放在两条轨道中间，吊钩提升到上部位置。吊钩上不得悬挂重物。作业后，应将控制器拨到零位，切断电源，应关闭并锁好操作室门窗。

电动葫芦使用前应检查机械部分和电气部分，钢丝绳、链条、吊钩、限位器等应完好，电气部分应无漏电，接地装置应良好。电动葫芦应设缓冲器，轨道两端应设挡板。第一次吊重物时，应在吊离地面100mm时停止上升，检查电动葫芦制动情况，确认完好后再正式作业。露天作业时，电动葫芦应设有防雨棚。电动葫芦起吊时，手不得握在绳索与物体之间，吊物上升时应防止冲顶。电动葫芦吊重物行走时，重物离地不宜超过1.5m

高。工作间歇不得将重物悬挂在空中。电动葫芦作业中发生异味、高温等异常情况时，应立即停机检查，排除故障后继续使用。使用悬挂电缆电气控制开关时，绝缘应良好，滑动应自如，人站立位置的后方应有 2m 的空地，并应能正确操作电钮。在起吊中，由于故障造成重物失控下滑时，应采取紧急措施，向无人处下放重物。在起吊中不得急速升降。作业完毕后，电动葫芦应停放在指定位置，吊钩升起，并切断电源，锁好开关箱。

6. 卷扬机

卷扬机地基与基础应平整、坚实，场地应排水畅通，地锚应设置可靠。卷扬机应搭设防护棚。操作人员的位置应在安全区域，视线应良好。作业前，应检查卷扬机与地面的固定、弹性联轴器的连接应牢固，并应检查安全装置、防护设施、电气线路、接零或接地装置、制动装置和钢丝绳等并确认全部合格后再使用。

卷扬机至少应装有一个常闭式制动器。卷扬机的传动部分及外露的运动件应设防护罩。卷扬机应在司机操作方便的地方安装能迅速切断总控制电源的紧急断电开关，并不得使用倒顺开关。钢丝绳卷绕在卷筒上的安全圈数不得少于 3 圈。钢丝绳末端应固定可靠。不得用手拉钢丝绳的方法卷绕钢丝绳。钢丝绳不得与机架、地面摩擦，通过道路时，应设过路保护装置。建筑施工现场不得使用摩擦式卷扬机。卷筒上的钢丝绳应排列整齐，当重叠或斜绕时，应停机重新排列，不得在转动中用手拉脚踩钢丝绳。

作业中，操作人员不得离开卷扬机，物件或吊笼下面不得有人员停留或通过。休息时，应将物件或吊笼降至地面。作业中如发现异响、制动失灵、制动带或轴承等温度剧烈上升等异常情况时，应立即停机检查，排除故障后再使用。作业中停电时，应将控制手柄或按钮置于零位，并应切断电源，将物件或吊笼降至地面。作业完毕，应将物件或吊笼降至地面，并应切断电源，锁好开关箱。

7. 井架、龙门架物料提升机

进入施工现场的井架、龙门架必须具有下列安全装置：①上料口防护棚；②层楼安全门、吊篮安全门、首层防护门；③断绳保护装置或防坠装置；④安全停靠装置；⑤起重量限制器；⑥上、下限位器；⑦紧急断电开关、短路保护、过电流保护、漏电保护；⑧信号装置；⑨缓冲器。

缆风绳不得使用钢筋、钢管。提升机的制动器应灵敏可靠。运行中吊篮的四角与井架不得互相擦碰，吊篮各构件连接应牢固、可靠。井架、龙门架物料提升机不得和脚手架连接。不得使用吊篮载人，吊篮下方不得有人员停留或通过。作业后，应检查钢丝绳、滑轮、滑轮轴和导轨等，发现异常磨损，应及时修理或更换。下班前，应将吊篮降到最低位置，各控制开关置于零位，切断电源，锁好开关箱。

8. 施工升降机

施工升降机应设置专用开关箱，馈电容量应满足升降机直接启动的要求，生产厂家配置的电气箱内应装设短路、过载、错相、断相及零位保护装置。施工升降机周围应设置稳固的防护围栏。楼层平台通道应平整牢固，出入口应设防护门。全行程不得有危害安全运行的障碍物。施工升降机安装在建筑物内部井道中时，各楼层门应封闭并应有电气连锁装置。装设在阴暗处或夜班作业的施工升降机，在全行程上应有足够的照明，并应装设明亮的楼层编号标志灯。施工升降机的防坠安全器应在标定期限内使用，标定期限不应超过 1 年。使用中不得任意拆检调整防坠安全器。

施工升降机使用前，应进行坠落试验。施工升降机在使用中每隔 3 个月，应进行一次额定载重量的坠落试验，试验程序应按使用说明书规定进行，吊笼坠落试验制动距离应符合现行行业标准《施工升降机齿轮锥鼓形渐进式防坠安全器》JG 121 的规定。防坠安全器试验后及正常操作中，每发生一次防坠动作，应由专业人员进行复位。作业前应重点检查下列项目，并应符合相应要求：①结构不得有变形，连接螺栓不得松动；②齿条与齿轮、导向轮与导轨应接合正常；③钢丝绳应固定良好，不得有异常磨损；④运行范围内不得有障碍；⑤安全保护装置应灵敏可靠。

启动前，应检查并确认供电系统、接地装置安全有效，控制开关应在零位。电源接通后，应检查并确认电压正常。应试验并确认各限位装置、吊笼、围护门等处的电气连锁装置良好可靠，电气仪表应灵敏有效。作业前应进行试运行，测定各机构制动器的效能。施工升降机应按使用说明书要求，进行维护保养，并应定期检验制动器的可靠性，制动力矩应达到使用说明书要求。

吊笼内乘人或载物时，应使载荷均匀分布，不得偏重，不得超载运行。操作人员应按指挥信号操作。作业前应鸣笛示警。在施工升降机未切断总电源开关前，操作人员不得离开操作岗位。施工升降机运行中发现有异常情况时，应立即停机并采取有效措施将吊笼就近停靠楼层，排除故障后再继续运行。在运行中发现电气失控时，应立即按下急停按钮，在未排除故障前，不得打开急停按钮。在风速达到 20m/s 及以上大风、大雨、大雾天气以及导轨架、电缆等结冰时，施工升降机应停止运行，并将吊笼降到底层，切断电源。暴风雨等恶劣天气后，应对施工升降机各有关安全装置等进行一次检查，确认正常后运行。施工升降机运行到最上层或最下层时，不得用行程限位开关作为停止运行的控制开关。当施工升降机在运行中由于断电或其他原因而中途停止时，可进行手动下降，将电动机尾端制动电磁铁手动释放拉手缓缓向外拉出，使吊笼缓慢地向下滑行。吊笼下滑时，不得超过额定运行速度，手动下降应由专业维修人员进行操纵。当需在吊笼的外面进行检修时，另外一个吊笼应停机配合，检修时应切断电源，并应有专人监护。作业后，应将吊笼降到底层，各控制开关拨到零位，切断电源，锁好开关箱，闭锁吊笼门和围护门。

（三）土石方机械

机械进入现场前，应查明行驶路线上的桥梁、涵洞的上部净空和下部承载能力，确保机械安全通过。机械通过桥梁时，应采用低速挡慢行，在桥面上不得转向或制动。作业前，必须查明施工场地内明、暗铺设的各类管线等设施，并应采用明显记号标识。严禁在离地下管线、承压管道 1m 距离以内进行大型机械作业。作业中，应随时监视机械各部位的运转及仪表指示值，如发现异常，应立即停机检修。机械运行中，不得接触转动部位。在修理工作装置时，应将工作装置降到最低位置，并应将悬空工作装置垫上垫木。在电杆附近取土时，对不能取消的拉线、地垄和杆身，应留出土台，土台大小应根据电杆结构、掩埋深度和土质情况由技术人员确定。

在施工中遇下列情况之一时应立即停工：①填挖区土体不稳定，土体有可能坍塌；②地面涌水冒浆，机械陷车，或因雨水机械在坡道打滑；③遇大雨、雷电、浓雾等恶劣天气；④施工标志及防护设施被损坏；⑤工作面安全净空不足。

机械回转作业时，配合人员必须在机械回转半径以外工作。当需在回转半径以内工作时，必须将机械停止回转并制动。雨期施工时，机械应停放在地势较高的坚实位置。机械作业不得破坏基坑支护系统。行驶或作业中的机械，除驾驶室外的任何地方不得有乘员。

1. 单斗挖掘机

单斗挖掘机的作业和行走场地应平整坚实，松软地面应用枕木或垫板垫实，沼泽或淤泥场地应进行路基处理，或更换专用湿地履带。轮胎式挖掘机使用前应支好支腿，并应保持水平位置，支腿应置于作业面的方向，转向驱动桥应置于作业面的后方。履带式挖掘机的驱动轮置于作业面的后方。采用液压悬挂装置的挖掘机，应锁住两个悬挂液压缸。作业前应重点检查下列项目，并应符合相应要求：①照明、信号及报警装置等应齐全有效；②燃油、润滑油、液压油应符合规定；③各铰接部分应连接可靠；④液压系统不得有泄漏现象；⑤轮胎气压应符合规定。

作业时，挖掘机应保持水平位置，行走机构应制动，履带或轮胎应楔紧。平整场地时，不得用铲斗进行横扫或用铲斗对地面进行夯实。挖掘岩石时，应先进行爆破。挖掘冻土时，应采用破冰锤或爆破法使冻土层破碎。不得用铲斗破碎石块、冻土，或用单边斗齿硬啃。挖掘机最大开挖高度和深度，不应超过机械本身性能规定。在拉铲或反铲作业时，履带式挖掘机的履带与工作面边缘距离应大于1.0m，轮胎式挖掘机的轮胎与工作面边缘距离应大于1.5m。在坑边进行挖掘作业，当发现有塌方危险时，应立即处理险情，或将挖掘机撤至安全地带。坑边不得留有伞状边沿及松动的大块石。挖掘机应停稳后再进行挖土作业。当铲斗未离开工作面时，不得作回转、行走等动作。应使用回转制动器进行回转制动，不得用转向离合器反转制动。作业时，各操纵过程应平稳，不宜紧急制动。铲斗升降不得过猛，下降时，不得撞碰车架或履带。斗臂在抬高及回转时，不得碰到坑、沟侧壁或其他物体。挖掘机向运土车辆装车时，应降低卸落高度，不得偏装或砸坏车厢。回转时，铲斗不得从运输车辆驾驶室顶上越过。

作业中，当发现挖掘力突然变化，应停机检查，不得在未查明原因前调整分配阀的压力。挖掘机应停稳后再反铲作业，斗柄伸出长度应符合规定要求，提斗应平稳。坡道坡度不得超过机械允许的最大坡度。下坡时应慢速行驶。不得在坡道上变速和空挡滑行。轮胎式挖掘机行驶前，应收回支腿并固定可靠，监控仪表和报警信号灯应处于正常显示状态。轮胎气压应符合规定，工作装置应处于行驶方向，铲斗宜离地面1m。长距离行驶时，应将回转制动板踩下，并应采用固定销锁定回转平台。挖掘机在坡道上行走时熄火，应立即制动，并应�@住履带或轮胎，重新发动后，再继续行走。

作业后，挖掘机不得停放在高边坡附近或填方区，应停放在坚实、平坦、安全的位置，并应将铲斗收回平放在地面，所有操纵杆置于中位，关闭操作室和机棚。保养或检修挖掘机时，应将内燃机熄火，并将液压系统卸荷，铲斗落地。利用铲斗将底盘顶起进行检修时，应使用垫木将抬起的履带或轮胎垫稳，用木楔将落地履带或轮胎@牢，然后再将液压系统卸荷，否则不得进入底盘下工作。

2. 挖掘装载机

挖掘装载机在边坡卸料时，应有专人指挥，挖掘装载机轮胎距边坡缘的距离应大于1.5m。动臂后端的缓冲块应保持完好；损坏时，应修复后使用。作业时，应平稳操纵手柄；支臂下降时不宜中途制动。挖掘时不得使用高速挡。应平稳回转挖掘装载机，并不得用装载斗砸实沟槽的侧面。挖掘装载机移位时，应将挖掘装置处于中间运输状态，收起支腿，提起提升臂。装载作业前，应将挖掘装置的回转机构置于中间位置，并应采用拉板固定。在装载过程中，应使用低速挡。铲斗提升臂在举升时，不应使用阀的浮动位置。前四阀用于支腿伸缩和装载的作业与后四阀用于回转和挖掘的作业不得同时进行。

行驶时，不应高速和急转弯。下坡时不得空挡滑行。行驶时，支腿应完全收回，挖掘装置应固定牢靠，装载装置宜放低，铲斗和斗柄液压活塞杆应保持完全伸张位置。

3. 推土机

推土机在坚硬土壤或多石土壤地带作业时，应先进行爆破或用松土器翻松。在沼泽地带作业时，应更换专用湿地履带板。不得用推土机推石灰、烟灰等粉尘物料，不得进行碾碎石块的作业。牵引其他机构设备时，应有专人负责指挥。钢丝绳的连接应牢固可靠。在坡道或长距离牵引时，应采用牵引杆连接。作业前应重点检查下列项目，并应符合相应要求：①各部件不得松动，应连接良好；②燃油、润滑油、液压油等应符合规定；③各系统管路不得有裂纹或泄漏；④各操纵杆和制动踏板的行程、履带的松紧度或轮胎气压应符合要求。

推土机机械四周不得有障碍物，并确认安全后开动，工作时不得有人站在履带或刀片的支架上。推土机上坡坡度不得超过25°，下坡坡度不得大于35°，横向坡度不得大于10°。在25°以上的陡坡上不得横向行驶，并不得急转弯。上坡时不得换挡，下坡不得空挡滑行。当需要在陡坡上推土时，应先进行填挖，使机身保持平衡。在上坡途中，当内燃机突然熄灭，应立即放下铲刀，并锁住制动踏板。在推土机停稳后，将主离合器脱开，把变速杆放到空挡位置，并应用木块将履带或轮胎楔死后，重新启动内燃机。下坡时，当推土机下行速度大于内燃机传动速度时，转向操纵的方向应与平地行走时操纵的方向相反，并不得使用制动器。

填沟作业驶近边坡时，铲刀不得越出边缘。后退时，应先换挡，后提升铲刀进行倒车。在深沟、基坑或陡坡地区作业时，应有专人指挥，垂直边坡高度应小于2m。当大于2m时，应放出安全边坡，同时禁止用推土刀侧面推土。不得顶推与地基基础连接的钢筋混凝土桩等建筑物。顶推树木等物体不得倒向推土机及高空架设物。两台以上推土机在同一地区作业时，前后距离应大于8.0m；左右距离应大于1.5m。在狭窄道路上行驶时，未得前机同意，后机不得超越。

作业完毕后，宜将推土机开到平坦安全的地方，并应将铲刀、松土器落到地面。在坡道上停机时，应将变速杆挂低速挡，接合主离合器，锁住制动踏板，并将履带或轮胎楔住。在推土机下面检修时，内燃机应熄火，铲刀应落到地面或捶稳。

4. 拖式铲运机

铲运机作业时，应先采用松土器翻松。铲运作业区内不得有树根、大石块和大量杂草等。铲运机行驶道路应平整坚实，路面宽度应比铲运机宽度大2m。启动前，应检查钢丝绳、轮胎气压、铲土斗及卸土板回缩弹簧、拖把万向接头、撑架以及各部滑轮等，并确认处于正常工作状态；液压式铲运机铲斗和拖拉机连接叉座与牵引连接块应锁定，各液压管路应连接可靠。开动前，应使铲斗离开地面，机械周围不得有障碍物。

作业中，严禁人员上下机械，传递物件，以及在铲斗内、拖把或机架上坐立。多台铲运机联合作业时，各机之间前后距离应大于10m（铲土时应大于5m），左右距离应大于2m，并应遵守下坡让上坡、空载让重载、支线让干线的原则。在狭窄地段运行时，未经前机同意，后机不得超越。两机交会或超车时应减速，两机左右间距应大于 0.5m。铲运机上、下坡道时，应低速行驶，不得中途换挡，下坡时不得空挡滑行，行驶的横向坡度不得超过 6°，坡宽应大于铲运机宽度 2m。在新填筑的土堤上作业时，离堤坡边缘应大于 1m。当需在斜坡横向作业时，应先将斜坡挖填平整，使机身保持平衡。在坡道上不得进行检修作业。在陡坡上不得转弯、倒车或停车。在坡上熄火时，应将铲斗落地、制动牢靠后再启动。下陡坡时，应将铲斗触地行驶，辅助制动。铲土时，铲土与机身应保持直线行驶。助铲时应有助铲装置，并应正确开启斗门，不得切土过深。两机动作应协调配合，平稳接触，等速助铲。在下陡坡铲土时，铲斗装满后，在铲斗后轮未达到缓坡地段前，不得将铲斗提离地面，应防铲斗快速下滑冲击主机。在不平地段行驶时，应放低铲斗，不得将铲斗提升到高位。拖拉陷车时，应有专人指挥，前后操作人员应配合协调，确认安全后起步。作业后，应将铲运机停放在平坦地面，并应将铲斗落在地面上。液压操纵的铲运机应将液压缸缩回，将操纵杆放在中间位置，进行清洁、润滑后，锁好门窗。

非作业行驶时，铲斗应用锁紧链条挂牢在运输行驶位置上；拖式铲运机不得载人或装载易燃、易爆物品。修理斗门或在铲斗下检修作业时，应将铲斗提起后用销子或锁紧链条固定，再采用垫木将斗身顶住，并应采用木楔撑住轮胎。

5. 自行式铲运机

自行式铲运机的行驶道路应平整坚实，单行道宽度不宜小于 5.5m。多台铲运机联合作业时，前后距离不得小于 20m，左右距离不得小于 2m。作业前，应检查铲运机的转向和制动系统，并确认灵敏可靠。

铲土或在利用推土机助铲时，应随时微调转向盘，铲运机应始终保持直线前进，不得在转弯情况下铲土。下坡时，不得空挡滑行，应踩下制动踏板辅助以内燃机制动，必要时可放下铲斗，以降低下滑速度。沿沟边或填方边坡作业时，轮胎离路肩不得小于 0.7m，并应放低铲斗，降速缓行。在坡道上不得进行检修作业。遇在坡道上熄火时，应立即制动，下降铲斗，把变速杆放在空挡位置，然后启动内燃机。夜间作业时，前后照明应齐全完好，前大灯应能照全 30m；非作业行驶时，应符合本规程的规定。

6. 静作用压路机

压路机碾压的工作面，应经过适当平整，对新填的松软土，应先用羊足碾或打夯机逐层碾压或夯实后，再用压路机碾压。工作地段的纵坡不应超过压路机最大爬坡能力，横坡不应大于 20°。

作业前，应检查并确认滚轮的刮泥板应平整良好，各紧固件不得松动；轮胎压路机应检查轮胎气压，确认正常后启动。启动后，应检查制动性能及转向功能并确认灵敏可靠。开动前，压路机周围不得有障碍物或人员。不得用压路机拖拉任何机械或物件。碾压时，距场地边缘不应少于 0.5m。在坑边碾压施工时，应由里侧向外侧碾压，距坑边不应少于 1m。上下坡时，应事先选好挡位，不得在坡上换挡，下坡时不得空挡滑行。两台以上压路机同时作业时，前后间距不得小于 3m，在坡道上不得纵队行驶。在行驶中，不得进行修理或加油。需要在机械底部进行修理时，应将内燃机熄火，刹车制动，并撑住滚轮。

作业后，应将压路机停放在平坦坚实的场地，不得停放在软土路边缘及斜坡上，并不得妨碍交通，并应锁定制动。

7. 振动压路机

作业时，压路机应先起步后起振，内燃机应先置于中速，然后再调至高速。压路机换向时应先停机；压路机变速时应降低内燃机转速。上下坡时或急转弯时不得使用快速挡。铰接式振动压路机在转弯半径较小绕圈碾压时不得使用快速挡。压路机在高速行驶时不得接合振动。停机时应先停振，然后将换向机构置于中间位置，变速器置于空挡，最后拉起手制动操纵杆。

8. 平地机

起伏较大的地面宜先用推土机推平，再用平地机平整。平地机作业区内不得有树根、大石块等障碍物。平地机不得用于拖拉其他机械。启动内燃机后，应检查各仪表指示值并应符合要求。开动平地机时，应鸣笛示意，并确认机械周围不得有障碍物及行人，用低速挡起步后，应测试并确认制动器灵敏有效。

作业时，应先将刮刀下降到接近地面，起步后再下降刮刀铲土。刮刀的回转、铲土角的调整及向机外侧斜，应在停机时进行；刮刀左右端的升降动作，可在机械行驶中调整。使用平地机清除积雪时，应在轮胎上安装防滑链，并应探明工作面的深坑、沟槽位置。平地机在转弯或调头时，应使用低速挡；在正常行驶时，应使用前轮转向；当场地特别狭小时，可使用前后轮同时转向。平地机行驶时，应将刮刀和齿耙升到最高位置，并将刮刀斜放，刮刀两端不得超出后轮外侧。下坡时，不得空挡滑行。作业后，平地机应停放在平坦、安全的场地，刮刀应落在地面上，手制动器应拉紧。

9. 轮胎式装载机

作业区内不得有障碍物及无关人员。装载机行驶前，应先鸣笛示意，铲斗宜提升离地0.5m。装载机行驶过程中应测试制动器的可靠性。装载机搭乘人员应符合规定。装载机铲、斗不得载人。铲斗装载后升起行驶时，不得急转弯或紧急制动。装载机下坡时不得空挡滑行。

装载机应低速缓慢举臂翻转铲斗卸料。装载机满载时，铲臂应缓慢下降。在松散不平的场地作业时，应把铲臂放在浮动位置，使铲斗平稳地推进；当推进阻力增大时，可稍微提升铲臂。当铲臂运行到上下最大限度时，应立即将操纵杆回到空挡位置。装载机运载物料时，铲臂下铰点宜保持离地面0.5m，并保持平稳行驶。铲斗提升到最高位置时，不得运输物料。铲装或挖掘时，铲斗不应偏载。铲斗行走过程中不得收斗或举臂。在向汽车装料时，铲斗不得在汽车驾驶室上方越过。如汽车驾驶室顶无防护，驾驶室内不得有人。装载机在坡、沟边卸料时，轮胎离边缘应保留安全距离，安全距离宜大于1.5m；铲斗不宜伸出坡、沟边缘。在大于3°的坡面上，装载机不得朝下坡方向俯身卸料。

作业后，装载机应停放在安全场地，铲斗应平放在地面上，操纵杆应置于中位，制动应锁定。装载机转向架未锁闭时，严禁站在前后车架之间进行检修保养。装载机铲臂升起后，在进行润滑或检修等作业时，应先装好安全销，或先采取其他措施支住铲臂。

10. 蛙式夯实机

蛙式夯实机不得冒雨作业。作业前应重点检查下列项目，并应符合相应要求：①漏电保护器应灵敏有效，接零或接地及电缆线接头应绝缘良好；②传动皮带应松紧合适，皮带轮与偏心块应安装牢固；③转动部分应安装防护装置，并应进行试运转，确认正常；④负荷线应采用耐气候型的四芯橡皮护套软电缆。电缆线长不应大于50m。

作业时，夯实机扶手上的按钮开关和电动机的接线应绝缘良好。当发现有漏电现象时，应立即切断电源，进行检修。夯实机作业时，应一人扶夯，一人传递电缆线，并应戴绝缘手套和穿绝缘鞋。递线人员应跟随夯机后或两侧调顺电缆线。电缆线不得扭结或缠绕，并应保持3~4m的余量。作业时，不得夯击电缆线。作业时，应保持夯实机平衡，不得用力压扶手。转弯时应用力平稳，不得急转弯。不得在斜坡上夯行，以防夯头后折。多机作业时，其平行间距不得小于5m，前后间距不得小于10m。夯实机作业时，夯实机四周2m范围内，不得有非夯实机操作人员。

作业时，当夯实机有异常响声时，应立即停机检查。作业后，应切断电源，卷好电缆线，清理夯实机。

11. 振动冲击夯

振动冲击夯作业时，应正确掌握夯机，不得倾斜，手把不宜握得过紧，能控制夯机前进速度即可。正常作业时，不得使劲往下压手把，以免影响夯机跳起高度。夯实松软土或上坡时，可将手把稍向下压，并应能增加夯机前进速度。内燃冲击夯不宜在高速下连续作业。当短距离转移时，应先将冲击夯手把稍向上抬起，将运转轮装入冲击夯的挂钩内，再压下手把，使重心后倾，再推动手把转移冲击夯。

12. 强夯机械

强夯机械的门架、横梁、脱钩器等主要结构和部件的材料及制作质量，应经过严格检查，对不符合设计要求的，不得使用。夯机驾驶室挡风玻璃前应增设防护网。夯机的作业场地应平整，门架底座与夯机着地部位的场地不平度不得超过100mm。夯机在工作状态时，起重臂仰角应符合使用说明书的要求。梯形门架支腿不得前后错位，门架支腿在未支稳垫实前，不得提锤。变换夯位后，应重新检查门架支腿，确认稳固可靠，然后再将锤提升100~300mm，检查整机的稳定性，确认可靠后作业。

夯锤下落后，在吊钩尚未降至夯锤吊环附近前，操作人员严禁提前下坑挂钩。从坑中提锤时，严禁挂钩人员站在锤上随锤提升。夯锤起吊后，地面操作人员应迅速撤至安全距离以外，非强夯施工人员不得进入夯点30m范围内。夯锤升起如超过脱钩高度仍不能自动脱钩时，起重指挥应立即发出停车信号，将夯锤落下，应查明原因并正确处理后继续施工。当夯锤留有的通气孔在作业中出现堵塞现象时，应及时清理，并不得在锤下作业。当夯坑内有积水或因黏土产生的锤底吸附力增大时，应采取措施排除，不得强行提锤。转移夯点时，夯锤应由辅机协助转移，门架随夯机移动前，支腿离地面高度不得超过500mm。作业后，应将夯锤下降，放在坚实稳固的地面上。在非作业时，不得将锤悬挂在空中。

（四）运输机械

各类运输机械应有完整的机械产品合格证以及相关的技术资料。启动前应重点检查下列项目，并应符合相应要求：①车辆的各总成、零件、附件应按规定装配齐全，不得有脱焊、裂缝等缺陷，螺栓、铆钉连接紧固不得松动、缺损；②各润滑装置应齐全并应清洁有效；③离合器应结合平稳、工作可靠、操作灵活，踏板行程应符合规定；④制动系统各部件应连接可靠，管路畅通；⑤灯光、喇叭、指示仪表等应齐全完整；⑥轮胎气压应符合要求；⑦燃油、润滑油、冷却水等应添加充足；⑧燃油箱应加锁；⑨运输机械不得有漏水、漏油、漏气、漏电现象。

起步时应检查周边环境，并确认安全。装载的物品应捆绑稳固牢靠，整车重心高度应控制在规定范围内，轮式机具和圆形物件装运时应采取防止滚动的措施。运输机械不得人货混装，运输过程中，料斗内不得载人。运输超限物件时，应事先勘察路线，了解空中、地面上、地下障碍以及道路、桥梁等通过能力，并应制定运输方案，应按规定办理通行手续。在规定时间内按规定路线行驶。超限部分白天应插警示旗，夜间应挂警示灯。装卸人员及电工携带工具随行，保证运行安全。前进和后退交替时，应在运输机械停稳后换挡。

运输机械运行时不得超速行驶，并应保持安全距离。进入施工现场应沿规定的路线行进。通过危险地区时，应先停车检查，确认可以通过后，应由有经验人员指挥前进。运载易燃易爆、剧毒、腐蚀性等危险品时，应使用专用车辆按相应的安全规定运输，并应有专业随车人员。在车底进行保养、检修时，应将内燃机熄火，拉紧手制动器并将车轮掩牢。车辆经修理后需要试车时，应由专业人员驾驶，当需在道路上试车时，应事先报经公安、公路等有关部门的批准。

1. 自卸汽车

自卸汽车应保持顶升液压系统完好，工作平稳。非顶升作业时，应将顶升操纵杆放在空挡位置。顶升前，应拔出车厢固定锁。作业后，应及时插入车厢固定锁。在行驶过程中车厢挡板不得自行打开。

卸料时应听从现场专业人员指挥，车厢上方不得有障碍物，四周不得有人员来往，并应将车停稳。举升车厢时，应控制内燃机中速运转，当车厢升到顶点时，应降低内燃机转速，减少车厢振动。不得边卸边行驶。向坑洼地区卸料时，应和坑边保持安全距离。在斜坡上不得侧向倾卸。卸完料，车厢应及时复位，自卸汽车应在复位后行驶。自卸汽车不得装运爆破器材。车厢举升状态下，应将车厢支撑牢靠后，进入车厢下面进行检修、润滑等作业。

2. 平板拖车

拖车的制动器、制动灯、转向灯等应配备齐全，并应与牵引车的灯光信号同时起作用。行车前，应检查并确认拖挂装置、制动装置、电缆接头等连接良好。

拖车装卸机械时，应停在平坦坚实处，拖车应制动并用三角木掩紧车胎。装车时应调整好机械在车厢上的位置，各轴负荷分配应合理。平板拖车的跳板应坚实，在装卸履带式起重机、挖掘机、压路机时，跳板与地面夹角不宜大于15°；在装卸履带式推土机、拖拉机时，跳板与地面夹角不宜大于25°。装卸时应由熟练的驾驶人员操作，并应统一指挥。上、下车动作应平稳，不得在跳板上调整方向。装运履带式起重机时，履带式起重机起重臂应拆短，起重臂向后，吊钩不得自由晃动。推土机的铲刀宽度超过平板拖车宽度时，应先拆除铲刀后再装运。机械装车后，机械的制动器应锁定，保险装置应锁牢，履带或车轮应掩紧，机械应绑扎牢固。使用随车卷扬机装卸物件时，应有专人指挥，拖车应制动锁定，并应将车轮掩紧，防止在装卸时车辆移动。

3. 机动翻斗车

机动翻斗车行驶前，应检查锁紧装置，并应将料斗锁牢。机动翻斗车不得靠近路边或沟旁行驶，并应防侧滑。在坑沟边缘卸料时，应设置安全挡块。车辆接近坑边时，应减速行驶，不得冲撞挡块。上坡时，应提前换入低挡行驶；下坡时，不得空挡滑行；转弯时，应先减速，急转弯时，应先换入低挡。机动翻斗车不宜紧急刹车，应防止向前倾覆。机动翻斗车不得在卸料工况下行驶。内燃机运转或料斗内有载荷时，不得在车底下进行作业。多台机动翻斗车纵队行驶时，前后车之间应保持安全距离。

4. 散装水泥车

散装水泥车卸料时，应装好卸料管，关闭卸料管蝶阀和卸压管球阀，并应打开二次风管，接通压缩空气。空气压缩机应在无载情况下启动。卸料过程中，应注意观察压力表的变化情况，当发现压力突然上升，输气软管堵塞时，应停止送气，并应放出管内有压气体，及时排除故障。卸料作业时，空气压缩机应有专人管理，其他人员不得擅自操作。雨雪天气，散装水泥车进料口应关闭严密，并不得在露天装卸作业。

5. 皮带运输机

固定式皮带运输机应安装在坚固的基础上，移动式皮带运输机在开动前应将轮子揳紧。皮带运输机在启动前，应调整好输送带的松紧度，带扣应牢固，各传动部件应灵活可靠，防护罩应齐全有效。电气系统应布置合理，绝缘及接零或接地应保护良好。

作业中，应随时观察输送带运输情况，当发现带有松动、走偏或跳动现象时，应停机进行调整。作业时，人员不得从带上面跨越，或从带下面穿过。输送带打滑时，不得用手拉动。输送带输送大块物料时，输送带两侧应加装挡板或栅栏。多台皮带运输机串联作业时，应从卸料端按顺序启动；停机时，应从装料端开始按顺序停机。作业时需要停机时，应先停止装料，将带上物料卸完后，再停机。皮带运输机作业中突然停机时，应立即切断电源，清除运输带上的物料，检查并排除故障。作业完毕后，应将电源断开，锁好电源开关箱，清除输送机上的砂土，应采用防雨护罩将电动机盖好。

(五) 桩工机械

桩机作业区内不得有妨碍作业的高压线路、地下管道和埋设电缆。作业区应有明显标志或围栏，非工作人员不得进入。作业前，应由项目负责人向作业人员作详细的安全技术交底。桩机的安装、试机、拆除应严格按设备使用说明书的要求进行。作业前，应检查并确认桩机各部件连接牢靠，各传动机构、齿轮箱、防护罩、吊具、钢丝绳、制动器等应完好，起重机起升、变幅机构工作正常，润滑油、液压油的油位符合规定，液压系统无泄漏，液压缸动作灵敏，作业范围内不得有非工作人员或障碍物。

水上打桩时，应选择排水量比桩机重量大 4 倍以上的作业船或安装牢固的排架，桩机与船体或排架应可靠固定，并应采取有效的锚固措施。当打桩船或排架的偏斜度超过 3°时，应停止作业。桩机吊桩、吊锤、回转、行走等动作不应同时进行。吊桩时，应在桩上拴好拉绳，避免桩与桩锤或机架碰撞。桩机吊锤（桩）时，锤（桩）的最高点离立柱顶部的最小距离应确保安全。轨道式桩机吊桩时应夹紧夹轨器。桩机在吊有桩和锤的情况下，操作人员不得离开岗位。桩机不得侧面吊桩或远距离拖桩。

桩机在正前方吊桩时，混凝土预制桩与桩机立柱的水平距离不应大于 4m，钢桩不应大于 7m，并应防止桩与立柱碰撞。使用双向立柱时，应在立柱转向到位，并应采用锁销将立柱与基杆锁住后起吊。施打斜桩时，应先将桩锤提升到预定位置，并将桩吊起，套入桩帽，桩尖插入桩位后再后仰立柱。履带三支点式桩架在后倾打斜桩时，后支撑杆应顶紧；轨道式桩架应在平台后增加支撑，并夹紧夹轨器。立柱后仰时，桩机不得回转及行走。桩机回转时，制动应缓慢，轨道式和步履式桩架同向连续回转不应大于一周。桩锤在施打过程中，监视人员应在距离桩锤中心 5m 以外。

作业过程中，应经常检查设备的运转情况，当发生异响、吊索具破损、紧固螺栓松动、漏气、漏油、停电以及其他不正常情况时，应立即停机检查，排除故障。桩机作业或行走时，除本机操作人员外，不应搭载其他人员。桩机行走时，地面的平整度与坚实度应符合要求，并应有专人指挥。走管式桩机横移时，桩机距滚管终端的距离不应小于 1m。桩机带锤行走时，应将桩锤放至最低位。在有坡度的场地上，坡度应符合桩机使用说明书的规定，并应将桩机重心置于斜坡上方，沿纵坡方向作业和行走。桩机在斜坡上不得回转。在场地的软硬边际，桩机不应横跨软硬边际。遇风速 12.0m/s 及以上的大风和雷雨、大雾、大雪等恶劣气候时，应停止作业。当风速达到 13.9m/s 及以上时，应将桩机顺风向停置，并应按使用说明书的要求，增设缆风绳，或将桩架放倒。桩机应有防雷措施，遇雷电时，人员应远离桩机。冬期作业应清除桩机上积雪，工作平台应有防滑措施。

作业中，当停机时间较长时，应将桩锤落下垫稳。检修时，不得悬吊桩锤。作业后，应将桩机停放在坚实平整的地面上，将桩锤落下垫实，并切断动力电源。轨道式桩架应夹紧夹轨器。

1. 柴油打桩锤

作业前应检查导向板的固定与磨损情况，导向板不得有松动或缺件，导向面磨损不得大于 7mm。作业前应检查并确认起落架各工作机构安全可靠，启动钩与上活塞接触线距离应在 5~10mm 之间。柴油锤启动前，柴油锤、桩帽和桩应在同一轴线上，不得偏心打桩。

打桩过程中，应有专人负责拉好曲臂上的控制绳，在意外情况下，可使用控制绳紧急停锤。柴油锤启动后，应提升起落架，在锤击过程中起落架与上汽缸顶部之间的距离不应小于 2m。柴油锤出现早燃时，应停止工作，并应按使用说明书的要求进行处理。作业后，应将柴油锤放到最低位置，封盖上汽缸和吸排气孔，关闭燃料阀，将操作杆置于停机位置，起落架升至高于桩锤 1m 处，并应锁住安全限位装置。

2. 振动桩锤

作业前，应检查并确认振动桩锤各部位螺栓、销轴的连接牢靠，减振装置的弹簧、轴和导向套完好。导向装置与立柱导轨的配合间隙应符合使用说明书的规定。悬挂振动桩锤的起重机吊钩应有防松脱的保护装置。振动桩锤悬挂钢架的耳环应加装保险钢丝绳。

启动时应监视电流和电压，当启动后的电流降到正常值时，开始作业。沉桩速度、电机电流不得超过使用说明书的规定。当电流急剧上升时，应停机检查。拔桩时，当桩身埋入部分被拔起 1.0~1.5m 时，应停止拔桩，在拴好吊桩用钢丝绳后，再起振拔桩。当桩尖离地面只有 1.0~2.0m 时，应停止振动拔桩，由起重机直接拔桩。桩拔出后，吊桩钢丝绳未吊紧前，不得松开夹紧装置。振动桩锤在正常振幅下仍不能拔桩时，应停止作业，改用功率较大的振动桩锤。拔桩时，拔桩力不应大于桩架的负荷能力。减振器横梁的振幅超过规定时，应停机查明原因。作业中，当遇液压软管破损、液压操纵失灵或停电时，应立即停机，并应采取安全措施，不得让桩从夹紧装置中脱落。

停止作业时，在振动桩锤完全停止运转前不得松开夹紧装置。作业后，应将振动桩锤沿导杆放至低处，并采用木块垫实，带桩管的振动桩锤可将桩管沉入土中 3m 以上。

3. 静力压桩机

压桩作业时，应有统一指挥，压桩人员和吊桩人员应密切联系，相互配合。起重机吊桩进入夹持机构，进行接桩或插桩作业后，操作人员在压桩前应确认吊钩已安全脱离桩体。操作人员应按桩机技术性能作业，不得超载运行。操作时动作不应过猛，应避免冲击。桩机发生浮机时，严禁起重机作业。如起重机已起吊物体，应立即将起吊物卸下，暂停压桩，在查明原因采取相应措施后，方可继续施工。压桩时，非工作人员应离机 10m。起重机的起重臂及桩机配重下方严禁站人。压桩时，操作人员的身体不得进入压桩台与机身的间隙之中。

作业完毕，桩机应停放在平整地面上，短船应运行至中间位置，其余液压缸应缩进回程，起重机吊钩应升至最高位置，各部制动器应制动，外露活塞杆应清理干净。作业后，应将控制器放在"零位"，并依次切断各部电源，锁闭门窗，冬期应放尽各部积水。

4. 转盘钻孔机

作业前，应先将各部操纵手柄置于空挡位置，人力盘动时不得有卡阻现象，然后空载运转，确认一切正常后方可作业。

开钻时，应先送浆后开钻；停机时，应先停钻后停浆。泥浆泵应有专人看管，对泥浆质量和浆面高度应随时测量和调整，随时清除沉淀池中杂物，出现漏浆现象时应及时补充。钻机下和井孔周围 2m 以内及高压胶管下，不得站人。钻架、钻台平车、封口平车等的承载部位不得超载。使用空气反循环时，喷浆口应遮拦，管端应固定。停钻时，应先停钻后停风。作业后，应对钻机进行清洗和润滑，并应将主要部位进行遮盖。

5. 螺旋钻孔机

安装前，应检查并确认钻杆及各部件不得有变形；安装后，钻杆与动力头中心线的偏斜度不应超过全长的 1%。不得将所需长度的钻杆在地面上接好后一次起吊安装。钻机应放置在平稳、坚实的场地上。汽车式钻机应将轮胎支起，架好支腿，并应采用自动微调或线锤调整挺杆，使之保持垂直。启动前应检查并确认钻机各部件连接应牢固，传动带的松紧度应适当，减速箱内油位应符合规定，钻深限位报警装置应有效。

在钻孔过程中，当电流表超过额定电流时，应放慢下钻速度。钻机发出下钻限位报警信号时，应停钻，并将钻杆稍稍提升，在解除报警信号后，方可继续下钻。卡钻时，应立即停止下钻。查明原因前，不得强行启动。作业中，当需改变钻杆回转方向时，应在钻杆完全停转后再进行。作业中，当发现阻力过大、钻进困难、钻头发出异响或机架出现摇晃、移动、偏斜时，应立即停钻，在排除故障后，继续施钻。钻机运转时，应有专人看护，防止电缆线被缠入钻杆。钻孔时，不得用手清除螺旋片中的泥土。作业中停电时，应将各控制器放置零位，切断电源，并应及时采取措施，将钻杆从孔内拔出。

作业后，应将钻杆及钻头全部提升至孔外，先清除钻杆和螺旋叶片上的泥土，再将钻头放下接触地面，锁定各部制动，将操纵杆放到空挡位置，切断电源。

6. 全套管钻机

作业前应检查并确认套管和浇注管内侧不得有损坏和明显变形，不得有混凝土粘结。挖掘过程中，应保持套管的摆动。浇筑混凝土时，钻机操作应和灌注作业密切配合，应根据孔深、桩长适当配管，套管与浇注管保持同心，在浇注管埋入混凝土 2~4m 之间时，应同步拔管和拆管。套管分离时，下节套管头应用卡环保险，防止套管下滑。作业后，应及时清除机体、锤式抓斗及套管等外表的混凝土和泥砂，将机架放回行走位置，将机组转移至安全场所。

7. 旋挖钻机

作业地面应坚实平整，作业过程中地面不得下陷，工作坡度不得大于2°。钻机驾驶员进出驾驶室时，应利用阶梯和扶手上下。在作业过程中，不得将操纵杆当扶手使用。钻机行驶时，应将上车转台和底盘车架销住，履带式钻机还应锁定履带伸缩油缸的保护装置。在钻机转移工作点、装卸钻具钻杆、收臂放塔和检修调试时，应有专人指挥，并确认附近不得有非作业人员和障碍。

作业中，发生浮机现象时，应立即停止作业，查明原因并正确处理后，继续作业。钻机移位时，应将钻桅及钻具提升到规定高度，并应检查钻杆，防止钻杆脱落。作业中，钻机作业范围内不得有非工作人员进入。钻机短时停机，钻桅可不放下，动力头及钻具应下放，并宜尽量接近地面。长时间停机，钻桅应按使用说明书的要求放置。钻机保养时，应按使用说明书的要求进行，并应将钻机支撑牢靠。

8. 深层搅拌机

作业前，应先空载试机，设备不得有异响，并应检查仪表、油泵等，确认正常后，正式开机运转。作业中，应控制深层搅拌机的入土切削速度和提升搅拌的速度，并应检查电流表，电流不得超过规定。发生卡钻、停钻或管路堵塞现象时，应立即停机，并应将搅拌头提离地面，查明原因，妥善处理后，重新开机施工。当喷浆式搅拌机停机超过3h，应及时拆卸输浆管路，排除灰浆，清洗管道。

9. 成槽机

作业前，应检查各传动机构、安全装置、钢丝绳等，并应确认安全可靠后，空载试车，试车运行中，应检查油缸、油管、油马达等液压元件，不得有渗漏油现象，油压应正常，油管盘、电缆盘应运转灵活，不得有卡滞现象，并应与起升速度保持同步。成槽机作业中，不得同时进行两种及以上动作。钢丝绳应排列整齐，不得松乱。成槽机起重性能参数应符合主机起重性能参数，不得超载。

工作场地应平坦坚实，在松软地面作业时，应在履带下铺设厚度在30mm以上的钢板，钢板纵向间距不应大于30mm。起重臂最大仰角不得超过78°，并应经常检查钢丝绳、滑轮，不得有严重磨损及脱槽现象，传动部件、限位保险装置、油温等应正常。成槽机行走履带应平行槽边，并应尽可能使主机远离槽边，以防槽段塌方。成槽机工作时，把杆下不得有人员，人员不得用手触摸钢丝绳及滑轮。成槽机工作完毕，应远离槽边，抓斗应着地，设备应及时清洁。拆卸成槽机时，应将把杆置于75°~78°位置，放落成槽抓斗，逐渐变幅把杆，同步下放起升钢丝绳、电缆与油管，并应防止电缆、油管拉断。

10. 冲孔桩机

冲孔桩机施工场地应平整坚实。作业前应重点检查下列项目，并应符合相应要求：①连接应牢固，离合器、制动器、棘轮停止器、导向轮等传动应灵活可靠；②卷筒不得有裂纹，钢丝绳缠绕应正确，绳头应压紧，钢丝绳断丝、磨损不得超过规定；③安全信号和安全装置应齐全良好；④桩机应有可靠的接零或接地，电气部分应绝缘良好；⑤开关应灵敏可靠。

冲孔作业时，不得碰撞护筒、孔壁和钩挂护筒底缘；重锤提升时，应缓慢平稳。卷扬机换向应在重锤停稳后进行，减少对钢丝绳的破坏。钢丝绳上应设有标记，提升落锤高度应符合规定，防止提锤过高，击断锤齿。停止作业时，冲锤应提出孔外，不得埋锤，并应及时切断电源；重锤落地前，司机不得离岗。

（六）混凝土机械

混凝土机械的工作机构、制动器、离合器、各种仪表及安全装置应齐全完好。插入式、平板式振捣器的漏电保护器应采用防溅型产品，其额定漏电动作电流不应大于15mA；额定漏电动作时间不应大于0.1s。

1. 混凝土搅拌机

作业区应排水通畅，并应设置沉淀池及防尘设施。操作人员视线应良好。操作台应铺设绝缘垫板。作业前应重点检查下列项目，并应符合相应要求：①料斗上、下限位装置应灵敏有效，保险销、保险链应齐全完好，钢丝绳报废应按现行国家标准《起重机　钢丝绳　保养、维护、安装、检验和报废》GB/T 5972 的规定执行；②制动器、离合器应灵敏可靠；③各传动机构、工作装置应正常，开式齿轮、皮带轮等传动装置的安全防护罩应齐全可靠，齿轮箱、液压油箱内的油质和油量应符合要求；④搅拌筒与托轮接触应良好，不得窜动、跑偏；⑤搅拌筒内叶片应紧固，不得松动，叶片与衬板间隙应符合说明书规定；⑥搅拌机开关箱应设置在距搅拌机 5m 的范围内。

空载运转时，不得有冲击现象和异常声响。料斗提升时，人员严禁在料斗下停留或通过；当需在料斗下方进行清理或检修时，应将料斗提升至上止点，并必须用保险销锁牢或用保险链挂牢。搅拌机运转时，不得进行维修、清理工作。当作业人员需进入搅拌筒内作业时，应先切断电源，锁好开关箱，悬挂"禁止合闸"的警示牌，并应派专人监护。作业完毕，宜将料斗降到最低位置，并应切断电源。

2. 混凝土搅拌运输车

液压系统和气动装置的安全阀、溢流阀的调整压力应符合使用说明书的要求。卸料槽锁扣及搅拌筒的安全锁定装置应齐全完好。装料前应先启动内燃机空载运转，并低速旋转搅拌筒 3～5min，当各仪表指示正常、制动气压达到规定值时，并检查确认后装料。装载量不得超过规定值。行驶前，应确认操作手柄处于"搅动"位置并锁定，卸料槽锁扣应扣牢。

出料作业时，应将搅拌运输车停靠在地势平坦处，应与基坑及输电线路保持安全距离，并应锁定制动系统。进入搅拌筒维修、清理混凝土前，应将发动机熄火，操作杆置于空挡，将发动机钥匙取出，并应设专人监护，悬挂安全警示牌。

3. 混凝土输送泵

混凝土泵应安放在平整、坚实的地面上，周围不得有障碍物，支腿应支设牢靠，机身应保持水平和稳定，轮胎应楔紧。

作业前应检查并确认管道连接处管卡扣牢，不得泄露。混凝土泵的安全防护装置应齐全可靠，各部位操纵开关、手柄等位置应正确，搅拌斗防护网应完好牢固。混凝土泵启动后，应空载运转，观察各仪表的指示值，检查泵和搅拌装置的运转情况，并确认一切正常后作业。混凝土泵在开始或停止泵送混凝土前，作业人员应与出料软管保持安全距离，作业人员不得在出料口下方停留。施工荷载应控制在允许范围内。混凝土泵工作时，不得进行维修作业。混凝土泵作业中，应对泵送设备和管路进行观察，发现隐患应及时处理。

4. 混凝土泵车

混凝土泵车应停放在平整坚实的地方，与沟槽和基坑的安全距离应符合使用说明书的要求。臂架回转范围内不得有障碍物，与输电线路的安全距离应符合现行行业标准《施工现场临时用电安全技术规范》JGJ 46 的有关规定。混凝土泵车作业前，应将支腿打开，并应采用垫木垫平，车身的倾斜度不应大于3°。作业前应重点检查下列项目，并应符合相应要求：①安全装置应齐全有效，仪表应指示正常；②液压系统、工作机构应运转正常；③料斗网格应完好牢固；④软管安全链与臂架连接应牢固。

伸展布料杆应按出厂说明书的顺序进行。布料杆在升离支架前不得回转。不得用布料杆起吊或拖拉物件。当布料杆处于全伸状态时，不得移动车身。当需要移动车身时，应将上段布料杆折叠固定，移动速度不得超过10km/h。

5. 插入式振捣器

作业前应检查电动机、软管、电缆线、控制开关等，并应确认处于完好状态。电缆线连接应正确。

操作人员作业时应穿戴符合要求的绝缘鞋和绝缘手套。电缆线应采用耐候型橡皮护套铜芯软电缆，并不得有接头。电缆线长度不应大于30m。不得缠绕、扭结和挤压，并不得承受任何外力。振捣器不得在初凝的混凝土、脚手板和干硬的地面上进行试振。在检修或作业间断时，应切断电源。作业完毕，应切断电源，并应将电动机、软管及振动棒清理干净。

6. 附着式、平板式振捣器

作业前应检查电动机、电源线、控制开关等，并确认完好无破损。附着式振捣器的安装位置应正确，连接应牢固，并应安装减振装置。平板式振捣器应采用耐气候型橡皮护套铜芯软电缆，并不得有接头和承受任何外力，其长度不应超过30m。

平板式振捣器作业时应使用牵引绳控制移动速度，不得牵拉电缆。在同一块混凝土模板上同时使用多台附着式振捣器时，各振动器的振频应一致，安装位置宜交错设置。作业完毕，应切断电源，并应将振捣器清理干净。

7. 混凝土振动台

作业前应检查电动机、传动及防护装置，并确认完好有效。轴承座、偏心块及机座螺栓应紧固牢靠。振动台应设有可靠的锁紧夹，振动时应将混凝土槽锁紧，混凝土模板在振动台上不得无约束振动。振动台电缆应穿在电管内，并预埋牢固。在作业过程中，不得调节预置拨码开关。

8. 混凝土喷射机

喷射机风源、电源、水源、加料设备等应配套齐全。管道应安装正确，连接处应紧固密封。当管道通过道路时，管道应有保护措施。作业前应重点检查下列项目，并应符合相应要求：①安全阀应灵敏可靠；②电源线应无破损现象，接线应牢靠；③各部密封件应密封良好，橡胶结合板和旋转板上出现的明显沟槽应及时修复；④压力表指针显示应正常，应根据输送距离，及时调整风压的上限值；⑤喷枪水环管应保持畅通。

启动电动机后，应空载试运转，确认一切正常后方可投料作业。机械操作人员和喷射作业人员应有信号联系，送风、加料、停料、停风及发生堵塞时，应联系畅通，密切配合。喷嘴前方不得有人员。发生堵管时，应先停止喂料，敲击堵塞部位，使物料松散，然后用压缩空气吹通。操作人员作业时，应紧握喷嘴，不得甩动管道。作业时，输送软管不得随地拖拉和折弯。停机时，应先停止加料，再关闭电动机，然后停止供水，最后停送压缩空气，并应将仓内及输料管内的混合料全部喷出。

9. 混凝土布料机

设置混凝土布料机前，应确认现场有足够的作业空间，混凝土布料机任一部位与其他设备及构筑物的安全距离不应小于 0.6m。混凝土布料机的支撑面应平整坚实。固定式混凝土布料机的支撑应符合使用说明书的要求，支撑结构应经设计计算，并应采取相应加固措施。手动式混凝土布料机应有可靠的防倾覆措施。混凝土布料机作业前应重点检查下列项目，并应符合相应要求：①支腿应打开垫实，并应锁紧；②塔架的垂直度应符合使用说明书要求；③配重块应与臂架安装长度匹配；④臂架回转机构润滑应充足，转动应灵活；⑤机动混凝土布料机的动力装置、传动装置、安全及制动装置应符合要求；⑥混凝土输送管道应连接牢固。

手动混凝土布料机回转速度应缓慢均匀，牵引绳长度应满足安全距离的要求。输送管出料口与混凝土浇筑面宜保持 1m 的距离，不得被混凝土掩埋。人员不得在臂架下方停留。当风速达到 10.8m/s 及以上或大雨、大雾等恶劣天气应停止作业。

（七）钢筋加工机械

机械的安装应坚实稳固。固定式机械应有可靠的基础；移动式机械作业时应楔紧行走轮。手持式钢筋加工机械作业时，应佩戴绝缘手套等防护用品。加工较长的钢筋时，应有专人帮扶。帮扶人员应听从机械操作人员指挥，不得任意推拉。

1. 钢筋调直切断机

切断机安装后，应用手转动飞轮，检查传动机构和工作装置，并及时调整间隙，紧固螺栓。在检查并确认电气系统正常后，进行空运转。切断机空运转时，齿轮应啮合良好，并不得有异响，确认正常后开始作业。

作业时，应按钢筋的直径，选用适当的调直块、曳引轮槽及传动速度。在调直块未固定或防护罩未盖好前，不得送料。作业中，不得打开防护罩。送料前，应将弯曲的钢筋端头切除。导向筒前应安装一根长度宜为 1m 的钢管。钢筋送入后，手应与曳轮保持安全距离。

2. 钢筋切断机

启动前，应检查并确认切刀不得有裂纹，刀架螺栓应紧固，防护罩应牢靠。应用手转动皮带轮，检查齿轮啮合间隙，并及时调整。启动后，应先空运转，检查并确认各传动部分及轴承运转正常后，开始作业。

机械未达到正常转速前，不得切料。操作人员应使用切刀的中、下部位切料，应紧握钢筋对准刃口迅速投入，并应站在固定刀片一侧用力压住钢筋，防止钢筋末端弹出伤人。不得用双手分在刀片两边握住钢筋切料。操作人员不得剪切超过机械性能规定强度及直径的钢筋或烧红的钢筋。一次切断多根钢筋时，其总截面积应在规定范围内。剪切低合金钢筋时，应更换高硬度切刀，剪切直径应符合机械性能的规定。切断短料时，手和切刀之间的距离应大于 150mm，并应采用套管或夹具将切断的短料压住或夹牢。机械运转中，不得用手直接清除切刀附近的断头和杂物。在钢筋摆动范围和机械周围，非操作人员不得停留。当发现机械有异常响声或切刀歪斜等不正常现象时，应立即停机检修。

3. 钢筋弯曲机

工作台和弯曲机台面应保持水平。启动前，应检查并确认芯轴、挡铁轴、转盘等不得有裂纹和损伤，防护罩应有效。在空载运转并确认正常后，开始作业。

作业时，应将需弯曲的一端钢筋插入转盘固定销的间隙内，将另一端紧靠机身固定销，并用手压紧，在检查并确认机身固定销安放在挡住钢筋的一侧后，启动机械。弯曲作业时，不得更换轴芯、销子和变换角度以及调速，不得进行清扫和加油。对超过机械铭牌规定直径的钢筋不得进行弯曲。在弯曲未经冷拉或带有锈皮的钢筋时，应戴防护镜。在弯曲高强度钢筋时，应进行钢筋直径换算，钢筋直径不得超过机械允许的最大弯曲能力，并应及时调换相应的芯轴。操作人员应站在机身设有固定销的一侧。成品钢筋应堆放整齐，弯钩不得朝上。转盘换向应在弯曲机停稳后进行。

4. 钢筋冷拉机

卷扬钢丝绳应经封闭式导向滑轮，并应和被拉钢筋成直角。操作人员应能见到全部冷拉场地。卷扬机与冷拉中心线距离不得小于5m。冷拉场地应设置警戒区，并应安装防护栏及警告标志。非操作人员不得进入警戒区。作业时，操作人员与受拉钢筋的距离应大于2m。采用配重控制的冷拉机应有指示起落的记号或专人指挥。配重提起时，配重离地高度应小于300mm。配重架四周应设置防护栏杆及警告标志。

作业前，应检查冷拉机，夹齿应完好；滑轮、拖拉小车应润滑灵活；拉钩、地锚及防护装置应齐全牢固。采用延伸率控制的冷拉机，应设置明显的限位标志，并应有专人负责指挥。照明设施宜设置在张拉警戒区外。当需设置在警戒区内时，照明设施安装高度应大于5m，并应有防护罩。作业后，应放松卷扬钢丝绳，落下配重，切断电源，并锁好开关箱。

5. 钢筋冷拔机

启动机械前，应检查并确认机械各部连接应牢固，模具不得有裂纹，轧头与模具的规格应配套。作业时，操作人员的手与轧辊应保持300～500mm的距离。不得用手直接接触钢筋和滚筒。当钢筋的末端通过冷拔模后，应立即脱开离合器，同时用手闸挡住钢筋末端。冷拔过程中，当出现断丝或钢筋打结乱盘时，应立即停机处理。

6. 钢筋螺纹成型机

在机械使用前，应检查并确认刀具安装应正确，连接应牢固，运转部位润滑应良好，不得有漏电现象，空车试运转并确认正常后作业。加工时，钢筋应夹持牢固。机械在运转过程中，不得清扫刀片上面的积屑杂物和进行检修。不得加工超过机械铭牌规定直径的钢筋。

7. 钢筋除锈机

作业前应检查并确认钢丝刷应固定牢靠，传动部分应润滑充分，封闭式防护罩及排尘装置等应完好。操作人员应束紧袖口，并应佩戴防尘口罩、手套和防护眼镜。带弯钩的钢筋不得上机除锈。弯度较大的钢筋宜在调直后除锈。操作时，应将钢筋放平，并侧身送料。不得在除锈机正面站人。较长钢筋除锈时，应有2人配合操作。

（八）木工机械

机械操作人员应穿紧口衣裤，并束紧长发，不得系领带和戴手套。机械的电源安装和拆除及机械电气故障的排除，应由专业电工进行。机械应使用单向开关，不得使用倒顺双向开关。机械安全装置应齐全有效，传动部位应安装防护罩，各部件应连接紧固。

机械作业场所应配备齐全可靠的消防器材。在工作场所，不得吸烟和动火，并不得混放其他易燃易爆物品。工作场所的木料应堆放整齐，道路应畅通。机械应保持清洁，工作台上不得放置杂物。机械的皮带轮、锯轮、刀轴、锯片、砂轮等高速转动部件的安装应平衡。各种刀具破损程度不得超过使用说明书的规定。加工前，应清除木料中的铁钉、铁丝等金属物。装设除尘装置的木工机械作业前，应先启动排尘装置，排尘管道不得变形、漏气。机械运行中，不得测量工件尺寸和清理木屑、刨花和杂物。

机械运行中，不得跨越机械传动部分。排除故障、拆装刀具应在机械停止运转，并切断电源后进行。作业后，应切断电源，锁好闸箱，并应进行清理、润滑。机械噪声不应超过建筑施工场界噪声限值；当机械噪声超过限值时，应采取降噪措施。机械操作人员应按规定佩戴个人防护用品。

1. 带锯机

作业前，应对锯条及锯条安装质量进行检查。带锯机启动后，应空载试运转，并应确认运转正常，无串条现象后，开始作业。

作业中，操作人员应站在带锯机的两侧，跑车开动后，行程范围内的轨道周围不应站人，不应在运行中跑车。倒车应在木材的尾端越过锯条 500mm 后进行，倒车速度不宜过快。平台式带锯作业时，送接料应配合一致。送料、接料时不得将手送进台面。锯短料时，应采用推棍送料。回送木料时，应离开锯条 50mm 及以上。带锯机运转中，当木屑堵塞吸尘管口时，不得清理管口。

2. 圆盘锯

木工圆锯机上的旋转锯片必须设置防护罩。锯片不得有裂纹。锯片不得有连续 2 个及以上的缺齿。被锯木料的长度不应小于 500mm。作业时，锯片应露出木料 10～20mm。送料时，不得将木料左右晃动或抬高；遇木节时，应缓慢送料；接近端头时，应采用推棍送料。作业时，操作人员应戴防护眼镜，手臂不得跨越锯片，人员不得站在锯片的旋转方向。

3. 平面刨（手压刨）

刨料时，应保持身体平稳，用双手操作。刨大面时，手应按在木料上面；刨小料时，手指不得低于料高一半。不得手在料后推料。当被刨木料的厚度小于 30mm，或长度小于400mm 时，应采用压板或推棍推进。厚度小于 15mm，或长度小于 250mm 的木料，不得在平刨上加工。

刨旧料前，应将料上的钉子、泥砂清除干净。被刨木料如有破裂或硬节等缺陷时，应处理后再施刨。遇木槎、节疤应缓慢送料。不得将手按在节疤上强行送料。机械运转时，不得将手伸进安全挡板里侧去移动挡板或拆除安全挡板。

4. 压刨床（单面和多面）

作业时，不得一次刨削两块不同材质或规格的木料，被刨木料的厚度不得超过使用说明书的规定。

操作者应站在进料的一侧。送料时应先进大头。接料人员应在被刨料离开料辊后接料。每次进刀量宜为2~5mm。遇硬木或节疤，应减小进刀量，降低送料速度。刨料的长度不得小于前后压辊之间距离。厚度小于10mm的薄板应垫托板作业。刨削过程中，遇木料走横或卡住时，应先停机，再放低台面，取出木料，排除故障。

5. 木工车床

车削前，应对车床各部装置及工具、卡具进行检查，并确认安全可靠。工件应卡紧，并应采用顶针顶紧。应进行试运转，确认正常后，方可作业。车削过程中，不得用手摸的方法检查工件的光滑程度。当采用砂纸打磨时，应先将刀架移开。车床转动时，不得用手来制动。不得切削有节疤或裂缝的木料。

6. 木工铣床（裁口机）

作业前，应对铣床各部件及铣刀安装进行检查，铣刀不得有裂纹或缺损，防护装置及定位止动装置应齐全可靠。当木料有硬节时，应低速送料。应在木料送过铣刀口150mm后，再进行接料。当木料铣切到端头时，应在已铣切的一端接料。送短料时，应用推料棍。不得在木料中间插刀。卧式铣床的操作人员作业时，应站在刀刃侧面，不得面对刀刃。

7. 开榫机

作业前，应紧固好刨刀、锯片，并试运转3~5min，确认正常后作业。作业时，应侧身操作，不得面对刀具。切削时，应用压料杆将木料压紧，在切削完毕前，不得松开压料杆。短料开榫时，应用垫板将木料夹牢，不得用手直接握料作业。不得上机加工有节疤的木料。

8. 打眼机

打眼时，应使用夹料器，不得用手直接扶料。遇节疤时，应缓慢压下，不得用力过猛。作业中，当凿心卡阻或冒烟时，应立即抬起手柄。不得用手直接清理钻出的木屑。更换凿心时，应先停车，切断电源，并应在平台上垫上木板后进行。

9. 锉锯机

作业前，应检查并确认砂轮不得有裂缝和破损，并应安装牢固。启动时，应先空运转，当有剧烈振动时，应找出偏重位置，调整平衡。作业时，操作人员不得站在砂轮旋转时离心力方向一侧。当撑齿钩遇到缺齿或撑钩妨碍锯条运动时，应及时处理。

10. 磨光机

作业前，应对下列项目进行检查，并符合相应要求：①盘式磨光机防护装置应齐全有效；②砂轮应无裂纹破损；③带式磨光机砂筒上砂带的张紧度应适当；④各部轴承应润滑良好，紧固连接件应连接可靠。

磨削小面积工件时，宜尽量在台面整个宽度内排满工件，磨削时，应渐次连续进给。带式磨光机作业时，压垫的压力应均匀。盘式磨光机作业时，工件应放在向下旋转的半面进行磨光。手不得靠近磨盘。

（九）地下施工机械

作业前，应充分了解施工作业周边环境，对邻近建（构）筑物、地下管网等应进行监测，并应制定对建（构）筑物、地下管线保护的专项安全技术方案。

作业中，应对有害气体及地下作业面通风量进行监测，并应符合职业健康安全标准的要求。作业中，应随时监视机械各运转部位的状态及参数，发现异常时，应立即停机检修。气动设备作业时，应按照相关设备使用说明书和气动设备的操作技术要求进行施工。地下施工机械作业时，必须确保开挖土体稳定。地下施工机械施工过程中，当停机时间较长时，应采取措施，维持开挖面稳定。

地下施工机械使用前，应确认其状态良好，满足作业要求。使用过程中，应按使用说明书的要求进行保养、维修，并应及时更换受损的零件。掘进过程中，遇到施工偏差过大、设备故障、意外的地质变化等情况时，必须暂停施工，经处理后再继续。地下大型施工机械设备的安装、拆卸应按使用说明书的规定进行，并应制定专项施工方案，由专业队伍进行施工，安装、拆卸过程中应有专业技术和安全人员监护。

1. 顶管机

顶进前，全部设备应经过检查并经过试运转确认合格。顶进时，工作人员不得在顶铁上方及侧面停留，并应随时观察顶铁有无异常迹象。顶进开始时，应先缓慢进行，在各接触部位密合后，再按正常顶进速度顶进。

管道顶进过程中，遇下列情况之一时，应立即停止顶进，检查原因并经处理后继续顶进：①工具管前方遇到障碍；②后背墙变形严重；③顶铁发生扭曲现象；④管位偏差过大且校正无效；⑤顶力超过管端的允许顶力；⑥油泵、油路发生异常现象；⑦管节接缝、中继间渗漏泥水、泥浆；⑧地层、邻近建（构）筑物、管线等周围环境的变形量超出控制允许值。

2. 盾构机

盾构机组装前，应对推进千斤顶、拼装机、调节千斤顶进行试验验收。盾构机组装完成后，应先对各部件、各系统进行空载、负载调试及验收，最后应进行整机空载和负载调试及验收。

盾构掘进中，当遇有下列情况之一时，应暂停施工，并应在排除险情后继续施工：①盾构位置偏离设计轴线过大；②管片严重碎裂和渗漏水；③开挖面发生坍塌或严重的地表隆起、沉降现象；④遭遇地下不明障碍物或意外的地质变化；⑤盾构旋转角度过大，影响正常施工；⑥盾构扭矩或顶力异常。

盾构暂停掘进时，应按程序采取稳定开挖面的措施，确保暂停施工后盾构姿态稳定不变。地下情况较复杂时，作业人员应戴防毒面具。更换刀具时，应按专项方案和安全规定执行。盾构切口与到达接收井距离小于10m时，应控制盾构推进速度、开挖面压力、排土量。盾构推进到冻结区域停止推进时，应每隔10min转动刀盘一次，每次转动时间不得少于5min。当盾构全部进入接收井内基座上后，应及时做好管片与洞圈间的密封。盾构调头时应专人指挥，应设专人观察设备转向状态，避免方向偏离或设备碰撞。

管片拼装时，应按下列规定执行：①管片拼装应落实专人负责指挥，拼装机操作人员应按照指挥人员的指令操作，不得擅自转动拼装机。②举重臂旋转时，应鸣号警示，严禁施工人员进入举重臂回转范围内。拼装工应在全部就位后开始作业。在施工人员未撤离施工区域时，严禁启动拼装机。③拼装管片时，拼装工必须站在安全可靠的位置，不得将手脚放在环缝和千斤顶的顶部。④举重臂应在管片固定就位后复位。封顶拼装就位未完毕时，施工人员不得进入封顶块的下方。⑤举重臂拼装头应拧紧到位，不得松动，发现有磨损情况时，应及时更换，不得冒险吊运。⑥管片在旋转上升之前，应用举重臂小脚将管片固定，管片在旋转过程中不得晃动。⑦当拼装头与管片预埋孔不能紧固连接时，应制作专用的拼装架。拼装架设计应经技术部门审批，并经过试验合格后开始使用。⑧拼装管片应使用专用的拼装销，拼装销应有限位装置。⑨装机回转时，在回转范围内，不得有人。⑩管片吊起或升降架旋回到上方时，放置时间不应超过 3min。

盾构机拆除退场时，应按下列规定执行：①机械结构部分应先按液压、泥水、注浆、电气系统顺序拆卸，最后拆卸机械结构件；②吊装作业时，应仔细检查并确认盾构机各连接部件与盾构机已彻底拆开分离，千斤顶全部缩回到位，所有注浆、泥水系统的手动阀门已关闭；③大刀盘应按要求位置停放，在井下分解后，应及时吊上地面；④拼装机按规定位置停放，举重钳应缩到底；提升横梁应烧焊马脚固定，同时在拼装机横梁底部应加焊接支撑，防止下坠。

盾构机转场运输时，应按下列规定执行：①应根据设备的最大尺寸，对运输线路进行实地勘察；②设备应与运输车辆有可靠固定措施；③设备超宽、超高时，应按交通法规办理各类通行证。

（十）焊接机械

焊接（切割）前，应先进行动火审查，确认焊接（切割）现场防火措施符合要求，并应配备相应的消防器材和安全防护用品，落实监护人员后，开具动火证。

焊接设备应有完整的防护外壳，一、二次接线柱处应有保护罩。现场使用的电焊机应设有防雨、防潮、防晒、防砸的措施。焊割现场及高空焊割作业下方。严禁堆放油类、木材、氧气瓶、乙炔瓶、保温材料等易燃、易爆物品。电焊机绝缘电阻不得小于 $0.5M\Omega$，电焊机导线绝缘电阻不得小于 $1M\Omega$，电焊机接地电阻不得大于 4Ω。电焊机导线和接地线不得搭在易燃、易爆、带有热源或有油的物品上；不得利用建（构）筑物的金属结构、管道、轨道或其他金属物体，搭接起来，形成焊接回路，并不得将电焊机和工件双重接地；严禁使用氧气、天然气等易燃易爆气体管道作为接地装置。电焊机的一次侧电源线长度不应大于 5m，二次线应采用防水橡皮护套铜芯软电缆，电缆长度不应大于 30m，接头不得超过 3 个，并应双线到位。当需要加长导线时，应相应增加导线的截面积。当导线通过道路时，应架高，或穿入防护管内埋设在地下；当通过轨道时，应从轨道下面通过。当导线绝缘受损或断股时，应立即更换。

电焊钳应有良好的绝缘和隔热能力。电焊钳握柄应绝缘良好，握柄与导线连接应牢靠，连接处应采用绝缘布包好。操作人员不得用胳膊夹持电焊钳，并不得在水中冷却电焊钳。对承压状态的压力容器和装有剧毒、易燃、易爆物品的容器，严禁进行焊接或切割作业。当需焊割受压容器、密闭容器、粘有可燃气体和溶液的工件时，应先消除容器及管道内压力，清除可燃气体和溶液，并冲洗有毒、有害、易燃物质；对存有残余油脂的容器，宜用蒸汽、碱水冲洗，打开盖口，并确认容器清洗干净后，应灌满清水后进行焊割。在容器内和管道内焊割时，应采取防止触电、中毒和窒息的措施。焊、割密闭容器时，应留出气孔，必要时应在进、出气口处装设通风设备；容器内照明电压不得超过 12V；容器外应有专人监护。焊割铜、铝、锌、锡等有色金属时，应通风良好，焊割人员应戴防毒面罩或采取其他防毒措施。当预热焊件温度达 150～700℃时，应设挡板隔离焊件发出的辐射热，焊接人员应穿戴隔热的石棉服装和鞋、帽等。

雨雪天不得在露天电焊。在潮湿地带作业时，应铺设绝缘物品，操作人员应穿绝缘鞋。电焊机应按额定焊接电流和暂载率操作，并应控制电焊机的温升。当清除焊渣时，应戴防护眼镜，头部应避开焊渣飞溅方向。交流电焊机应安装防二次侧触电保护装置。

1. 交（直）流焊机

使用前，应检查并确认初、次级线接线正确，输入电压符合电焊机的铭牌规定，接线螺母、螺栓及其他部件完好齐全，不得松动或损坏。

当多台焊机在同一场地作业时，相互间距不应小于 600mm，应逐台启动，并应使三相负载保持平衡。多台焊机的接地装置不得串联。移动电焊机或停电时，应切断电源，不得用拖拉电缆的方法移动焊机。调节焊接电流和极性开关应在卸除负荷后进行。硅整流直流电焊机主变压器的次级线圈和控制变压器的次级线圈不得用摇表测试。长期停用的焊机启用时，应空载通电一定时间，进行干燥处理。

2. 氩弧焊机

作业前，应检查并确认接地装置安全可靠，气管、水管应通畅，不得有外漏。工作场所应有良好的通风措施。安装氩气表、氩气减压阀、管接头等配件时，不得粘有油脂，并应拧紧丝扣（至少 5 扣）。开气时，严禁身体对准氩气表和气瓶节门，应防止氩气表和气瓶节门打开伤人。水冷型焊机应保持冷却水清洁。在焊接过程中，冷却水的流量应正常，不得断水施焊。

使用氩弧焊时，操作人员应戴防毒面罩。应根据焊接厚度确定钨极粗细，更换钨极时，必须切断电源。磨削钨极端头时，应设有通风装置，操作人员应佩戴手套和口罩，磨削下来的粉尘，应及时清除。钍、铈、钨极不得随身携带，应贮存在铅盒内。焊机附近不宜有振动。焊机上及周围不得放置易燃、易爆或导电物品。氩气瓶和氩气瓶与焊接地点应相距 3m 以上，并应直立固定放置。作业后，应切断申源，关闭水源和气源。焊接人员应及时脱去工作服，清洗外露的皮肤。

3. 点焊机

焊机通电后，应检查并确认电气设备、操作机构、冷却系统、气路系统工作止常，不得有漏电现象。作业时，气路、水冷系统应畅通。气体应保持干燥。排水温度不得超过40℃，排水量可根据水温调节。严禁在引燃电路中加大熔断器。当负载过小，引燃管内电弧不能发生时，不得闭合控制箱的引燃电路。

4. 二氧化碳气体保护焊机

开气时，操作人员必须站在瓶嘴的侧面。作业前，应检查并确认焊丝的进给机构、电线的连接部分、二氧化碳气体的供应系统及冷却水循环系统符合要求，焊枪冷却水系统不得漏水。二氧化碳气瓶宜存放在阴凉处，不得靠近热源，并应放置牢靠。二氧化碳气体预热器端的电压，不得大于 36V。

5. 埋弧焊机

作业前，应检查并确认各导线连接应良好；控制箱的外壳和接线板上的罩壳应完好；送丝滚轮的沟槽及齿纹应完好；滚轮、导电嘴（块）不得有过度磨损，接触应良好；减速箱润滑油应正常。在焊机工作时，手不得触及送丝机构的滚轮。作业时，应及时排走焊接中产生的有害气体，在通风不良的室内或容器内作业时，应安装通风设备。

6. 对焊机

对焊机应安置在室内或防雨的工棚内，并应有可靠的接地或接零。当多台对焊机并列安装时，相互间距不得小于 3m，并应分别接在不同相位的电网上，分别设置各自的断路器。焊接前，应检查并确认对焊机的压力机构应灵活，夹具应牢固，气压、液压系统不得有泄漏。焊接前，应根据所焊接钢筋的截面，调整二次电压，不得焊接超过对焊机规定直径的钢筋。冷却水温度不得超过 40℃；排水量应根据温度调节。焊接较长钢筋时，应设置托架。闪光区应设挡板，与焊接无关的人员不得入内。

7. 竖向钢筋电渣压力焊机

电源电缆和控制电缆连接应正确、牢固。焊机及控制箱的外壳应接地或接零。作业前，应检查供电电压并确认正常，当一次电压降大于 8% 时，不宜焊接。焊接导线长度不得大于 30m。作业前，应检查并确认控制电路正常，定时应准确，误差不得大于 5%，机具的传动系统、夹装系统及焊钳的转动部分应灵活自如，焊剂应已干燥，所需附件应齐全。起弧前，上下钢筋应对齐，钢筋端头应接触良好。

8. 气焊（割）设备

气瓶每 3 年应检验一次，使用期不应超过 20 年。气瓶压力表应灵敏正常。操作者不得正对气瓶阀门出气口，不得用明火检验是否漏气。现场使用的不同种类气瓶应装有不同的减压器，未安装减压器的氧气瓶不得使用。氧气瓶、压力表及其焊割机具上不得沾染油脂。开启氧气瓶阀门时，应采用专用工具，动作应缓慢。氧气瓶中的氧气不得全部用尽，应留 49kPa 以上的剩余压力。关闭氧气瓶阀门时，应先松开减压器的活门螺栓。

乙炔钢瓶使用时，应设有防止回火的安全装置；同时使用两种气体作业时，不同气瓶都应安装单向阀，防止气体相互倒灌。作业时，乙炔瓶与氧气瓶之间的距离不得少于 5m，气瓶与明火之间的距离不得少于 10m。乙炔软管、氧气软管不得错装。乙炔气胶管、防止回火装置及气瓶冻结时，应用 40℃ 以下热水加热解冻，不得用火烤。点火时，焊枪口不得对人。正在燃烧的焊枪不得放在工件或地面上。焊枪带有乙炔和氧气时，不得放在金属容器内，以防止气体逸出，发生爆燃事故。点燃焊（割）炬时，应先开乙炔阀点火，再开氧气阀调整火。关闭时，应先关闭乙炔阀，再关闭氧气阀。氢氧并用时，应先开乙炔气，再开氢气，最后开氧气，再点燃。灭火时，应先关氧气，再关氢气，最后关乙炔气。

操作时，氢气瓶、乙炔瓶应直立放置，且应安放稳固。作业中，发现氧气瓶阀门失灵或损坏不能关闭时，应让瓶内的氧气自动放尽后，再进行拆卸修理。作业中，当氧气软管着火时，不得折弯软管断气，应迅速关闭氧气阀门，停止供氧。当乙炔软管着火时，应先关熄炬火，可弯折前面一段软管将火熄灭。工作完毕，应将氧气瓶、乙炔瓶气阀关好，拧上安全罩，检查操作场地，确认无着火危险，方准离开。氧气瓶应与其他气瓶、油脂等易燃、易爆物品分开存放，且不得同车运输。氧气瓶不得散装吊运。运输时，氧气瓶应装有防振圈和安全帽。

9. 等离子切割机

作业前，应检查并确认不得有漏电、漏气、漏水现象，接地或接零应安全可靠。应将工作台与地面绝缘，或在电气控制系统安装空载断路继电器。小车、工件位置应适当，工件应接通切割电路正极，切割工作面下应设有熔渣坑。自动切割小车应经空车运转，并应选定合适的切割速度。

操作人员应戴好防护面罩、电焊手套、帽子、滤膜防出口罩和隔声耳罩。切割时，操作人员应站在上风处操作。可从工作台下部抽风，并宜缩小操作台上的敞开面积。切割时，当空载电压过高时，应检查电器接地或接零、割炬把手绝缘情况。高频发生器应设有屏蔽护罩，用高频引弧后，应立即切断高频电路。作业后，应切断电源，关闭气源和水源。

10. 仿形切割机

应按出厂使用说明书要求接通切割机的电源，并应做好保护接地或接零。作业前，应先空运转，检查并确认氧、乙炔和加装的仿形样板配合无误后，开始切割作业。作业后，应清理保养设备，整理并保管好氧气带、乙炔气带及电缆线。

（十一）其他中小型机械

中小型机械上的外露传动部分和旋转部分应设有防护罩。室外使用的机械应搭设机械防护棚或采取其他防护措施。

1. 咬口机

不得用手触碰转动中的辊轮，工件送到末端时，手指应离开工件。工件长度、宽度不得超过机械允许加工的范围。作业中如有异物进入辊中，应及时停车处理。

2. 剪板机

启动前，应检查并确认各部润滑、紧固应完好，切刀不得有缺口。剪切钢板的厚度不得超过剪板机规定的能力。切窄板材时，应在被剪板材上压一块较宽钢板，使垂直压紧装置下落时，能压牢被剪板材。应根据剪切板材厚度，调整上下切刀间隙。正常切刀间隙不得大于板材厚度的5%，斜口剪时，不得大于7%。间隙调整后，应进行手转动及空车运转试验。剪板机限位装置应齐全有效。制动装置应根据磨损情况，及时调整。

多人作业时，应有专人指挥。应在上切刀停止运动后送料。送料时，应放正、放平、放稳，手指不得接近切刀和压板，并不得将手伸进垂直压紧装置的内侧。

3. 折板机

作业前，应先校对模具，按被折板厚的1.5～2倍预留间隙，并进行试折，在检查并确认机械和模具装备正常后，再调整到折板规定的间隙，开始正式作业。作业中，应经常检查上模具的紧固件和液压或气压系统，当发现有松动或泄漏等情况，应立即停机，并妥善处理后，继续作业。

4. 卷板机

作业中，操作人员应站在工件的两侧，并应防止人手和衣服被卷入轧辊内。工件上不得站人。用样板检查圆度时，应在停机后进行。滚卷工件到末端时，应留一定的余量。

5. 坡口机

刀排、刀具应稳定牢固。当工件过长时，应加装辅助托架。作业中，不得俯身近视工件。不得用手摸坡口及擦拭铁屑。

6. 法兰卷圆机

加工型钢规格不应超过机具的允许范围。当轧制的法兰不能进入第二道型辊时，不得用手直接推送，应使用专用工具送入。当加工法兰直径超过1000mm时，应采取加装托架等安全措施。作业时，人员不得靠近法兰尾端。

7. 套丝切管机

当工件伸出卡盘端面的长度较长时，后部应加装辅助托架，并调整好高度。切断作业时，不得在旋转手柄上加长力臂。切平管端时，不得进刀过快。当加工件的管径或椭圆度较大时，应两次进刀。

8. 弯管机

弯管机作业场所应设置围栏。应按加工管径选用管模，并应按顺序将管模放好。不得在管子和管模之间加油。作业时，应夹紧机件，导板支承机构应按弯管的方向及时进行换向。

9. 小型台钻

多台钻床布置时，应保持合适安全距离。操作人员应按规定穿戴防护用品，并应扎紧袖口。不得围围巾及戴手套。启动前应检查下列各项，并应符合相应要求：①各部螺栓应紧固；②行程限位、信号等安全装置应齐全有效；③润滑系统应保持清洁，油量应充足；④电气开关、接地或接零应良好；⑤传动及电气部分的防护装置应完好牢固；⑥夹具、刀具不得有裂纹、破损。

钻小件时，应用工具夹持；钻薄板时，应用虎钳夹紧，并应在工件下垫好木板。不得用手触摸旋转的刀具或将头部靠近机床旋转部分，不得在旋转着的刀具下翻转、卡压或测量工件。

10. 喷浆机

开机时，应先打开料桶开关，让石灰浆流入泵体内部后，再开动电动机带泵旋转。作业后，应往料斗注入清水，开泵清洗直到水清为止，再倒出泵内积水，清洗疏通喷头座及滤网，并将喷枪擦洗干净。

11. 柱塞式、隔膜式灰浆泵

输送管路应连接紧密，不得渗漏；垂直管道应固定牢固；管道上不得加压或悬挂重物。作业前应检查并确认球阀完好，泵内无干硬灰浆等物，安全阀已调整到预定的安全压力。

泵送过程中，当泵送压力超过预定的 1.5MPa 时，应反向泵送；当反向泵送无效时，应停机卸压检查，不得强行泵送。当短时间内不需泵送时，可打开回浆阀使灰浆在泵体内循环运行。当停泵时间较长时，应每隔 3～5min 泵送一次，泵送时间宜为 0.5min。当因故障停机时，应先打开泄浆阀使压力下降，然后排除故障。灰浆泵压力未达到零时，不得拆卸空气室、安全阀和管道。

12. 挤压式灰浆泵

使用前，应先接好输送管道，往料斗加注清水，启动灰浆泵，当输送胶管出水时，应折起胶管，在升到额定压力时，停泵、观察各部位，不得有渗漏现象。泵送过程中，当压力迅速上升，有堵管现象时，应反转泵送 2～3 转，使灰浆返回料斗，经搅拌后再泵送，当多次正反泵仍不能畅通时，应停机检查，排除堵塞。工作间歇时，应先停止送灰，后停止送气，并应防止气嘴被灰浆堵塞。

13. 水磨石机

水磨石机宜在混凝土达到设计强度的 70%～80% 时进行磨削作业。作业前，应检查并确认各连接件应紧固，磨石不得有裂纹、破损，冷却水管不得有渗漏现象。电缆线不得破损，保护接零或接地应良好。

在接通电源、水源后，应先压扶把使磨盘离开地面，再启动电动机，然后应检查并确认磨盘旋转方向与箭头所示方向一致，在运转正常后，再缓慢放下磨盘，进行作业。作业中，当发现磨盘跳动或异响，应立即停机检修。停机时，应先提升磨盘后关机。作业后，应切断电源，清洗各部位的泥浆，并应将水磨石机放置在干燥处。

14. 混凝土切割机

使用前，应检查并确认电动机接线正确，接零或接地应良好，安全防护装置应有效，锯片选用应符合要求，并安装正确。

启动后，应先空载运转，检查并确认锯片运转方向应正确，升降机构应灵活，一切正常后，开始作业。切割小块料时，应使用专用工具送料，不得直接用手推料。作业中，当发生跳动及异响时，应立即停机检查，排除故障后，继续作业。锯台上和构件锯缝中的碎屑应采用专用工具及时清除。

15. 通风机

通风机应有防雨防潮措施。通风机和管道安装应牢固。风管接头应严密，口径不同的风管不得混合连接。风管安装不应妨碍人员行走及车辆通行，风管出风口距工作面宜为6～10m。爆破工作面附近的管道应采取保护措施。通风机及通风管应装有风压水柱表，并应随时检查通风情况。启动前应检查并确认主机和管件的连接应符合要求、风扇转动应平稳、电流过载保护装置应齐全有效。

通风机应运行平稳，不得有异响。对无逆止装置的通风机，应在风道回风消失后进行检修。当电动机温升超过铭牌规定等异常情况时，应停机降温。不得在通风机和通风管上放置或悬挂任何物件。

16. 离心水泵

水泵安装应牢固、平稳，电气设备应有防雨防潮设施。高压软管接头连接应牢固可靠，并宜平直放置。数台水泵并列安装时，每台之间应有 0.8～1.0m 的距离；串联安装时，应有相同的流量。启动前应进行检查，并应符合下列规定：①电动机与水泵的连接应同心，联轴节的螺栓应紧固，联轴节的转动部分应有防护装置。②管路支架应稳固。管路应密封可靠，不得有堵塞或漏水现象。③排气阀应畅通。

启动时，应加足引水，并应将出水阀关闭；当水泵达到额定转速时，旋开真空表和压力表的阀门，在指针位置正常后，逐步打开出水阀。运转中发现下列现象之一时，应立即停机检修：①漏水、漏气及填料部分发热；②底阀滤网堵塞，运转声音异常；③电动机温升过高，电流突然增大；④机械零件松动。水泵运转时，人员不得从机上跨越。水泵停止作业时，应先关闭压力表，再关闭出水阀，然后切断电源。

17. 潜水泵

潜水泵放入水中或提出水面时，不得拉拽电缆或出水管，并应切断电源。潜水泵应装设保护接零和漏电保护装置，工作时，泵周围 30m 以内水面，不得有人、畜进入。启动前应进行检查，并应符合下列规定：①水管绑扎应牢固；②放气、放水、注油等螺塞应旋紧；③叶轮和进水节不得有杂物；④电气绝缘应良好。

接通电源后，应先试运转，检查并确认旋转方向应正确，无水运转时间不得超过使用说明书规定。应经常观察水位变化，叶轮中心至水平面距离应在 0.5～3.0m 之间，泵体不得陷入污泥或露出水面。电缆不得与井壁、池壁摩擦。潜水泵的启动电压应符合使用说明书的规定，电动机电流超过铭牌规定的限值时，应停机检查，并不得频繁开关机。电动机定子绕组的绝缘电阻不得低于 0.5MΩ。

18. 深井泵

深井泵应使用在含砂量低于 0.01% 的水中，泵房内设预润水箱。深井泵的叶轮在运转中，不得与壳体摩擦。深井泵启动前，应检查并确认：①底座基础螺栓应紧固；②轴向间隙应符合要求，调节螺栓的保险螺母应装好；③填料压盖应旋紧，并应经过润滑；④电动机轴承应进行润滑；⑤用手旋转电动机转子和止退机构，应灵活有效。

运转中应经常观察井中水位的变化情况。当水泵振动较大时，应检查水泵的轴承或电动机填料处磨损情况，并应及时更换零件。停泵时，应先关闭出水阀，再切断电源，锁好开关箱。

19. 泥浆泵

泥浆泵应安装在稳固的基础架或地基上，不得松动。启动前应进行检查，并应符合下列规定：①各部位连接应牢固；②电动机旋转方向应正确；③离合器应灵活可靠；④管路连接应牢固，并应密封可靠，底阀应灵活有效。

启动时，应先将活塞往复运动两次，并不得有阻梗，然后空载启动。运转中，当出现异响、电机明显温升或水量、压力不正常时，应停泵检查。泥浆泵应在空载时停泵。

20. 真空泵

真空泵启动后，应检查并确认电机旋转方向与罩壳上箭头指向一致，然后应堵住进水口，检查泵机空载真空度，表值显示不应小于 96kPa。当不符合上述要求时，应检查泵组、管道及工作装置的密封情况，有损坏时，应及时修理或更换。作业时，应经常观察机组真空表，并应随时做好记录。

21. 手持电动工具

使用手持电动工具时，应穿戴劳动防护用品。施工区域光线应充足。手持电动工具的砂轮和刀具的安装应稳固、配套，安装砂轮的螺母不得过紧。在一般作业场所应使用Ⅰ类电动工具；在潮湿或金属构架等导电性能良好的作业场所应使用Ⅱ类电动工具；在锅炉、金属容器、管道内等作业场所应使用Ⅲ类电动工具；Ⅱ、Ⅲ类电动工具开关箱、电源转换器应在作业场所外面；在狭窄作业场所操作时，应有专人监护。使用Ⅰ类电动工具时，应安装额定漏电动作电流不大于 15mA、额定漏电动作时间不大于 0.1s 的防溅型漏电保护器。在雨期施工前或电动工具受潮后，必须采用 500V 兆欧表检测电动工具绝缘电阻，且每年不少于 2 次。

非金属壳体的电动机、电器，在存放和使用时不应受压、受潮，并不得接触汽油等溶剂。手持电动工具的负荷线应采用耐气候型橡胶护套铜芯软电缆，并不得有接头，水平距离不宜大于 3m，负荷线插头插座应具备专用的保护触头。作业前应重点检查下列项目，并应符合相应要求：①外壳、手柄不得裂缝、破损；②电缆软线及插头等应完好无损，保护接零连接应牢固可靠，开关动作应正常；③各部防护罩装置应齐全牢固。

机具启动后，应空载运转，检查并确认机具转动应灵活无阻。作业时，加力应平稳，不得超载使用。作业中应注意声响及温升，发现异常应立即停机检查。在作业时间过长，机具温升超过 60℃时，应停机冷却。作业中，不得用手触摸刃具、模具和砂轮，发现其有磨钝、破损情况时，应立即停机修整或更换。停止作业时，应关闭电动工具，切断电源，并收好工具。

使用电钻、冲击钻或电锤时，应符合下列规定：①机具启动后，应空载运转，应检查并确认机具联动灵活无阻。②钻孔时，应先将钻头抵在工作表面，然后开动，用力应适度，不得晃动；转速急剧下降时，应减小用力，防止电机过载；不得用木杠加压钻孔。③电钻和冲击钻或电锤实行 40％断续工作制，不得长时间连续使用。

使用角向磨光机时，应符合下列要求：①砂轮应选用增强纤维树脂型，其安全线速度不得小于 80m/s。配用的电缆与插头应具有加强绝缘性能，并不得任意更换；②磨削作业时，应使砂轮与工件面保持 15°～30°的倾斜位置；切削作业时，砂轮不得倾斜，并不得横向摆动。

使用电剪时，应符合下列规定：①作业前，应先根据钢板厚度调节刀头间隙量，最大剪切厚度不得大于铭牌标定值；②作业时，不得用力过猛，当遇阻力，轴往复次数急剧下降时，应立即减少推力；③使用电剪时，不得用手摸刀片和工件边缘。

使用射钉枪时，应符合下列规定：①不得用手掌推压钉管和将枪口对准人；②击发时，应将射钉枪垂直压紧在工作面上；当两次扣动扳机，子弹不击发时，应保持原射击位置数秒钟后，再退出射钉弹；③在更换零件或断开射钉枪之前，射枪内不得装有射钉弹。

使用拉铆枪时，应符合下列规定：①被铆接物体上的铆钉孔应与铆钉相配合，过盈量不得太大；②铆接时，可重复扣动扳机，直到铆钉被拉断为止，不得强行扭断或撬断；③作业中，当接铆头子或并帽有松动时，应立即拧紧。

使用云（切）石机时，应符合下列规定：①作业时应防止杂物、泥尘混入电动机内，并应随时观察机壳温度，当机壳温度过高及电刷产生火花时，应立即停机检查处理；②切割过程中用力应均匀适当，推进刀片时不得用力过猛。当发生刀片卡死时，应立即停机，慢慢退出刀片，重新对正后再切割。

（十二）建筑机械磨合期的使用

新机和大修后机械在初期使用时，应遵守磨合期规定。在磨合期，应在机械明显处悬挂"磨合期"的标志，在磨合期满后再取下。磨合期满，应由机械管理人员和驾驶员、修理工配合进行一次检查、调整以及紧固工作。内燃机的限速装置应在磨合期满后拆除。

磨合期应分工明确，责任到人。在磨合期前，应把磨合期各项要求和注意事项向操作人员交底；磨合期中，应随时检查机械使用运转情况，详细填写机械磨合期记录；磨合期满后，应由机械技术负责人审查签章，将磨合期记录归入技术档案。

（十三）建筑机械寒冷季节的使用

在进入寒冷季节前，机械使用单位应制定寒冷季节施工安全技术措施，并对机械操作人员进行寒冷季节使用机械设备的安全教育，同时应做好防寒物资的供应工作。在进入寒冷季节前，对在用机械设备应进行一次换季保养，换用适合寒冷季节的燃油、润滑油、液压油、防冻液、蓄电池液等。

当室外温度低于 5℃时，水冷却的机械设备停止使用后，操作人员应及时放尽机体存水。放水时，应在水温降低到 50～60℃时进行，机械应处于平坦位置，拧开水箱盖，并应打开缸体、水泵、水箱等所有放水阀。在存水没有放尽前，操作人员不得离开。存水放净后，各放水阀应保持开启状态，并将"无水"标志牌挂在机械的明显处。为了防止失误，应由专职人员按时进行检查。

在没有保温设施情况下启动内燃机，应将水加热到 60～80℃时，再加入内燃机冷却系统，并可用喷灯加热进气歧管。不得用机械拖顶的方法启动内燃机。无预热装置的内燃机，在工作完毕后，可将曲轴箱内润滑油趁热放出，存放在清洁容器内；启动时，先将容器内的润滑油加温到 70～80℃，再将油加入曲轴箱。不得用明火直接燃烤曲轴箱。

（十四）液压装置的使用

初次使用及停机时间较长时，液压系统启动后，应空载运行，并应打开空气阀，将系统内空气排除干净，检查并确认各部件工作正常后，再进行作业。溢流阀的调定压力不得超过规定的最高压力。高压系统发生泄漏时，不得用手去检查，应立即停机检修。拆检蓄能器、液压油路等高压系统时，应在确保系统内无高压后拆除。泄压时，人员不得面对放气阀或高压系统喷射口。

液压系统在作业中，当出现下列情况之一时，应停机检查：①油温超过允许范围；②系统压力不足或完全无压力；③流量过大、过小或完全不流油；④压力或流量脉动；⑤不正常响声或振动；⑥换向阀动作失灵；⑦工作装置功能不良或卡死；⑧液压系统泄漏、内渗、串压、反馈严重。

二、《建筑施工模板安全技术规范》的相关要求

《建筑施工模板安全技术规范》JGJ 162—2008 规定，从事高处作业的人员，应定期体检，不符合要求的不得从事高处作业。安装和拆除模板时，操作人员应佩戴安全帽、系安全带、穿防滑鞋。模板及配件进场应有出厂合格证或当年的检验报告，安装前应对所用部件（立柱、楞梁、吊环、扣件等）进行认真检查，不符合要求者不得使用。

模板工程应编制施工设计和安全技术措施，并应严格按施工设计与安全技术措施的规定进行施工。满堂模板、建筑层高 8m 及以上和梁跨大于或等于 15m 的模板，在安装、拆除作业前，工程技术人员应以书面形式向作业班组进行施工操作的安全技术交底，作业班组应对照书面交底进行上、下班的自检和互检。

施工过程中的检查项目应符合下列要求：①立柱底部基土应回填夯实；②垫木应满足设计要求；③底座位置应正确，顶托螺杆伸出长度应符合规定；④立杆的规格尺寸和垂直度应符合要求，不得出现偏心荷载；⑤扫地杆、水平拉杆、剪刀撑等的设置应符合规定，固定应可靠；⑥安全网和各种安全设施应符合要求。

在高处安装和拆除模板时，周围应设安全网或搭脚手架，并应加设防护栏杆。在临街面及交通要道地区，尚应设警示牌，派专人看管。作业时，模板和配件不得随意堆放，模板应放平放稳，严防滑落。脚手架或操作平台上临时堆放的模板不宜超过 3 层，连接件应放在箱盒或工具袋中，不得散放在脚手板上。脚手架或操作平台上的施工总荷载不得超过其设计值。对负荷面积大和高 4m 以上的支架立柱采用扣件式钢管、门式钢管脚手架时，

除应有合格证外，对所用扣件应采用扭矩扳手进行抽检，达到合格后方可承力使用。多人共同操作或扛抬组合钢模板时，必须密切配合、协调一致、互相呼应。

施工用的临时照明和行灯的电压不得超过36V；若为满堂模板、钢支架及特别潮湿的环境时，不得超过12V。照明行灯及机电设备的移动线路应采用绝缘橡胶套电缆线。施工用的临时照明和动力线应采用绝缘线和绝缘电缆线，且不得直接固定在钢模板上。夜间施工时，应有足够的照明，并应制定夜间施工的安全措施。施工用临时照明和机电设备线严禁非电工乱拉乱接。同时还应经常检查线路的完好情况，严防绝缘破损漏电伤人。

模板安装时，上下应有人接应，随装随运，严禁抛掷，且不得将模板支搭在门窗框上，也不得将脚手板支搭在模板上，并严禁将模板与上料井架及有车辆运行的脚手架或操作平台支成一体。支模过程中如遇中途停歇，应将已就位模板或支架连接稳固，不得浮搁或悬空。拆模中途停歇时，应将已松扣或已拆松的模板、支架等拆下运走，防止构件坠落或作业人员扶空坠落伤人。严禁人员攀登模板、斜撑杆、拉条或绳索等，不得在高处的墙顶、独立梁或在其模板上行走。模板施工中应设专人负责安全检查，发现问题应报告有关人员处理。当遇险情时，应立即停工和采取应急措施；待修复或排除险情后，方可继续施工。

寒冷地区冬期施工用钢模板时，不宜采用电热法加热混凝土，否则应采取防触电措施。在大风地区或大风季节施工时，模板应有抗风的临时加固措施。当钢模板高度超过15m时，应安设避雷设施，避雷设施的接地电阻不得大于4Ω。当遇大雨、大雾、沙尘、大雪及6级以上大风等恶劣天气时，应停止露天高处作业。5级及以上风力时，应停止高空吊运作业。雨、雪停止后，应及时清除模板和地面上的积水及冰雪。

使用后的木模板应拔除铁钉，分类进库，堆放整齐。若为露天堆放，顶面应遮防雨篷布。使用后的钢模、钢构件应遵守下列规定：①使用后的钢模、桁架、钢楞和立柱应将粘结物清理洁净，清理时严禁采用铁锤敲击的方法。②清理后的钢模、桁架、钢楞、立柱，应逐块、逐榀、逐根进行检查，发现翘曲、变形、扭曲、开焊等必须修理完善。③清理整修好的钢模、桁架、钢楞、立柱应刷防锈漆。④钢模板及配件，使用后必须进行严格清理检查，已损坏断裂的应剔除，不能修复的应报废。螺栓的螺纹部分应整修上油，然后应分别按规格分类装于箱笼内备用。⑤钢模板及配件等修复后，应进行检查验收。凡检查不合格者应重新整修。待合格后方准应用，其修复后的质量标准应符合规定。⑥钢模板由拆模现场运至仓库或维修场地时，装车不宜超出车栏杆，少量高出部分必须拴牢，零配件应分类装箱，不得散装运输。⑦经过维修、刷油、整理合格的钢模板及配件，如需运往其他施工现场或入库，必须分类装入集装箱内，杆应成捆、配件应成箱，清点数量，入库或接收单位验收。⑧装车时，应轻搬轻放，不得相互碰撞。卸车时，严禁成捆从车上推下和拆散抛掷。⑨钢模板及配件应放入室内或敞棚内，当需露天堆放时，应装入集装箱内，底部垫高100mm，顶面应遮盖防水篷布或塑料布，集装箱堆放高度不宜超过2层。

第十五章　施工现场临时建筑、环境卫生、消防安全、劳动防护用品和职业病危害警示标识技术标准

主要的技术标准有《施工现场临时建筑物技术规范》JGJ/T 188—2009、《建设工程施工现场环境与卫生标准》JGJ 146—2013、《建设工程施工现场消防安全技术规范》GB 50720—2011、《建筑施工作业劳动防护用品配备及使用标准》JGJ 184—2009、《安全帽》GB 2811—2007、《头部防护　安全帽选用规范》GB/T 30041—2013、《安全带》GB 6095—2009、《安全鞋、防护鞋和职业鞋的选择、使用和维护》AQ/T 6108—2008 和《工作场所职业病危害警示标识》GBZ 158—2003 等。

一、《施工现场临时建筑物技术规范》的相关要求

《施工现场临时建筑物技术规范》JGJ/T 188—2009 规定，临时建筑应由专业技术人员编制施工组织设计，并应经企业技术负责人批准后方可实施。临时建筑的施工安装、拆卸或拆除应编制施工方案，并应由专业人员施工、专业技术人员现场监督。

临时建筑建设场地应具备路通、水通、电通、讯通和平整的条件。临时建筑、施工现场、道路及其他设施的布置应符合消防、卫生、环保和节约用地的有关要求。临时建筑层数不宜超过 2 层。临时建筑设计使用年限应为 5 年。

临时建筑结构选型应遵循可循环利用的原则，并应根据地理环境、使用功能、荷载特点、材料供应和施工条件等因素综合确定。临时建筑不宜采用钢筋混凝土楼面、屋面结构；严禁采用钢管、毛竹、三合板、石棉瓦等搭设简易的临时建筑物；严禁将夹芯板作为活动房的竖向承重构件使用。临时建筑所采用的原材料、构配件和设备等，其品种、规格、性能等应满足设计要求并符合国家现行标准的规定，不得使用已被国家淘汰的产品。

活动房主要承重构件的设计使用年限不应小于 20 年，并应有生产企业、生产日期等标志。活动房构件的周转使用次数不宜超过 10 次，累计使用年限不宜超过 20 年。当周转使用次数超过 10 次或累计使用年限超过 20 年时，应进行质量检测，合格后方可继续使用。

临时建筑应根据当地气候条件，采取抵抗风、雪、雨、雷电等自然灾害的措施。临时建筑不应建造在易发生滑坡、坍塌、泥石流、山洪等危险地段和低洼积水区域，应避开水源保护区、水库泄洪区、濒险水库下游地段、强风口和危房影响范围，且应避免有害气体、强噪声等对临时建筑使用人员的影响。当临时建筑建造在河沟、高边坡、深基坑边时，应采取结构加强措施。临时建筑不应占压原有的地下管线；不应影响文物和历史文化遗产的保护与修复。

临时建筑的选址与布局应与施工组织设计的总体规划协调一致。办公区、生活区和施

工作业区应分区设置，且应采取相应的隔离措施，并应设置导向、警示、定位、宣传等标识。

办公区、生活区宜位于建筑物的坠落半径和塔式起重机等机械作业半径之外。临时建筑与架空明设的用电线路之间应保持安全距离。临时建筑不应布置在高压走廊范围内。办公区应设置办公用房、停车场、宣传栏、密闭式垃圾收集容器等设施。生活用房宜集中建设、成组布置，并宜设置室外活动区域。厨房、卫生间宜设置在主导风向的下风侧。

临时建筑地面应采取防水、防潮、防虫等措施，且应至少高出室外地面 150mm。临时建筑周边应排水通畅、无积水。临时建筑屋面应为不上人屋面。

办公用房室内净高不应低于 2.5m。办公室的人均使用面积不宜小于 4m²，会议室使用面积不宜小于 30m²。生活用房宜包括宿舍、食堂、餐厅、厕所、盥洗室、浴室、文体活动室等。宿舍应符合下列规定：①宿舍内应保证必要的生活空间，人均使用面积不宜小于 2.5m²，室内净高不应低于 2.5m。每间宿舍居住人数不宜超过 16 人。②宿舍内应设置单人铺，层铺的搭设不应超过 2 层。③宿舍内宜配置生活用品专柜，宿舍门外宜配置鞋柜或鞋架。

食堂应符合下列规定：①食堂与厕所、垃圾站等污染源的距离不宜小于 15m，且不应设在污染源的下风侧。②食堂宜采用单层结构，顶棚宜设吊顶。③食堂应设置独立的操作间、售菜（饭）间、储藏间和燃气罐存放间。④操作间应设置冲洗池、清洗池、消毒池、隔油池；地面应做硬化和防滑处理。⑤食堂应配备机械排风和消毒设施。操作间油烟应经处理后方可对外排放。⑥食堂应设置密闭式泔水桶。

厕所、盥洗室、浴室应符合下列规定：①施工现场应设置自动水冲式或移动式厕所。②厕所的厕位设置应满足男厕每 50 人、女厕每 25 人设 1 个蹲便器，男厕每 50 人设 1m 长小便槽的要求。蹲便器间距不应小于 900mm，蹲位之间宜设置隔板，隔板高度不宜低于 900mm。③盥洗间应设置盥洗池和水嘴。水嘴与员工的比例宜为 1:20，水嘴间距不宜小于 700mm。④淋浴间的淋浴器与员工的比例宜为 1:20，淋浴器间距不宜小于 1000mm。⑤淋浴间应设置储衣柜或挂衣架。⑥厕所、盥洗室、淋浴间的地面应做硬化和防滑处理。

活动房超过设计使用年限时，应对房屋结构和围护系统进行全面检查，并应对结构安全性能进行评估，合格后方可继续使用。周转使用规定年限内的活动房重新组装前，应对主要构件进行检查维护，达到质量要求的方可使用。

临时建筑使用单位应建立健全安全保卫、卫生防疫、消防、生活设施的使用和生活管理等各项管理制度。临时建筑使用单位应定期对生活区住宿人员进行安全、治安、消防、卫生防疫、环境保护等宣传教育。临时建筑使用单位应建立临时建筑防风、防汛、防雨雪灾害等应急预案，在风暴、洪水、雨雪来临前，应组织进行全面检查，并应采取可靠的加固措施。临时建筑使用单位应建立健全维护管理制度，组织相关人员对临时建筑的使用情况进行定期检查、维护，并应建立相应的使用台账记录。对检查过程中发现的问题和安全隐患，应及时采取相应措施。

临时建筑在使用过程中，不应更改原设计的使用功能。楼面的使用荷载不宜超过设计值；当楼面的使用荷载超过设计值时，应对结构进行安全评估。临时建筑在使用过程中，不得随意开洞、打孔或对结构进行改动，不得擅自拆除隔墙和围护构件。

生活区内不得存放易燃、易爆、剧毒、放射源等化学危险物品。活动房内不得存放有腐蚀性的化学材料。在墙体上安装吊挂件时，应满足结构受力的要求。严禁擅自安装、改造和拆除临时建筑内的电线、电器装置和用电设备，严禁使用电炉等大功率用电设备。

临时建筑的拆除应遵循"谁安装、谁拆除"的原则；当出现可能危及临时建筑整体稳定的不安全情况时，应遵循"先加固、后拆除"的原则。拆除施工前，施工单位应编制拆除施工方案、安全操作规程及采取相关的防尘降噪、堆放、清除废弃物等措施，并应按规定程序进行审批，对作业人员进行技术交底。临时建筑拆除前，应做好拆除范围内的断水、断电、断燃气等工作。拆除过程中，现场用电不得使用被拆临时建筑中的配电线。

临时建筑的拆除应符合环保要求，拆下的建筑材料和建筑垃圾应及时清理。楼面、操作平台不得集中堆放建筑材料和建筑垃圾。建筑垃圾宜按规定清运，不得在施工现场焚烧。拆除区周围应设立围栏、挂警告牌，并应派专人监护，严禁无关人员逗留。当遇到5级以上大风、大雾和雨雪等恶劣天气时，不得进行临时建筑的拆除作业。拆除高度在2m及以上的临时建筑时，作业人员应在专门搭设的脚手架上或稳固的结构部位上操作，严禁作业人员站在被拆墙体、构件上作业。

临时建筑拆除后，场地宜及时清理干净。当没有特殊要求时，地面宜恢复原貌。

二、《建设工程施工现场环境与卫生标准》的相关要求

《建设工程施工现场环境与卫生标准》JGJ 146—2013中规定，环境卫生指施工现场生产、生活环境的卫生，包括食品卫生、饮水卫生、废污处理、卫生防疫等。

建设工程施工总承包单位应对施工现场的环境与卫生负总责，分包单位应服从总承包单位的管理。参建单位及现场人员应有维护施工现场环境与卫生的责任和义务。建设工程的环境与卫生管理应纳入施工组织设计或编制专项方案，应明确环境与卫生管理的目标和措施。施工现场应建立环境与卫生管理制度，落实管理责任，应定期检查并记录。建设工程的参建单位应根据法律法规的规定，针对可能发生的环境、卫生等突发事件建立应急管理体系，制定相应的应急预案并组织演练。当施工现场发生有关环境、卫生等突发事件时，应按相关规定及时向施工现场所在地建设行政主管部门和相关部门报告，并应配合调查处置。施工人员的教育培训、考核应包括环境与卫生等有关内容。

施工现场临时设施、临时道路的设置应科学合理，并应符合安全、消防、节能、环保等有关规定。施工区、材料加工及存放区应与办公区、生活区划分清晰，并应采取相应的隔离措施。施工现场应实行封闭管理，并应采用硬质围挡。市区主要路段的施工现场围挡高度不应低于2.5m，一般路段围挡高度不应低于1.8m。围挡应牢固、稳定、整洁。距离交通路口20m范围内占据道路施工设置的围挡，其0.8m以上部分应采用通透性围挡，并应采取交通疏导和警示措施。施工现场出入口应标有企业名称或企业标识。主要出入口明显处应设置工程概况牌，施工现场大门内应有施工现场总平面图和安全管理、环境保护与绿色施工、消防保卫等制度牌和宣传栏。

施工单位应采取有效的安全防护措施。参建单位必须为施工人员提供必备的劳动防护用品，施工人员应正确使用劳动防护用品。有毒有害作业场所应在醒目位置设置安全警示标识，并应符合现行国家标准《工作场所职业病危害警示标识》GBZ 158的规定。施工单

位应依据有关规定对从事有职业病危害作业的人员定期进行体检和培训。施工单位应根据季节气候特点，做好施工人员的饮食卫生和防暑降温、防寒保暖、防中毒、卫生防疫等工作。

施工总平面布置、临时设施的布局设计及材料选用应科学合理，节约能源。临时用电设备及器具应选用节能型产品。施工现场宜利用新能源和可再生资源。施工现场宜利用拟建道路路基作为临时道路路基。临时设施应利用既有建筑物、构筑物和设施。土方施工应优化施工方案，减少土方开挖和回填量。施工现场周转材料宜选择金属、化学合成材料等可回收再利用产品代替，并应加强保养维护，提高周转率。施工现场应合理安排材料进场计划，减少二次搬运，并应实行限额领料。施工现场办公应利用信息化管理，减少办公用品的使用及消耗。施工现场生产生活用水用电等资源能源的消耗应实行计量管理。

施工现场应保护地下水资源。采取施工降水时应执行国家及当地有关水资源保护的规定，并应综合利用抽排出的地下水。施工现场应采用节水器具，并应设置节水标识。施工现场宜设置废水回收、循环再利用设施，宜对雨水进行收集利用。施工现场应对可回收再利用物资及时分拣、回收、再利用。

施工现场的主要道路应进行硬化处理。裸露的场地和堆放的土方应采取覆盖、固化或绿化等措施。施工现场土方作业应采取防止扬尘措施，主要道路应定期清扫、洒水。拆除建筑物或构筑物时，应采用隔离、洒水等降噪、降尘措施，并应及时清理废弃物。土方和建筑垃圾的运输必须采用封闭式运输车辆或采取覆盖措施。施工现场出口处应设置车辆冲洗设施，并应对驶出车辆进行清洗。建筑物内垃圾应采用容器或搭设专用封闭式垃圾道的方式清运。严禁凌空抛掷。施工现场严禁焚烧各类废弃物。在规定区域内的施工现场应使用预拌混凝土及预拌砂浆。采用现场搅拌混凝土或砂浆的场所应采取封闭、降尘、降噪措施。水泥和其他易飞扬的细颗粒建筑材料应密闭存放或采取覆盖等措施。当市政道路施工进行铣刨、切割等作业时，应采取有效防扬尘措施。灰土和无机料应采用预拌进场，碾压过程中应洒水降尘。城镇、旅游景点、重点文物保护区及人口密集区的施工现场应使用清洁能源。施工现场的机械设备、车辆的尾气排放应符合国家环保排放标准。当环境空气质量指数达到中度及以上污染时，施工现场应增加洒水频次，加强覆盖措施，减少易造成大气污染的施工作业。

施工现场应设置排水沟及沉淀池，施工污水应经沉淀处理达到排放标准后，方可排入市政污水管网。废弃的降水井应及时回填，并应封闭井口，防止污染地下水。施工现场临时厕所的化粪池应进行防渗漏处理。施工现场存放的油料和化学溶剂等物品应设置专用库房，地面应进行防渗漏处理。施工现场的危险废物应按国家有关规定处理，严禁填埋。

施工现场场界噪声排放应符合现行国家标准《建筑施工场界环境噪声排放标准》GB 12523的规定。施工现场应对场界噪声排放进行监测、记录和控制，并应采取降低噪声的措施。施工现场宜选用低噪声、低振动的设备，强噪声设备宜设置在远离居民区的一侧，并应采用隔声、吸声材料搭设防护棚或屏障。进入施工现场的车辆严禁鸣笛。装卸材料应轻拿轻放。因生产工艺要求或其他特殊需要，确需进行夜间施工的，施工单位应加强噪声控制，并应减少人为噪声。施工现场应对强光作业和照明灯具采取遮挡措施，减少对周边居民和环境的影响。

施工现场应设置办公室、宿舍、食堂、厕所、盥洗设施、淋浴房、开水间、文体活动室、职工夜校等临时设施。文体活动室应配备文体活动设施和用品。尚未竣工的建筑物内严禁设置宿舍。生活区、办公区的通道、楼梯处应设置应急疏散、逃生指示标识和应急照明灯。宿舍内宜设置烟感报警装置。施工现场应设置封闭式建筑垃圾站。办公区和生活区应设置封闭式垃圾容器。生活垃圾应分类存放，并应及时清运、消纳。施工现场应配备常用药及绷带、止血带、担架等急救器材。宿舍内应保证必要的生活空间，室内净高不得小于 2.5m，通道宽度不得小于 0.9m，住宿人员人均面积不得小于 2.5m²。宿舍应有专人负责管理，床头宜设置姓名卡。施工现场生活区宿舍、休息室必须设置可开启式外窗，床铺不应超过 2 层，不得使用通铺。施工现场宜采用集中供暖，使用炉火取暖时应采取防止一氧化碳中毒的措施。彩钢板活动房严禁使用炉火或明火取暖。宿舍内应有防暑降温措施。宿舍应设置生活用品专柜、鞋柜或鞋架、垃圾桶等生活设施。生活区应提供晾晒衣物的场所和晾衣架。宿舍照明电源宜选用安全电压，采用强电照明的宜使用限流器。生活区宜单独设置手机充电柜或充电房间。

食堂应设置在远离厕所、垃圾站、有毒有害场所等有污染源的地方。食堂应设置隔油池，并应定期清理。食堂应设置独立的制作间、储藏间，门扇下方应设不低于 0.2m 的防鼠挡板。制作间灶台及其周边应采取易清洁、耐擦洗措施，墙面处理高度应大于 1.5m，地面应做硬化和防滑处理，并应保持墙面、地面整洁。食堂应配备必要的排风和冷藏设施，宜设置通风天窗和油烟净化装置，油烟净化装置应定期清洗。食堂宜使用电炊具。使用燃气的食堂，燃气罐应单独设置存放间并应加装燃气报警装置，存放间应通风良好并严禁存放其他物品。供气单位资质应齐全，气源应有可追溯性。食堂制作间的炊具宜存放在封闭的橱柜内，刀、盆、案板等炊具应生熟分开。食堂制作间、锅炉房、可燃材料库房及易燃易爆危险品库房等应采用单层建筑，应与宿舍和办公用房分别设置，并应按相关规定保持安全距离。临时用房内设置的食堂、库房和会议室应设在首层。易燃易爆危险品库房应使用不燃材料搭建，面积不应超过 200m²。

食堂应取得相关部门颁发的许可证，并应悬挂在制作间醒目位置。炊事人员必须经体检合格并持证上岗。炊事人员上岗应穿戴洁净的工作服、工作帽和口罩，并应保持个人卫生。非炊事人员不得随意进入食堂制作间。食堂的炊具、餐具和公用饮水器具应及时清洗定期消毒。施工现场应加强食品、原料的进货管理，建立食品、原料采购台账，保存原始采购单据。严禁购买无照、无证商贩的食品和原料。食堂应按许可范围经营，严禁制售易导致食物中毒食品和变质食品。生熟食品应分开加工和保管，存放成品或半成品的器皿应有耐冲洗的生熟标识。成品或半成品应遮盖，遮盖物品应有正反面标识。各种佐料和副食应存放在密闭器皿内，并应有标识。存放食品原料的储藏间或库房应有通风、防潮、防虫、防鼠等措施，库房不得兼作他用。粮食存放台距墙和地面应大于 0.2m。当施工现场遇突发疫情时，应及时上报，并应按卫生防疫部门相关规定进行处理。

施工现场应设置水冲式或移动式厕所，厕所地面应硬化，门窗应齐全并通风良好。厕位宜设置门及隔板，高度不应小于 0.9m。厕所面积应根据施工人员数量设置。厕所应设专人负责，定期清扫、消毒，化粪池应及时清掏。高层建筑施工超过 8 层时，宜每隔 4 层设置临时厕所。淋浴间内应设置满足需要的淋浴喷头，并应设置储衣柜或挂衣架。施工现场应设置满足施工人员使用的盥洗设施。盥洗设施的下水管口应设置过滤网，并应与市政污水管线连接，排水应通畅。生活区应设置开水炉、电热水器或保温水桶，施工区应配备流动保温水桶。开水炉、电热水器、保温水桶应上锁由专人负责管理。未经施工总承包单位批准，施工现场和生活区不得使用电热器具。办公区和生活区应设专职或兼职保洁员，并应采取灭鼠、灭蚊蝇、灭蟑螂等措施。

三、《建设工程施工现场消防安全技术规范》的相关要求

《建设工程施工现场消防安全技术规范》GB 50720—2011 中规定，临时用房、临时设施的布置应满足现场防火、灭火及人员安全疏散的要求。

下列临时用房和临时设施应纳入施工现场总平面布局：①施工现场的出入口、围墙、围挡；②场内临时道路；③给水管网或管路和配电线路敷设或架设的走向、高度；④施工现场办公用房、宿舍、发电机房、变配电房、可燃材料库房、易燃易爆危险品库房、可燃材料堆场及其加工场、固定动火作业场等。⑤临时消防车道、消防救援场地和消防水源。

施工现场出入口的设置应满足消防车通行的要求，并宜布置在不同方向，其数量不宜少于 2 个。当确有困难只能设置 1 个出入口时，应在施工现场内设置满足消防车通行的环形道路。

固定动火作业场应布置在可燃材料堆场及其加工场、易燃易爆危险品库房等全年最小频率风向的上风侧，并宜布置在临时办公用房、宿舍、可燃材料库房、在建工程等全年最小频率风向的上风侧。易燃易爆危险品库房应远离明火作业区、人员密集区和建筑物相对集中区。可燃材料堆场及其加工场、易燃易爆危险品库房不应布置在架空电力线下。易燃易爆危险品库房与在建工程的防火间距不应小于 15m，可燃材料堆场及其加工场、固定动火作业场与在建工程的防火间距不应小于 10m，其他临时用房、临时设施与在建工程的防火间距不应小于 6m。

施工现场内应设置临时消防车道，临时消防车道与在建工程、临时用房、可燃材料堆场及其加工场的距离不宜小于 5m，且不宜大于 40m；施工现场周边道路满足消防车通行及灭火救援要求时，施工现场内可不设置临时消防车道。临时消防车道的设置应符合下列规定：①临时消防车道宜为环形，设置环形车道确有困难时，应在消防车道尽端设置尺寸不小于 12m×12m 的回车场。②临时消防车道的净宽度和净空高度均不应小于 4m。③临时消防车道的右侧应设置消防车行进路线指示标识。④临时消防车道路基、路面及其下部设施应能承受消防车通行压力及工作荷载。

下列建筑应设置环形临时消防车道，设置环形临时消防车道确有困难时，除应按本规范的规定设置回车场外，尚应按本规范的规定设置临时消防救援场地：①建筑高度大于 24m 的在建工程；②建筑工程单体占地面积大于 3000m² 的在建工程；③超过 10 栋，且成组布置的临时用房。

临时消防救援场地的设置应符合下列规定：①临时消防救援场地应在在建工程装饰装修阶段设置；②临时消防救援场地应设置在成组布置的临时用房场地的长边一侧及在建工程的长边一侧；③临时救援场地宽度应满足消防车正常操作要求，且不应小于 6m，与在建工程外脚手架的净距不宜小于 2m，且不宜超过 6m。

在建工程作业场所的临时疏散通道应采用不燃、难燃材料建造，并应与在建工程结构施工同步设置，也可利用在建工程施工完毕的水平结构、楼梯。外脚手架、支模架的架体

宜采用不燃或难燃材料搭设，下列工程的外脚手架、支模架的架体应采用不燃材料搭设：①高层建筑；②既有建筑改造工程。

下列安全防护网应采用阻燃型安全防护网：①高层建筑外脚手架的安全防护网；②既有建筑外墙改造时，其外脚手架的安全防护网；③临时疏散通道的安全防护网。

作业场所应设置明显的疏散指示标志，其指示方向应指向最近的临时疏散通道入口。作业层的醒目位置应设置安全疏散示意图。施工现场应设置灭火器、临时消防给水系统和应急照明等临时消防设施。临时消防设施应与在建工程的施工同步设置。房屋建筑工程中，临时消防设施的设置与在建工程主体结构施工进度的差距不应超过3层。在建工程可利用已具备使用条件的永久性消防设施作为临时消防设施。当永久性消防设施无法满足使用要求时，应增设临时消防设施，并应符合本规范的有关规定。

施工现场的消火栓泵应采用专用消防配电线路。专用消防配电线路应自施工现场总配电箱的总断路器上端接入，且应保持不间断供电。地下工程的施工作业场所宜配备防毒面具。临时消防给水系统的贮水池、消火栓泵、室内消防竖管及水泵接合器等应设置醒目标识。施工现场或其附近应设置稳定、可靠的水源，并应能满足施工现场临时消防用水的需要。消防水源可采用市政给水管网或天然水源。当采用天然水源时，应采取确保冰冻季节、枯水期最低水位时顺利取水的措施，并应满足临时消防用水量的要求。

施工现场的消防安全管理应由施工单位负责。实行施工总承包时，应由总承包单位负责。分包单位应向总承包单位负责，并应服从总承包单位的管理，同时应承担国家法律、法规规定的消防责任和义务。监理单位应对施工现场的消防安全管理实施监理。

施工单位应根据建设项目规模、现场消防安全管理的重点，在施工现场建立消防安全管理组织机构及义务消防组织，并应确定消防安全负责人和消防安全管理人员，同时应落实相关人员的消防安全管理责任。施工单位应针对施工现场可能导致火灾发生的施工作业及其他活动，制定消防安全管理制度，消防安全管理制度应包括下列主要内容：①消防安全教育与培训制度；②可燃及易燃易爆危险品管理制度；③用火、用电、用气管理制度；④消防安全检查制度；⑤应急预案演练制度。

施工单位应编制施工现场防火技术方案，并应根据现场情况变化及时对其修改、完善。防火技术方案应包括下列主要内容：①施工现场重大火灾危险源辨识；②施工现场防火技术措施；③临时消防设施、临时疏散设施配备；④临时消防设施和消防警示标识布置图。

施工单位应编制施工现场灭火及应急疏散预案。灭火及应急疏散预案应包括下列主要内容：①应急灭火处置机构及各级人员应急处置职责；②报警、接警处置的程序和通信联络的方式；③扑救初起火灾的程序和措施；④应急疏散及救援的程序和措施。

施工人员进场时，施工现场的消防安全管理人员应向施工人员进行消防安全教育和培训。消防安全教育和培训应包括下列内容：①施工现场消防安全管理制度、防火技术方案、灭火及应急疏散预案的主要内容；②施工现场临时消防设施的性能及使用、维护方法；③扑灭初起火灾及自救逃生的知识和技能；④报警、接警的程序和方法。

施工作业前，施工现场的施工管理人员应向作业人员进行消防安全技术交底。消防安全技术交底应包括下列主要内容：①施工过程中可能发生火灾的部位或环节；②施工过程应采取的防火措施及应配备的临时消防设施；③初起火灾的扑救方法及注意事项；④逃生方法及路线。

施工过程中，施工现场的消防安全负责人应定期组织消防安全管理人员对施工现场的消防安全进行检查。消防安全检查应包括下列主要内容：①可燃物及易燃易爆危险品的管理是否落实；②动火作业的防火措施是否落实；③用火、用电、用气是否存在违章操作，电、气焊及保温防水施工是否执行操作规程；④临时消防设施是否完好有效；⑤临时消防车道及临时疏散设施是否畅通。

施工单位应依据灭火及应急疏散预案，定期开展灭火及应急疏散的演练。施工单位应做好并保存施工现场消防安全管理的相关文件和记录，并应建立现场消防安全管理档案。

施工现场的重点防火部位或区域应设置防火警示标识。施工单位应做好施工现场临时消防设施的日常维护工作，对已失效、损坏或丢失的消防设施应及时更换、修复或补充。临时消防车道、临时疏散通道、安全出口应保持畅通，不得遮挡、挪动疏散指示标识，不得挪用消防设施。施工期间，不应拆除临时消防设施及临时疏散设施。施工现场严禁吸烟。

四、《建筑施工作业劳动防护用品配备及使用标准》的相关要求

《建筑施工作业劳动防护用品配备及使用标准》JGJ 184—2009 规定，从事施工作业人员必须配备符合国家现行有关标准的劳动防护用品，并应按规定正确使用。劳动防护用品的配备，应按照"谁用工，谁负责"的原则，由用人单位为作业人员按作业工种配备。

进入施工现场人员必须佩戴安全帽。作业人员必须戴安全帽、穿工作鞋和工作服；应按作业要求正确使用劳动防护用品。在 2m 及以上的无可靠安全防护设施的高处、悬崖和陡坡作业时，必须系挂安全带。

从事机械作业的女工及长发者应配备工作帽等个人防护用品。从事登高架设作业、起重吊装作业的施工人员应配备防止滑落的劳动防护用品，应为从事自然强光环境下作业的施工人员配备防止强光伤害的劳动防护用品。从事施工现场临时用电工程作业的施工人员应配备防止触电的劳动防护用品。从事焊接作业的施工人员应配备防止触电、灼伤、强光伤害的劳动防护用品。从事锅炉、压力容器、管道安装作业的施工人员应配备防止触电、强光伤害的劳动防护用品。从事防水、防腐和油漆作业的施工人员应配备防止触电、中毒、灼伤的劳动防护用品。从事基础施工、主体结构、屋面施工、装饰装修作业人员应配备防止身体、手足、眼部等受到伤害的劳动防护用品。

冬期施工期间或作业环境温度较低的，应为作业人员配备防寒类防护用品。雨期施工期间应为室外作业人员配备雨衣、雨鞋等个人防护用品。对环境潮湿及水中作业的人员应配备相应的劳动防护用品。

建筑施工企业不得采购和使用无厂家名称、无产品合格证、无安全标志的劳动防护用品。劳动防护用品的使用年限应按国家现行相关标准执行。劳动防护用品达到使用年限或报废标准的应由建筑施工企业统一收回报废，并应为作业人员配备新的劳动防护用品。劳动防护用品有定期检测要求的应按照其产品的检测周期进行检测。

建筑施工企业应建立健全劳动防护用品购买、验收、保管、发放、使用、更换、报废管理制度。在劳动防护用品使用前，应对其防护功能进行必要的检查。建筑施工企业应教

育从业人员按照劳动防护用品使用规定和防护要求，正确使用劳动防护用品。建筑施工企业应对危险性较大的施工作业场所及具有尘毒危害的作业环境设置安全警示标识及应使用的安全防护用品标识牌。

五、《安全帽》的相关要求

《安全帽》GB 2811—2007 规定，不得使用有毒、有害或引起皮肤过敏等人体伤害的材料。材料耐老化性能应不低于产品标识明示的日期，正常使用的安全帽在使用期内不能因材料原因导致其性能低于本标准要求。所有使用的材料应具有相应的预期寿命。

当安全帽配有附件时，应保证安全帽正常佩戴时的稳定性。安全帽应不影响安全帽的正常防护功能。质量：普通安全帽不超过 430g；防寒安全帽不超过 600g。帽壳内部尺寸：长 195～250mm，宽 170～220mm，高 120～150mm。帽舌 10～70mm。帽檐小于等于 70mm。

进货单位按批量对冲击吸收性能、耐穿刺性能、垂直间距、佩戴高度、标识及标识中声明的符合本标准规定的特殊技术性能或相关方约定的项目进行检测，无检验能力的单位应到有资质的第三方实验室进行检验。

每顶安全帽的标识由永久标识和产品说明组成。刻印、缝制、铆固标牌、模压或注塑在帽壳上的永久性标志必须包括：①本标准编号。②制造厂名。③生产日期（年、月）。④产品名称（由生产厂命名）。⑤产品的特殊技术性能（如果有）。

每个安全帽均要附加一个含有下列内容的说明材料，可以使用印刷品、图册或耐磨不干胶贴等形式，提供给最终使用者。必须包括：①声明："为充分发挥保护力，安全帽佩戴时必须按头围的大小调整帽箍并系紧下颏带"；②声明："安全帽在经受严重冲击后，即使没有明显损坏，也必须更换"；③声明："除非按制造商的建议进行，否则对安全帽配件进行的任何改造和更换都会给使用者带来危险"；④是否可以改装的声明；⑤是否可以在外表面涂敷油漆、溶剂、不干胶贴的声明；⑥制造商的名称、地址和联系资料；⑦为合格品的声明及资料；⑧适用和不适用场所；⑨适用头围的大小；⑩安全帽的报废判别条件和保质期限；⑪调整、装配、使用、清洁、消毒、维护、保养和储存方面的说明和建议；⑫使用的附件和备件（如果有）的详细说明。

普通安全帽适用于大部分工作场所，包括建设工地、工厂、电厂、交通运输等。在这些场所可能存在：坠落物伤害、轻微磕碰、飞溅的小物品引起的打击等。有特殊性能的安全帽可作为普通安全帽使用，具有普通安全帽的所有性能。特殊性能可以按照不同组合适用于特定的场所。

六、《头部防护　安全帽选用规范》的相关要求

《头部防护　安全帽选用规范》GB/T 30041—2013 规定，安全帽应在产品规定的年限内选用。制造商应取得国家规定的相关资质并在有效期内。

在可能存在物体坠落、碎屑飞溅、磕碰、撞击、穿刺、挤压、摔倒及跌落等伤害头部的场所时，应佩戴至少具有基本技术性能的安全帽（基本技术性能包括冲击吸收性能、耐

穿刺性能、下颏带的强度）。

当作业环境中可能存在短暂接触火焰、短时局部接触高温物体或暴露于高温场所时应选用具有阻燃性能的安全帽。当作业环境中可能发生侧向挤压，包括可能发生塌方、滑坡的场所，存在可预见的翻倒物体，可能发生速度较低的冲撞场所时应选用具有侧向刚性的安全帽。当作业环境对静电高度敏感，可能发生引爆燃或需要本质安全时应选用具有防静电性能的安全帽，使用防静电安全帽时所穿戴的衣物应遵循防静电规程的要求。当作业环境中可能接触 400V 以下三相交流电时应选用具有电绝缘性能的安全帽。当作业环境中需要保温且环境温度不低于－20℃的低温作业工作场所，应选用具有防寒功能或与佩戴的其他防寒装备不发生冲突的安全帽。根据工作的实际情况可能存在以下特殊性能，包括摔倒及跌落的保护、导电性能、防高压电性能、耐超低温、耐极高温性能、抗熔融金属性能等，制造商和采购方应按照《安全帽》GB 2811—2007 作出技术方面的补充协议。

当作业环境可能发生淋水、飞溅渣屑以及阳光、强光直射眼部等情况时，应选择大沿、大舌安全帽。当作业环境为狭窄场地时，应选用小沿安全帽。当进行焊接作业且应佩戴安全帽时，可选用符合《职业眼面部防护　焊接防护　第 1 部分：焊接防护具》GB/T 3609.1—2008 要求的焊接工防护面罩与安全帽进行组合，或者选用焊接工防护面罩和安全帽一体式的防护具，并应符合该标准相关规定。当作业场所还需对眼面部进行防护时，作业人员所选用的安全帽应与所佩戴的个人用眼护具适配无冲突，佩戴与安全帽组合的面罩时应符合《个人用眼护具技术要求》GB 14866—2006 的相关规定。当佩戴其他头面部防护装备时，所选用的安全帽应与其适配无冲突。

选择安全帽的颜色应从安全以及生理、心理上对颜色的作用与联想等角度进行充分的考虑。当作业环境光线不足时应选用颜色明亮的安全帽。当作业环境能见度低时应选用与环境色差较大的安全帽或在安全帽上增加符合要求的反光条。

在使用前应检查安全帽上是否有外观缺陷，各部件是否完好，无异常。不应随意在安全帽上拆卸或添加附件，以免影响其原有的防护性能。安全帽在使用时应戴正、戴牢，锁紧帽箍，配有下颏带的安全帽应系紧下颏带，确保在使用中不发生意外脱落。使用者不应擅自在安全帽上打孔，不应用刀具等锋利、尖锐物体刻划、钻钉安全帽。使用者不应擅自在帽壳上涂敷油漆、涂料、汽油、溶剂等。不应随意碰撞挤压或将安全帽用做除佩戴以外的其他用途。在安全帽内，使用方应确保永久标识齐全、清晰。安全帽的维护应按照产品说明进行。

当出现下列情况之一时，即予判废，包括：①所选用的安全帽不符合《安全帽》GB 2811—2007 的要求；②所选用的安全帽功能与所从事的作业类型不匹配；③所选用的安全帽超过有效使用期；④安全帽部件损坏、缺失，影响正常佩戴；⑤所选用的安全帽经定期检验和抽查为不合格；⑥安全帽受过强烈冲击，即使没有明显损坏；⑦当发生使用说明中规定的其他报废条件时。

七、《安全带》的相关要求

《安全带》GB 6095—2009 规定，安全带按作业类别分为围杆作业安全带、区域限制安全带、坠落悬挂安全带。

安全带的标记由作业类别、产品性能两部分组成。①作业类别：以字母 W 代表围杆作业安全带，以字母 Q 代表区域限制安全带，以字母 Z 代表坠落悬挂安全带；②产品性能：以字母 Y 代表一般性能，以字母 J 代表抗静电性能，以字母 R 代表抗阻燃性能，以字母 F 代表抗腐蚀性能，以字母 T 代表适合特殊环境（各性能可组合）。

示例：围杆作业、一般安全带表示为"W－Y"；区域限制、抗静电、抗腐蚀安全带表示为"Q－JF"。

安全带与身体接触的一面不应有突出物，结构应平滑。安全带不应使用回料或再生料，使用皮革不应有接缝。安全带可同工作服合为一体，但不应封闭在衬里内，以便穿脱时检查和调整。坠落悬挂安全带的安全绳同主带的连接点应固定于佩戴者的后背、后腰或胸前，不应位于腋下、腰侧或腹部。坠落悬挂安全带应带有一个足以装下连接器及安全绳的口袋。在爆炸危险场所使用的安全带，应对其金属件进行防爆处理。

安全绳（包括未展开的缓冲器）有效长度不应大于 2m，有两根安全绳（包括未展开的缓冲器）的安全带，其单根有效长度不应大于 1.2m。禁止将安全绳用作悬吊绳。悬吊绳与安全绳禁止共用连接器。所有绳在构造上和使用过程中不应打结。

安全带的标识由永久标识和产品说明组成。永久性标识应缝制在主带上，内容应包括：①产品名称；②本标准号；③产品类别（围杆作业、区域限制或坠落悬挂）；④制造厂名；⑤生产日期（年、月）；⑥伸展长度；⑦产品的特殊技术性能（如果有）；⑧可更换的零部件标识应符合相应标准的规定。

可以更换的系带应有下列永久标记：①产品名称及型号；②相应标准号；③产品类别（围杆作业、区域限制或坠落悬挂）；④制造厂名；⑤生产日期（年、月）。

每条安全带应配有一份说明书，随安全带到达佩戴者手中。其内容包括：①安全带的适用和不适用对象；②生产厂商的名称、地址、电话；③整体报废或更换零部件的条件或要求；④清洁、维护、贮存的方法；⑤穿戴方法；⑥日常检查的方法和部位；⑦安全带同挂点装置的连接方法；⑧扎紧扣的使用方法或带在扎紧扣上的缠绕方式；⑨系带扎紧程度；⑩首次破坏负荷测试时间及以后的检查频次；⑪声明"旧产品，当主带或安全绳的破坏负荷低于 15kN 时，该批安全带应报废或更换部件"；⑫根据安全带的伸展长度、工作现场的安全空间、挂点位置判定该安全带是否可用的方法；⑬本产品为合格品的声明。

挂点与佩戴者的相对位置根据使用环境的不同可能是高挂、低挂或同人体平齐。发生坠落时，高挂对人体的威胁最小，低挂对人体的威胁最大。坠落悬挂安全带的全身系带经额外设计可以用于悬吊作业、救援、非自助升降。坠落悬挂安全带的坠落防护用连接器、安全绳不应用于悬吊作业、救援、非自主升降。悬吊作业、救援、非自主升降系统不应和连接器或安全绳共用全身系带的 D 形环（半圆环）。围杆作业安全带和区域限制安全带不应用于悬吊作业、救援、非自主升降。

八、《安全鞋、防护鞋和职业鞋的选择、使用和维护》的相关要求

《安全鞋、防护鞋和职业鞋的选择、使用和维护》AQ/T 6108—2008 规定，为避免足部受到伤害，在选择和使用鞋和腿部保护装备之前，安全管理者和鞋的使用者应根据工作场所的防护需求相应种类正确选择。安全管理者应评定工作条件，包括危害的种类、范

围、持续时间和穿着者的个体需求。

有些伤害具有突发性。安全管理者应根据评定的危害种类选择使用鞋和腿部保护装备。在选择和使用前，应重点注意以下内容：①类别的检查（带有规定的功能符号和其他标记）；②所提供的防护不会引起其他的危害；③适合于工作场所条件；④满足穿着者的人类工效学特征和健康要求；⑤装备应能适应穿着者。

安全管理者应为相关作业者提供个人使用的足部和腿部保护装备。当选择鞋时，应考虑人类工效学的特征，风险评定时应包括该项目的评定。鞋的人类工效学包括重量、鞋底的硬度、透湿性、耐水性、鞋底能量吸收和防滑等。首先要选择穿着舒适及合脚的鞋，此外还要考虑以下因素：①鞋及其部件、配件可以来自不同的制造商；②保护包头不应夹脚，如夹脚宜更换鞋号；③与踝骨保护连接的领口处应有填充料，以减缓对腿和踝骨区域的压力；④鞋舌有软内垫，以缓解对脚背的压力；⑤具有抗菌功能，以避免因脚的排汗而发生脚癣；⑥高腰靴（Ⅰ类）的透水性和吸水性很重要，良好的透气性能减低靴内潮湿；⑦食品加工作业靴如有可更换内衬，应每天更换其内衬，如不可更换，宜每天更换靴；⑧尽量避免穿用他人的鞋、靴。

鞋的耐用性与使用的状态有关，在正常情况下，聚氨酯底的鞋使用和储存期限不超过3年，如超过期限需重新检验合格后使用。不要使用超过有效期的鞋子。安全管理者有义务确保鞋或腿部保护装备符合规定的状态，并确保必要的维修费用、备用的鞋（靴）、长期的保护和良好的干燥条件，如有缺陷应根据规定修复。

九、《工作场所职业病危害警示标识》的相关要求

《工作场所职业病危害警示标识》GBZ 158—2003 规定，图形标识分为禁止标识、警告标识、指令标识和提示标识。禁止标识：禁止不安全行为的图形，如"禁止入内"标识。警告标识：提醒对周围环境需要注意，以避免可能发生危险的图形，如"当心中毒"标识。指令标识：强制做出某种动作或采用防范措施的图形，如"戴防毒面具"标识。提示标识：提供相关安全信息的图形，如"救援电话"标识。

警示线是界定和分隔危险区域的标识线，分为红色、黄色和绿色三种。按照需要，警示线可喷涂在地面或制成色带设置。警示语句是一组表示禁止、警告、指令、提示或描述工作场所职业病危害的词语。警示语句可单独使用，也可与图形标识组合使用。

根据实际需要，由各类图形标识和文字组合成《有毒物品作业岗位职业病危害告知卡》（以下简称告知卡）。《告知卡》设置在使用有毒物品作业岗位的醒目位置。

（一）使用有毒物品作业场所警示标识的设置

在使用有毒物品作业场所入口或作业场所的显著位置，根据需要，设置"当心中毒"或者"当心有毒气体"警告标识，"戴防毒面具"、"穿防护服"，"注意通风"等指令标识和"紧急出口"、"救援电话"等提示标识。

依据《高毒物品目录》，在使用高毒物品作业岗位醒目位置设置《告知卡》。在高毒物品作业场所，设置红色警示线。在一般有毒物品作业场所，设置黄色警示线。警示线设在使用有毒作业场所外缘不少于30cm处。在高毒物品作业场所应急撤离通道设置紧急出口

提示标识。在泄险区启用时，设置"禁止入内"、"禁止停留"警示标识，并加注必要的警示语句。

可能产生职业病危害的设备发生故障时，或者维修、检修存在有毒物品的生产装置时，根据现场实际情况设置"禁止启动"或"禁止入内"警示标识，可加注必要的警示语句。

（二）其他职业病危害工作场所警示标识的设置

在产生粉尘的作业场所设置"注意防尘"警告标识和"戴防尘口罩"指令标识。在可能产生职业性灼伤和腐蚀的作业场所，设置"当心腐蚀"警告标识和"穿防护服"、"戴防护手套"、"穿防护鞋"等指令标识。在产生噪声的作业场所，设置"噪声有害"警告标识和"戴护耳器"指令标识。在高温作业场所，设置"注意高温"警告标识。在可引起电光性眼炎的作业场所，设置"当心弧光"警告标识和"戴防护镜"指令标识。存在生物性职业病危害因素的作业场所，设置"当心感染"警告标识和相应的指令标识。存在放射性同位素和使用放射性装置的作业场所，设置"当心电离辐射"警告标识和相应的指令标识。

（三）设备警示标识的设置

在可能产生职业病危害的设备上或其前方醒目位置设置相应的警示标识。

（四）产品包装警示标识的设置

可能产生职业病危害的化学品、放射性同位素和含放射性物质的材料的，产品包装要设置醒目的相应的警示标识和简明中文警示说明。警示说明载明产品特性、存在的有害因素、可能产生的危害后果，安全使用注意事项以及应急救治措施内容。

（五）贮存场所警示标识的设置

贮存可能产生职业病危害的化学品、放射性同位素和含有放射性物质材料的场所，在入口处和存放处设置相应的警示标识以及简明中文警示说明。

（六）职业病危害事故现场警示线的设置

在职业病危害事故现场，根据实际情况，设置临时警示线，划分出不同功能区。

红色警示线设在紧邻事故危害源周边。将危害源与其他的区域分隔开来，限佩戴相应防护用具的专业人员可以进入此区域。黄色警示线设在危害区域的周边，其内外分别是危害区和洁净区，此区域内的人员要佩戴适当的防护用具，出入此区域的人员必须进行洗消处理。绿色警示线设在救援区域的周边，将救援人员与公众隔离开来。患者的抢救治疗、指挥机构设在此区内。